Springer-Lehrbuch

Springer
Berlin
Heidelberg
New York
Barcelona
Hongkong
London
Mailand
Paris
Singapur
Tokio

Winfried Stier

Empirische Forschungsmethoden

Zweite, verbesserte Auflage

Mit 22 Abbildungen
und 53 Tabellen

Springer

Prof. Dr. Winfried Stier
Universität St. Gallen
Forschungsinstitut für Empirische
Wirtschaftsforschung FEW-HSG
Varnbüelstraße 14
CH-9000 St. Gallen
Schweiz

ISBN 3-540-65295-7 Springer-Verlag Berlin Heidelberg New York
ISBN 3-540-61393-5 3. Aufl. Springer-Verlag Berlin Heidelberg New York

Die Deutsche Bibliothek - CIP-Einheitsaufnahme
Stier, Winfried: Empirische Forschungsmethoden: mit 51 Tabellen/Winfried Stier. - 2. verb. Aufl. - Berlin; Heidelberg; New York; Barcelona; Hongkong; London; Mailand; Paris; Singapur; Tokio: Springer, 1999
(Springer-Lehrbuch)
ISBN 3-540-65295-7

Springer-Verlag Berlin Heidelberg New York
ein Unternehmen der BertelsmannSpringer Science+Business Media GmbH

42/3111-5 4 3 2 1 - Gedruckt auf säurefreiem Papier

Vorwort zur 2. Auflage

Inhaltlich unterscheidet sich die vorliegende Auflage nur wenig von der 1. Auflage. Im wesentlichen wurden Fehler und unklare bzw. mißverständliche Formulierungen korrigiert, auf die mich vor allem meine Hörer aufmerksam gemacht haben, denen ich an dieser Stelle herzlich danke.

Herrn Dr.K.H. Edel danke ich wiederum für die redaktionelle Bearbeitung des Manuskriptes.

St. Gallen, im September 1998 Winfried Stier

Vorwort zur 1. Auflage

Wie jedes Lehrbuch kann auch das vorliegende nicht beanspruchen, ein Wissensgebiet vollständig abzudecken. Sowohl für die Auswahl der zu behandelnden Themenbereiche als auch für die Breite ihrer Darstellung sind neben den Präferenzen des Autors immer auch Platzrestriktionen bestimmend.

Neben unverzichtbaren Grundlagen empirischen Arbeitens werden Meß- und Skalierungsprobleme, Auswahlverfahren und Instrumente der Datenerhebung (dabei insbesondere die Befragung) sowie spezielle Untersuchungsdesigns relativ ausführlich behandelt. Einen breiten Raum nehmen die "Grundzüge der multivariaten Datenanalyse" ein, wobei sich die Darstellung auf solche multivariate Verfahren beschränkt, die heute zum "eisernen" Bestand zu rechnen sind und deshalb in der Praxis der empirischen Forschung breite Anwendung finden. Auf mathematische Ableitungen und Details wurde verzichtet. Vorausgesetzt werden lediglich Grundkenntnisse in Statistik und linearer Algebra, so daß auch dieses Kapitel dem formal weniger versierten Leser keine Schwierigkeiten bereiten dürfte, zumal die einzelnen Datenanalysemodelle jeweils an Hand eines mit SYSTAT durchgerechneten Beispiels illustriert und kommentiert werden (das Programm SYSTAT steht den Studierenden der Universität St. Gallen im Rechenzentrum zur Verfügung).

Herrn Dr. K.H. Edel danke ich herzlich für die redaktionelle Bearbeitung des Manuskriptes.

St. Gallen, im März 1996 Winfried Stier

Inhaltsverzeichnis

I. Grundlagen

I.1. Methoden, Methodologie, Empirie

Jede Beschäftigung mit einem speziellen Forschungsgebiet – hier mit "empirischen Forschungsmethoden" – setzt vorab eine Klärung von Begriffen voraus. Im vorliegenden Kontext stellen sich zunächst die Fragen: was sind "Methoden", insbesondere "empirische" Methoden? Präziser wäre zu fragen: Was soll hier, d.h. in der vorliegenden Darstellung, unter "Methoden" bzw. unter "empirischen Methoden" verstanden werden?

Sprachlich geht das Wort "Methode" auf das griechische "μετ' ὁδὸς" zurück, was soviel bedeutet wie "Nachgehen" (auf einem Weg), d.h. ausgehend von einem Anfangszustand soll ein Weg verfolgt werden, der die Erreichung eines bestimmten, vorgegebenen Ziels gewährleistet. "Im allgemeinen Sinne ist eine Methode ein mehr oder weniger genau beschreibbarer Weg (d.h. eine endliche Folge von mehr oder weniger konkreten Handlungsanweisungen oder strategischen Maximen) zur Realisierung eines bestimmten Zieles bzw. zur Lösung einer bestimmten Aufgabe. Diese Charakterisierung ist alles andere als exakt, aber Präziseres läßt sich kaum sagen, wenn unter dem Wort "Methode" all das subsumiert werden soll, was im alltäglichen, im wissenschaftlichen oder im philosophischen Sprachgebrauch als Methode bezeichnet wird" (Kamitz 1980)

Nun wird man aber nicht jeden beliebigen "Weg", der zur Erreichung eines bestimmten Zieles eingeschlagen wird bzw. der möglicherweise dazu eingeschlagen werden kann, schon als *Methode* bezeichnen wollen, insbesondere dann nicht, wenn einer Methode das Prädikat "wissenschaftlich" zugeschrieben werden soll. Nehmen wir beispielsweise an, jemand stünde vor der Aufgabe, die Nullstellen eines Polynoms zu bestimmen. Kennt er dafür keine einschlägigen mathematischen Methoden, dann kann er es z.B. mit Raten versuchen und wenn er Glück hat – bei einem Polynom z.B. niedriger Ordnung ist das nicht a priori auszuschließen – dann findet er auf diesem Weg die Lösung. Niemand käme aber wohl auf die Idee, in diesem Zusammenhang "Raten" als eine *Methode* zu bezeichnen. Vielmehr wird man nur dann eine Vorgehensweise als *Methode* qualifizieren wollen, wenn sie (mindestens) an gewisse *Regeln* oder *Systeme von Regeln* gebunden ist, welche die einzelnen Schritte der Vorgehensweise festlegen. Diese sollten außerdem *kommunizierbar*, *lehrbar* und *intersubjektiv* nachprüfbar sein. Weiterhin sollten sie *normativ* und *präskriptiv* (vorschreibend) sein, d.h. ein Verstoß gegen die Regeln einer Methode sollte "Sanktionen" zur Folge haben (vgl. Herrmann 1995, S.36).

Beispielsweise gibt es Methoden zur Planung und Durchführung von Experimenten, die u.a. die Bildung einer (oder mehrerer) Kontrollgruppe(n) vorschreiben, welche aus der gleichen Grundgesamtheit (oder Population) wie die Experimentalgruppe stammen muß (müssen) (vgl. Herrmann 1995, S.36). Diese Vorschrift ist kommunizier- und lehrbar und ihre Befolgung außerdem intersubjektiv kontrollierbar. Verstößt nun ein Experimentator gegen diese, indem er z.B. die Bildung einer Kontrollgruppe unterläßt oder diese aus einer anderen Population bildet als die Experimentalgruppe, dann liegt eine fehlerhafte Anwendung derjenigen Methoden vor, die zur Planung und Durchführung von Experimenten entwickelt wurden. Als "Sanktion" kann man sich hier z.B. die Ablehnung eines Manuskriptes durch die Gutachter einer Fachzeitschrift oder die Zurückweisung einer Diplomarbeit oder Dissertation vorstellen.

Unter Methoden, insbesondere wissenschaftlichen Methoden, sollen hier also solche Methoden verstanden werden, die als Regeln vorliegen und die

a) *kommunizier-* und *lehrbar*
b) *normativ* und *präskriptiv*
c) *intersubjektiv kontrollierbar* sind.

Offensichtlich liegen beim "Raten" im vorigen Beispiel keine Regeln vor, welche diese Eigenschaften aufweisen. Deshalb kann man hier von einer "nicht-wissenschaftlichen" Vorgehensweise bei der Lösung eines konkreten Problems sprechen. Wissenschaften zeichnen sich generell durch *"methodische"* Vorgehensweisen (im eben skizzierten Sinn) aus, oder sollten sich wenigstens dadurch auszeichnen.

Zur Terminologie sei hier angemerkt, daß der gelegentlich anzutreffende – mehrdeutige – Begriff "Methodik" hier nicht verwendet wird. Unter "Methodik" kann man allgemein die Lehre von den Methoden verstehen. Eine "Methodik" zu haben oder zu verfolgen kann aber auch bedeuten, daß jemand in einer Forschungsarbeit "methodisch" vorgeht, d.h. eine (oder mehrere) bestimmte Methoden anwendet (vgl. Herrmann 1995, S.34).

"Methoden" sind nicht mit "Modellen" zu verwechseln. "Der Ausdruck "Modell" wird in den Wissenschaften mit verschiedenen Bedeutungen verwendet. Man spricht von einem "Denkmodell", wenn man eine noch nicht ganz präzise und wenig überprüfte theoretische Vorstellung über einen Gegenstand meint... Wir möchten ... von Modellen so sprechen, wie es im Alltagssprachgebrauch üblich ist. Hier meint man mit Modell die Replikation eines Realitätsausschnitts, sein Abbild, welches meist in einem verkleinerten Maßstab vorliegt; als Modellflugzeug, Modelleisenbahn usw. Zwischen dem Modell und seinem Urbild besteht eine bestimmte Beziehung, die **Modellrelation**. Man kann von bestimmten Merkmalen des Modells auf bestimmte Merkmale des Urbildes schließen und umgekehrt. Bezüglich bestimmter, ausgewählter Merkmale herrscht zwischen Modell und Urbild eine **Isomorphierelation** (vgl. Dörner 1995, S.327; unter einer "Isomorphierelation" wird eine umkehrbar eindeutige Abbildung, bei der alle Relationen erhalten bleiben, verstanden. Darauf wird bei der Darlegung der Grundlagen der axiomatischen Meßtheorie näher eingegangen). Modelle sind also nichts anderes als *Abbilder* der Realität (genauer: Abbilder ausgewählter Aspekte der Realität), z.B. kann man eine Landkarte als (ein) Modell einer Landschaft bezeichnen.

Nicht selten wird "Methode" mit "Methodologie" gleichgesetzt, was eher verwirrend ist. Im allgemeinen wird jedoch unter "Methodologie" das "Nachdenken" über Methoden verstanden. "Zunächst können wir zwischen (a) *allgemeiner Methodologie* und (b) *spezieller Methodologie* unterscheiden, je nachdem, ob die untersuchten Methoden in allen Wissenschaften oder aber nur in Wissenschaften einer bestimmten Gruppe (evtl. sogar nur in einer einzigen wissenschaftlichen Disziplin) zur Anwendung gelangen. Im Rahmen der speziellen Methodologie kann dann zwischen (b_1) Methodologie der empirischen Wissenschaften und (b_2) Methodologie der nicht-empirischen Wissenschaften, und innerhalb der ersteren wiederum zwischen (b_{11}) Methodologie der Naturwissenschaften und (b_{12}) Methodologie der Sozial-, Geistes-, Human- und Kulturwissenschaften differenziert werden. Diese Unterteilung kann, wenn man will, noch weiter fortgesetzt werden, bis man schließlich bei so speziellen methodologischen Teilbereichen wie z.B. Methodologie der Betriebswirtschaftslehre oder Methodologie der Literaturwissenschaft anlangt. So gehören beispielsweise statistische Methoden, Operations-Research Methoden, experimentelle Methoden und andere zum Untersuchungsgegenstand der speziellen Methodologie; dagegen sind

Methoden wie das Definieren und das deduktive Schließen Thema der allgemeinen Methodologie" (Kamitz 1980, S.430 f.).

Die Aspekte, unter denen die Methodologie wissenschaftliche Methoden untersucht, können recht unterschiedlich sein. Beispielsweise stellt die "deskriptive Methodologie" fest, welche Methoden in welchen wissenschaftlichen Disziplinen warum angewendet werden, bemüht sich um eine genaue Beschreibung und Klassifikation dieser Methoden, versucht herauszufinden, weshalb gewisse Methoden präferiert werden usw. Demgegenüber beschäftigt sich die "wertende Methodologie" mit einer Bewertung von Methoden, vor allem hinsichtlich ihrer Leistungsfähigkeit (inwieweit lassen sich mit ihrer Hilfe gewisse vorgegebene Ziele erreichen?), ihren Voraussetzungen, ihrer praktischen Durchführbarkeit und Kontrollierbarkeit (vgl. Kamitz 1980, S.431 f.). "Ein Beispiel eines methodologischen Wertes bildet die sog. *Verläßlichkeit* ("reliability") von Methoden; dieser Wert ist einer Methode dann und nur dann zuzuerkennen, wenn die Methode bei beliebig oftmaliger Anwendung stets zu den gleichen Resultaten führt, falls auch die konkreten Anwendungsbedingungen dieselben sind; so sind beispielsweise Methoden zur Messung des Intelligenzquotienten eines Menschen – beim heutigen Stand der Psychologie – weniger verläßlich als Methoden zur Messung des Körpergewichts eines Menschen" (Kamitz 1980, S.432).

Was soll nun unter dem Adjektiv "empirisch" verstanden werden? Im Altertum (etwa 3. Jahrh. n.Chr.) wurden damit – durchaus pejorativ – die Praktiken der medizinischen Schule der sog. "Empirici" bezeichnet, die, anders als die "Dogmatici" und "Methodici", Arzneien nicht aufgrund philosophischer Lehren verschrieben, sondern aufgrund ihrer Erfahrung, was dann auch gelegentlich zu einer entsprechenden Namenserweiterung verhalf (z.B. Sextus Empiricus). "Ungelehrte Praktiker der Heilkunde und Chirurgie wurden im späten Mittelalter und in der frühen Neuzeit oft als "Empiriker" bezeichnet und als Quacksalber abgetan. Nützliche Arzneien, deren Wirksamkeit man nicht verstand, bezeichnete man ebenfalls als "empirisch". (Burian 1980, S.149; sind wir bezüglich des letzteren Punktes heute wirklich weiter?)

Heute wird unter "empirisch" allgemein als "sich auf Erfahrung gründend" bzw. "der Erfahrung angehörend" verstanden. Damit nicht zu verwechseln ist der sog. "Empirismus", ein philosophisch-erkenntnistheoretischer Standpunkt (als Hauptvertreter in der Neuzeit sind die englischen Philosophen Bacon, Locke, Hume und Mill zu nennen), nach dem die *einzige*

Quelle unseres Wissens und Erkennens die Erfahrung ist, nach dem Grundsatz: nichts ist in intellectu, was nicht in der Erfahrung war, im Gegensatz zum "Rationalismus", der die Erkenntnis aus dem Denken stammen läßt. Auf den Empirismus und die damit verbundenen Probleme soll hier nicht weiter eingegangen werden (vgl. dazu etwa Burian 1980, S.150-158).

"Erfahrung" soll hier *Informationsgewinnung* mit Hilfe der Sinne bedeuten, wobei "Sinne" nicht unbedingt auf die eigentlichen menschlichen Sinne beschränkt werden muß, sondern gegebenenfalls auch technische Apparate, wie z.B. Mikroskope, Kameras usw. miteinschließen kann. "Empirische Wissenschaften" kann man dahingehend charakterisieren, daß sie, etwa im Gegensatz zur Logik und Mathematik, auf Erfahrung beruhen. Sie sind nicht mit "Wissenschaft" schlechthin gleichzusetzen, sind aber als wichtige Teilgebiete der Wissenschaften anzusehen.

Unter "empirischen" Forschungsmethoden sollen hier solche Methoden (im oben skizzierten Sinn) verstanden werden, die zur Informationsgewinnung (oder Datenbeschaffung) über die Realität (bescheidener: über Teil-Aspekte der Realität) eingesetzt werden können. Sie konkretisieren sich u.a. als bestimmte Datenerhebungsinstrumente wie *Inhaltsanalyse* (oder *Dokumentenanalyse*), *Beobachtung*, *Befragung*, *Experiment*, *Skalierungsverfahren*, wobei insbesondere in den Sozialwissenschaften die Befragung eindeutig dominierend ist. Diese Instrumente sind nachfolgend im einzelnen darzustellen, wobei das Schwergewicht auf der Befragung liegen wird. Neben den Datenerhebungsinstrumenten spielen bei empirischen Forschungen *Datenauswertungsinstrumente*, d.h. Methoden der Statistik, eine zentrale Rolle.

I.2. Einige wissenschaftstheoretische Überlegungen

Wenn, wie oben bemerkt wurde, empirische Forschungsmethoden Informationen über die Realität liefern sollen, dann sollten diese nicht nur von demjenigen (oder denjenigen) für "wahr" oder "richtig" eingestuft werden, der (oder die) eine empirische Untersuchung durchgeführt hat (haben). Wissenschaft erhebt ja generell den Anspruch, allgemein akzeptierbare Forschungsresultate zu liefern, d.h. in unserem Kontext, wenn Aussagen über reale Sachverhalte gemacht werden, dann sollten diese "wahr" sein in dem Sinne, daß sie mit der Realität "übereinstimmen". Die *Wissenschaftstheorie* – eine Methodologie – versucht u.a. generell herauszufinden, ob und gegebenenfalls wie Wissenschaftler überhaupt zu "wahren" Aussagen gelangen können, was unter "wahren" Aussagen verstanden werden kann oder soll, welche Aussagen sinnvoller Weise empirisch untersucht werden können, ob Hypothesen bzw. Theorien "verifiziert" werden können usw.

Die Wissenschaftstheorie selbst stellt kein einheitliches Lehrgebäude dar. Vielmehr gibt es verschiedene "Schulen" mit verschiedenen daraus resultierenden, mehr oder weniger divergierenden Wissenschaftspositionen. So kann man z.B. eine *analytisch-nomologische* Richtung (*"Kritischer Rationalismus"*) von einer *hermeneutisch-dialektischen* Richtung (*"Frankfurter Schule"*) unterscheiden. Es ist hier – schon aus Platzgründen – nicht der Ort, auf die unterschiedlichen Positionen im einzelnen einzugehen. Hinzu kommt, daß dies für den mit praktischen empirischen Problemen konfrontierten Forscher in der Regel auch wenig hilfreich wäre. Damit soll keine Geringschätzung der Wissenschaftstheorie zum Ausdruck gebracht werden. Aber leider sind häufig wissenschaftstheoretische Diskussionen und Grundsatzdebatten reichlich abstrakt bzw. so abstrakt, daß sie dem Praktiker wenig bis gar keine Hilfestellung für die Lösung seiner konkreten Probleme bieten. Außerdem scheint die noch vor einigen Jahren herrschende Euphorie, nach der die Wissenschaftstheorie quasi der Schlüssel zur Lösung aller Probleme sei, inzwischen doch weitgehend verflogen zu sein. Hier sollen wissenschaftstheoretische Überlegungen nur insoweit eine Rolle spielen, als sie für die praktische empirische Arbeit als unverzichtbar angesehen werden. Für eine ausführlichere, gut lesbare und informative Darstellung wissenschaftstheoretischer Probleme im Kontext empirischer Methoden sei z.B. auch auf Schnell/Hill/Esser 1992, S.37 ff. verwiesen.

Die Entscheidung für eine bestimmte Wissenschaftsposition ist ein *Werturteil.* Weitgehend wird heute als wissenschaftstheoretische Basis für die empirische Forschung der *Kritische Rationalismus* (im Anschluß an Popper) akzeptiert. Danach kann das *Hauptprinzip empirischer Forschungsmethodologie* folgendermaßen formuliert werden:

Alle Aussagen einer empirischen Wissenschaft müssen an der Erfahrung überprüfbar sein und sie müssen prinzipiell an der Erfahrung scheitern können.

Dieses Postulat – auch als "*Abgrenzungskriterium*" zwischen empirischen und nicht-empirischen Wissenschaften bzw. sonstigen Aussagesystemen bezeichnet – impliziert drei Folgerungen für die praktische empirische Arbeit (vgl. dazu auch Kromrey 1994, S.33):

a) Alle Begriffe, die in einer Aussage vorkommen, die empirisch überprüft werden soll, müssen sich auf die erfahrbare Realität beziehen, anders ausgedrückt: die Begriffe müssen einen *"empirischen Bezug"* haben.
b) Aussagen, die empirisch überprüft werden sollen, müssen sich auf Sachverhalte beziehen, die prinzipiell erfahrbar sind, anders ausgedrückt: die Aussagen müssen *insgesamt* einen empirischen Bezug aufweisen.
c) Aussagen, die empirisch überprüft werden sollen, müssen so formuliert werden, daß sie *prinzipiell widerlegbar* sind.

Durch a) werden Begriffe ausgeschlossen, wie sie z.B. in Märchen vorkommen, etwa das "Dornröschen".

Mit b) werden bestimmte Aussagen ausgeschlossen, die sich unserem "Zugriff" entziehen, z.B. Aussagen über ein "früheres (vorgeburtliches) Leben". Wenn in b) auf Sachverhalte abgestellt wird, die "prinzipiell" erfahrbar sein müssen, dann sind damit auch solche zugelassen, die evtl. momentan aus technischen Gründen unserer Erfahrung (noch) nicht zugänglich sind, dies aber werden, sobald geeignete Beobachtungsinstrumente entwikkelt sind.

c) schließt alle Aussagen aus, die an der Erfahrung gar nicht scheitern können. Darunter fallen z.B. *analytisch wahre* Aussagen, wie die Sätze der Logik und Mathematik, die nichts über die Realität aussagen, d.h. keinen empirischen Bezug haben. Es wäre also sinnlos, etwa den sog. "Fundamentalsatz der Algebra", daß ein Polynom n-ter Ordnung genau n Nullstellen besitzt, zum Gegenstand einer empirischen Untersuchung machen zu wollen. Aber auch *Tautologien* sind hier zu erwähnen, etwa die bekannte: "Wenn der Hahn kräht auf dem Mist, ändert sich das Wetter, oder es bleibt, wie es ist", eine Wetter-"Prognose", die offensichtlich durch die Realität nie widerlegt werden kann. Aber auch an *Existenzsätze* ist hier zu denken, also etwa Sätze der Art: "Es gibt weiße Raben", um ein wohlbekanntes Beispiel zu zitieren. Da es nicht möglich ist, die Farbe der Federn aller Raben der Vergangenheit, Gegenwart und Zukunft zu untersuchen, kann dieser Satz nicht widerlegt werden. Im Grunde genommen ist c) eine Selbstverständlichkeit, denn warum sollte man eine Aussage empirisch untersuchen wollen, von der man von vornherein weiß, daß sie sich auf diesem Weg nicht widerlegen läßt?

Wir wollen uns überlegen, ob die folgende Aussage den Anforderungen a) - c) genügt: "Bei älteren Arbeitnehmern ist die Arbeitszufriedenheit größer als bei jüngeren Arbeitnehmern". Offensichtlich beziehen sich alle verwendeten Begriffe, soweit sie außerlogische sind (als logische Begriffe bezeichnet man z.B. und, oder, nicht, wenn, dann usw.), auf die erfahrbare Realität (Arbeitnehmer, Arbeitszufriedenheit) und außerdem bezieht sich die ganze Aussage auf einen real erfahrbaren Sachverhalt. Es liegt weder eine analytisch wahre Aussage, noch eine Tautologie, noch eine Existenzaussage vor und die Aussage ist widerlegbar: findet man z.B. **einen** jüngeren Arbeitnehmer, dessen Arbeitszufriedenheit mindestens gleich groß ist wie bei einem älteren Kollegen, dann ist die Aussage widerlegt oder *falsifiziert.*

Die eben betrachtete Aussage läßt sich leicht formalisieren. Bezeichne A_1 bzw. A_2 ältere bzw. jüngere Arbeitnehmer und AZ_1 bzw. AZ_2 die jeweilige Arbeitszufriedenheit, dann kann die Aussage in folgender Form dargestellt werden:

$$\forall A_1, \forall A_2 \Rightarrow AZ_1 > AZ_2$$

(das Symbol $\forall$ bedeutet: "für alle"), d.h. für alle Arbeitnehmer *irgendwann* (in Vergangenheit, Gegenwart und Zukunft) und *irgendwo* (d.h. auf dem ganzen Globus) gilt die Aussage bezüglich ihrer Arbeitszufriedenheit. Derartige Aussagen (oder Sätze), die in ihrem räumlichen und zeitlichen Geltungsbereich nicht eingeschränkt sind, werden als *Allaussagen* (oder *Allsätze*) oder auch als *nomologische* Aussagen oder *Gesetzesaussagen* bezeichnet. Aus leicht einsehbaren Gründen stellen sie ein wissenschaftliches Ideal dar. In den Sozialwissenschaften sind solche Gesetzesaussagen nicht (noch nicht?) bekannt. Hier beschäftigt man sich vielmehr mit *räumlich* und *zeitlich* eingeschränkten Aussagen. Eine derart eingeschränkte Variante des obigen Allsatzes wäre z.B. "In der Schweiz war die Arbeitszufriedenheit im Jahre 1990 bei älteren Arbeitnehmern größer als bei jüngeren Arbeitnehmern" oder "In der Firma X war die Arbeitszufriedenheit im letzten Jahr bei älteren Arbeitnehmern größer als bei jüngeren Arbeitnehmern" usw. Solche Aussagen werden auch – etwas unscharf – als Aussagen "mittlerer Reichweite" bezeichnet, wobei der "Informationsgehalt" der beiden Varianten offensichtlich nicht deckungsgleich ist.

Aussagen "mittlerer Reichweite" kann man sich aus Allsätzen entstanden denken durch Stipulierung von Randbedingungen räumlicher und zeitlicher Art. Dabei ist allerdings zu beachten, daß diese eine Aussage (oder eine Theorie) nicht so "einengen" dürfen, daß praktisch kein Fall mehr gefunden werden kann, für welchen die Aussage (oder Theorie) zutrifft. Dann wäre nämlich die Aussage (oder Theorie) empirisch nicht mehr überprüfbar, sie wäre gegen die Erfahrung "immunisiert", was z.B. auf manche Konzepte der Volkswirtschaftslehre zutrifft (z.B. "vollkommener Wettbewerb").

Ein Allsatz, so scheint es, ist falsifiziert, wenn wenigstens **ein** Fall gefunden werden kann, welcher im Widerspruch zu ihm steht. Wie steht es nun aber mit der *Verifikation* von Allsätzen? An obigem Beispiel sieht man leicht, daß Allsätze *nicht verifiziert* werden können. Dazu müßte man sämtliche Arbeitnehmer auf dem ganzen Globus zu allen Zeiten in eine empirische Untersuchung miteinbeziehen, was sowohl praktisch als auch prinzipiell unmöglich ist.

Existenzsätze sind dagegen verifizierbar, denn, um im Beispiel zu bleiben, das Auffinden **eines einzigen** weißen Rabens genügt, um den oben zitierten Existenzsatz zu beweisen. Daß Existenzsätze nicht falsifizierbar sind, wurde schon oben ausgeführt.

Es sei angemerkt, daß die Begriffe "Falsifikation" und "Verifikation" hier immer in einem strengen Sinn gebraucht werden, d.h. wenn von der "Falsifikation" einer Aussage gesprochen wird, dann ist damit gemeint, daß sie *definitiv* als falsch erwiesen ist. Analoges gilt für die "Verifikation".

Bei näherer Betrachtung zeigt sich nun aber leider, daß Falsifikation bzw. Verifikation von Aussagen (nicht nur von Allsätzen, die in der sozialwissenschaftlichen Forschung praktisch unerheblich sind, sondern auch von Aussagen "mittlerer Reichweite") erheblich komplexer sind, als es bisher den Anschein hatte, was mit dem sog. *"Basissatzproblem"* zusammenhängt:

Dieses Problem ist darauf zurückzuführen, daß Aussagen niemals direkt mit der Realität konfrontiert werden können, sondern immer nur indirekt, d.h. mit Aussagen *über* die Realität.

Machen wir uns das an obigem Beispiel mit der "Arbeitszufriedenheit" klar, etwa am Beispiel des ersten der beiden raum-zeitlich eingeschränkten Aussagen. Diese könnte z.B. mit Hilfe einer Befragung empirisch untersucht werden. Um eine solche praktisch durchführen zu können, muß man eine Vielzahl von Entscheidungen treffen (vgl. dazu u.a. die Ausführungen im Kapitel "Befragung"). Man müßte sich z.B. Fragen überlegen, die sich auf Aspekte der "Arbeitszufriedenheit" beziehen und sich über die Form der Befragung klar werden (z.B. Interview, postalische Befragung usw.) sowie über die Gestaltung des Fragebogens, sofern man sich überhaupt für eine "standardisierte" Befragung entscheidet. Da schon aus finanziellen Gründen nicht alle Arbeitnehmer der Schweiz befragt werden könnten, müßte eine Auswahl getroffen werden. Nach welchen Kriterien soll dies geschehen? Damit eine Befragung praktisch durchgeführt werden kann, müssen solche und viele weitere Probleme gelöst werden. Nehmen wir an, dies sei geschehen und die Befragung sei ohne besondere Probleme durchgeführt worden. Was haben wir nun gewonnen? Nach Aufbereitung der Fragebogen offensichtlich zunächst nichts anderes als "Daten", d.h. wir können unsere obige Aussage über die "Arbeitszufriedenheit" nur mit diesen Daten konfrontieren (genauer: mit den Resultaten einer der Datenerhebung folgenden *Datenauswertung* oder *Datenanalyse*), nicht aber direkt mit der Realität. Diese Konfrontation hat die beiden alternativen Ausgänge: entweder stehen die Daten im Widerspruch zur Aussage oder sie sind damit vereinbar (der Fall, daß die Datenanalyse zu keiner Entscheidung führt, sei hier ausgeschlossen). Kann man nun behaupten, die Aussage sei damit falsifiziert bzw. verifiziert? Offensichtlich wäre das stringent nur dann möglich, wenn bewiesen werden könnte, daß die Daten, welche die eigentliche Basis für die Entscheidung bildet, "wahr" sind. Aber gerade das ist nicht möglich, denn man müßte dazu z.B. beweisen, daß die "richtigen" Fragen gestellt wurden, daß die Befragten "wahrheitsgemäß" geantwortet haben, daß gerade die "richtigen" Leute befragt wurden usw. Ein derartiger Nachweis ist niemals im strengen Sinne möglich. "Es war **Popper**'s Verdienst, deutlich hervorzuheben, daß Protokollsätze bzw. Basissätze, wie er sie im Hinblick auf ihre methodologische Bedeutung (die Basis der Falsifikation) nennt, keineswegs unproblematische Tatsachen oder Realitätsbeschreibungen sind. In der Tat sind Zweifel an der naiven Vorstellung, Basissätze seien immer wahr, angebracht. Bei der Erhebung von Daten, also der Feststellung der empirischen Basis, ergeben sich vielfältige Fehlermöglichkeiten. Interviewer befragen z.B. nicht die Personen, die befragt werden sollen; sie vergessen Fragen zu stellen; sie protokollieren Antworten falsch; Beobachter täuschen sich in ihren Wahrnehmungen; Vercodern von Daten unterlaufen Übertragungsfehler usw." (Schnell/Hill/Esser 1992, S.72)

Daraus folgt aber, daß weder Falsifikation noch Verifikation stringent möglich sind. Deshalb empfiehlt sich auch eine "bescheidenere" Terminologie. Statt davon zu sprechen, daß eine Aussage "verifiziert" sei, wenn sie den Daten nicht widerspricht, wie man das gelegentlich noch immer in empirischen Arbeiten lesen kann, wäre es deshalb zutreffender, lediglich von einer "bewährten" oder "empirisch bewährten" Aussage zu sprechen. Analoges gilt für eine Aussage, die im Widerspruch zu den Daten steht. Statt von einer "falsifizierten" Aussage wäre – vorsichtiger – etwa von einer "widerlegten" Aussage zu sprechen. In beiden Fällen ist dabei daran zu denken, daß es sich genau genommen stets nur um eine "vorläufig" bewährte bzw. widerlegte Aussage handeln kann, mit der Möglichkeit, daß begründete Methodenkritik evtl. später zu einem anderen Schluß kommt. Wenn von (lediglich) "bewährten" Aussagen gesprochen wird, dann heißt das natürlich nicht, daß diese niemals endgültig wahr sein können. Das kann durchaus der Fall sein, nur wissen wir es leider niemals sicher, da auf Grund des Basissatzproblems ein strenger Wahrheitsbeweis, eben eine Verifikation, nicht möglich ist.

Da das Basissatzproblem nicht gelöst werden kann, schlägt **Popper** für die praktische Arbeit eine Konvention dahingehend vor, daß Basissätze bzw. Daten durch "Festsetzungen" anerkannt werden sollen. "Logisch betrachtet geht die Prüfung der Theorie auf Basissätze zurück, und diese werden durch Festsetzungen anerkannt. Festsetzungen sind es somit, die über das Schicksal der Theorie entscheiden... So ist die empirische Basis der objektiven Wissenschaft nichts 'Absolutes'; die Wissenschaft baut nicht auf Felsengrund. Es ist eher ein Sumpfland ..." (Popper 1976, S.73 ff.).

Dabei ist natürlich nicht an willkürliche oder rein subjektive Festsetzungen gedacht. Vielmehr ist zu fordern, daß alle Forschungsaktivitäten, die zum Datensatz geführt haben, *intersubjektiv* nachprüfbar sein müssen. Dazu ist unabdingbar, daß die gesamte Vorgehensweise bei einer empirischen Untersuchung *offengelegt* und damit der (potentiellen) Kritik Dritter ausgesetzt werden kann, d.h. alle Entscheidungen müssen *explizit dargelegt* und *begründet* werden. Das Attribut "kritisch" beim Kritischen Rationalismus bezieht sich genau darauf, d.h. wer empirische Forschung betreibt, sollte seine Forschungsarbeiten so präsentieren, daß eine Kritik anderer Forscher (und/oder der Öffentlichkeit) möglich ist (um Verwechslungen zu vermeiden sei hinzugefügt, daß "kritisch" bei der sog. "Kritischen Theorie" der "Frankfurter Schule" eine andere Bedeutung hat; dort geht es um eine Kritik an realen Sachverhalten, also an Verhältnissen in einer Gesellschaft). Fast selbstverständlich ist die weitere Forderung, daß sowohl die Daten als auch die daraus gezogenen Schlußfolgerungen, mit denen über empirische Aussagen (oder über Theorien) entschieden werden soll, unter Verwendung und Berücksichtigung allen derzeit verfügbaren methodischen Fachwissens und der besten derzeit zur Verfügung stehenden Instrumente (z.B. bei der Datenanalyse) erzielt werden.

Angenommen, eine empirische Untersuchung der Aussage "In der Firma X war die Arbeitszufriedenheit im letzten Jahr bei älteren Arbeitnehmern größer als bei jüngeren Arbeitnehmern" führe zu dem Resultat, daß diese auf alle Arbeitnehmer der Firma X zutraf mit einer einzigen Ausnahme, wobei postuliert werden soll, daß die Untersuchung einer "Kritik", wie sie eben skizziert wurde, standhält. Soll man nun wegen einer einzigen Ausnahme die Aussage als "widerlegt" ansehen? Das wäre wohl kaum als vernünftig zu bezeichnen. Man wird sich vielmehr die Frage stellen müssen, ob die Aussage selbst nicht zu "hart" formuliert war, nämlich als *deterministische* Aussage, also: immer dann, wenn ein Arbeitnehmer der Firma X älter ist als ein Kollege, dann ist seine Arbeitszufriedenheit auch höher als beim jüngeren Kollegen. Allgemein: wenn x vorliegt, dann folgt daraus zwingend y. An eine derartige Zwangsläufigkeit dürfte aber kaum jemand im Zusammenhang mit obiger Aussage denken. Vielmehr wird von einem "weicheren" Zusammenhang auszugehen sein, der auch Ausnahmen zuläßt, etwa der Art: "im allgemeinen" oder "im Durchschnitt" ist bei älteren Arbeitnehmern der Firma X die Arbeitszufriedenheit größer als bei jüngeren Arbeitnehmern, oder auch: die Wahrscheinlichkeit, mit seiner Arbeit zufrieden zu sein, ist für einen älteren Arbeitnehmer größer als für einen jüngeren. Derartige weichere oder *stochastische* Aussagen werden in der Regel bei empirischen Untersuchungen in den Sozialwissenschaften verwendet.

Zum Abschluß dieses Abschnitts sei noch kurz auf die Begriffe "Hypothese" und "Theorie" eingegangen, die bisher unreflektiert verwendet wurden, sowie auf die sog. *"Werturteilsproblematik"*.

"Eine *Hypothese* ist eine Aussage, die, ohne mit Sicherheit als wahr erkannt zu sein, für bestimmte Zwecke angenommen wird, z.B. für wissenschaftliche Erklärungen oder Voraussagen" (Stegmüller 1980, S.284). Anders ausgedrückt: eine "Hypothese" ist nichts anderes als eine Vermutung über einen bestimmten Sachverhalt. Hypothesen können unterschiedlich präzise formuliert sein. Am präzisesten sind *Punkthypothesen*, z.B.: wenn X um 1% größer wird, dann steigt Y um 2%. *Gerichtete* Hypothesen sind dagegen solche, die nur die Richtung einer vermuteten Beziehung angeben, also z.B.: wenn X größer wird, dann wird auch Y größer. Dagegen vermuten *ungerichtete* Hypothesen lediglich, daß z.B. zwischen X und Y ein Zusammenhang besteht (vgl. Laatz 1993, S.28).

Unter einer *Theorie* soll hier allgemein ein System von Aussagen verstanden werden, die sich auf einen bestimmten Gegenstandsbereich beziehen und logisch widerspruchsfrei sind, wobei die in den Aussagen auftretenden Begriffe definiert sein müssen. Theorien können einen unterschiedlichen Formalisierungsgrad aufweisen. Idealerweise enthält das Aussagensystem einer Theorie *Axiome*, d.h. grundlegende Postulate, die nicht aus anderen Sätzen abgeleitet werden können, aus denen unter Zuhilfenahme von logischen Transformations- und Ableitungsregeln weitere Aussagen und Theoreme deduzierbar sind. In den Sozialwissenschaften sind derart ausgearbeitete und formalisierte Theorien jedoch eher die Ausnahme.

Wenn im Rahmen einer Abhandlung über empirische Forschungsmethoden von "Theorie" die Rede ist, dann drängt sich die wohlbekannte Prioritäts- bzw. Dominanzfrage auf: was soll Priorität haben bzw. was ist "wichtiger", die Theorie oder die Empirie? Nicht selten wird, etwas irreführend, diese Frage auch als "Theorie" versus "Praxis" diskutiert. Dies scheint jedoch eine eher unfruchtbare Frage zu sein. Ein Blick in die Wissenschaftsgeschichte vieler Disziplinen zeigt, daß es unzutreffend wäre, ein Entweder/Oder zu postulieren, vielmehr dürfte von einer wechselseitigen Befruchtung zwischen Theorie und Empirie auszugehen sein. Naiv wäre es, anzunehmen, empirische Forschung wäre "voraussetzungslos", d.h. völlig "theorielos", möglich. Mindestens rudimentäre Theorien bzw. Hypothesen sind unumgänglich, wie sich den nachfolgenden Ausführungen immer wieder entnehmen läßt. Diese wiederum stammen aber meistens aus der Alltagserfahrung. Wer sich jedoch ausschließlich mit der Entwicklung eleganter, formalisierter Theorien beschäftigen darf oder will, ohne diese der "Feuerprobe" empirischer Bewährung auszusetzen, der erspart sich freilich die "schmutzigen Niederungen" der Empirie und kann sich ungestört seiner (akademischen) Glasperlenspiele erfreuen.

Werturteile, wie persönliche Meinungen etwa zu Moral und Politik, sind uns allen aus dem Alltagsleben bekannt. Im sog. "Werturteilsstreit" (vgl. dazu etwa Schnell/Hill/Esser 1992, S.79 ff.) geht es um die Frage, ob Werturteile einen Einfluß auf die wissenschaftliche Forschung haben dürfen oder sollen, insbesondere, ob sie relevant sind oder sein sollen für die Akzeptanz von Theorien, d.h. daß dafür nicht (oder nicht nur) die Übereinstimmung von Theorie und Realität (sog. "Korrespondenztheorie der Wahrheit") maßgebend sein soll. Historisch gesehen, hat dieser Streit seinen Ursprung in der Auseinandersetzung von Max Weber mit den sog. "Kathedersozialisten" (wie z.B. G. Schmoller), welche die Realisierung sozialer Reformen als wissenschaftliche Aufgabe ansahen, was von Weber bestritten wurde. Seine Argumentation läßt sich im wesentlichen folgendermaßen zusammenfassen:

1. "Jegliche wissenschaftliche Beschreibung und Erklärung von sozialen Tatbeständen ist insofern **wertend**, als sie aus einer schier unendlichen Menge von denkbaren Forschungsfragen bestimmte aussucht, die Gegenstand der Bearbeitung werden sollen. Die Auswahl einer Fragestellung stellt also eine Wertung dar, die der Wissenschaftler notwendigerweise vollziehen muß.
2. Die Beschreibung und Erklärung von Tatsachen soll **objektiv**, d.h. wertfrei und damit für jedermann, der über das Fachwissen der Disziplinen verfügt, nachvollziehbar sein. Wissenschaftliche Aussagen über die Realität dürfen nicht durch die Wunschvorstellungen des Wissenschaftlers beeinflußt sein.
3. Die Ergebnisse der Wissenschaft werden zur Erreichung von Zielen der Politik, der Wirtschaft u.a. verwendet. Aus den wissenschaftlichen Erkenntnissen folgt jedoch (logisch) keinerlei Hinweis, wie ein bestimmtes Wissen zu verwerten ist: Aus Seins-Aussagen folgen keine Sollens-Aussagen; d.h. ein Wissenschaftler kann nicht in **seiner Funktion als Wissenschaftler** die Verwirklichung von Zielvorstellungen bestimmen. Er sollte aber als **politisch denkender und handelnder Mensch** für seine Ziele eintreten. Dabei hat seine Meinung jedoch nicht mehr Gewicht als die der übrigen Staatsbürger auch.
4. Wertungen können Gegenstand der wissenschaftlichen Arbeit sein. So kann man z.B. wertende Aussagen auf ihre logische Konsistenz prüfen, die Werthaltungen von Personen (gegenüber politischen, ethischen und praktischen Problemen) beschreiben und erklären." (Schnell/Hill/Esser 1993, S.79 f.)

Punkt 1. bezieht sich auf den sog. *"Entdeckungszusammenhang"* und Punkt 3. auf den sog. *"Verwertungszusammenhang"*, die beide unbestreitbar Werturteile implizieren. Wie Max Weber fordern auch die Vertreter der analytisch-nomologischen Wissenschaftsposition für den sog. *"Begründungszusammenhang"*, der in Punkt 2. angesprochen wird, den Ausschluß von Werturteilen, d.h. eine Trennung von Begründungszusammenhang und Entdeckungs- bzw. Verwertungszusammenhang (diese Position wird auch hier vertreten). Der bis heute andauernde und hier nicht weiter auszubreitende Werturteilsstreit – der seit den 60-iger Jahren als "Positivismusstreit" fortgesetzt wird (wobei zusätzlich Fragen des "Methodenmonismus und -dualismus" eine Rolle spielen, vgl. Schnell/Hill/Esser 1993, S.82 f.), konzentriert sich hauptsächlich auf den Begründungszusammenhang.

II. Zum Ablauf eines empirischen Forschungsprozesses

II.1. Empirisches Arbeiten als Entscheidungsprozeß

Obwohl jede empirische Forschungsarbeit ihre Besonderheiten sowie ihre speziellen theoretischen und praktischen Probleme aufweist, deutet schon die in Kapitel I.2. dargelegte Forderung des Kritischen Rationalismus, daß alle Entscheidungen explizit dargelegt und begründet werden müssen, darauf hin, daß empirisches Arbeiten mit Entscheiden verbunden ist. In der Tat kann man empirische Forschungsarbeiten als eine Folge von Entscheidungen, also einen *Entscheidungsprozeß*, begreifen, wobei gewisse Entscheidungen typischerweise bei praktisch allen empirischen Untersuchungen auftreten. Von den wichtigsten soll nachfolgend zunächst überblicksartig die Rede sein, bevor sie detaillierter betrachtet werden.

In der Planungsphase einer empirischen Arbeit ist das (bzw. sind die) zu untersuchende(n) Forschungsproblem(e) in der Regel noch recht unscharf umrissen, egal ob es sich um eine "rein wissenschaftliche" oder um eine Auftragsforschung handelt. Das (bzw. die) Forschungsproblem(e) muß (müssen) deshalb *präzisiert* werden, d.h. es muß geklärt werden, welche der prinzipiell beliebig vielen Aspekte (oder *"Dimensionen"*) der Realität "abgebildet" werden sollen. Auch nach dieser Präzisierung zeigt sich meistens, daß der Rahmen für eine empirische Arbeit immer noch als zu weit gespannt erscheint, weil z.B. mit einem zu großen Aufwand zu rechnen wäre (etwa weil für die Datenerhebung Interviewer eingesetzt werden müssen). Es darf in dieser Phase generell nicht vergessen werden, daß empirische Arbeiten in der Regel kostspielig sind. Nicht selten nehmen "Einzelkämpfer", z.B. Doktoranden, Arbeiten in Angriff, die von der Größenordnung und vom materiellen Aufwand her allenfalls für ein Institut zu bewältigen wären. Das führt dann immer wieder zu der unerfreulichen Situation, daß die ursprünglichen Forschungsfragen aus Gründen der "Machbarkeit" schließlich bis an die Grenze zur Belanglosigkeit "reduziert" werden müssen.

In der Planungsphase ist ein sorgfältiges Literaturstudium dringend anzuraten. Wer hat welche einschlägigen empirischen oder theoretischen Arbeiten schon durchgeführt und mit welchen Resultaten? Inwieweit sind die bisherigen Arbeiten für die geplante eigene Arbeit von Nutzen? Was unterscheidet die geplante Untersuchung von den bisherigen? Ist überhaupt eine weitere empirische Arbeit notwendig, d.h. mit welchen neuen Erkenntnissen wäre (bestenfalls) zu rechnen?

Neben einer Präzisierung des (der) Forschungsproblems(e) müssen aber auch die verwendeten Begriffe präzisiert, d.h. *definiert*, werden. Begriffe werden sowohl im Alltagsleben wie in einzelnen wissenschaftlichen Disziplinen mit durchaus verschiedenen Bedeutungen verwendet. Nur was klar definiert ist, läßt sich intersubjektiv nachvollziehen oder auch mit Resultaten anderer empirischer Arbeiten vergleichen. Aber Definitionen allein genügen nicht, für Begriffe mit nur einem "indirekten empirischen Bezug" sind außerdem *"Indikatoren"* notwendig, was zu "Gültigkeitsfragen- bzw. Problemen" führen kann.

Empirisches Arbeiten soll zu einem Informationsgewinn, also letztlich zu Daten über reale Phänomene führen. Das ist nur möglich, wenn *"gemessen"* werden kann, was eine *"Operationalisierung"* von Begriffen bzw. von Begriffen und Indikatoren voraussetzt. "Messen" und "Operationalisierung" sind zentrale Probleme bei jeder empirischen Arbeit, auf die hier einzugehen sein wird.

Daten sind bei *"Merkmalsträgern"* zu erheben. Das können Personen sein, aber beispielsweise auch Firmen, Verbände o.ä. Sollen alle Merkmalsträger einer Grundgesamtheit herangezogen werden oder nur eine Teilmenge? Falls nur eine Teilmenge (*"Stichprobe"*), nach welchen Kriterien soll diese ausgewählt werden? Welche (theoretischen und praktischen) Vor- bzw. Nachteile haben einzelne Auswahlverfahren? Welche Stichprobengröße soll (muß?) geplant werden?

Ist überhaupt eine *"Primärerhebung"* notwendig oder sind die gewünschten Informationen schon anderweitig verfügbar, so daß man sich auf eine *"Sekundäranalyse"* beschränken kann?

Schließlich sind erhobene Daten zu analysieren. Welche Schlüsse, insbesondere Rückschlüsse auf die interessierenden Forschungsfragen, können aus ihnen gezogen werden? Welche Datenanalysemodelle bzw. -Verfahren kommen für meine Daten in Frage? Welche dieser Modelle bzw. Verfahren verstehe ich, über welche muß ich mir erst Kenntnisse aneignen? Welche Software steht zur Verfügung?

All diese angesprochenen Problemkreise sind keinesfalls unabhängig voneinander zu sehen. Sie sind im Gegenteil eng miteinander verzahnt, wie die weiteren Ausführungen deutlich machen werden: Entscheidungen auf einer "früheren" Stufe haben in der Regel Konsequenzen für die (dann noch) offenstehenden Alternativen auf "späteren" Stufen. Dabei ist "früher" bzw. "später" nicht unbedingt dahingehend zu verstehen, als könnten oder sollten die jeweiligen Entscheidungen tatsächlich zeitlich nacheinander erfolgen, vielmehr sind bei der Planung eines empirischen Projektes die Entscheidungen der einzelnen Stufen möglichst **simultan** zu überblicken. Beispielsweise kann eine bestimmte Operationalisierung dazu führen, daß gewisse Variablen (nur) auf Nominalskalenniveau erhoben werden können. Dann ist aber daran zu denken, daß viele der gängigen Datenanalysemethoden mindestens Intervallskalenniveau voraussetzen, d.h. man muß sich mit der Frage befassen, welche Analyseinstrumente für "qualitative" Daten eingesetzt werden können und welche Software dafür verfügbar ist. Oder: um zuverlässige Resultate zu erhalten, setzen nicht wenige Datenanalyseverfahren eine Mindestfallzahl voraus, was unbedingt bei der Planung der Stichprobengröße zu beachten ist. Leider ist es immer noch gängige Praxis, eine empirische Untersuchung durchzuführen und sich erst nach der Datenerhebung um die Datenauswertung zu kümmern. Man erwartet dann vom Statistiker, der üblicherweise erst in der Schlußphase hinzugezogen wird, "Patentlösungen", welche die kumulierten konzeptionellen Mängel der Untersuchung "heilen" soll.

II.2. Zur Problempräzisierung

Wie eingangs bemerkt wurde, ist die Problemformulierung zu Beginn eines empirischen Projektes in aller Regel noch recht vage. Ohne weitere Präzisierungen wäre empirisches Arbeiten nicht möglich. Didaktisch nützlich ist eine Unterscheidung zwischen *"deskriptiven"* und *"theorie/hypothesentestenden"* Untersuchungen (vgl. dazu Kromrey 1994, S.67). "Deskriptiv" soll eine Untersuchung dann genannt werden, wenn es um eine "Beschreibung" von realen Phänomenen geht, während sie als "theorie/hypothesentestend" bezeichnet werden soll, wenn eine ausformulierte Theorie bzw. eine (oder auch mehrere) klare formulierte Hypothese(n) empirisch überprüft werden soll(en) (Wie man sich leicht überlegt, ist eine derartige strenge Unterscheidung praktisch nicht zu vollziehen, eine voraussetzungslose Deskription realer Sachverhalte ist nicht möglich – darauf wurde schon im letzten Kapitel hingewiesen – mindestens Alltagstheorien oder einfache Hypothesen werden dabei – meist stillschweigend – unterstellt).

Bei einer *Deskription* muß eine Problempräzisierung zunächst einmal in der Weise erfolgen, daß man sich klar macht, welche Aspekte (oder *"Dimensionen"*) der Wirklichkeit überhaupt untersucht werden sollen. Da ihre Anzahl nahezu beliebig groß ist, muß eine *Selektion* vorgenommen werden. Eine quasi fotografische Abbildung realer Phänomene ist schlechterdings unmöglich. Mit Hilfe einer *"dimensionalen Analyse"* sind diejenigen Einzelheiten der Realität herauszuarbeiten, welche untersucht werden sollen. Wegleitend dabei sind vor allem das *Erkenntnisinteresse* (was interessiert den Wissenschaftler oder den Auftraggeber?) und/oder das *Verwertungsinteresse* (wofür oder für wen sollen die Untersuchungsresultate genutzt werden?). Eine deskriptive empirische Untersuchung kann mit einem Scheinwerfer verglichen werden, der in das "Dunkel der Realität" hineinleuchtet. Nur was im (relativ engen) Fokus der Lichtquelle erscheint – als Resultat der *dimensionalen Analyse* – steht im Zentrum der Untersuchung, anderes nur am Rande. Der Ausdruck "dimensionale Analyse" geht auf Zetterberg 1973 zurück. Schnell/Hill/Esser 1992, S.130) bevorzugen statt dessen den Begriff *Konzeptspezifikation* in Anlehnung an die im englischsprachigen Schrifttum gebräuchlichen Ausdrücke *conceptualization* und *concept specification*, weil "dimensionale Analyse" in den Naturwissenschaften mit einer anderen Bedeutung gebraucht wird.

Daß dimensionale Analysen unumgänglich sind, weil die meisten Begriffe "hochdimensional" sind, kann man sich am zunächst vielleicht einfach erscheinenden Begriff "Arbeitszufriedenheit" klarmachen, der in der im vorigen Kapitel diskutierten Hypothese verwendet wurde. Dimensionen der Arbeitszufriedenheit könnten sein: Höhe des Lohnes bzw. Gehaltes, Sicherheit des Arbeitsplatzes, Dauer der Arbeitszeit, Gestaltung der Arbeitszeit (z.B. fixe oder gleitende, Samstags-/Sonntags-/Nachtarbeit), Dauer des Urlaubs, Aufstiegsmöglichkeiten, Weiterbildung, Entfernung zum Arbeitsplatz, Erreichbarkeit des Arbeitsplatzes (zu Fuß, mit öffentlichen Verkehrsmitteln, nur mit eigenem Fahrzeug), Verhältnis zu den Arbeitskollegen, soziale Einrichtungen (z.B. Kantine) usw. Diese Aufzählung ist sicher nicht vollständig, dem Leser wird es nicht schwerfallen, sie um weitere Dimensionen zu ergänzen.

Bei einer empirischen Arbeit wäre es nun schon aus zwei Gründen in der Regel nicht möglich, alle denkbaren Dimensionen eines Begriffes zu berücksichtigen: zum einen gibt es kaum Arbeiten, bei denen nur **ein** hochdimensionaler Begriff eine Rolle spielt und zum anderen sind die einzelnen Dimensionen oft selbst wieder mehrdimensional, zum Beispiel die obige Dimension "Verhältnis zu den Arbeitskollegen", bei der sich wiederum viele "Subdimensionen" denken lassen (dagegen ist die Dimension "Dauer der Arbeitszeit" eindimensional: z.B. "Anzahl der Arbeitsstunden/Woche"). Wie man sich leicht vorstellen kann, würde die Anzahl der zu berücksichtigenden Dimensionen bei mehreren hochdimensionalen Begriffen (samt ihren Subdimensionen) rasch ins Uferlose wachsen. Es ist bei empirischen Untersuchungen stets daran zu denken, daß die Berücksichtigung einer Dimension nur dann sinnvoll ist, wenn dafür Daten erhoben werden bzw. werden können, d.h. praktisch, je mehr Dimensionen berücksichtigt werden sollen, umso aufwendiger wird die Datenerhebung sein. Daß für eine Dimension Daten erhoben werden können, ist durchaus nicht selbstverständlich. Nicht selten stehen dem – heute im zunehmenden Ausmaß – rechtliche Hindernisse entgegen (Datenschutz!), dann aber auch faktische – z.B. Auskunftsverweigerung –, d.h. es kann durchaus vorkommen, daß man auf eine oder mehrere an sich interessanten Dimensionen oder Subdimensionen verzichten muß.

Wie oben schon bemerkt wurde, lenkt das Erkenntnis- bzw. Verwertungsinteresse weitgehend die Selektion der für eine Untersuchung als relevant anzusehenden Dimensionen. Wer sich beispielsweise für eine vorwiegend "materiell" verstandene "Arbeitszufriedenheit" interessiert, der wird sich vor allem auf die Dimensionen "Höhe des Lohnes bzw. Gehaltes", "Dauer der Arbeitszeit", "Gestaltung der Arbeitszeit" usw. konzentrieren. Ein Psychologe würde vermutlich eher die Dimension "Verhältnis zu den Arbeitskollegen" mit ihren Subdimensionen zum Gegenstand seiner Untersuchung machen. Für einen Verkehrsplaner dagegen wäre eher die Dimensionen "Entfernung zum Arbeitsplatz" bzw. "Erreichbarkeit des Arbeitsplatzes" von Interesse usw.

Neben einer dimensionalen Analyse ist bei empirischen Untersuchungen in der Stufe der Problempräzisierung häufig eine *"semantische Analyse"* zu leisten, insbesondere dann, wenn mehr oder weniger ausformulierte Theorien oder Hypothesen überprüft werden sollen. Allgemein ist "Semantik" ... "die Wissenschaft der Bedeutung sprachlicher Ausdrücke. Sie ist ein Teil der *Semiotik*, bzw. der *Semiologie*, der allgemeinen Wissenschaft der Zeichen und des Zeichen-Gebrauchs bei Tieren und Menschen" (Follesdal 1980, S.568). Im vorliegenden Kontext geht es bei der semantischen Analyse um die Bedeutung von Begriffen, die in Theorien und/oder Hypothesen (z.B. im Bereich der Wirtschaftswissenschaften) verwendet werden und die ja zunächst nichts anderes als sprachliche Zeichen sind. "Eine der zentralen Unterscheidungen in der Semiotik ist diejenige zwischen dem *Sinn* eines Ausdrucks und dem *Objekt*, von dem wir reden, wenn wir ihn verwenden" (Follesdal 1980, S.458).

Bei einer (wohl)ausformulierten Theorie sollte sich der Sinn eines theoretischen Begriffes aus dem Kontext der Theorie ergeben, d.h. es sollte klar sein, welchen Sinn der "Theoriekonstrukteur" einem Begriff beigelegt hat. Ist das nicht der Fall, so muß versucht werden, diesen Sinn aus dem Gesamtzusammenhang der Theorie (evtl. auch aus der dazu zu erschienenen Literatur) zu erschließen, was allerdings zu durchaus verschiedenen Interpretationen führen kann (In diesem Fall wird man allerdings mindestens ernste Zweifel hegen dürfen, ob eine "wohlausformulierte" Theorie vorliegt). Bei Kromrey findet sich dazu ein instruktives Beispiel (vgl. Kromrey 1994, S.89 ff.). Es handelt sich um den Begriff "Entfremdung", der in der Marxschen Theorie eine zentrale Rolle spielt, aber dessen Bedeutung innerhalb dieser Theorie offensichtlich keinen eindeutigen Sinn hat und sich auch nicht eindeutig aus dieser erschließen läßt, sonst könnte man bei den Marx-Interpreten und Epigonen nicht ein durchaus verschiedenes Verständnis – mit entsprechenden Konsequenzen für eine evtl. empirische Überprüfung – dieses Begriffs unterscheiden. Darauf wird gleich noch zurückzukommen sein.

Die Ermittlung des Sinns eines theoretischen Begriffes im Kontext einer Theorie stellt aber nur *eine* Seite der Problempräzisierung dar. Eine zweite ist seine *Verknüpfung mit realen Sachverhalten* mit Hilfe von sog. *"Korrespondenzregeln"*, damit entschieden werden kann, ob der Sachverhalt, der mit dem theoretischen Begriff angesprochen wird, auch tatsächlich vorliegt (darauf bezieht sich "Objekt" im letzten Zitat). Einfacher ausgedrückt: welche Gegebenheiten der realen Welt entsprechen einem theoretischen Begriff? (genauer: "sollen" einem theoretischen Begriff entsprechen?) Mit "sollen" wird angedeutet, daß jede Korrespondenz zwischen theoretischem

Begriff und realen Sachverhalten im Prinzip *hypothetischen Charakter* hat. Wie eine derartige Korrespondenz faktisch aussieht bzw. aussehen kann, hängt nicht zuletzt vom Sinn ab, den ein Begriff hat (im Kontext einer Theorie) oder der ihm (via Interpretation) zugeschrieben wird. So könnten einerseits etwa "objektive" Sachverhalte wie Rechtsordnung (z.B. ist Privateigentum an Produktionsmitteln gegeben?), Einkommens- und Vermögensverteilung u.ä., andererseits aber "subjektive", mehr ins "Psychologische" weisende Sachverhalte wie "emotionale" Befindlichkeiten (der Arbeiter "fühlt" sich unfrei) oder auch verschiedene "Verhaltensstile" (wenn postuliert wird, daß sich "Entfremdung" in differierenden Verhaltensweisen manifestiert) dem theoretischen Begriff "Entfremdung" entsprechen: je nachdem, was unter "Entfremdung" verstanden wird, ist von einer unterschiedlichen Korrespondenz zwischen diesem Begriff und realen Sachverhalten auszugehen (vgl. dazu die oben zitierte ausführliche Darstellung bei Kromrey 1994).

Kritisch ist anzumerken, daß es manchmal durchaus möglich ist, eine Theorie dadurch zu *immunisieren*, daß man zuerst nach solchen Sachverhalten der Realität Ausschau hält, die etwas mit den Begriffen der Theorie zu tun haben (oder zu tun haben könnten) und mit dieser konform gehen, um dann solche Korrespondenzen herzustellen, welche die Theorie "bestätigen".

"Präzisierung der Fragestellung, dimensionale bzw. semantische Analyse sind (wie die gesamte Konzeptualisierung des Forschungsvorhabens) wichtige und für den erfolgreichen Verlauf eines Forschungsprojektes kritische Punkte. Festlegungen auf dieser Stufe können in einer späteren Untersuchungsphase nicht mehr zurückgenommen, Unterlassungen nicht mehr korrigiert werden" (Kromrey 1994, S.73).

Angemerkt sei noch, daß auch in der empirischen Wirtschaftsforschung, z.B. bei der Überprüfung makroökonomischer Theorien, Überlegungen anzustellen sind, die mit semantischen Analysen verwandt sind. Hier beziehen sich die Korrespondenzen jedoch meistens auf wirtschaftsstatistische Daten. Beispielsweise wird üblicherweise in den Modellen der makroökonomischen Konsumtheorie der gesamtwirtschaftliche Konsum als abhängig von der Höhe des Einkommens, der Einkommensverteilung, dem Preisniveau, der Bevölkerungszahl usw. angenommen. Damit eine empirische Überprüfung dieses Zusammenhangs möglich ist, muß u.a. die Frage geklärt werden, welche Daten diesen theoretischen Begriffen entsprechen bzw. entsprechen sollen (makroökonomische Daten werden ja in der Regel nicht von einem einzelnen Wirtschaftsforscher erhoben, sondern z.B. von statistischen Ämtern). Durch welche statistische Größe wird der "Konsum" repräsentiert oder soll er repräsentiert werden? Kann (oder soll) dafür der "Endkonsum der privaten Haushalte" aus der Nationalen Buchhaltung (der Schweiz) verwendet werden? Welche Einkommensgröße aus der volkswirtschaftlichen Gesamtrechnung soll verwendet werden? Das Brutto- oder das Nettosozialprodukt zu Faktorkosten, das private oder das persönlich verfügbare Einkommen? (vgl. dazu Schips 1990, S.26). Bei der Lösung dieser "Adäquationsprobleme" wird eine minimale "logische Diskrepanz" zwischen den Zählbegriffen der Wirtschaftsstatistik und den in der ökonomischen Theorie verwendeten Begriffen gefordert (vgl. dazu Grohmann 1985, S.1-15).

II.3. Zur Definition von Begriffen

Wie schon eingangs erwähnt wurde, ist es unumgänglich, die Bedeutung von Begriffen, die in einer empirischen Untersuchung verwendet werden, zu präzisieren, was mit Hilfe von *Definitionen* geschieht. Grundsätzlich kann man zwei Arten von Definitionen unterscheiden, *Nominal-* und *Realdefinitionen.*

Nominaldefinitionen weisen zwei Bestandteile auf, das *Definiendum,* d.h. der zu definierende Begriff, und das *Definiens,* d.h. die Begriffe, die das Definiendum inhaltlich festlegen. Formal kann eine Nominaldefinition z.B. folgendermaßen dargestellt werden:

$$A: = \text{ df } \{ B, C, D, E \}$$

d.h. der zu definierende Begriff A (=Definiendum) ist bedeutungsgleich mit den Begriffen B, C, D, E die (zusammen) das Definiens bilden. Dabei ist vorausgesetzt, daß die Bedeutung des (undefinierten) Definiens (d.h. die Bedeutung der Begriffe B,C,D,E) bekannt ist. Ist das nicht oder nur teilweise der Fall, dann sind weitere Definitionen erforderlich. Es muß aber vorausgesetzt werden, daß "schließlich" undefinierte Begriffe existieren, die hinreichend präzise und in ihrer Bedeutung allgemein akzeptiert sind, um darauf eine "Definitionskette" aufzubauen, andernfalls käme man in einen "unendlichen Regress".

Nominaldefinitionen sind nichts anderes als *tautologische Umformungen*, d.h. die "beiden Seiten" einer Nominaldefinition sind bedeutungsgleich. Sie erfolgen auf der *Ebene der Sprache*, d.h. es werden lediglich sprachliche Zeichen miteinander verknüpft und sie sind prinzipiell *beliebig*. Somit weisen Nominaldefinitionen keinen empirischen Informationsgehalt auf. Ein Vorteil von Nominaldefinitionen ist ihre *Präzision*: ihre Bedeutung ist explizit, präzise und erschöpfend festgelegt (vgl. Kromrey 1994, S.105), was die Kommunikation erleichtert und intersubjektive Nachprüfbarkeit ermöglicht.

Wenn eben gesagt wurde, daß Nominaldefinitionen beliebig seien, dann ist das nicht gleichbedeutend mit "willkürlich", und zwar deswegen nicht, weil für die praktische, empirische Arbeit bei Nominaldefinitionen sowohl eine *intensionale* als auch eine *extensionale* Seite zu berücksichtigen sind, deren Ausgestaltung beide vom Erkenntnis- und/oder Verwertungsinteresse abhängen. Unter der *Intension* eines nominal definierten Begriffes ist die *Menge der Eigenschaften* zu verstehen, welche die Bedeutung des Begriffes konstituieren. Im vorigen Beispiel sind das die Eigenschaften B,C,D,E. Dagegen bezieht sich die *Extension* einer Nominaldefinition auf die *Menge der Objekte*, die unter die Definition fallen (Nominaldefinitionen machen somit Aussagen über die intensionale und extensionale Gleichheit von Begriffen). Man könnte nun eine Nominaldefinition so vornehmen, daß man (vielleicht berechtigterweise) den Vorwurf erheben könnte, das "Wichtigste" oder "Wesentliche" des mit dem Begriff Gemeinten außer Acht gelassen – also quasi "wegdefiniert"– zu haben und/oder die Objekte ausgeschlossen zu haben, auf die es "eigentlich" ankomme. Selbst wenn dieser Vorwurf zu Recht bestünde, könnte nicht davon gesprochen werden, daß die Definition "falsch" sei: eine Nominaldefinition ist weder "richtig" noch "falsch", wohl aber kann sie "zweckmäßig" oder "unzweckmäßig" sein. Im Extremfall kann sie so gestaltet sein, daß ihre Extension gleich der leeren Menge ist, d.h. es existiert kein Objekt, auf das diese Definition zuträfe. Eine solche Definition wäre zwar nicht als "falsch", wohl aber als für die praktische Arbeit völlig unbrauchbar zu bezeichnen. Aus diesem Grund sind bei der Gestaltung von Nominaldefinitionen stets sowohl die intensionalen als auch die extensionalen Implikationen im Auge zu behalten.

Die Extension einer Nominaldefinition hängt von ihrer Intension ab. Nehmen wir beispielsweise an, es sei im Rahmen einer empirischen betriebswirtschaftlichen Untersuchung der Begriff "Manager" zu definieren und die folgenden beiden Definitionen stünden zur Auswahl:

$$M_1 : = df \{S, A, K, M, G\}$$
$$M_2 : = df \{S, F, M, G\}$$

Dabei bedeute S eine selbständig handelnde Person, A bezeichne einen abhängig Beschäftigten, K eine Kapitalgesellschaft, M stehe für Markt, G für Gewinne und F für Firma. M_1 bezieht sich also auf alle selbständig handelnden Personen, die Angestellte einer Kapitalgesellschaft sind, welche am Markt mit der Absicht der Gewinnerzielung operiert. Analog ist M_2 zu verstehen. Man sieht leicht, daß die Extension bei diesen beiden Definitionen verschieden ist: bei M_2 ist sie wesentlich größer als bei M_1, da unter die Definition M_2 schlechthin alle Chefs aller Firmen (unabhängig von ihrer Rechtsform) fallen, die am Markt mit der Absicht der Gewinnerzielung tätig sind, während bei M_1 lediglich die (angestellten) Chefs von Kapitalgesellschaften angesprochen werden. Ob man in einer empirischen Untersuchung einen derart weiten Kreis von selbständig agierenden Personen unter dem Begriff "Manager" subsumieren möchte, hängt in erster Linie vom Erkenntnis- und/oder Verwertungsinteresse der Arbeit ab. Nicht selten wird man in der Praxis eine Nominaldefinition – im Sinne eines Kompromisses – so gestalten müssen, daß die Extension nicht "zu viele" Objekte einschließt oder nur Objekte, auf die man "zugreifen" kann, d.h. für die prinzipiell Daten zu beschaffen sind.

Im Gegensatz zu Nominaldefinitionen sind *Realdefinitionen* solche Definitionen, die nicht in das Belieben das Definierenden gestellt sind, da sie eine Aussage über Eigenschaften eines Gegenstandes oder Sachverhaltes machen. Realdefinitionen sind z.B. in Lexika anzutreffen. Sie sollen das "Wesen" einer Begriffes zum Ausdruck bringen, d.h. sie sind "*Behauptungen* über die Beschaffenheit oder über das "Wesen" eines Phänomens und haben damit den gleichen Status wie empirische Hypothesen; sie müssen sich an der Realität des bezeichneten Phänomens bewähren, und sie können richtig oder falsch sein" (Kromrey 1994, S.107 f.).

Es empfiehlt sich schon von der sprachlichen Formulierung her, Real- von Nominaldefinitionen zu unterscheiden. Zum Beispiel würde man eine Nominaldefinition von "Manager" verbal etwa so umschreiben: "Unter einem "Manager" *soll verstanden werden* ..." oder: "*Ich definiere* für diese Untersuchung "Manager" wie folgt ... Dagegen würde man eine Realdefinition folgendermaßen formulieren: "Ein "Manager" *ist* ..." oder: " *Wesentlich*" für einen "Manager" ist ..." (vgl. dazu Kromrey 1994, S.108).

Problematisch sind Realdefinitionen insofern, als niemals mit letzter Sicherheit entschieden werden kann, was nun das "Wesen" eines Gegenstandes oder Sachverhaltes ist, der Begriff "Wesen" ist selbst wenig präzis und deshalb sind auch Realdefinitionen im allgemeinen als vage zu bezeichnen. "Realdefinitionen" sind für wissenschaftliches Arbeiten untauglich, da keine Kriterien angegeben werden können, inwieweit das "Wesen" einer Sache durch die Definition erfaßt wird" (Schnell/Hill/Esser 1992, S.40, Fußnote 3).

Für die Praxis der empirischen Forschung scheint der offensichtliche Unterschied zwischen Nominal- und Realdefinition allerdings weniger stark ausgeprägt zu sein. Definitionen sind im allgemeinen nicht vorgegeben, sie müssen in der Regel in der Phase der Problempräzisierung erst "entwickelt" werden. Um sich nicht dem Vorwurf des "Wegdefinierens" auszusetzen, wird man dabei – bei aller prinzipiellen Beliebigkeit von Nominaldefinitionen – doch die "wesentlichen" Eigenschaften eines Gegenstandes oder Sachverhaltes herausarbeiten und durch Aufnahme in das Definiens berücksichtigen (darauf wurde schon oben hingewiesen). Das heißt aber nichts anderes, als daß "erarbeitete" und schließlich für das Weitere akzeptierte Nominaldefinitionen unter Berücksichtigung realdefinitorischer Aspekte zustandekommen. Es sei hier hinzugefügt, daß der "Entwicklungsprozeß" von Definitionen offenzulegen ist, d.h. der Leser einer empirischen Arbeit ist darüber zu informieren, weshalb gerade diese und keine andere Definition schließlich verwendet wird. Diese Entscheidung ist dann auch durch eine geeignete sprachliche Formulierung unmißverständlich "festzuschreiben", etwa: "Unter A verstehe ich in dieser Studie ..." oder "Wir wollen in den weiteren Ausführungen unter A folgendes verstehen: ..." o.ä.

II.4. Indikatoren

In Kapitel I.2. wurde ausgeführt, daß gemäß den Anforderungen des Kritischen Rationalismus alle Aussagen einer empirischen Wissenschaft an der Erfahrung überprüfbar sein müssen, was u.a. impliziert, daß sich alle in Aussagen (Hypothesen, Theorien) verwendeten Begriffe auf die erfahrbare Realität beziehen, kurz: einen "empirischen Bezug", aufweisen müssen. Dabei sind zwei Arten von Begriffen zu unterscheiden, einmal solche, die einen "direkten" und zum anderen solche, die einen (nur) "indirekten" empirischen Bezug haben. Beispielsweise kann die Körpergröße einer Person direkt beobachtet oder festgestellt werden, hingegen ist das bei der "Qualität" eines Gutes nicht möglich. Für nur indirekt empirisch bezogene Begriffe sind *Indikatoren* ("Anzeiger") notwendig, die besser beobachtbar sein sollten als das *Indikandum*, d.h. als der anzuzeigende Begriff. "Ähnlich wie in der Medizin der Begriff des "Symptoms" wird in den Sozialwissenschaften der Begriff des "Indikators" verwendet" (Kuzmics 1980, S.294). Von Nowack 1963 stammt eine nützliche Klassifikation von Indikatoren in *definitorische, korrelative* und *schlußfolgernde* Indikatoren. Bei den korrelativen Indikatoren lassen sich noch *interne* und *externe* korrelative Indikatoren unterscheiden.

Wie schon oben ausgeführt wurde, legt bei einer Nominaldefinitionen das Definiens den Bedeutungsgehalt eines zu definierenden Begriffes fest. Sind nun die bekannten Begriffe des Definiens direkt beobachtbar und werden sie als Indikatoren verwendet, dann sind das *definitorische* Indikatoren. Ist z.B. der Begriff A definiert durch die beiden Begriffe B und C, also A:= df {B, C}, und sind sowohl B als auch C beobachtbar, dann bilden B und C *zusammen* definitorische Indikatoren.

Während definitorische Indikatoren den gesamten Bedeutungsgehalt eines Begriffes abdecken (mit ihm identisch sind), trifft das nicht mehr auf die korrelativen Indikatoren zu. Ein *intern korrelativer* Indikator ist dabei ein solcher, der eine Komponente des Definiens ist und der mit den übrigen Komponenten des Definiens (positiv) korreliert. Sei z.B. "sozialer Status" definiert als die "Position einer Person in der gesellschaftlichen Hierarchie, wie sie sich aufgrund ihrer Bildung, ihres Berufs und ihres Einkommens ergibt". Wenn Bildung, Beruf und Einkommen positiv miteinander korrelieren, dann ist jedes dieser im Definiens stehenden Merkmale ein intern korrelativer Indikator für den Sozialstatus einer Person (vgl. dazu Kromrey 1994, S.117). Dagegen ist ein *extern korrelativer* Indikator nicht Bestandteil des Definiens, korreliert aber mit dem zu indizierenden Begriff. Wenn etwa "sozialer Status" und "Automarke" positiv miteinander korrelieren ("je höher der soziale Status, desto nobler ist der gefahrene Wagen"), dann ist die Automarke ein Indikator für den sozialen Status einer Person, der aber deswegen als "extern" bezeichnet wird, weil in der Definition von "sozialer Status" diese nicht im Definiens erscheint.

Schlußfolgernde Indikatoren sind solche, die bei der Ermittlung von Einstellungen, Meinungen usw. eine Rolle spielen. Welche Einstellung jemand zu einem bestimmten Problem oder zu einer bestimmten Frage hat, kann man (manchmal) an seinem Verhalten in gewissen Situationen "ablesen", d.h. von gewissen Verhaltensweisen wird auf seine Einstellung geschlossen. Oder man stellt einer Person im Rahmen einer Befragung bestimmte "Einstellungsfragen". Ihre Antworten interpretiert man als Indikatoren für die interessierende Einstellung. Die Grenze zwischen schlußfolgernden und extern korrelativen Indikatoren ist fließend.

Die auf Nowack zurückgehende Klassifikation von Indikatoren ist insofern von Bedeutung, als damit auch etwas über ihre *Gültigkeit* (oder *Validität*) gesagt werden kann. Gültig ist ein Indikator dann, wenn er wirklich das anzeigt, was er anzeigen soll, d.h. das was mit dem definierten Begriff gemeint ist.

Offensichtlich sind definitorische Indikatoren 100% valide, da Indikatoren und Definiens identisch sind. Ein intern korrelativer Indikator ist mindestens teilweise gültig, da er ja mindestens **eine** "Dimension" des Bedeutungsgehaltes des Begriffes abdeckt. Im obigen Beispiel wäre "Einkommen" ein Indikator, der partiell den Bedeutungsgehalt von "sozialer Status" umfaßt.

Im allgemeinen ist die Validität von extern korrelativen Indikatoren wesentlich unsicherer, da die Korrelation zwischen Indikator und Begriff hypothetisch ist, wenn sich dafür keine theoretische Begründung finden läßt, und möglicherweise auch wenig stabil im Zeitablauf. In obigem Beispiel könnte es etwa für Personen mit hohem sozialen Status durchaus "schick" sein – wenn vielleicht auch nur für eine gewisse Zeit – mit bescheidenen Kutschen durch die Gegend zu fahren ("understatement").

Bei schlußfolgernden Indikatoren schließlich ist die Validität aber noch schwieriger zu beurteilen. Ob etwa die Antworten auf Einstellungsfragen die wirkliche Einstellung einer Person widerspiegeln – also valide Indikatoren sind – läßt sich oft nur schwer sagen. Gelegentlich ist dies aber nachprüfbar, z.B. wenn sich jemand auf Einstellungsfragen bezüglich des "Umweltschutzes" als sehr umweltbewußt ausgibt (was heute ja generell als sozial erwünscht gilt), aber beobachtet werden könnte, daß diese Person auch für kleinste Entfernungen ständig das Auto benützt, dann müßte man wohl die Validität dieser Indikatoren als sehr gering einschätzen.

Bei der Auswahl von Indikatoren empfiehlt es sich häufig, für einen Begriff nicht nur einen einzigen Indikator zu verwenden. Zum einen kann bei der Verwendung *multipler Indikatoren* der Bedeutungsgehalt eines Begriffes meistens besser erfaßt werden als wenn nur ein Indikator herangezogen würde. Zum anderen ist daran zu denken, daß "Messungen" (was damit genau gemeint ist wird noch auszuführen sein) immer mit Fehlern behaftet sind. Handelt es sich dabei um "zufällige" Fehler, dann kann durch eine Aggregation mehrerer (voneinander unabhängiger) Messungen, etwa durch Bildung eines Mittelwertes, ein Ausgleich der Meßfehler erwartet werden, wodurch die Genauigkeit der Messung erhöht wird. Auch diese Überlegung spricht für die Verwendung multipler Indikatoren.

II.5. Operationalisierung

"Unter der Operationalisierung eines Begriffs ist die Angabe derjenigen Vorgehensweisen, derjenigen Forschungs*operationen* zu verstehen, mit deren Hilfe entscheidbar wird, ob und in welchem Ausmaß der mit dem Begriff bezeichnete Sachverhalt in der Realität vorliegt" (Kromrey 1994, S.126). Dazu gehört die Angabe des Datenerhebungsinstrumentes und bei nur indirekt empirischen Begriffen auch die Auswahl geeigneter Indikatoren. Im letzteren Fall ist die Operationalisierung ein zweistufiger Prozeß, d.h. zuerst müssen die Indikatoren bestimmt werden und im zweiten Schritt sind diese zu operationalisieren.

Bei der *Operationalisierung* geht es um genaue ("technische") Anweisungen wie im konkreten Fall vorzugehen ist, um die gewünschten Informationen aus der Realität zu erhalten. Dazu gehören z.B. Bestimmungen, wie ein "Meßinstrument" (z. B. ein Fragebogen) zu gestalten und "vor Ort" (d.h. beim Befragten) zu handhaben ist. Welche Fragen sollen in welcher Reihenfolge und in welchen Formulierungen gestellt werden? Soll man standardisierte Interviews oder eher "weichere" Befragungsformen wählen? Soll eine schriftliche oder eine telefonische Befragung vorgenommen werden?

"Operationalisierung" meint: Wissenschaftliche Begriffe müssen so formuliert sein, daß jederzeit darüber entschieden werden kann, ob dieser Begriff zutrifft oder nicht. Mit dem Begriff muß eine Anweisung für bestimmte Operationen – Experimente, Beobachtung, etc. – verbunden sein, aufgrund derer über das Vorliegen resp. Nichtvorliegen des Begriffs entschieden werden kann. Anders formuliert: Aussagen können nur dann als wissenschaftlich sinnvoll akzeptiert werden, wenn die in ihnen enthaltenen relevanten Begriffe operationalisierbar sind, da nur dann festgestellt werden kann, ob diese Aussage zutrifft" (Klüver 1980, S.464).

Statt von "Operationalisierung" wird gelegentlich auch von "operationaler Definition" gesprochen. Dabei ist allerdings zu beachten, daß damit nicht eine weitere Definition neben der oben besprochenen Nominal- und Realdefinition gemeint ist, "sondern sie ist ein in der Forschung für *jeden* Begriff notwendiger *Übersetzungsvorgang* in Techniken bzw. Forschungsoperationen – gleichgültig, auf welche Art der Begriff definiert wurde; gleichgültig, ob er direkten oder indirekten empirischen Bezug aufweist" (Kromrey 1994, S.126).

Daß Operationalisierung auch für Begriffe mit direktem empirischen Bezug notwendig ist und daß es u.U. mehrere Möglichkeiten der Operationalisierung (mehrere "Operationalisierungsstrategien") gibt, kann man sich leicht an einem einfachen Beispiel klarmachen. Soll etwa die Körpergröße – ein Begriff mit direktem empirischen Bezug, wie schon oben ausgeführt wurde – einer Anzahl von Personen festgestellt werden, dann muß dieser Begriff operationalisiert werden, d.h. es sind *genaue* Handlungsanweisungen ("Meßvorschriften") zu erlassen, welche es erlauben, diese konkret festzustellen. Solche sind z.B.: die Personen haben sich barfuß und aufrecht an eine Wand zu stellen an der eine Meßlatte mit cm-Einteilung angebracht ist. Die Körpergröße wird vom Versuchsleiter mit Hilfe eines Stabes an der Meßlatte abgelesen, der waagrecht auf dem Kopf der zu messenden Person aufliegt. Das Meßergebnis ist auf ganze cm abzurunden und in ein Protokoll neben dem Namen der zu messenden Person einzutragen (vgl. dazu Kromrey 1994, S.126). Die Gesamtheit dieser Vorschriften stellt in diesem Fall *eine* (nicht die) Operationalisierung des Begriffes "Körpergröße" dar. Diese könnte für einen derart alltäglichen und selbstverständlich erscheinenden Vorgang fast als lächerlich pedantisch erscheinen. Aber man sieht leicht ein, daß geringfügige Variationen dieser Meßvorschriften u.U. einen erheblichen Einfluß auf die Meßresultate haben. Würde man etwa auf die explizite Vorschrift, sich barfuß an die Meßlatte zu stellen, verzichten, dann wäre damit zu rechnen, daß sich manche Personen mit Schuhen, andere aber barfuß anstellen würden. Das hätte aber zur Folge, daß unterschiedliche Meßwerte nicht nur unterschiedliche Körpergrößen repräsentierten, sondern auch unterschiedlich hohe Schuhabsätze, d.h. die Meßwerte bezögen sich auf verschiedene Sachverhalte und wären prinzipiell nicht miteinander vergleichbar. Oder würde man "aufrunden" anstelle von "abrunden", dann käme man zu einer (leicht) höheren durchschnittlichen Körpergröße dieser Personen.

Die eben beschriebene Operationalisierung ist jedoch nicht die einzige mögliche für den Begriff "Körpergröße". Eine andere könnte folgendermaßen aussehen: die Personen stellen sich (wie die Orgelpfeifen) in einer Reihe auf, der Größte an die erste Stelle, der Zweitgrößte an die zweite usw., und schließlich der Kleinste an die letzte Stelle. Dem Größten wird im Protokoll die Zahl 1 zugeordnet, dem Zweitgrößten die Zahl 2 usw. (man könnte genau so gut dem Größten die größte zu vergebende Zahl zuordnen). Diese Operationalisierung führt offensichtlich zu Meßwerten, die lediglich eine *Rangordnung* zum Ausdruck bringen, d.h. sie liegen nur auf *Ordinalskalenniveau* vor, während die vorige zu einer *Ratioskala* führt (auf die verschiedenen Skalenniveaus ist noch im einzelnen einzugehen).

Dieses einfache Beispiel zeigt, daß verschiedene Operationalisierungen u.U. zu durchaus verschiedenen Skalenniveaus der Meßwerte führen können, was für die im Anschluß an die Datenerhebung durchzuführende Datenanalyse zu beachten ist, z.B., wenn ein Analyseverfahren, das man verwenden möchte, mindestens Intervallskalenniveau voraussetzt.

Wie bei den Indikatoren sind auch bei der Operationalisierung Validitätsüberlegungen anzustellen, verschiedene Operationalisierungen sind unter Validitätsaspekten u.U. durchaus verschieden zu beurteilen. Hier soll nur von zwei Validitätskonzepten die Rede sein, von der *logischen* Validität und der *empirischen* Validität einer Operationalisierung. Bei der logischen Validität geht es darum, ob die operationalen Vorschriften den gleichen Bedeutungsumfang aufweisen wie die Begriffsdefinition. Die empirische Validität bezieht sich dagegen darauf, ob mit Hilfe dieser Vorschriften tatsächlich auch das erfaßt wird oder werden kann, was mit dem Begriff gemeint ist.

Nehmen wir an, es gehe darum, das Jahreseinkommen (des vergangenen Jahres) einer bestimmten Anzahl von Personen festzustellen, wobei der Begriff "Jahreseinkommen" genau definiert sei, z.B. sei damit das "steuerbare Einkommen" gemeint, das aufgrund der steuerlichen Gesetze exakt definiert ist. Man kann sich nun verschiedene Operationalisierungen dieses Begriffes vorstellen. So könnte man diesen Personen im Rahmen eines Interviews die Frage stellen: "Wie hoch war im letzten Jahr Ihr steuerbares Einkommen?" und die Antwort protokollieren. Zweifellos wäre diese Operationalisierung logisch 100% valide, denn der Bedeutungsumfang der operationalen Vorschrift ist identisch mit demjenigen des Begriffes "Jahreseinkommen" (dabei soll stillschweigend vorausgesetzt werden, daß eine befragte Person weiß, was unter dem Begriff "steuerbares Einkommen" zu verstehen ist, andernfalls müßte dies während des Interviews geklärt werden). Während die logische Validität dieser Operationalisierung offensichtlich unproblematisch ist, kann kaum davon ausgegangen werden, daß auch die empirische den selben Validitätsgrad aufweist: es könnte z.B. passieren, daß gewisse Personen eine Auskunft auf eine so direkt gestellte Frage verweigern, oder daß sie sich im Moment der Befragung an diese Einkommensgröße nur ungenau erinnern, oder daß sie bewußt unter- oder übertreiben usw. Denkbar wäre aber auch eine andere Operationalisierung, etwa, daß man die obige Frage in schriftlicher Form an diese Personen richtet, was allerdings kaum zu einer höheren empirischen Validität führen dürfte. Das gleiche dürfte auch für eine telefonische Befragung anzunehmen sein. Dagegen wäre eine Einsichtnahme in die Steuerakten (bei den Steuerbehörden) die Operationalisierung mit dem höchsten Validitätsgrad, die allerdings aus Gründen des Datenschutzes verwehrt sein könnte. Dieses Beispiel zeigt deutlich, daß auch bei auf den ersten Blick relativ einfach erscheinenden und naheliegenden Operationalisierungen Überlegungen bezüglich ihrer logischen und empirischen Gültigkeit anzustellen sind. Bei den meisten in der Praxis der empirischen Forschung vorzunehmenden Operationalisierungen beträgt der Grad der logischen und/oder empirischen Validität weder 0% noch 100%, vielmehr ist davon auszugehen, daß sie mehr oder weniger valide sind. Auch in diesem Zusammenhang zeigt sich, daß es bei nur indirekt empirisch bezogenen Begriffen sinnvoll sein kann, mit multiplen Indikatoren zu arbeiten, wie schon oben erwähnt wurde: wenn bei der Operationalisierung jedes Indikators nur eine graduelle logische und/oder empirische Validität erzielt werden kann, so darf im allgemeinen angenommen werden, daß durch das "Zusammenwirken" mehrerer (operationalisierter) Indikatoren die *gesamte* Validität der Operationalisierung höher ist als wenn nur ein Indikator verwendet würde.

III. Messen

III.1. Vorbemerkungen

Im vorigen Kapitel wurde empirisches Arbeiten als Entscheidungsprozeß, d.h. als eine Sequenz einzelner Arbeitsschritte (Problempräzisierung durch dimensionale und semantische Analyse, Festlegung der Definitionen, Indikatorenwahl, Operationalisierung) dargestellt, wie sie bei praktisch allen empirischen Arbeiten zu durchlaufen ist. Gemäß diesem Prozeß wäre nach der Operationalisierung das Auswahlproblem zu behandeln, danach die Datenerhebung und die Datenanalyse. Mit Kapitel III. wird diese Abfolge unterbrochen, um auf Probleme einzugehen, die mit "Messen" zu tun haben. Meßprobleme treten in praktisch allen empirisch orientierten Wissensgebieten auf. Während in diesem Kapitel zunächst die wesentlichen Grundzüge der axiomatischen Meßtheorie dargelegt werden, sollen im nächsten Kapitel konkrete Skalierungsverfahren im Mittelpunkt stehen. Solche spielen auch bei der Datenerhebung eine wichtige Rolle, z.B. in Form der Rating-Skalen.

III.2. Grundlagen des Messens

In der Umgangssprache wird üblicherweise dann von "Messen" gesprochen, wenn irgendwelche Meßinstrumente wie z.B. Uhren, Waagen, Meterstäbe usw., verwendet werden, um Zeitintervalle, Gewichte, Längen von Objekten usw. festzustellen. Im Prinzip wird dabei nichts anderes gemacht, als Unbekanntes mit Bekanntem zu vergleichen, wobei für letzteres Maßeinheiten definiert sind, z.B. das "Urmeter". Dieses Verständnis von "Messen" ist allerdings für viele wissenschaftliche Zwecke als zu eng anzusehen. Allgemein soll hier – noch relativ unscharf – nach Stevens 1951 unter "Messen" die Zuordnung von Zahlen zu Objekten oder Ereignissen gemäß bestimmten Regeln verstanden werden oder nach Campbell 1938 die Zuordnung von Zahlen zu Objekten, so daß bestimmten Relationen zwischen den Zahlen analoge Relationen zwischen den Objekten entsprechen. Bei diesen beiden Charakterisierungen von "Messen" ist natürlich nicht gemeint, daß die Objekte selbst gemessen würden, vielmehr bezieht sich die genannte Zuordnung von Zahlen auf die Merkmale oder Eigenschaften von Objekten. Diese Zuordnung kann zu einer "Skala" führen, die es ermöglicht, die Objekte bzw. genauer: ihre Merkmalsausprägungen, zu "verorten".

Was ist nun aber unter den "Regeln" zu verstehen, gemäß denen diese Zuordnung erfolgen soll? Was unter den "Relationen", die zwischen Zahlen bzw. Objekten bestehen und die einander entsprechen sollen? Was ist genau mit einer "Skala" gemeint? Zum Verständnis dieser und weiterer Aspekte, die mit "Messen" zu tun haben, sind einige Grundkenntnisse der *axiomatischen Meßtheorie* erforderlich, die zunächst darzustellen sind. Vorab sind dafür jedoch gewisse Begriffe, nämlich "Relation" und "Abbildung", zu klären.

III.2.1. Relationen

Unter einer *Relation* auf den Mengen A und B ist eine Untermenge des *kartesischen Produktes* (oder der *Produktmenge*) $A \times B$ zu verstehen, d.h. diese Untermenge enthält alle diejenige geordneten Paare $a \in A$ und $b \in B$, die zueinander in einer bestimmten Beziehung stehen. Diese wird häufig mit aRb bezeichnet, wobei "R" für die gemeinte Relation steht (Das kartesische Produkt zweier Mengen A und B besteht aus allen geordneten Paaren (a,b), d.h. es ist $A \times B := \{(a,b) | a \in A, b \in B\}$. Sei z.B. $A=\{1,2,3\}$ und $B=\{x,y\}$, dann ist $A \times B = \{(1,x),(2,x),(3,x),(1,y),(2,y),(3,y)\}$).

Beispielsweise mit den Mengen $A=\{1,2,3,4\}$ und $B=\{1,3,5\}$ und der Relation "a ist kleiner als b", mit $a \in A$ und $b \in B$, folgt 1R3, 1R5, 2R3, 2R5, 3R5, 4R5. Diese geordneten Paare können in der Menge $\{(1,3),(1,5),(2,3),(2,5),(3,5),(4,5)\}$ zusammengefaßt werden.

Eine Relation kann jedoch auch auf einer Menge allein definiert sein. Dann ist diese diejenige Untermenge von $A \times A$, deren geordnete Paare (a,b), $a \in A$, $b \in A$, in der durch die Relation R ausgedrückten Beziehung stehen. Das soll im folgenden stets vorausgesetzt werden.

Man kann mehrere Arten von Relationen unterscheiden und aus ihnen wieder neue Relationen bilden. Wichtige Relationen sind:

a) die *Symmetrierelation*: eine solche liegt dann vor, wenn aus aRb folgt bRa. Sei zum Beispiel A eine Menge von Personen, dann ist die Relation R:="verwandt sein mit" eine Symmetrierelation (oder symmetrische Relation), denn wenn a mit b verwandt ist, ist auch b mit a verwandt.
b) die *Asymmetrierelation*: hier folgt aus aRb nicht bRa. Sei wieder A eine Menge von Personen, dann ist die Relation R:="älter sein als" eine Asymmetrierelation (oder asymmetrische Relation), denn wenn z.B. Hans älter ist als Franz, dann kann das Umgekehrte nicht gelten.
c) die *reflexive Relation*: sie ist dann gegeben, wenn gilt aRa, d.h. wenn jedes Element von A mit sich selbst in der durch die Relation ausgedrückten Beziehung steht. Das bekannteste (aber triviale) Beispiel für Reflexivität ist die Identitätsrelation, jedes Ding ist identisch mit sich selbst (a ist identisch mit a). Wenn A wieder eine Menge von Personen bezeichnet, dann ist dagegen die Relation R:="mögen" möglicherweise nicht reflexiv, nämlich dann nicht, wenn (mindestens) eine Person sich selbst nicht mag.
d) die *irreflexive Relation*: sie ist die Negation der reflexiven Relation, d.h. aRa liegt nicht vor. Die Relation R:="Verheiratet sein mit" ist offensichtlich eine irreflexive Relation.
e) die *transitive Relation*: transitiv ist eine Relation dann, wenn aus aRb und bRc folgt aRc, wofür geschrieben werden kann: $aRb \wedge bRc \rightarrow aRc$. Die Relation R:="älter sein als" ist nicht nur asymmetrisch, sondern auch transitiv. Wenn a älter ist als b und b älter ist als c, dann muß auch a älter als c sein.
f) die *intransitive Relation*: sie ist die Negation der transitiven Relation, d.h. aus aRb und bRc folgt nicht aRc. Die Relation R:="befreundet sein mit" muß nicht transitiv sein. Wenn a mit b und b mit c befreundet ist, dann folgt daraus noch nicht zwingend, daß auch a mit c befreundet ist.
g) die *Äquivalenzrelation*: diese Relation impliziert die Symmetrie-, die reflexive und die transitive Relation. Die Relation R:="in der gleichen Gemeinde wohnen" ist offensichtlich eine Äquivalenzrelation, denn aus aRb folgt bRa, aRa, aus aRb und bRc folgt aRc. Äquivalenzrelationen klassifizieren Objekte in solche, die bezüglich einer bestimmten Relation gleich sind. Sie werden üblicherweise mit dem Symbol '$\approx$' bezeichnet.
h) die *Ordnungsrelation*: diese Relation impliziert die irreflexive, die Asymmetrie- und die transitive Relation. Die Relation R:="älter sein als" oder R:="größer sein als" ist eine Ordnungsrelation, denn wenn a älter

ist als b, dann kann b nicht älter als a sein, a kann nicht älter als a sein, wenn a älter ist als b und b älter als c, dann muß a auch älter als c sein. Ordnungsrelationen werden üblicherweise entweder mit dem Symbol '$\succ$ ' oder mit dem Symbol '$\prec$' bezeichnet.

Ist auf einer Menge A (mindestens) eine Relation definiert, dann sagt man, daß dieser Menge eine *Struktur* aufgeprägt sei oder daß eine *strukturierte* Menge vorliege. Allgemein sei unter einem *Relativ* das (n+1)-Tupel (A; R_1, R_2,...,R_n) verstanden, d.h. für die Menge A sind n Relationen definiert. Besteht A aus empirischen Objekten und sind die n Relationen ebenfalls empirische Relationen, dann wird von einem *empirischen Relativ* gesprochen. Besteht A dagegen aus "mathematischen" Objekten (z.B. den reellen Zahlen) und sind auf A "mathematische" Relationen definiert (z.B. '=', '>' oder '<') dann spricht man von einem *numerischen Relativ*.

III.2.2. Abbildungen

Unter einer (eindeutigen) *Abbildung* f einer Menge A *in* eine Menge B wird eine Vorschrift verstanden, die jedem Element von A genau ein Element von B zuordnet. Symbolisch wird dafür f: A $\rightarrow$ B geschrieben und gelesen: "f bildet A in B" ab. Falls B eine numerische Menge ist, d.h. eine Menge, die Zahlen enthält, dann wird die Abbildung f als *Funktion* bezeichnet. Ist B die Menge der reellen Zahlen, dann wird f als *reelle* Funktion bezeichnet. f: A $\rightarrow$ B ist eine *eineindeutige* (oder *umkehrbar eindeutige*) Abbildung bzw. Funktion, wenn aus f(a) = f(a') folgt, daß a = a' ist oder wenn für a $\neq$ a' folgt, daß f(a) $\neq$ f(a') ist. Zum Beispiel ist die Funktion f: $\mathbb{R} \rightarrow \mathbb{R}$, die durch $f(x) = x^2$ definiert ist, keine eineindeutige Funktion, denn es ist f(-x) = f(x). Dagegen ist die Abbildung, die jedem Land seine Hauptstadt zuordnet, eineindeutig, denn keine Stadt ist die Hauptstadt zweier verschiedener Länder.

III.3. Messen als strukturverträgliche Abbildung

Unter "Messen" im Sinne der axiomatischen Meßtheorie wird eine Abbildung eines empirischen Relativs in ein numerisches Relativ verstanden, wobei die

Abbildung allerdings nicht beliebig sein darf. Vielmehr sind nur solche Abbildungen zugelassen, die als *Morphismen* (*Iso- und Homomorphismen*) oder als *strukturverträglich* bezeichnet werden können. Praktisch am wichtigsten sind die *Homomorphismen*: eine *homomorphe* Abbildung eines empirischen in ein numerisches Relativ ist eine Abbildung, die nicht nur die Menge der empirischen Objekte in eine Zahlenmenge abbildet, sondern auch eine korrekte Abbildung der empirischen Relationen in entsprechende numerische Relationen gewährleistet.

Bezeichne **A** ein empirisches und **N** ein numerisches Relativ, dann kann formal für die Abbildung eines empirischen in ein numerisches Relativ geschrieben werden: φ: **A** → **N**. Das Tripel (**A**, **N**, φ) wird als *Skala* bezeichnet, wenn φ ein Morphismus ist. Ausführlicher kann für eine Skala S geschrieben werden: $S = [(A;R_1,R_2,\ldots,R_n),(N;S_1,S_2,\ldots,S_n),\varphi]$. Dabei bezeichnet A die Menge der empirischen Objekte, für welche die Relationen R_i gelten und N eine Zahlenmenge mit den mathematischen Relationen S_i, von denen vor allem die Relationen '=' sowie '>' bzw. '<' bedeutsam sind. Welche Relationen R_i im konkreten Fall gelten, ist natürlich eine empirische und keine mathematische Frage.

Betrachten wir beispielsweise bei fünf Personen das Merkmal "berufliche Qualifikation" und nehmen wir an, es gelte empirisch die Ordnungsrelation $P_3 \succ P_1 \succ P_2 \succ P_5 \succ P_4$, d.h. P_3 ist die am höchsten qualifizierte Person, P_1 die am zweithöchsten qualifizierte usw. ...P_4 schließlich die am wenigstens qualifizierte. Das empirische Relativ ist hier also $[(P_1,P_2,P_3,P_4,P_5);\succ]$. Der Ordnungsrelation '$\succ$' soll die numerische Relation '>' entsprechen. Eine Skala wäre z.B. gegeben durch die Abbildung $\varphi(P_3)=5$, $\varphi(P_1)=4$, $\varphi(P_2)=3$, $\varphi(P_5)=2$ und $\varphi(P_4)=1$, welche strukturverträglich ist, da $5>4>3>2>1$ ist (man könnte natürlich auch "umgekehrt abbilden", also z.B. $\varphi(P_3)=1$, $\varphi(P_1)=2$, $\varphi(P_2)=3$, $\varphi(P_5)=4$, $\varphi(P_4)=5$. Aber auch die Abbildung $\varphi(P_3)=15$, $\varphi(P_1)=12$, $\varphi(P_2)=9$, $\varphi(P_5)=6$, $\varphi(P_4)=3$ wäre strukturverträglich, dagegen nicht die Abbildung $\varphi(P_3)=12$, $\varphi(P_1)=15$, $\varphi(P_2)=6$, $\varphi(P_5)=9$, $\varphi(P_4)=3$, da $12<15>6<9>3$ ist. Offensichtlich existieren für dieses Beispiel *beliebig viele* strukturverträgliche Abbildungen.

Die strukturverträglichen Abbildungen des vorigen Beispiels sind nicht nur eindeutig in dem Sinn, daß jeder Person genau eine Zahl zugeordnet wird, sie sind sogar eineindeutig, da von jeder Zahl auch eindeutig die Person zurückgeschlossen werden kann, z.B. von 5 auf P_3, von 4 auf P_1 usw. Analoges gilt für die anderen obigen strukturverträglichen Abbildungen.

Solche Morphismen nennt man *Isomorphismen.* Eine Einengung von "Messen" auf Isomorphismen wäre jedoch unzweckmäßig: wenn, um das obige Beispiel zu variieren, z.B. zwei Personen gleich qualifiziert wären, dann sollte diesen auch die gleiche Zahl zugeordnet werden. In diesem Fall läge neben der Ordnungsrelation noch die Äquivalenzrelation vor, d.h. das empirische Relativ wäre dann $[(P_1,P_2,P_3,P_4,P_5);\succ,\approx]$ und der Homomorphismus könnte lauten: $\varphi(P_3)=5$, $\varphi(P_1)=4$, $\varphi(P_2)=3$, $\varphi(P_5)=\varphi(P_4)=2$, wenn $P_4 \approx P_5$, d.h. wenn P_4 und P_5 gleich qualifiziert wären, aber beide eine geringere Qualifikation als die drei übrigen Personen aufweisen.

Skalen im Sinne der axiomatischen Meßtheorie sind also dann gegeben, wenn ein Morphismus, d.h. eine strukturverträgliche Abbildung zwischen einem empirischen und einem numerischen Relativ angegeben werden kann. In diesem Zusammenhang stellen sich zwei Probleme, das *Repräsentationsproblem* und das *Eindeutigkeitsproblem.* Von mehr praktischer Bedeutung schließlich ist das *Bedeutsamkeitsproblem.*

Das *Repräsentationsproblem* ist insofern grundlegend für die Meßtheorie bzw. für die Existenz einer Skala, als seine Lösung gleichbedeutend mit dem Nachweis ist, daß ein empirisches Relativ tatsächlich iso- oder homomorph zu einem numerischen Relativ ist. Dazu sind notwendige und hinreichende Bedingungen zu formulieren (was im allgemeinen keine triviale Angelegenheit ist), wobei der Eigenschaft "hinreichend" ein höherer Stellenwert eingeräumt wird als der Eigenschaft "notwendig". Diese Bedingungen werden in der Meßtheorie als "Axiome" bezeichnet. Aus ihnen läßt sich nun auf dem Weg eines "konstruktiven" mathematischen Beweises die Existenz oder auch Nichtexistenz einer Skala ableiten. Mit einem "konstruktiven" Beweis ist gemeint, daß – im positiven Fall – nicht nur die Existenz einer Skala sichergestellt, sondern gleichzeitig auch eine Methode angegeben werden kann, wie Skalenwerte konkret gewonnen werden können. Falls eine positive Lösung des Repräsentationsproblems existiert, wird diese in Form eines *Repräsentationstheorems* formuliert, also eines mathematischen Satzes, der die Bedingungen explizit aufführt, die erfüllt sein müssen, damit eine strukturverträgliche Abbildung eines empirischen Relativs in ein numerisches konstruiert werden kann (vgl. dazu das Standardwerk der Meßtheorie: Krantz/ Luce/Suppes/Tversky 1971, S.9. Die wesentlichen Aspekte und Resultate der Meßtheorie sind auf bescheidenerem mathematischen Niveau auch bei Orth 1974 zu finden. Weiter sei auf Jäpel 1985 verwiesen).

Beim *Eindeutigkeitsproblem* geht es um die Frage, ob – nachdem die Existenz einer Skala sichergestellt ist – **nur ein** Morphismus existiert, oder mehrere. Beim obigen Beispiel hat sich gezeigt, daß die Abbildung, die zu den Skalenwerten 15,12,9,6,3 führt, genau so strukturverträglich ist wie die ursprüngliche Abbildung 6,5,4,3,2,1. In der Tat ergibt sich die zweite Skala durch eine *Transformation* – hier durch Multiplikation mit drei – aus der ersten Skala. Da diese Transformation aus einer strukturverträglichen Abbildung wieder eine strukturverträgliche erzeugt, wird sie als *zulässig* bezeichnet. Sei allgemein eine Skala (**A**, **N**, φ) gegeben und eine Transformation T, die φ in φ' überführt, d.h. φ'= T[φ]. Die Transformation wird dann als *zulässige Transformation* bezeichnet, wenn φ' wieder ein Morphismus ist, also auch φ' das Repräsentationstheorem erfüllt. Man sagt auch, daß eine Skala gegenüber einer zulässigen Transformation *invariant* sei. Zulässige Transformationen verändern den Informationsgehalt einer Skala nicht. Analog zur Lösung des Repräsentationsproblems wird die Lösung des Eindeutigkeitsproblems durch ein *Eindeutigkeitstheorem* mathematisch bewiesen. Falls für eine Skala zulässige Transformationen existieren, wird sie als eindeutig bis auf für sie zulässige Transformationen bezeichnet. Welcher Art die zulässigen Transformationen bei einer konkreten Skala sind, hängt davon ab, welcher Skalentyp (oder welches *Skalenniveau*) vorliegt. Darauf wird im folgenden Abschnitt bei der Behandlung einzelner, praktisch wichtiger, Skalentypen einzugehen sein.

Wie schon oben angedeutet, ist das *Bedeutsamkeitsproblem* weniger ein theoretisches als vielmehr ein praktisch wichtiges Problem, da es nicht um die Gewinnung von Meßwerten geht, sondern um ihre "sinnvolle" Weiterverarbeitung. Konkret gesprochen geht es darum, welche Rechenoperationen mit Meßwerten eines bestimmten Skalenniveaus durchgeführt werden können – z.B. Addition, Division, Logarithmierung, Bildung von Mittelwerten usw. – so daß empirisch sinnvolle Schlüsse und (numerische) Aussagen resultieren. Nach Suppes/Zinnes ist eine numerische Aussage dann (und nur dann) sinnvoll, wenn ihr Wahrheitsgehalt unter einer zulässigen Skalentransformation erhalten bleibt. Analoges gilt für den Falschheitsgehalt einer Aussage (vgl. dazu Suppes/Zinnes 1963, S.66). Danach hängt die Lösung des Bedeutsamkeitsproblem von den oben besprochenen zulässigen Transformationen einer Skala ab, die verschieden sind, je nachdem, welches Skalenniveau vorliegt. Welches Skalenniveau aber im konkreten Fall gegeben ist, geht aus dem jeweiligen Repräsentations- und Eindeutigkeitstheorem hervor. In den Bereich des Bedeutsamkeitsproblems fallen insbesondere Fragen der Zulässigkeit bestimmter statistischer Verfahren bzw. statistischer Modelle. Darauf wird im nächsten Abschnitt noch zurückzukommen sein.

III.3.1. Wichtige Skalentypen

Verschiedene Skalentypen (oder Skalenniveaus) können nach ihrem empirischen Relativ – d.h. welche empirischen Relationen liegen vor? – oder (einfacher) nach der Eindeutigkeit der Abbildung – was sind die zulässigen Transformationen? – unterschieden werden. In der empirischen Forschung sind es fünf Skalen, die praktisch am wichtigsten sind: Nominal-, Ordinal-, Intervall-, Ratio-, und absolute Skala. Diese bilden eine Hierarchie in dem Sinn, daß jede "höhere" Skala die "tieferen" Skalen einschließt, d.h. empirische Relationen, die bei tieferen vorliegen, sind auch bei einer höheren vorhanden. Das Umgekehrte gilt dagegen nicht. Weiter gilt, daß je tiefer eine Skala ist, umso mehr zulässige Transformationen existieren, d.h. umso weniger eindeutig ist sie. Die Unterscheidung von Skalentypen nach dem Kriterium der zulässigen Transformationen geht auf Stevens 1946 zurück. Bis auf wenige Ergänzungen, die aber hier außer Betracht bleiben sollen, erweist sich die von Stevens eingeführte Typisierung von Skalen auch heute noch als zweckmäßig.

Die einfachste Skala ist die *Nominalskala* (oder *Kategorialskala*). Sie ist gegeben durch $(A,\approx;\ N,=;\ \varphi)$, d.h. die einzige Relation, die im empirischen Relativ existiert, ist die Äquivalenzrelation. Diese zerlegt die Objektmenge A vollständig in *disjunkte* Klassen, d.h. in Klassen, deren Schnittmenge die leere Menge ist. Jedes Objekt von A gehört zu genau einer Klasse. Man beachte, daß gemäß dieser Skala Klassifizieren als Messen aufgefaßt wird. Der Äquivalenzrelation entspricht im numerischen Relativ die mathematische Gleichheit '='.

Für die Abbildung φ muß gemäß der Bedeutung der Äquivalenzrelation gelten: $\varphi(a)=\varphi(b) \leftrightarrow a \approx b$ bzw. $\varphi(a) \neq \varphi(b) \leftrightarrow a \not\approx b$, d.h. zwei Objekte erhalten den gleichen Skalenwert, wenn sie in einer Äquivalenzrelation zueinander stehen und somit der gleichen Klasse angehören, Objekte verschiedener Klassen erhalten verschiedene Skalenwerte. Nominalskalen sind nicht eindeutig, sie sind invariant gegenüber allen eineindeutigen Transformationen.

Die Zuordnung von Zahlen bei einer Nominalskala ist völlig beliebig, eine Transformation gegebener Zahlen muß lediglich so beschaffen sein, daß die Unterscheidbarkeit der Objekte erhalten bleibt. Betrachten wir z.B. eine Menge von Personen und das Merkmal "Geschlecht", dann könnte man den Männern die Zahl 1 und den Frauen die Zahl 2 zuordnen, aber genauso gut die Zahl 899 bzw. 763 usw. Eine Rangreihenfolge kann daraus nicht gefolgert werden. Bekannte Beispiele für Nominalskalen sind etwa die Numerierung von Fußballspielern, Matrikelnummern von Studenten, Kontonummern bei Bankkonten.

Die nächst höhere Skala ist die *Ordinalskala*. Zusätzlich zur Äquivalenzrelation steht im empirischen Relativ die Ordnungsrelation, es ist dementsprechend also $(A,\approx,\succ;\ N,=,>;\ \varphi)$ oder $(A,\approx,\prec;\ N,=,<;\ \varphi)$, wobei der Ordnungsrelation im numerischen Relativ "größer als" bzw. "kleiner als" entspricht. Die Ordinalskala ist insofern "feiner" als die Nominalskala, weil sie nicht nur eine Information über die Gleichheit bzw. Ungleichheit von Objekten (bezüglich eines oder mehrere Merkmale) enthält, sondern auch eine Rangordnung von Objekten ermöglicht. Der Morphismus dieser Skala lautet dazu folgendermaßen: (1) $\varphi(a)=\varphi(b)\leftrightarrow a\approx b$ bzw. $\varphi(a)\neq\varphi(b)\leftrightarrow a\not\approx b$ und (2) $\varphi(a)>\varphi(b)\leftrightarrow a\succ b$, wobei sich die erste Abbildungsvorschrift auf die Äquivalenz-, und die zweite auf die Ordnungsrelation bezieht (Axiome, welche die Existenz dieses Morphismus sicherstellen, sind z.B. bei Orth 1974, S.43 aufgeführt). Auch Ordinalskalen sind nicht eindeutig, allerdings sind sie "eindeutiger" als Nominalskalen, sie sind nicht invariant gegenüber allen eineindeutigen Transformationen, sondern nur invariant gegenüber allen *streng monotonen* Transformationen (eine Transformation ist *streng* monoton, wenn aus $a<b$ folgt $T(a)<T(b)$, sie ist dann monoton, wenn aus $a<b$ folgt $T(a)\leq T(b)$, d.h. bei der strengen Monotonie ist die Gleichheit ausgeschlossen. Streng monotone Transformationen sind eineindeutig, das Umgekehrte gilt jedoch nicht). Streng monotone Transformationen sind z.B. Addition, Multiplikation, Potenzieren, Logarithmieren. Das wohl bekannteste Beispiel für eine Ordinalskala sind Zeugnis- oder Prüfungsnoten, der Ordnungsrelation 'sehr gut' $\succ$ 'gut ' $\succ$ 'befriedigend' usw. werden die Zahlen 6, 5, 4 usw. oder auch 1, 2, 3 usw. zugeordnet.

Gegenüber der Ordinalskala zusätzliche Informationen bietet die *Intervallskala*. Während bei der Ordinalskala lediglich gesagt werden kann, daß im Vergleich zweier Objekte ein Merkmal stärker (oder schwächer) ausgeprägt sei, informiert die Intervallskala auch darüber, um wieviel sich diese

Ausprägungen unterscheiden. Die Abbildungsvorschriften für eine Intervallskala lauten:

(1) $\varphi(a) = \varphi(b) \leftrightarrow a \approx b$ bzw. $\varphi(a) \neq \varphi(b) \leftrightarrow a \not\approx b$

(2) $\varphi(a) > \varphi(b) \leftrightarrow a \succ b$

(3) $\varphi(a) - \varphi(b) = \varphi(c) - \varphi(d) \leftrightarrow ab \approx cd$

(4) $\varphi(a) - \varphi(b) > \varphi(c) - \varphi(d) \leftrightarrow ab \succ cd$

(für Axiome, die diese Abbildungsvorschriften garantieren, sei wieder auf Orth 1974, S.54 verwiesen). (1) und (2) sind aus der Ordinalskala übernommen, weil auch bei der Intervallskala die Äquivalenz- und Ordnungsrelation gegeben sind, neu sind dagegen die Vorschriften (3) und (4), die sich auf einen Vergleich von vier Objekten beziehen. Falls zwischen a und b einerseits und c und d andererseits gleiche Unterschiede bestehen, muß die Differenz ihrer Meßwerte ebenfalls gleich sein, was durch (3) ausgedrückt wird. Wenn diese Unterschiede ungleich sind, muß auch die entsprechende Meßwertdifferenz ungleich (hier: größer) sein, was durch (4) zum Ausdruck kommt. Sei z.B. a: Bier, b: Wein, c: Kaffee, d: Tee, dann bedeutet $ab \succ cd$, daß die Bevorzugung von Bier gegenüber Wein größer ist als die von Kaffee gegenüber Tee. Gilt sowohl $ab \approx cd$ als auch $ab \succ cd$, was zusammengefaßt häufig als $ab \succeq cd$ geschrieben wird, dann heißt das, daß die Bevorzugung von Bier gegenüber Wein mindestens so groß ist wie die von Kaffee gegenüber Tee (vgl. dazu Orth 1974, S.55).

Intervallskalen sind ebenfalls nicht eindeutig, aber sie sind nur invariant gegenüber *positiv linearen* Transformationen $\varphi'(a)=\alpha\varphi+\beta$, wobei $\alpha>0$ und β eine beliebige reelle Zahl ist. Solche Transformationen werden auch als *affine* Transformationen bezeichnet. Die Bezeichnung "Intervallskala" ist auf die Invarianz von Quotienten von Intervallen (d.h. von Meßwertdifferenzen) dieser Skala gegenüber affinen Transformationen zurückzuführen. Seien z.B. die Meßwerte $\varphi(a)$,$\varphi(b)$,$\varphi(c)$ und $\varphi(d)$ gegeben, dann ist:

$$\frac{\varphi(a)-\varphi(b)}{\varphi(c)-\varphi(d)} = \frac{[(\alpha\varphi(a)+\beta)-(\alpha\varphi(b)+\beta]}{[(\alpha\varphi(c)+\beta)-(\alpha\varphi(d)+\beta)]} = \frac{\varphi'(a)-\varphi'(b)}{\varphi'(c)-\varphi'(d)}$$

d.h. der Quotient aus den Meßwertdifferenzen $\varphi(a) - \varphi(b)$ und $\varphi(c) - \varphi(d)$ bleibt nach einer affinen Transformation unverändert. Intervallskalen haben keinen natürlichen Nullpunkt und die Maßeinheit kann beliebig gewählt werden. Das bekannteste Beispiel für eine Intervallskala sind Temperaturskalen. Bei der Celsius-Skala wird den Temperaturen bei denen das Eis schmilzt bzw. das Wasser siedet, die Zahlen 0 bzw. 100 zugeordnet. Bei der

Fahrenheit-Skala sind das die Zahlen 32 bzw. 212. Die Fahrenheit- Skala läßt sich aus der Celsius-Skala durch die affine Transformation $T_F = 1.8\ T_C + 32$ erzeugen.

Im Gegensatz zu den Intervallskalen weisen *Ratioskalen* (oder *Verhältnisskalen*) einen natürlichen Nullpunkt auf, d.h. einen Nullpunkt, der einen empirischen Sinn hat. Länge, Gewicht, Alter, Mengen und Preise sind Größen, die auf Ratioskalenniveau gemessen werden können. Ratioskalen sind nur invariant gegenüber *Ähnlichkeitstransformationen* $\varphi'(a)=\alpha\varphi(a)$, $\alpha>0$, die offensichtlich einen Spezialfall der affinen Transformationen darstellen (ein Beispiel für eine Axiomatik, die zu einer Ratioskala führt, ist bei Orth 1974, S.47 zu finden). Veränderbar ist bei dieser Skala nur noch die Einheit, in der gemessen wird: ein Preis in Franken kann auch in Rappen ausgedrückt werden ($\alpha = 100$) oder in $ (dann steht α für den Wechselkurs), eine Länge in m auch in km (α=0.001) usw. Neben Aussagen, die sich auf Gleichheit, Ordnung, Differenzen von Meßwerten beziehen, sind bei Ratioskalen auch Aussagen über Quotienten von Meßwerten sinnvoll.

Die "eindeutigste" Skala schließlich ist die *absolute* Skala, die keine Transformationen mehr – mit Ausnahme der trivialen Identitätstransformation, d.h. Multiplikation mit der Zahl Eins – zuläßt. Auch die Maßeinheit ist vorgegeben. Alle Skalen, die auf Abzählen beruhen, sind absolute Skalen, so z. B. absolute, relative, prozentuale Häufigkeiten (etwa Geburts- und Todesraten, Konsumquote usw.), Wahrscheinlichkeiten. Intervall- Ratio- und absolute Skalen werden manchmal zusammen als *metrische* Skalen bezeichnet.

"Da die Unterschiede besonders zwischen Nominal-, Ordinal- und Intervallskala recht erheblich sind, sollte anstelle von »*Messen*« stets von »*Messen auf einem bestimmten Skalenniveau*« gesprochen werden, wenn die Meßbarkeit einer Eigenschaft diskutiert wird. So ist z.B. die Frage »ist Intelligenz meßbar?« wenig sinnvoll, da niemand bezweifelt, daß Intelligenz auf einer Nominalskala meßbar ist und sicherlich auch auf Ordinalskalenniveau. Sinnvoller und gleichzeitig präziser wird die Frage durch die Formulierung »ist Intelligenz auf Intervallskalenniveau meßbar?«" (Orth 1974, S.26).

Zum Abschluß dieses Abschnitts sei auf einige Aspekte des oben erwähnten Bedeutsamkeitsproblems im Hinblick auf verschiedene Skalentypen eingegangen. Man sieht leicht ein, daß eine Interpretation eines Meßwertes bei einer Nominalskala empirisch sinnlos wäre. Wenn in obigem Beispiel den Männern die Zahl '1' und den Frauen die Zahl '2' zugeordnet wurde, dann kann man daraus nicht folgern, daß die Frauen das Merkmal "Geschlecht" in einem doppelt so hohen Ausmaß wie die Männer aufweisen. Ein Vergleich mit den beiden anderen genannten und ebenfalls zulässigen Meßwerten 763 und 899 unterstreicht die Absurdität dieses Schlusses (vgl. dazu auch Kromrey 1994, S.178). Auch eine Rangreihenfolge läßt sich daraus nicht ableiten.

Da bei Ordinalskalen neben der Äquivalenz- lediglich noch die Ordnungsrelation vorliegt, kann im obigen Beispiel der Zeugnisnoten nur gefolgert werden, daß eine mit 'sehr gut' bewertete Leistung besser ist als eine mit 'gut' bewertete, und diese wiederum besser ist als eine mit 'befriedigend' taxierte. Wie groß diese Leistungsunterschiede sind, bleibt dabei offen, d.h. es kann nicht davon ausgegangen werden, daß der Unterschied zwischen 'sehr gut' und 'gut' genau so groß ist wie zwischen 'gut' und 'befriedigend' usw. Es wäre deshalb sinnlos, die Skalenwerte 6,5,4 usw. miteinander zu vergleichen, um z.B. zu schließen, daß eine 'sehr gute' Leistung 1.5-mal besser sei als eine 'befriedigende' Leistung. Auch die Berechnung arithmetischer Mittel für ordinalskalierte Meßwerte stellt eine empirisch sinnlose Operation dar. Diese wird z.B. regelmäßig vorgenommen, wenn Einzelbenotungen zu einer Gesamtnote zusammengefaßt werden. Nehmen wir an, wir hätten die beiden Personen P_1 und P_2, die in fünf Fächern geprüft werden. P_1 erziele dabei die Teilnoten 2,2,2,3,3 – die beste Note sei 1 – was für die Gesamtnote ein arithmetisches Mittel von 2.4 ergibt, P_2 die Teilnoten 1,1,1,4,4 mit der Gesamtnote 2.2. Daraus wäre zu folgern, daß P_2 insgesamt besser als P_1 abgeschnitten hat. Eine zulässige, weil streng monotone, Transformation der Noten wäre z.B. ihre Quadrierung. Das würde für P_1 die Noten 4, 4, 4, 9, 9, und für P_2 die Noten 1, 1, 1, 16, 16 ergeben mit den Mittelwerten 6.0 und 7.0, woraus man folgern müßte, daß P_1 besser als P_2 abgeschnitten hat (dieses Beispiel findet sich bei Kromrey 1994, S.179). Eine zulässige Transformation der Meßwerte führt hier offensichtlich zu einem völlig anderen Schluß. Daraus folgt, daß die Operation "Bildung des arithmetischen Mittels" für Ordinalskalen eine empirisch sinnlose Operation darstellt. Sinnvoll ist dagegen, den gewünschten Vergleich an Hand des Medians durchzuführen. Dieser beträgt 2 bzw. 1 und 4 bzw. 1, was in beiden Skalen zum gleichen Schluß führt, nämlich daß P_2 die bessere Gesamtleistung erbracht hat.

Für Intervallskalen wurde oben dargelegt, daß Quotienten von Meßwertdifferenzen nach einer zulässigen affinen Transformation invariant bleiben, d.h. empirisch sinnvolle Operationen darstellen. Dies trifft allerdings nicht auf Quotienten von intervallskalierten Meßwerten selbst zu, denn es ist:

$$\frac{\varphi(a)}{\varphi(b)} \neq \frac{\alpha\varphi(a) + \beta}{\alpha\varphi(b) + \beta}$$

Gleichheit wäre nur für $\beta=0$ möglich, d.h. wenn also eine Ratioskala vorläge.

Ein tabellarischer Überblick über die hier besprochenen Skalentypen, ihren zulässigen Transformationen sowie über (ausgewählte) sinnvolle statistische Modelle ist z.B. bei Heidenreich 1995, S.347 zu finden.

IV. Skalieren

IV.1. Vorbemerkungen

In Abschnitt III.3. des letzten Kapitels wurde das Tripel (**A**,**N**,φ) aus **A**, dem empirischem und **N**, dem numerischen Relativ, als *Skala* bezeichnet, wenn φ ein Morphismus ist. In der Praxis der empirischen Forschung wird jedoch dieser Begriff häufig nicht in diesem speziellen meßtheoretischen Sinn gebraucht. Vielmehr stößt man dort auf eine wenig einheitliche und nicht selten verwirrende Begriffsverwendung. So wird unter Skala z.B. häufig ein Meßinstrument zur Erfassung von Einstellungen verstanden. Ein solches besteht in der Regel aus mehreren Indikatoren, die in diesem Kontext als *Items* bezeichnet werden. Jedem Item wird eine Zahl zugeordnet – der *Itemwert* – und aus mehreren Itemwerten wird nach einer bestimmten Vorschrift ein *Skalenwert* errechnet, der die Position des Befragten auf einem *Einstellungskontinuum* markiert. In diesem Fall stellt die Menge der Items – auch *Itembatterie* genannt – das Meßinstrument oder die Skala dar. Konkret sind unter den Items meistens Fragen zu verstehen – deswegen spricht man dann auch von einer *Fragenbatterie* – die häufig in der speziellen Form von *Rating-Skalen* dargeboten werden. Andererseits wird unter einer Skala gelegentlich aber auch nur ein graphisches Gebilde verstanden, z.B. eine Strecke, auf der ein Befragter die Intensität seiner Einstellung markiert.

Unter *Skalierungsverfahren* sollen im folgenden nun die praktisch wichtigsten Techniken und Vorgehensweisen dargestellt werden, mit Hilfe derer Skalen, etwa zur Messung von Einstellungen, erzeugt werden können. Der grundlegende Unterschied zwischen "Messen" im Sinne der axiomatischen Meßtheorie und "Skalieren" ist der, daß Skalierungsverfahren keine meßtheoretische Basis haben, d.h. weder ein exakter Nachweis hinsichtlich der Meßbarkeit der zu untersuchenden Eigenschaft noch des resultierenden Skalenniveaus geführt wird. Für letzteres wird häufig Intervallskalenniveau unterstellt um die wichtigsten statistischen Verfahren anwenden zu können. Skalen, die durch Skalierungsverfahren erstellt werden, sind somit keine Skalen im oben definierten meßtheoretischen Sinn (vgl. dazu auch Jäpel

1985, S.54). Skalierungsverfahren wurden entwickelt und praktisch eingesetzt lange bevor es eine eigentliche Meßtheorie gab. Sie haben auch noch heute – trotz erkannter meßtheoretischer Mängel – ihre praktische Bedeutung nicht verloren, da sie verhältnismäßig einfach zu handhaben sind, im Gegensatz zu Messungen auf streng axiomatisch-meßtheoretischer Basis.

Skalierungsverfahren können nach verschiedenen Gesichtspunkten klassifiziert werden. So können *eindimensionale* und *mehrdimensionale* Verfahren unterschieden werden. Bei den mehrdimensionalen besteht das Skalierungsziel in der "räumlichen" Darstellung der zu skalierenden Objekte, während ihnen bei den eindimensionalen reelle Zahlen als Skalenwerte zugeordnet werden. Eine andere Klassifikation unterscheidet *deterministische* und *probabilistische* (oder *stochastische*) Verfahren. Letztere sind im Vergleich zu den deterministischen insofern als flexibler zu bezeichnen, als die Reaktion auf einen Stimulus nur mit einer bestimmten Wahrscheinlichkeit erfolgt. Deterministische Verfahren können als Grenzfall der probabilistischen aufgefaßt werden, eine Reaktion erfolgt mit Wahrscheinlichkeit Null oder Eins. Diese Klassifikationskriterien können auch kombiniert werden. So kann ein Skalierungsverfahren z.B. eindimensional und deterministisch sein oder eindimensional und probabilistisch usw. Skalierungsverfahren können aber auch nach ihrer *Funktion* klassifiziert werden, d.h. danach, was skaliert werden soll: Personen, Items (Reize, Stimuli) oder Reaktionen. Nach Torgerson 1958, S.46 kann man unterscheiden:

a) *Personen-orientierte* (oder *Subjekt-zentrierte*) Skalierung
b) *Reiz-zentrierte* (oder *Indikator-orientierte*) Skalierung
c) *Reaktions-orientierte* (oder *Urteiler-Indikator-*) Skalierung

Im folgenden soll je ein typischer Vertreter dieser drei unterschiedlich orientierten Verfahren dargestellt werden, die Likert-, Thurstone- und Guttman-Skalierung, die alle eindimensional sind. Probabilistisch sind Likert- und Thurstone-Skala, deterministisch dagegen die Guttman-Skala. Kompliziertere probabilistische Skalierungen sollen hier jedoch außer Betracht bleiben. In Abschnitt IV.3.3.4. sei lediglich die Grundidee der Rasch-Skalierung skizziert.

Bevor diese weiter unten als "komplexere" eindimensionale Skalierungsverfahren bezeichnete Prozeduren behandelt werden, sei auf einige einfachere Verfahren (wie z.B. der Paarvergleich) eingegangen, die teilweise auch Grundlage für die komplexeren bilden.

Einen breiten Raum nehmen aber hier die Rating-Skalen ein, die für viele Skalierungsverfahren (z.B. der Likert-Skala) grundlegend sind, denen aber unabhängig von einem eigentlichen Skalierungsverfahren auch eine große eigenständige Bedeutung zukommt, insbesondere bei Befragungen. Sie sind wohl das einfachste und älteste, am häufigsten verwendete und beliebteste Skalierungsverfahren. Beliebt auch deswegen, weil ihre Auswertung relativ unproblematisch und die Anforderungen an die Beurteilenden (oder *Probanden*) relativ gering ist. Dies ist aber nicht gleichbedeutend damit, daß ihre Verwendung in der Praxis keine Probleme aufwerfen würde. Da es **die** Rating-Skala schlechthin nicht gibt, sondern eher von einer bunten Vielfalt von Gestaltungsmöglichkeiten auszugehen ist, sind die damit verbundenen jeweiligen Vor- und Nachteile sorgfältig gegeneinander abzuwägen. Auch aus diesem Grund soll hier relativ ausführlich auf diese Skalen eingegangen werden.

Bevor einzelne Meßinstrumente bzw. Skalierungsverfahren behandelt werden, seien jedoch grundsätzliche Überlegungen zur *Reliabilität* und *Validität* von Messungen vorangestellt.

IV.2. Reliabilität und Validität von Messungen

IV.2.1. Reliabilität

Bei jedem Meßvorgang, egal welchen Meßinstrumentes man sich bedient, möchte man Meßwerte erzielen, die möglichst präzise sind. Daß dieses Ziel allerdings ein kaum zu realisierendes Ideal darstellt, ist hinlänglich bekannt aus Messungen im Alltagsleben. Beim Ablesen von Meterstäben, Uhren, Manometer usw. treten – fast unvermeidlich – *Meßfehler* auf, die teilweise von der ablesenden Person, teilweise aber auch vom Meßinstrument selbst (z.B. Lauf- oder Gangungenauigkeiten) verursacht werden.

Meßinstrumente – darunter sind jetzt hier nicht in erster Linie physikalische gemeint – sondern die eingangs erwähnten, wie Rating-Skalen, Item-Batterien, Likert-Skalen usw. (die neben anderen nachfolgend im einzelnen dargestellt werden), können höchst unterschiedliche Grade von Reliabilität aufweisen. Reliabilität ist im allgemeinen keine dichotome Eigenschaft (die entweder vorliegt oder nicht vorliegt), sondern eine, die graduell abgestuft ist und/oder deren Grad von der jeweils verwendeten Methode zur Reliabilitätsbestimmung abhängt.

Reliabilitätsbestimmungen von Meßinstrumenten beruhen auf der sogenannten "*klassischen Testtheorie*", deren Basis nichts anderes ist als ein einfaches statistisches Modell, das eine additive Zerlegung eines Meßwertes (auch *Score* genannt) in einen "wahren" Wert und einen "Meßfehler" vornimmt:

$$X_{bi} = X_{wi} + \varepsilon_i, \quad i = 1,2,\ldots,n$$

wobei X_{bi} der beobachtete und X_{wi} der wahre (aber unbekannte) Meßwert bei Objekt i (oder Person i oder Meßvorgang i) ist und ε_i der Meßfehler, der in diesem Modell den Status einer Zufallsvariablen hat. Dabei werden folgende Annahmen getroffen:

$$\begin{aligned} &a) \quad E(\varepsilon_i) &&= 0 \\ &b) \quad Var(\varepsilon_i) &&= \sigma_\varepsilon^2 \\ &c) \quad r(X_{wi}, \varepsilon_i) &&= 0 \\ &d) \quad r(\varepsilon_{i1}, \varepsilon_{i2}) &&= 0 \end{aligned}$$

Gemäß a) wird unterstellt, daß der Erwartungswert des Meßfehlers gleich Null ist (für alle i), d.h. wird Objekt i (theoretisch) unendlich oft gemessen, dann ist der Mittelwert des Meßfehlers gleich Null, was gleichbedeutend mit der Annahme ist, daß kein systematischer Meßfehler vorliegt. Nach b) wird die Varianz des Meßfehlers als konstant angenommen, d.h. sie ist unabhängig davon, um die wievielte Messung es sich handelt. c) schließt eine Korrelation von Meßfehler und wahrem Meßwert aus, z.B. dürfen die Meßfehler eines Druckmanometers mit steigendem Druck weder größer werden (dann wäre diese Korrelation positiv) noch kleiner werden (dann wäre sie negativ) oder (zufällige) Unter- oder Übertreibungen bei Antworten auf die Frage nach der Überschreitung der zulässigen Höchstgeschwindigkeit dürfen nicht von der Geschwindigkeit abhängen. Schließlich wird durch d) eine Korrelation zwischen den Meßfehlern zweier Meßinstrumente (oder Tests), die in einer "Parallelform" auftreten, nicht miteinander korrelieren. Auf Parallel-Tests wird gleich noch zurückzukommen sein.

Das obige Grundpostulat der klassischen Testtheorie – eine additive Zerlegung eines beobachteten Meßwertes in einen wahren Wert und in einen Meßfehler – spiegelt im Prinzip eine Alltagserfahrung wider. Mißt man z.B. die Länge eines Balkens und ist man nicht sicher, ob korrekt gemessen wurde oder will man Meßfehler reduzieren, dann kann man die Messung mehrere Male wiederholen und das arithmetische Mittel der Meßwerte berechnen, das dann als "wahrer" Wert der Balkenlänge angesehen wird. Dabei wird unterstellt, daß sich durch die Mittelbildung die Meßfehler weitgehend ausgleichen, d.h. diese Vorgehensweise beruht im Prinzip auf obiger Grundgleichung.

Daß hier (und in der einschlägigen Literatur) häufig von "Test" geredet wird, hat seinen Grund darin, daß Reliabilitätsüberlegungen und entsprechende Verfahren zur Bestimmung von Reliabilität - historisch gesehen – vor allem aus der Psychologie stammen, wo spezielle Tests, wie z.B. Intelligenztests o.ä. schon recht früh entwickelt wurden. In dieser Abhandlung kann sich "Test" konkret z.B. auf eine einfache Rating-Skala, eine Fragenbatterie, aber auch auf ein relativ komplexes Skalierungsmodell – etwa eine Thurstone-Skala – beziehen. "Test" ist somit als bequemer Oberbegriff anzusehen, der eine Vielzahl möglicher Meßinstrumente umfaßt.

Die Reliabilität R (auch Reliabilitätskoeffizient genannt) eines Meßinstrumentes ist im Rahmen der klassischen Testtheorie definiert als das Verhältnis der Varianz der wahren Meßwerte zur Varianz der beobachteten Meßwerte:

$$R := \frac{\sigma_{wi}^2}{\sigma_{bi}^2} = \frac{\sigma_{bi}^2 - \sigma_\varepsilon^2}{\sigma_{bi}^2} = 1 - \sigma_\varepsilon^2/\sigma_{bi}^2$$

Wenn keine Meßfehler vorhanden sind, ist R=1. Produziert eine Messung nur Meßfehler, ist R=0. Die Wurzel aus R – auch *Index der Reliabilität* genannt – ist gleich der Korrelation zwischen den wahren und den beobachteten Werten. Je größer diese Korrelation ist, umso reliabler (oder zuverlässiger) ist ein Meßinstrument.

Die Reliabilität eines Meßinstrumentes muß auf empirischem Weg bestimmt werden. Dazu gibt es im wesentlichen drei Methoden:

a) Test-Retest-Methode (Testwiederholung)
b) Paralleltestmethode
c) Konsistenzanalyse

Diese Methoden erfassen jeweils verschiedene Ursachen für die Variation von Meßwerten bei wiederholten Messungen, was zur Folge hat, daß bei Anwendung aller drei Methoden zur Reliabilitätsbestimmung auf ein und dasselbe Meßinstrument grundsätzlich auch drei verschiedene Reliabilitäten resultieren können. Daraus folgt, daß man genau genommen nicht schlechthin von **der** Reliabilität eines Meßinstrumentes reden kann. Für welche Methode man sich entscheidet, hängt vor allem von der Zielsetzung und der speziellen Anwendungssituation ab.

Wie aus der Bezeichnung schon geschlossen werden kann, wird bei Methode a) dasselbe Meßinstrument zweimal auf das dasselbe Objekt angewendet, d.h. die auf diese Weise bestimmte Reliabilität mißt eigentlich nichts anderes als die *zeitliche Stabilität* von Meßwerten, ausgedrückt durch die Korrelation der Meßwerte der beiden verschiedenen Zeitpunkte. Dies ist nur sinnvoll, wenn vorausgesetzt werden kann, daß sich die wahren Meßwerte im Zeitablauf nicht verändern. Verändern sich diese aber, dann kann die Reliabilität sowohl unter- als auch überschätzt werden. Veränderungen können von der ersten Messung induziert sein. Besteht z.B. das Meßinstrument aus einer Fragenbatterie, dann ist es denkbar, daß die erste Befragung Anlaß für die Befragten ist, sich intensiv mit dem Befragungsgegenstand auseinanderzusetzen, was zu Meinungsänderungen führen kann, die sonst nicht eingetreten wären und die sich dann beim Retest zeigen, was zu einer Unterschätzung der Reliabilität führt. Andererseits ist zwischen beiden Tests mit Gedächtniseffekten zu rechnen, z.B. daß sich Befragte an ihre Antworten im ersten Test erinnern und übereinstimmende Antworten geben um konsistent zu erscheinen, was zu einer Überschätzung der Reliabilität führen würde. Kritisch für eine Beurteilung der Reliabilität im Sinne der zeitlichen Stabilität der Test-Retest-Methode ist natürlich das Zeitintervall zwischen den beiden Messungen. Je länger dieses ist, umso geringer ist der Gedächtniseffekt, aber umso mehr muß mit sich verändernden Meßwerten (z.B. Meinungsänderungen) gerechnet werden. Da die Annahme zeitlich unveränderter Meßwerte problematisch ist, wird die Test-Retest-Methode relativ selten angewandt.

Um dem Problem sich möglicherweise verändernder Meßwerte zu entgehen, liegt die Idee nahe, zum selben Zeitpunkt zwei vergleichbare Messungen durchzuführen, was zur Paralleltestmethode führt. "Parallele" Tests sind dabei solche, welche die gleiche Dimension messen und dabei *äquivalent* sind. Die Korrelation der Meßwerte beider paralleler Tests liefert eine Schätzung der Reliabilität. Das Hauptproblem dieser praktisch recht aufwendigen Methode besteht natürlich in der Bereitstellung echter Parallelformen, d.h. in solchen, die äquivalent sind, wobei man verschiedene Äquivalenzformen unterscheiden kann (vgl. dazu Fischer 1974, S.32-34). Diese verschiedenen Formen sind einer statistischen Überprüfung zugänglich, z.B. mit dem SYSTAT-Modul EZPATH. Auf Einzelheiten kann hier jedoch nicht weiter eingegangen werden.

Besteht ein Meßinstrument aus mehreren Items und messen diese alle dieselbe Dimension, dann wird diesem Instrument die Eigenschaft der *internen Konsistenz* zugeschrieben. Faßt man diese Items als unabhängige Meßwiederholungen auf, dann kann eine Reliabilitätsschätzung auf der Basis der internen Konsistenz – eine Konsistenzanalyse – durchgeführt werden (vgl. dazu Schnell/Hill/Esser 1992, S.159-161). Dazu eignet sich prinzipiell die Testhalbierungsmethode ("split-half-method"), bei der ein Test in zwei äquivalente Teile zerlegt und die Korrelation zwischen den Meßwerten der ersten und zweiten Testhälfte berechnet wird. Da aber eigentlich die Reliabilität des gesamten Tests interessiert, d.h. eines Tests von zwei Parallelformen der ursprünglichen Testlänge, muß dieser Korrelationskoeffizient noch korrigiert werden, was meistens nach Spearman/Brown 1910 erfolgt und zu folgendem Reliabilitätskoeffizienten führt:

$$R = 2r_{12}/(1 + r_{12})$$

wobei r_{12} die Korrelation der Meßwerte der beiden Testhälften 1 und 2 bezeichnet.

Die Zweiteilung eines Tests in äquivalente Hälften ist auf mehrere Arten möglich, z.B. nach dem Zufall oder nach der Numerierung der Items in gerad- und ungeradzahlige (odd-even-Methode). Der große praktische Vorteil der Testhalbierungsmethode besteht in der einfachen Durchführbarkeit. Da aber eine Aufteilung in zwei Testhälften auf unterschiedliche Weise möglich ist, können auch unterschiedliche Reliabilitätskoeffizienten resultieren. Dieser Nachteil wird beim *Alpha-Koeffizient* nach Cronbach 1951 vermieden. Dieser Koeffizient ist nichts anderes als das arithmetische Mittel aller möglichen "split-half"-Koeffizienten und wird nach folgender Formel berechnet:

$$\alpha := \frac{n}{n-1}\left[1 - \frac{n}{n+2b}\right]$$

Dabei bedeutet n die Anzahl der Items und b die Summe der Korrelationen der Items untereinander (der Iteminterkorrelationen). Cronbachs α ist wohl die "populärste und gleichzeitig die allgemeinste Form der Bestimmung des Konsistenzkoeffizienten, d.h. zum einen sind alle anderen Konsistenzkoeffizienten Spezialfälle von α und zum anderen ist für jede Anzahl der Testteile von 2 bis n eine Anwendung der Formel möglich. Cronbachs α ist als eine

Art obere Grenze der Konsistenz eines Tests anzusehen. Keiner der anderen Konsistenzkoeffizienten gibt eine optimistischere Reliabilitätsschätzung beim gleichen Meßinstrument ab" (Jäpel 1985, S.106). Zur Berechnung von α genügt eine einmalige Darbietung des Tests.

Wie hoch sollte nun ein Reliabilitätskoeffizient sein, damit ein Test als akzeptabel bezeichnet werden kann? In der Literatur finden sich dazu verschiedene Meinungen. Während beispielsweise Hofstätter 1957, S.292 generell einen Mindestwert von 0.85 fordert, differenziert Lienert 1969, S.309 nach Art des Tests. Für Test-Retests und Paralleltests setzt er einen Mindestwert an von 0.8, bei Konsistenzanalysen dagegen einen solchen von 0.9.

IV.2.2. Validität

Neben der Reliabilität stellt die *Validität* das zweite zentrale Gütekriterium für eine Messung dar. Wenn oben ausgeführt wurde, daß ein Indikator dann valide ist, wenn er das anzeigt, was er anzeigen soll, dann ist analog dazu ein Meßinstrument dann valide, wenn es das mißt, was es messen soll. Damit ein Meßinstrument valide ist, ist notwendig (aber nicht hinreichend), daß unterschiedliche Meßwerte auch unterschiedliche Merkmalsausprägungen reflektieren und nicht nur (systematische und/oder zufällige) Meßfehler. Perfekte Validität setzt somit voraus, daß keinerlei Meßfehler auftreten.

Wie schon die Reliabilität, ist auch die Validität keine dichotome Eigenschaft – Meßfehler treten praktisch immer auf – d.h. ein Instrument kann (nur) einen mehr oder weniger hohen Validitätsgrad aufweisen.

Den Unterschied zwischen Reliabilität und Validität kann man sich an Hand eines einfachen Beispiels klarmachen. Angenommen, es sei eine Zielscheibe aufgestellt, auf die mit zwei verschiedenen Gewehren mehrfach geschossen werde. Mit dem ersten Gewehr erziele man keinerlei Treffer (d.h. die Scheibe werde völlig verfehlt), aber die Streuung der Einschüsse auf der dahinter liegenden Wand sei sehr klein. Mit dem zweiten Gewehr dagegen treffe man immer die Scheibe mit einer ebenfalls sehr kleinen Streuung der Einschüsse. Dann liegt im ersten Fall eine hohe Reliabilität, aber keine Validität vor, während im zweiten Fall sowohl eine hohe Reliabilität als auch eine hohe Validität gegeben ist. Wären beim zweiten Gewehr stärker streuende Einschüsse festzustellen, dann läge eine geringere Reliabilität vor usw. (vgl. zu diesem Beispiel auch Jäpel 1985, S.88). Messungen können somit reliabel sein, d.h. wiederholte Messungen erbringen das gleiche oder nahezu das gleiche Meßresultat, aber nicht valide, sie messen etwas anderes als was gemessen werden soll. Umgekehrt kann ein Instrument valide sein, aber eine geringe Reliabilität aufweisen. Die Validität kann aber nicht größer sein als die Reliabilität (wohl aber umgekehrt), mit anderen Worten, Reliabilität ist eine notwendige, jedoch keine hinreichende Bedingung für Validität (darauf wurde schon eingangs hingewiesen).

Die Validität eines Meßinstrumentes kann immer nur im Vergleich mit Meßwerten beurteilt werden, die mit anderen Instrumenten erzielt wurden. Deshalb ist es genau genommen nicht korrekt, von **der** Validität schlechthin eines Meßinstrumentes zu sprechen. Vielmehr kann davon immer nur auf dem Hintergrund eines Vergleichsinstrumentes bzw. von Vergleichsmessungen gesprochen werden. Genau genommen sollte man auch nicht von der "Validität eines Instrumentes" sprechen, sondern von seiner Validität im Hinblick auf einen bestimmten Zweck oder eine bestimmte Zielsetzung, weshalb man auch verschiedene Validitätskonzepte unterscheidet. Wenn in der Literatur, wie auch hier, abkürzend von "Validität" die Rede ist, dann sollte man diese beiden Aspekte mitbedenken.

Eine Klassifikation verschiedener Validitätskonzepte stammt von der American Psychological Association 1954, 1974. Danach kann man unterscheiden:

a) *Inhaltsvalidität* ("content validity")
b) *Kriteriumsvalidität* ("criterion validity") mit den beiden Formen der *predictive validity* und *concurrent validity*
c) *Konstruktvalidität*, die *Konvergenz- und Diskriminanzvalidität* (convergent and discriminant validity) umfaßt.

Bei der *Inhaltsvalidität* handelt es sich um ein nicht formalisiertes Validitätskonzept, das subjektivem Ermessen einen weiten Spielraum läßt. Ausgangspunkt für eine Inhaltsvalidierung ist die genaue Definition eines theoretischen Begriffes. Wie oben ausgeführt wurde, ist eine Operationalisierung eines derartigen Begriffes logisch dann valide, wenn alle seine verschiedenen Aspekte durch die gewählte Operationalisierung abgedeckt werden. Dies ist Voraussetzung für eine "gültige" Messung im Sinne der Inhaltsvalidität. Man prüft dann alle Items eines Instrumentes, ob sie sich tatsächlich auf die durch die Definition vorgegebenen Aspekte beziehen und diese auch vollständig abdecken, d.h. man führt eine inhaltliche Analyse der einzelnen Items durch. Gegebenenfalls scheidet man Items als 'ungeeignet' oder 'nicht zutreffend' aus und/oder fügt neue hinzu. Nehmen wir beispielsweise an, es sei ein Instrument zur Messung der "Servicequalität" einer Ladenkette zu entwickeln, wobei diese definitionsgemäß die Aspekte 'Qualität des Angebots', 'Vielfalt des Angebots', 'Ausstattung der Geschäfte' und 'Zahlungsmodalitäten' (wie z.B. Möglichkeit der Ratenzahlung u.ä.) umfassen soll. Ein solches Instrument wird in der Regel aus einem Set von Fragenbatterien bestehen, die sich auf diese Aspekte beziehen bzw. beziehen sollen. Wären unter diesen Fragen (=Items) nun solche, die sich nicht auf die genannten Aspekte bezögen, dann würden diese die Inhaltsvalidität beeinträchtigen und müßten eliminiert werden. Würde man andererseits etwa keine Fragen zum Aspekt 'Zahlungsmodalitäten' stellen, dann würde das Instrument den definitorisch vorgegebenen Bedeutungsumfang von "Servicequalität" nicht voll abdecken, was ebenfalls die Inhaltsvalidität mindern würde. Die Beurteilung der Inhaltsvalidität ist als *subjektiv* zu bezeichnen, da dafür keine objektiven Kriterien existieren. Der Validitätsgrad kann deshalb nur verbal als z.B. 'niedrig', 'befriedigend', 'hoch' angegeben werden, aber nicht in Form eines Kennwertes. Nach Schnell/Hill/Esser 1992, S.163 sollte Inhaltsvalidität überhaupt nicht als Validitätskriterium aufgefaßt werden, "sondern als Idee, die bei der Konstruktion eines Instrumentes nützlich sein kann".

Bei der *Kriteriumsvalidität* geht es um den Zusammenhang zwischen den Meßwerten eines Instrumentes mit den Meßwerten eines *anderen* Instrumentes, die sich auf ein "externes" Kriterium beziehen. *Predictive validity* oder *prädiktive* Validität liegt dann vor, wenn Prognosen, die auf der Basis der Meßwerte eines Instrumentes vorgenommen wurden, durch (spätere) Meßwerte eines anderen Instrumentes, die sich auf eine vorgegebene Kriteriumsvariable beziehen, bestätigt werden können. Wenn es z.B. möglich wäre, den Studienerfolg (etwa definiert als Gesamtnote im Lizenziat oder Diplom) auf der Basis der Gesamtnote des Abiturs zu prognostizieren (ob das tatsächlich möglich ist, soll hier nicht diskutiert werden), dann könnte man der Abiturnote prädiktive Validität (bezüglich des Kriteriums 'Studienerfolg') zubilligen und es läge nahe, dafür einen Validitätskoeffizienten in Form eines Korrelationskoeffizienten zwischen den beiden Noten zu berechnen.

Offensichtlich kann nicht von einer generellen prädiktiven Validität eines Instrumentes gesprochen werden, sondern immer nur in Bezug auf ein bestimmtes Kriterium. Um im Beispiel zu bleiben, die prädiktive Validität der Abiturnote dürfte wohl für das Kriterium 'Berufserfolg' – wie immer dieser definiert und gemessen werde – ganz anders ausfallen als für den 'Studienerfolg'.

Im Unterschied zur prädiktiven Validität erfolgen bei der zweiten Form der Kriteriumsvalidität, der *concurrent validity*, beide Messungen zum selben Zeitpunkt.

Der Grad der Kriteriumsvalidität – sowohl der prädiktiven als auch der concurrent validity – wird allgemein als Korrelation zwischen den entsprechenden Meßwerten berechnet, wie schon in obigem Beispiel angedeutet wurde. Wie hoch muß nun dieser Korrelationskoeffizient (= Validitätskoeffizient) sein, damit von einem Meßinstrument gesagt werden kann, es besitze einen "akzeptablen" Grad von Kriteriumsvalidität? "Leider wird jeder, der in der Literatur nach einer quantitativen Antwort sucht, sich enttäuscht sehen, denn es lassen sich keine derartigen Angaben finden. Man kann nur soviel sagen, daß der Validitätskoeffizient im allgemeinen nicht sehr hoch sein wird; zu viele unbekannte oder nicht erfaßbare, interagierende Faktoren beeinflussen das Kriterium. Außerdem sind Zufallsfehler nicht zu vermeiden" (Jäpel 1985, S.64).

Die *Konstruktvalidität* gilt als anspruchsvollstes und auch aufwendigstes Validitätskonzept. Unter einem *Konstrukt* sind theoretische Eigenschaftsdimensionen (oder latente Variablen) zu verstehen. Als "latent" werden Variable bezeichnet, die nicht direkt beobachtbar und damit auch nicht direkt meßbar sind, sondern nur indirekt via Indikatoren (vgl. obige Ausführungen zu Begriffen mit nur indirektem empirischen Bezug), wie z.B. "Intelligenz", "Prestige", "Aggressivität", "Angst" usw. Wesentlich bei der Konstruktvalidität ist der Sachverhalt, daß nie ein Konstrukt für sich allein betrachtet wird, sondern das sogenannte "nomologische Netzwerk", in das ein Konstrukt eingebunden ist, in die Analyse miteinbezogen wird. Das impliziert zum einen, daß bei einer Konstruktvalidierung immer mehrere Konstrukte involviert sind, deren gegenseitige Beziehungen sich aus einer Theorie ableiten lassen bzw. für die Hypothesen formuliert werden können. Zum anderen sind aber auch die Beziehungen der Indikatoren der verschiedenen Konstrukte von Bedeutung (Konstrukte sind ja nicht direkt, sondern immer nur indirekt über Indikatoren meßbar) und schließlich die Beziehungen dieser Indikatoren mit den Konstrukten. Alle diese Beziehungen bilden zusammen das "nomologische Netzwerk".

Die Konstruktvalidität hat zwei Aspekte, die *Konvergenzvalidität* und die *Diskriminanzvalidität*. Konvergenzvalidität ist dann gegeben, wenn verschiedene Operationalisierungen eines Konstruktes einander sehr ähnlich sind, oder anders ausgedrückt, verschiedene Indikatoren eines Konstruktes müssen *austauschbar* sein (vgl. dazu Schnell/Hill/Esser 1992, S.167). Dagegen liegt *Diskriminanzvalidität* vor, wenn ein Instrument andere Sachverhalte erfaßt als andere Instrumente. "Mit der Forderung nach Diskriminanz der Konstrukte wird lediglich gefordert, daß ein neu eingeführtes Konzept und das entsprechende Meßinstrument etwas anderes bezeichnen und messen als Sachverhalte, die schon mit anderen Konstrukten erfaßt und den entsprechenden Instrumenten gemessen werden" (Schnell/Hill/Esser 1992, S.167). Falls zwei (oder mehrere) Instrumente den gleichen Sachverhalt messen, dann sagt ein Zusammenhang (z.B. eine hohe (positive) Korrelation) der Meßwerte nichts aus über einen Zusammenhang der entsprechenden Konstrukte. Wenn etwa in einer Untersuchung die Konstrukte "Einstellung zur Werbung" und "Beurteilung der Werbung für Produkt X" ähnliche Fragen als Meßinstrumente verwendet werden, dann ist zwar zu erwarten, daß die Meßwerte beider Fragenbatterien hoch korreliert sind, aber dies sagt vermutlich nichts aus über eine Beziehung zwischen den beiden Konstrukten, sondern eher über die Konsistenz von Antworten zu ähnlichen Fragen, d.h. die beiden Instrumente diskriminieren nicht zwischen den beiden Konstrukten.

Die Überprüfung auf Konvergenz- und Diskriminanzvalidität kann mit Hilfe sogenannter *Multitrait-Multimethod-Matrizen* erfolgen, die auf Campbell/Fiske 1959,1977 zurückgehen. Bei diesen Matrizen handelt es sich um eine Zusammenstellung korrelativer Zusammenhänge zwischen verschiedenen Indikatoren verschiedener Konstrukte, d.h. für jedes Konstrukt ('trait') werden verschiedene Meßmethoden verwendet.

Nehmen wir z.B. an, es seien die drei Konstrukte A, B und C gegeben, für die eine theoretische Beziehung postuliert sei. Nehmen wir weiter an, daß für jedes Konstrukt Daten mit drei Meßmethoden (z.B. Interview, schriftliche Befragung, telefonische Befragung) erhoben werden. Bei jeder Person wird also ein Interview, eine schriftliche und eine telefonische Befragung zu jedem Konstrukt durchgeführt. Für jedes Konstrukt sind natürlich jeweils drei spezielle Fragenbatterien zu entwickeln, also insgesamt neun.

In Anbetracht des erheblichen Aufwandes bei der Datenerhebung verwundert es kaum, daß Konstruktvalidierungen mit Hilfe von MTMM-Matrizen nur selten durchgeführt werden. Deshalb soll auch hier nicht weiter darauf eingegangen werden (für ein Beispiel einer MTMM-Matrix vgl. Jäpel 1985). In der Praxis werden zur Konstruktvalidierung verständlicherweise weniger aufwendige Methoden bzw. abkürzende Verfahren bevorzugt.

Eine davon kann als einfachere Variante der MTMM-Matrizen-Methode aufgefaßt werden, die darin besteht, daß für *alle* Indikatoren, die für verschiedene Konstrukte verwendet werden, die Messung, d.h. also die Datengewinnung, mit der gleichen Methode erfolgt und nicht alternativ mit verschiedenen. Seien beispielsweise wieder die obigen drei Konstrukte A,B, und C gegeben und seien für A die Indikatoren I_1, I_2, und I_3, für B die Indikatoren I_4 und I_5 und schließlich für C die Indikatoren I_6 und I_7 vorgesehen. Für diese kann man sich im einfachsten Fall Fragen vorstellen, also für A drei Fragen, für B und C je zwei Fragen. Zur Konstruktvalidierung wird also jetzt *eine* Methode herangezogen, z.B. Befragung mittels Interview, aber keine schriftliche und telefonische Befragung wie im vorhergehenden Fall. Sie erfolgt nun auf der Basis der folgenden korrelativen Zusammenhänge:

Indikator	I_1	I_2	I_3		I_4	I_5		I_6	I_7
I_1	1.0								
I_2	r_{21}	1.0							
I_3	r_{31}	r_{32}	1.0						
I_4	r_{41}	r_{42}	r_{43}		1.0				
I_5	r_{51}	r_{52}	r_{53}		r_{54}	1.0			
I_6	r_{61}	r_{62}	r_{63}		r_{64}	r_{65}		1.0	
I_7	r_{71}	r_{72}	r_{73}		r_{74}	r_{75}		r_{76}	1.0

Damit Konvergenzvalidität vorliegt, sollten die Korrelationen in den Dreiecken (also $r_{21}, r_{31}, r_{32}, r_{54}$ und r_{76}) hoch sein, da sie das gleiche Konstrukt messen und somit im Prinzip austauschbar sein sollen. "Allgemein gelten Werte über 0.8 als akzeptabel – in der Praxis werden allerdings auch weit niedrigere Werte in Kauf genommen" (Schnell/Hill/Esser 1992, S.170). Soll Diskriminanzvalidität gegeben sein, dann sollten die Korrelationen in den Rechtecken (also $r_{41}, r_{42}, \ldots, r_{53}$ und $r_{61}, r_{62}, \ldots, r_{73}$ sowie $r_{64}, r_{65}, \ldots, r_{75}$) kleiner sein als die in den Dreiecken, da die Indikatoren eines Konstruktes miteinander höher korrelieren sollten als mit Indikatoren anderer Konstrukte. Schließlich sollten die Messungen eines Konstruktes jeweils ähnliche Zusammenhänge mit den Messungen anderer Konstrukte aufweisen, d.h. die Korrelationen in den Rechtecken sollen das gleiche "Muster" aufweisen: ist z.B. $r_{41}>r_{42}$, dann sollte auch $r_{51}>r_{52}$ sein usw.

Eine weitere Möglichkeit zur Konstruktvalidierung stellt die *konfirmatorische Faktorenanalyse* dar, wobei die Konstrukte als die zugrundeliegenden Faktoren aufgefaßt werden, d.h. es wird von eben so vielen Faktoren wie Konstrukten ausgegangen. Weist die *Faktorladungsmatrix* deutlich voneinander verschiedene Ladungsmuster auf, dann kann davon ausgegangen werden, daß verschiedene Konstrukte gemessen werden. Auf Einzelheiten kann hier nicht eingegangen werden, ein einfaches einführendes Beispiel ist z.B. bei Schnell/Hill/Esser 1992, S.171-176 zu finden (zur Faktorenanalyse sei auf Kapitel VIII.4.2.7. verwiesen).

Schließlich sei noch eine (wenig formalisierte) Form der Konstruktvalidierung erwähnt, die dann durchführbar ist, wenn mindestens zwei Vergleichsgruppen zur Verfügung stehen, von denen man annehmen kann, daß sie sich bezüglich der interessierenden Konstrukte unterscheiden. Die Vergleichsgruppen (auch als *known groups* bezeichnet), können durch unterschiedliche durchschnittliche Ausprägungen von Persönlichkeitsmerkmalen wie Alter, Einkommen, Einstellungen, sozialer Status o.ä. definiert sein, z.B. Einheimische und Asylanten. Beim Konstrukt "Beurteilung der sozioökonomischen Situation" beispielsweise dürften bei den Vergleichsgruppenmitglieder im Durchschnitt stark unterschiedliche Meßwerte für die einzelnen Items (z.B. Fragen) zu erwarten sein. Sollte das nicht der Fall sein, wären wohl Zweifel an der Diskriminanzvalidität angebracht.

IV.3. Eindimensionale Skalierung

IV.3.1. Rating-Skalen

Für den aus dem anglo-amerikanischen Sprachbereich stammenden Begriff *Rating-Skala* gibt es im deutschsprachigen Raum keine einheitliche Bezeichnung. Als Synonyme sind Schätzskala, Beurteilungsskala, Rangordnungsskala, Einschätzskala, Skalafrage und Einstufungsskala gebräuchlich (vgl. Jäpel 1985, S.123). Hier soll ausschließlich von Rating-Skalen die Rede sein. "Die Bereiche in denen die Rating-Skala in den Sozialwissenschaften eingesetzt wird sind nahezu unüberschaubar, da das Rating-Verfahren sowohl bei der Selbsteinstufung als auch bei der Fremdeinstufung verwendbar ist. Man benutzt die Rating-Technik bei der Einstellungs- Meinungs- und Imagemessung, bei der Beurteilung von Personal, der Kooperationsfähigkeit, der Attraktivität, der Führerschaft, bei der Charakter- und Persönlichkeitsmessung, um nur einige wenige Beispiele zu nennen und das Spektrum der Anwendungsmöglichkeiten aufzuzeigen" (Jäpel 1985, S.121).

Im Gegensatz zu den *mehrdimensionalen* sind Rating-Skalen den *eindimensionalen* Skalierungstechniken zuzuordnen. Während bei den letzteren versucht wird, Personen oder Objekte, auf einem *latenten Kontinuum* (d.h. auf der (reellen) Zahlengeraden, die als Eigenschaftsdimension verstanden wird) zu positionieren, wird bei den ersteren eine solche Positionierung in einem mehrdimensionalen Raum versucht. Aussagen, die sich auf latente Variablen beziehen, setzen in der Regel jedoch nicht voraus, daß sich diese nur als ganzzahliges Vielfaches einer Einheit verstehen lassen müssen. Deshalb faßt man sie generell als *kontinuierlich* auf, woraus sich die Bezeichnung "latentes Kontinuum" erklärt.

Wenn von Eindimensionalität die Rede ist, dann muß man sich bewußt sein, daß dies eine Idealisierung darstellt, da die Reaktion eines Probanden auf eine Rating-Skala in der Regel von mehreren Dimensionen (d.h. Eigenschaften oder Merkmalen) beeinflußt wird (vgl. Scott 1968, S.250) und nicht nur von der, für die man sich interessiert. Realistischerweise wird man deshalb davon ausgehen müssen, daß man bestenfalls nur Rating-Skalen konstruieren kann, die auf die zu untersuchende Eigenschaft mehr "ansprechen" als auf andere Eigenschaften.

Wie die bisherigen Ausführungen erkennen lassen, sollen mit Rating-Skalen die Ausprägungen bzw. der jeweilige Grad der Ausprägung eines Merkmals (auch Item, Stimulus, Reiz genannt) festgestellt werden. Dabei werden Probanden gebeten, einen Stimulus gemäß ihrem subjektiven Urteil einer Anzahl fest vorgegebener Kategorien bzw. einem Kontinuum zuzuordnen. Die Kategorien müssen eindeutig geordnet sein, in der Regel werden sie verbal beschrieben und/oder durch Zahlen charakterisiert. Sie bzw. das Kontinuum werden als *Skala* bezeichnet, woraus sich der Begriff Rating-Skala erklärt. Es ist aber hier nochmals darauf hinzuweisen, daß es sich dabei nicht um eine Skala im oben definierten meßtheoretischen Sinn handelt.

Eine Klassifikation von Rating-Skalen bezüglich ihrer äußeren Form stammt von Guilford 1954. Danach lassen sich u.a. *numerische* und *graphische* Rating-Skalen unterscheiden bzw. *numerische-graphische* Kombinationen, wobei zusätzlich verbale Charakterisierungen einzelner oder aller Kategorien hinzukommen können.

Laute beispielsweise der Stimulus: "Beurteilen Sie bitte durch Ankreuzen den Politiker J gemäß folgender Skala":

unsympathisch 1 2 3 4 5 sympathisch

dann wäre das eine numerische Skala, wobei die extremen Kategorien 1 bzw. 5 verbal umschrieben sind, damit der Proband weiß, daß größere Zahlen einen höheren Grad von Sympathie ausdrücken sollen. Eine graphische Skala wäre z.B. dagegen:

unsympathisch |————————————| sympathisch

wobei der Proband diejenige Stelle der Linie markiert, die seiner Einschätzung des Sympathiegrades entspricht. Zur Auswertung einer solchen Skala werden die derart graphisch festgelegten Urteile in Zahlenwerte umgerechnet, z.B. durch Ausmessen der Länge der Skalenlinie.

Typischerweise werden in der Praxis Meßwerte auf Rating-Skalen für eine Menge von Probanden erhoben (z.B. im Rahmen einer Befragung). Als Skalenwert für ein Item wird dann üblicherweise ein Mittelwert über alle Befragten (oder diejenigen, die ein Urteil abgegeben haben) gebildet. Dieser wird dann als Skalenwert dieses Items angesehen. Durch die Mittelwertbildung versucht man auch Erhebungsfehler zu reduzieren. Wie in Abschnitt II.4. schon ausgeführt wurde, sind Messungen in der Regel mit Fehlern behaftet. Bei der Reaktion eines Probanden auf eine Rating-Skala muß davon ausgegangen werden, daß neben dem Stimulus auch andere Faktoren die Reaktion – in unerwünschter Weise – beeinflussen. Handelt es sich dabei um zufällige Einflüsse, dann kann davon ausgegangen werden, daß sich diese (unter bestimmten Bedingungen) durch die Mittelwertbildung gegenseitig weitgehend kompensieren (darauf wird weiter unten noch näher einzugehen sein).

Eine Rating-Skala, bei der jede Kategorie verbal umschrieben ist, könnte folgendermaßen aussehen:

- ☐ stimme überhaupt nicht zu
- ☐ stimme nicht zu
- ☐ bin unentschieden
- ☐ stimme zu
- ☐ stimme völlig zu

oder, wenn zusätzlich Zahlen vergeben werden:

-2	stimme überhaupt nicht zu
-1	stimme nicht zu
0	bin unentschieden
+1	stimme zu
+2	stimme völlig zu

Für die optische Gestaltung von Rating-Skalen, insbesondere von graphischen, sind eigentlich der Phantasie kaum Grenzen gesetzt, wie ein Blick in die Literatur zeigt. Neben Gesichter- (oder Kunin-) sind Stapel-, Leiter-, und Thermometerskalen usw. zu finden (Beispiele dafür etwa bei Heidenreich 1995, S.411 ff.). Diese im einzelnen hier aufzuführen wäre jedoch wenig interessant. Als wichtiger sollen hier grundsätzliche Fragen erachtet werden, die sich bei der Konstruktion von Rating-Skalen regelmäßig stellen und deshalb im folgenden relativ ausführlich behandelt werden sollen. Es handelt sich um die folgenden acht Problemkreise:

1. Welches ist die optimale Anzahl von Kategorien?
2. Soll eine gerade oder eine ungerade Anzahl von Kategorien vorgesehen werden?
3. Soll eine Ausweichkategorie vorgesehen werden?
4. Soll eine balancierte oder eine unbalancierte Skala verwendet werden?
5. Wie sollen Rating-Skalen verankert werden?
6. Welche optische Form soll gewählt werden?
7. Welches Skalenniveau haben Rating-Skalen?
8. Wie ist die Reliabilität und Validität von Rating-Skalen zu beurteilen?

IV.3.1.1. Zur optimalen Anzahl von Kategorien

Dazu sind bei Jäpel 1985, S.141 die folgenden – bezeichnenden – Ausführungen zu finden: " Beschäftigt sich man eingehender mit der Literatur hinsichtlich von Rating-Skalen, so stößt man immer wieder auf eine Problematik bzw. Frage. Was ist die optimale Anzahl von Skaleneinheiten (oder Kategorien d.Verf.). Diese Diskussion ist so alt wie die Rating-Skalen selbst, und die Anzahl der empirischen Studien, die versuchen, Licht in das Problem zu bringen, sind zahlreich und finden sich in allen Wissenschaftsdisziplinen und Praxisbereichen, in denen die Rating-Skala zum Einsatz kommt. Man sollte nun meinen, daß bei derartig intensiver Forschungsarbeit das Problem eindeutig gelöst ist, aber weit gefehlt. Die Ergebnisse der Studien und die Empfehlungen der einzelnen Autoren sind so uneinheitlich und widersprüchlich, daß ein Anwender, der sich nicht eingehend mit der Thematik befaßt, vor einem Dilemma steht. Die Palette der Empfehlungen reicht von 2-3 Skaleneinheiten als völlig ausreichende Anzahl, bis zu 21 Skalenkategorien oder dem Kontinuum als optimale Sublimierung der Skala".

Zunächst einmal kann man sich leicht klarmachen, daß es ein generelles fixes Optimum für die Anzahl der Kategorien bei Rating-Skalen eigentlich gar nicht geben kann. Einer der wesentlichen Einflußfaktoren, von denen die Wahl der Kategorienzahl abhängt, ist die *Diskriminierungsfähigkeit* der Probanden. Diese dürfte einerseits von der Intelligenz bzw. Bildung abhängig sein, andererseits aber auch von der Vertrautheit der Probanden mit dem durch ein Item bzw. mehrere Items angesprochenen Sachverhalt. Bei Rating-Skalen, die z.B. für Experten in einem Fachgebiet gedacht sind, darf wohl vorausgesetzt werden, daß sie in der Lage sind, feiner zu differenzieren als wenn ein allgemeines Publikum angesprochen wird, d.h. bei der Wahl der Kategorienzahl sollte der Adressatenkreis berücksichtigt werden. Generell führt eine zu grobe bzw. eine zu feine Untergliederung einer Rating-Skala zu einem Informationsverlust bzw. zu Scheininformationen. Letzteres deshalb, weil in ihrer Diskriminationsfähigkeit überforderte Probanden leicht zu Zufallsmarkierungen neigen. Ein weiteres Kriterium, das bei der Wahl der Kategorienzahl zu berücksichtigen ist, stellt die *Differenziertheit* des mittels Rating-Skalen zu messenden Sachverhaltes dar. Wenn sich

Sachverhalte nur grob differenzieren lassen, hat es keinen Sinn, eine Rating-Skala mit feiner Abstufung zu verwenden. Schließlich spielt die *Art der Datenerhebung* eine wesentliche Rolle für die Abstufung einer Rating-Skala. So kann bei schriftlichen Befragungen im allgemeinen eine größere Kategorienzahl verwendet werden als z.B. bei telefonischen. Zusammengefaßt sind es also die Faktoren *Diskriminierungsfähigkeit der Probanden, Differenziertheit des einzuschätzenden Sachverhaltes* und *Art der Datenerhebung*, welche die Wahl der Kategorienzahl beeinflussen. Da sich diese Faktoren in der Praxis immer wieder anders darstellen, läßt sich auf theoretischem Weg keine generelle fixe optimale Anzahl von Kategorien bei Rating-Skalen bestimmen. "Als Fazit der theoretischen Überlegungen läßt sich feststellen, daß es sich hier um ein relativ komplexes Problem handelt und ein fixes Optimum der Zahl der Skaleneinheiten nicht festlegbar ist, sondern immer die spezielle Erhebungssituation berücksichtigt werden muß" (Jäpel 1985, S.145).

Da man auf theoretischem Weg zu keiner Lösung des Problems Kategorienzahl kommt, wurde immer wieder versucht, empirisch, z.B. durch Experimente, Anhaltspunkte für eine "optimale" Kategorienzahl zu gewinnen, die wenigstens als Tendenzaussagen quasi generell empfohlen werden könnten. Es ist hier nicht der Ort, die Vielzahl der durchgeführten Studien Revue passieren zu lassen. Einen Überblick über ausgewählte Studien bietet z.B. Jäpel 1985, S.146 ff., der zu folgendem Schluß kommt: "Die Ergebnisse der eben referierten Untersuchungen geben keineswegs ein einheitliches Bild ab, und es könnte leicht der Eindruck entstehen, daß es völlig gleichgültig ist, welche Anzahl von Antwortkategorien man wählt. Aber dieser erste Eindruck trügt, wie bei näherem Hinsehen erkenntlich wird. Klassifiziert man sämtliche Studien anhand geeigneter Kriterien, so werden Übereinstimmungen sichtbar und Widersprüche heben sich auf. Es wird deutlich, daß die Ergebnisse sogar differieren müssen und sinnvolle Trendaussagen gefolgert werden können" (Jäpel 1985, S.149 f.). Als Klassifikationskriterien sind hier vor allem die in den einzelnen Studien verwendeten Bewertungskriterien (wie z.B. Reliabilität und Validität, statistische Kennzahlen, Präferenzen der Probanden) zu nennen, sowie ob es sich um eine einzelne oder um einen set von Rating-Skalen handelt, also um eine Item-Batterie. Nach Jäpel können folgende Tendenzaussagen formuliert werden:

1. Bei der Verwendung einer einzelnen Rating-Skala sind mehr Skalenkategorien notwendig als beim Einsatz von Itembatterien.

2. Bei einer einzigen Rating-Skala scheinen 9 ± 2 Kategorien angebracht.
3. Bei Itembatterien genügen in der Regel 5 ± 2 Skaleneinheiten (Jäpel 1985, S.151).

Daß bei nur einer einzigen Rating-Skala die Kategorienzahl größer sein muß als bei einer Item-Batterie, folgt daraus, daß die Weiterverarbeitung mehrerer Itemwerte zu einem Globalwert (etwa in Form eines Mittelwertes) den Wertebereich der Skalierung insgesamt automatisch erhöht. Zum Beispiel ergeben sich für drei Rating-Skalen mit je zwei Kategorien vier mögliche Skalenwerte (= Mittelwerte), bei drei Skalen mit je drei Kategorien sieben mögliche Skalenwerte, und allgemein bei n Skalen mit je k Kategorien n(k-1)+1 mögliche Skalenwerte (vgl. dazu Jäpel 1985, S.151). Diese Überlegung ist insofern von Bedeutung, weil man aus auswertungstechnischen Gründen gerne intervallskalierte Skalenwerte hat. Dies erscheint eher möglich zu sein, wenn die potentiellen Skalenwerte das Merkmals- oder Einstellungskontinuum möglichst "dicht" abdecken. Natürlich ist dies noch keine Garantie für intervallskalierte Rating-Skalen. Auf die Problematik des Skalenniveaus bei Rating-Skalen ist noch gesondert einzugehen.

Rohrmann 1978 plädiert im allgemeinen für Rating-Skalen mit 5 Kategorien, da Skalen mit relativ vielen Kategorien die Probanden hinsichtlich ihres Differenzierungsvermögens überforderten und deshalb bei der "außerakademischen" Bevölkerung auf wenig Resonanz stießen. Als problemlos sieht er dagegen den Einsatz von vielstufigen Skalen bei Studenten an.

IV.3.1.2. Gerade versus ungerade Anzahl von Kategorien-Ausweichkategorie

Sowohl bei den obigen Beispielen als auch bei den Empfehlungen des letzten Abschnitts wurde von einer ungeraden Anzahl von Kategorien ausgegangen. Rating-Skalen, die eine ungeradzahlige Anzahl von Kategorien aufweisen, verfügen zwangsläufig über einen Mittelpunkt, der verschieden interpretierbar ist. Er kann als "neutrale" Position ('weder-noch', 'unentschieden') aufgefaßt werden, aber auch Unwissenheit ausdrücken. Da solche Reaktionen von seiten der Probanden tatsächlich zu beobachten sind, scheint eine mittlere (oder neutrale) Kategorie durchaus sinnvoll zu sein. Die Wahl der Mittelkategorie kann aber auch lediglich auf Bequemlichkeit zurückzuführen sein, d.h. der Proband entzieht sich einer Entscheidung. Diese Vermutung drängt sich insbesondere dann auf, wenn etwa bei einer Befragung diese Kategorie sehr häufig gewählt wird. Möglicherweise wird aber auch die Rating-Skala nicht verstanden oder für ungeeignet gehalten. Wie auch immer, die Interpretation dieser Kategorie ist nicht eindeutig (vgl. dazu Jäpel 1985, S.152). Deshalb ist anzuraten, explizit eine Ausweichkategorie vorzusehen, die optisch von den übrigen Kategorien getrennt und verbal mit 'weiß nicht', 'nicht anwendbar' o.ä. etikettiert wird.

Rating-Skalen, die über eine Ausweichkategorie verfügen, werden als *nicht-forcierte* Ratings bezeichnet, im Gegensatz zu *forcierten* Ratings, bei denen der Proband zu einem Urteil "gezwungen" wird, also keine Möglichkeit besteht, Nichtwissen o.ä. kundzutun. Der Vorteil forcierter Ratings ist darin zu sehen, daß sie zwar einerseits ein lückenloses Datenmaterial versprechen (besonders bei schriftlichen Befragungen muß man allerdings immer wieder damit rechnen, daß manche Rating-Skalen ignoriert werden), andererseits zwingen sie einzelne Probanden, Urteile abzugeben, die ihr Wissen, ihren Informationsstand usw. überschreiten, was die Gefahr einer Verzerrung des gesamten Datenmaterials impliziert (vgl. dazu Jäpel 1985, S.154). Nicht-forcierte Rating-Skalen mit einer ungeraden Kategorienzahl bieten die Möglichkeit, echt neutrale Positionen (wie 'weder-noch' oder 'unentschieden') von pseudo-neutralen (wie 'weiß nicht', 'trifft nicht zu', 'Stimulus ist unbekannt') zu unterscheiden. Hinzu kommt, daß man auf diese Weise auch Informationen über die Unkenntnis von Probanden hinsichtlich gewisser Stimuli erhält. "Die Verwendung einer ungeraden Kategorienzahl bei simultanem Einsatz einer nicht zu geringen Anzahl von Skaleneinheiten und einer Ausweichkategorie [scheint] die meiste und unverzerrteste Information zu liefern" (Jäpel 1985, S.155).

IV.3.1.3. Balancierte versus unbalancierte Rating-Skalen

Bei einer *balancierten* Rating-Skala ist die Anzahl der "positiven" und "negativen" (oder "günstigen"/"ungünstigen" usw.) Kategorien gleich, während sie einer *unbalancierten* Skala ungleich sind. Von den beiden nachstehenden Rating-Skalen, die sich auf die Qualitätsbeurteilung eines Produktes beziehen, ist die linke balanciert, die rechte dagegen unbalanciert, d.h. verzerrt in Richtung "gut":

☐ sehr gut	☐ sehr gut
☐ gut	☐ gut
☐ weder/noch	☐ halbwegs gut
☐ schlecht	☐ gerade noch akzeptabel
☐ sehr schlecht	☐ schlecht

Im allgemeinen sind balancierte Skalen vorzuziehen um die Richtung der Urteile (überwiegend in den positiven oder negativen Bereich) nicht zu präjudizieren. Wenn dagegen bekannt ist oder vermutet werden kann, daß die Urteile vorwiegend in einem der Bereiche lokalisiert sind und es darauf ankommt, diesen möglichst fein abzustufen, dann kann eine unbalancierte Skala durchaus angebracht sein.

IV.3.1.4. Verankerung

Unter *Verankerung* einer Rating-Skala soll die Definition der Skalenendpunkte sowie der einzelnen Skalenstufen, d.h. der einzelnen Kategorien, verstanden werden. Sie betrifft vor allem graphische Rating-Skalen. Grundsätzlich wird zwischen *numerischer* und *verbaler* Verankerung unterschieden. Numerische Verankerung liegt dann vor, wenn alle oder bestimmte Kategorien mit Zahlen bezeichnet werden, während bei der verbalen Verankerung diese mit Worten oder Sätzen erfolgt. Die Skalenendpunkte sind prinzipiell verbal zu verankern, hingegen können die anderen Kategorien entweder teilweise oder ganz numerisch oder verbal oder sowohl numerisch als auch verbal verankert werden, wie dies die folgenden beiden Beispiele zeigen:

trifft nicht zu |—|—|—|—|—|—| trifft zu

-3 -2 -1 0 1 +2 +3

stimme gar nicht zu |—|—|—|—|—|—| stimme völlig zu

unentschieden

-3 -2 -1 0 +1 +2 +3

Bezüglich Art und Ausmaß der verbalen Verankerung von Kategorien sind in der Praxis vielfältige Variationen zu beobachten. Daß diese einen Einfluß auf das Reaktionsverhalten der Probanden haben können zeigen empirische Studien, z. B. von Friedman/Leefer 1981.

Problematisch bei einer numerischen und/oder verbalen Verankerung von Rating-Skalen ist die Frage der *Äquidistanz* der Kategorien, da nicht ohne weiteres sichergestellt ist, daß Probanden die einzelnen Kategorien als gleichabständig empfinden. Daß die zugeordneten Zahlen gleiche Abstände aufweisen, darf darüber nicht hinwegtäuschen. Äquidistante Skaleneinheiten sind jedoch eine Voraussetzung um mit Rating-Skalen erzielte Meßwerte als intervallskaliert betrachten zu können.

Ein spezielles Problem taucht bei bipolaren Skalen auf, wie sie z.B. beim Semantischen Differential Verwendung finden. Zu dieser Skalierungstechnik wird weiter unten Stellung genommen. Hier sei lediglich angemerkt, daß die formulierten Gegensatzpaare von den Probanden auch semantisch als solche empfunden werden müssen, sonst liegen ungleiche Abstände zum (neutralen) Mittelpunkt der Skala vor, was zu nicht äquidistanten Skalenkategorien führt.

Zur Frage, ob nur die Endpunkte zu verankern sind oder auch die Zwischenkategorien, liegen verschiedene empirische Studien vor, die (teilweise) bei Jäpel 1985, S.158 referiert werden. Danach erscheint eine verbale Verankerung wenigstens bei bestimmten Zwischenstufen empfehlenswert zu sein. "In welchem Ausmaß die Verankerung stattfinden sollte, ob dies numerisch oder verbal geschehen sollte oder durch eine Kombination aus numerischen und verbalen Elementen, darüber kann aufgrund der existierenden Forschungsergebnisse keine Aussage gemacht werden" (Jäpel 1985, S.160 f.).

IV.3.1.5. Optische Gestaltung

Rating-Skalen können *horizontal* oder *vertikal* präsentiert werden. Für beide Anordnungen wurden oben Beispiele gebracht. Vertikale Skalen können zu einer unnötigen Aufblähung eines Fragebogens führen, wenn viele vertikale Rating-Skalen verwendet werden.

Rating-Skalen können *verbunden* oder *getrennt* dargestellt werden, wie folgende Abbildung zeigt:

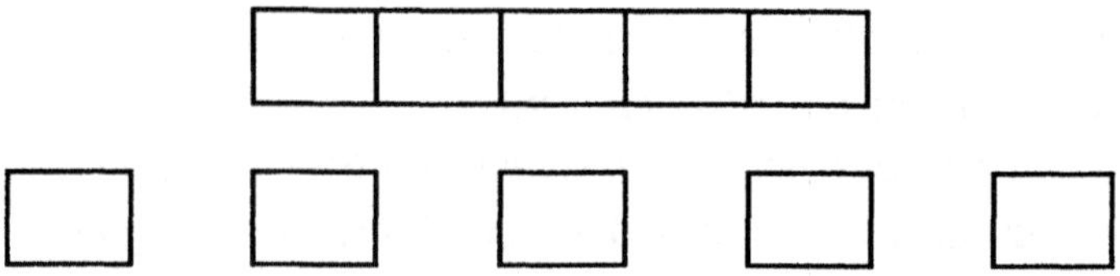

Bei getrennten Skalen sind die Kategorien eindeutig festgelegt. Bei verbundenen zeigt die Erfahrung, daß Probanden nicht selten ihre Kreuze zwischen den Kategorien anbringen, was zu nicht eindeutig interpretierbaren Urteilen führt. Allerdings vermitteln sie mehr den Eindruck der Zusammengehörigkeit der Skala (vgl. Jäpel 1985, S.164).

"Trotz des häufigen Einsatzes der optischen Unterstützung für Rating-Skalen sind bisher keine empirischen Untersuchungen bekannt, die sich mit dieser Thematik beschäftigen. Es liegen daher auch keine Erkenntnisse über die Wirkung der einzelnen Gestaltungsalternativen vor. Es steht nicht einmal fest, ob überhaupt ein Effekt positiver oder negativer Art durch optische Unterstützung ausgelöst wird. In der Regel begründet man den Einsatz von visuellen Hilfsmitteln mit Plausibilitätsüberlegungen" (Jäpel 1985, S.165).

IV.3.1.6. Zum Skalenniveau von Rating-Skalen

"Ein Aspekt der Ratingskalen hinsichtlich dem besonders Uneinigkeit besteht, um nicht zu sagen über den Ungewißheit herrscht, ist der Skalentyp der aufgrund von Rating-Verfahren erzielt wird bzw. erzielt werden kann. Selbst bei intensivem Studium der entsprechenden fachspezifischen Literatur sind kaum Untersuchungen aufzufinden, die sich mit dem Skalenniveau von Rating-Skalen eingehender beschäftigt haben. In der Regel wird mit Annahmen, Vermutungen oder Plausibilitäten argumentiert, oder man übergeht einfach die Problematik des Skalenniveaus und wertet die Daten mit statistischen Verfahren aus, die am einfachsten und bequemsten erscheinen" (vgl. Jäpel 1985, S.132). Manche Autoren gehen davon aus, daß Rating-Skalen lediglich Ordinalskalenniveau erreichen, z.B. Kallmann 1979, andere dagegen billigen ihnen Intervallskalenniveau zu, z.B. Torgerson 1958. Wieder andere sind der Auffassung, daß sie in der Regel Ordinalskalenniveau besitzen, in bestimmten Anwendungssituationen allerdings auch Intervallskalenniveau erreichen können. "Diese Meinung muß als realistisch bezeichnet werden, denn eine Generalisierung des Skalentyps von Rating-Skalen für alle Situationen scheint nicht sinnvoll zu sein, wenn man bedenkt, daß bei jeder psychischen Messung das zu messende Merkmal, die beteiligten Probanden und das Meßinstrument interagieren. Ein Nachweis der Realisation eines bestimmten Meßniveaus kann immer nur einen sehr eingeschränkten Geltungsbereich besitzen. Zulässig ist dabei lediglich der Schluß, daß ein Meßinstrument in der Lage ist ein bestimmtes Skalenniveau zu erreichen" ... "Der Grund für die Ungewißheit und die Uneinigkeit über das Skalenniveau aufgrund der Ratingsverfahren liegt in erster Linie darin, daß die Rating-Technik eine Einzelreiz-Methode ist, und der Skalentyp sich daher nicht direkt bestimmen läßt" (Jäpel 1985, S.133 f.).

Zur praktischen Überprüfung des Skalenniveaus von Rating-Skalen werden in der Literatur zwei Ansätze diskutiert (vgl. dazu Jäpel 1985, S.134-137). Beim ersten werden zwei Datenerhebungen durchgeführt, das interessierende Merkmal wird sowohl via Rating-Skala als auch mit einem anderen als geeignet erscheinenden Skalierungsverfahren gemessen. Läßt sich nun zwischen den Meßwerten der beiden Messungen ein linearer Zusammenhang nachweisen, dann wird geschlossen, daß bei der Rating-Skala eine Intervallskala vorliegt. Kritisch muß dazu vermerkt werden, daß sich dieser Test eher zur Überprüfung der *Konvergenzvalidität* eignet als zur Überprüfung des Skalenniveaus (Validitätsprobleme werden weiter unten behandelt). Der zweite, meßtheoretisch fundierte Ansatz geht auf Orth 1979 zurück, der testbare Axiome entwickelt hat, die eine Intervallskala garantieren. Orth konnte durch ein Experiment zur visuellen Längenschätzung zeigen, daß bei diesem die Verletzungen der Axiome so gering waren, daß ihre empirische Gültigkeit nicht in Frage gestellt werden mußte, so daß die verwendeten Rating-Skalen tatsächlich Intervallskalenniveau erreichten. Diese Untersuchung liefert somit eine gewisse meßtheoretische Basis für die oben referierte Ansicht, nach der Rating-Skalen in bestimmten Anwendungssituationen Intervallskalenniveau erreichen können. Natürlich ist eine Generalisierung auf andere Merkmale als die Länge von Objekten nicht möglich.

Da bei beiden Vorgehensweisen Zusatzinformationen in Form von zusätzlichen Daten erforderlich sind – im Orthschen Experiment sind es Daten über Beurteilungen von Längendifferenzen – ist leicht verständlich, weshalb beide Prüfmethoden in der Praxis keine Rolle spielen. Experimente, mit denen man überprüfen kann, ob Axiome empirisch erfüllt sind, die eine

Intervallskala garantieren, sind aufwendig und bei einer größeren Anzahl von Rating-Skalen, wie sie z.B. bei Befragungen fast die Regel sind, aus praktischen Gründen undurchführbar.

IV.3.1.7. Zur Reliabilität und Validität von Rating-Skalen

Zur Reliabilität von Rating-Skalen liegen zahlreiche Untersuchungen vor, die etwa bei Guilford 1954 und Merz 1963 zusammengefaßt sind. Hauptsächlich werden zwei Methoden der Reliabilitätsbestimmung verwendet, die Test-Retest- Methode sowie die Inter-Rater-Methode (oder Rater-Reliabilität), wobei die letztere – sie beurteilt die Übereinstimmung verschiedener Urteiler bei der Einstufung desselben Stimulus – von den meisten Autoren präferiert wird. Typisch scheint ein Rater-Reliabilitätskoeffizient von 0.55 zu sein (vgl. dazu Jäpel 1985, S.138). Die einzelnen Untersuchungen sind allerdings nur bedingt miteinander vergleichbar, weil die Faktoren, die einen Einfluß auf die Reliabilität haben oder haben können (wie z.B. Anzahl der Kategorien, Verankerung, optische Gestaltung, Eigenschaften der Stimuli, systematische Fehler) sehr zahlreich sind und bei den einzelnen empirischen Untersuchungen in unterschiedlichem Maße berücksichtigt werden. Deshalb ist es praktisch nicht möglich, von einer *generellen* Reliabilität von Rating-Skalen zu sprechen.

Validitätsuntersuchungen für Rating-Skalen sind in der Literatur nur ausnahmsweise anzutreffen. In der Regel liegen die berichteten Validitätskoeffizienten im Intervall 0.00 - 0.50 (vgl. Merz 1963, S.37).

Bei der obigen (unvollständigen) Aufzählung von Faktoren, die einen Einfluß auf die Reabilität von Rating-Skalen haben, wurde auch auf systematische Fehler hingewiesen. Für Rating-Skalen sind einige typische derartige Fehler bekannt, auf die abschließend kurz eingegangen werden soll.

Beim *Halo-Effekt* werden positive oder negative Gesamturteile unbesehen oder unbemerkt auf die Bewertung einzelner Eigenschaften übertragen. Zum Beispiel kann die Qualität eines Produktes deswegen als sehr hoch eingeschätzt werden, weil es von einer angesehenen Firma stammt, im Gegensatz zu einem Produkt einer unbekannten Firma, das aber objektiv einen höheren Qualitätsstandard aufweist. (Bekanntlich genießen HSG-Absolventen in der deutschen Wirtschaft im allgemeinen ein hohes Ansehen.

Handelt es sich dabei um einen Halo-Effekt? Etwa, weil die Schweiz als solide und qualitätsbewußt gilt?)

Ein weiterer systematischer Fehler ist der *Milde-Effekt*, d.h. man vermeidet möglichst Extremantworten, wie 'bin entschieden dagegen', 'stimme stark zu', 'finde ich ausgesprochen schlecht' usw. und gibt lieber "mittlere", d.h. mildere, Urteile ab.

Schließlich sei der *Normanpassungs-Effekt* erwähnt, der darin besteht, daß Eigenschaften oder Meinungen, die in der Gesellschaft als positiv eingestuft werden, beim Rating ebenfalls bevorzugt als positiv deklariert werden. Analoges gilt für negativ bewertete Eigenschaften oder Meinungen. Dieser Effekt wird uns noch einmal begegnen bei der Behandlung von Antwortverzerrungen bei Befragungen. Dort wird er üblicherweise als 'social-desirability-response-set' bezeichnet.

IV.3.2. Einfache eindimensionale Skalierungsverfahren

IV.3.2.1. Paarvergleiche

Der *Paarvergleich* gehört zu den *Rangordnungsverfahren*. Bei diesen sind die Versuchspersonen gehalten, eine vorliegende Anzahl von Objekten nach einem bestimmten Kriterium (oder Merkmal) zu ordnen, d.h. in eine Rangreihe zu bringen. Beim Paarvergleich wird jeder Stimulus mit jedem anderen Stimulus verglichen und entschieden, welcher der beiden das Merkmal in einem höheren Ausmaß besitzt. Wenn das für Stimulus i im Vergleich zu Stimulus j der Fall ist, dann wird gesagt, Stimulus i *dominiere* Stimulus j. Gleichheitsurteile ("ties") werden dabei ausgeschlossen. Bei n Stimuli muß also jede Person n(n-1)/2 Urteile abgeben. Diese lassen sich in einer *Dominanzmatrix* mit den Elementen d_{ij} darstellen, wobei diese entweder den Wert Null oder Eins annehmen. Angenommen, es seien 7 Objekte zu beurteilen, dann könnte eine derartige Matrix für *einen* Probanden folgendermaßen aussehen:

	O_1	O_2	O_3	O_4	O_5	O_6	O_7
O_1	-	1	0	1	1	0	1
O_2	0	-	1	1	0	1	0
O_3	1	0	-	1	1	1	1
O_4	0	0	0	-	1	1	0
O_5	0	1	0	0	-	0	1
O_6	1	0	0	0	1	-	1
O_7	0	1	0	1	0	0	-
Σ	2	3	1	4	4	3	4

Es ist $d_{ij}=1$, falls das Spaltenobjekt das Zeilenobjekt dominiert, im umgekehrten Fall ist $d_{ij}=0$. O_1 wird also O_3 und O_6 vorgezogen, aber nicht O_2, O_4, O_5 und O_7 usw. Es muß stets $d_{ij}+d_{ji}=1$ sein. Die Diagonale bleibt unbesetzt, da kein Objekt mit sich selbst verglichen wird.

Problematisch bei derartigen Paarvergleichen ist die Möglichkeit, daß *inkonsistente Rangordnungen* entstehen, d.h. Rangordnungen, die nicht transitiv sind: aus $i \succ j$ und $j \succ k$ folgt nicht $i \succ k$. Solche Rangordnungen werden als *zirkuläre Triaden* bezeichnet. Daß in obiger Matrix zirkuläre Triaden vorkommen, kann man schon an den Spaltensummen ablesen. Kommen gleiche Spaltensummen vor, dann gibt es *mindestens eine* zirkuläre Triade. Beispielsweise gilt: $O_1 \succ O_3$ und $O_3 \succ O_2$, aber nicht $O_1 \succ O_2$. Zirkuläre Triaden können verschiedene Ursachen haben, z.B. werden die Objekte nicht nur bezüglich *eines* Merkmals verglichen, die Merkmalsdifferenzen können sehr klein sein oder als klein beurteilt werden (da ties ausgeschlossen sind, kommen Dominanzen zufällig zustande), aber auch an die Unfähigkeit von Probanden zur konsistenten Urteilsbildung sowie an mangelnde Sorgfalt ist zu denken (vgl. dazu Sixtl 1967, S.157 f.).

Nach Kendall 1948 beträgt die *maximale* Anzahl solcher zirkulärer Triaden $T_{max}=n(n^2-4)/24$, wenn die Anzahl n der Objekte *geradzahlig* ist und $n(n^2-1)/24$, wenn diese *ungeradzahlig* ist. Die in einer Dominanzmatrix tatsächlich vorhandene Anzahl T von Triaden ergibt sich aus:

$$T = \frac{n(n-1)(2n-1)}{12} - 0.5\left(\sum_{i=1}^{n}\sum_{j=1}^{n} d_{ij}\right)^2$$

Für obige Dominanzmatrix ist $T_{max} = 14$ und $T = 10$.

Zur Beurteilung der Konsistenz eines Probanden dient ein Konsistenzkoeffizient, der für wie folgt definiert ist:

$$C: = 1 - \frac{24T}{n(n^2 - 4)} \quad \text{für gerades n}$$

$$C: = 1 - \frac{24T}{n(n^2 - 1)} \quad \text{für ungerades n}$$

Für $T=T_{max}$ ist $C=0$ und für $T=0$ ist $C=1$. Für obige Matrix ergibt sich $C \approx 0.29$, was auf eine geringe Konsistenz des Beurteilers hinweist.

Man kann sich auch die Frage stellen, ob der Grad an Konsistenz, den eine Dominanzmatrix aufweist, möglicherweise rein zufällig entstanden sein könnte, d.h. daß der Proband sich in Wirklichkeit als völlig inkompetent zur Beurteilung der Objekte erweist. Eine inferenzstatistische Absicherung der Nullhypothese, daß transitive Urteile nur zufällig zustande kommen, kann mit einem Signifikanztest erfolgen. Unter dieser Hypothese ist für $n \geq 7$ der Ausdruck

$$\frac{8}{n-4}[\frac{1}{4}\binom{n}{3} - T + 0.5] + FG$$

χ^2-verteilt mit $FG=n(n-1)(n-2)/(n-4)^2$ Freiheitsgraden (vgl. Gigerenzer 1981, S.203). Für $FG>30$ ist $(2\chi^2)^{0.5}-(2\ FG - 1)^{0.5}$ approximativ normalverteilt. Für das Beispiel ergibt sich ein Testwert von 21.3, d.h. die Nullhypothese kann nicht abgelehnt werden (bei 23 Freiheitsgraden und einem Signifikanzniveau von 0.05 beträgt der zu vergleichende Wert aus der χ^2-Tabelle 35.17).

Bisher wurde von *einer* Dominanzmatrix ausgegangen. Werden m Probanden zur Beurteilung von n Objekten herangezogen, dann existiert für jeden Probanden eine Dominanzmatrix. Durch *Addition* dieser Matrizen erhält man eine *kombinierte* Dominanzmatrix, deren Zellen jetzt die absoluten Häufigkeiten enthalten, mit denen Paardominanzen auftreten. Eine derartige Matrix liegt der in Abschnitt IV.3.3.2. zu besprechenden Thurstone-Skalierung zugrunde. Eine einfache Auswertung einer solchen Matrix besteht z.B. in der Berechnung des Prozentsatzes an Probanden, der einen bestimmten Stimulus einem oder mehreren anderen vorzieht. Möglich ist auch die Ableitung einer Rangordnung für die Objekte, allerdings nur dann, wenn keine zirkulären Triaden vorliegen bzw. wenn diese vernachlässigt werden können.

Paarvergleiche sind praktisch nur durchführbar, wenn die Anzahl der Objekte relativ klein ist, da die Anzahl der durchzuführenden Vergleiche rasch wächst. Bei nur n=10 Objekten hat jeder Proband schon 45 Vergleiche anzustellen. Mit steigender Anzahl der Vergleiche steigt aber auch im allgemeinen die Anzahl der zirkulären Triaden.

Zirkuläre Triaden können vermieden werden, wenn man die Objekte nicht paarweise rangordnet, sondern *alle* Objekte *simultan* in eine Rangordnung bringt: das Objekt (oder der Stimulus) mit der stärksten Merkmalsausprägung erhält Rang 1, das mit der zweitstärksten Ausprägung Rang 2 usw. Insgesamt werden von jedem Probanden n Rangplätze vergeben. Für jedes Objekt kann dann ein *mittlerer Rang* bestimmt werden (etwa durch Bildung des Medians), was schließlich zu einer *aggregierten* Rangordnung für die Objekte führt. Überprüfen läßt sich auch, inwieweit die Probanden in ihren individuellen Rangordnungen übereinstimmen, etwa durch Berechnung von *Rangkorrelationen.*

IV.3.2.2. Q-Sort-Verfahren

Die *Q-Technik* wird mehr zum Vergleich verschiedener Reaktionen (oder Antworten) *einer* Person verwendet als, wie sonst bei Skalierungsverfahren üblich, zum Vergleich der Reaktionen (oder Antworten) mehrerer Personen (vgl. Heidenreich 1995, S.416 f.). Dem Probanden wird eine Reihe von Objekten vorgelegt, z.B. Bilder, Aussagen, die auf Karten geschrieben sind. Diese Karten sollen nun von ihm in mehrere Stapel sortiert werden und zwar so, daß diese möglichst gut ein Kontinuum approximieren, das z.B. von "völlige Zustimmung" bis "völlige Ablehnung" reicht. Außerdem wird vorher festgelegt, wieviel Karten/Stapel zugeordnet werden dürfen. Meistens wird eine eingipflige, symmetrische Verteilung angestrebt (bei 11 Stapeln sind die Stapel z.B. mit den Häufigkeiten 2,4,8,12,14,20,14,12,8,4,2 besetzt), gelegentlich auch eine Rechteckverteilung, d.h. gleich viele Karten/Stapel (vgl. Heidenreich 1995, S.416). Zwischen den Objekten innerhalb einer Klasse, d.h. innerhalb eines Stapels, wird nicht mehr unterschieden.

Im Gegensatz zum Paarvergleich und dem Rangordnungsverfahren können beim Q-Sort-Verfahren sehr viele Items skaliert (d.h. in eine Rangordnung gebracht) werden. Nach Kerlinger 1979, S.911) sollten zwischen 60 und 140 Items verwendet werden, als Faustregel werden 60 - 90 genannt (vgl. Stapel 1969, S.3-7).

IV.3.2.3. Methode der konstanten Summen

Bei der Methode der *constant-sum scale* soll der Proband einen fixen Betrag (z.B. 100), der Punkte oder einen Geldbetrag o.ä. bedeuten kann, auf mehrere Stimuli verteilen und zwar so, daß die Zuteilung der Teilbeträge zu den einzelnen Stimuli ihre Bedeutung für den Probanden reflektiert. Solche Skalierungen sind z.B. im Marketing anzutreffen. Dort können die Stimuli etwa Qualitätsmerkmale eines Produktes bezeichnen. In der Praxis kann gelegentlich der Fall eintreten, daß einzelne Probanden mehr oder weniger als den vorgegebenen fixen Betrag auf die einzelnen Stimuli aufteilen. Eine Aggregation über mehrere Beurteiler zeigt dann die Einschätzung der relativen Bedeutung der einzelnen Qualitätsmerkmale.

Möglich und gebräuchlich ist auch eine paarweise Vorgabe der Stimuli mit der Maßgabe, einen konstanten Betrag so zwischen ihnen zu verteilen, daß der Quotient der zugeteilten Beträge das jeweilige Verhältnis der betrachteten Merkmalsausprägung widerspiegelt. Sei 100 wieder der konstante Betrag und wird dieser zwischen den Stimuli A und B z.B. im Verhältnis 80:20 aufgeteilt, dann soll damit ausgedrückt werden, daß der Proband der Meinung ist, daß das betrachtete Merkmal bei A viermal stärker als bei B ausgeprägt ist. Bei als gleich erachteter Ausprägung müßte die Aufteilung 50:50 lauten.

IV.3.3. Komplexere eindimensionale Skalierungsverfahren

IV.3.3.1. Likert-Skalierung

Bei der *Likert*-Skalierung handelt es sich um ein personen-orientiertes, eindimensionales Skalierungsverfahren, das vor allem in der *Einstellungsmessung* verwendet wird. Es ist wohl das in der empirischen Sozialforschung am häufigsten verwendete Skalierungsverfahren, das von Rensis Likert im Jahre

1932 vorgeschlagen wurde. Es baut nicht auf einem mathematischen Modell auf, Vorgehensweise und Berechnung der Skalenwerte erfolgen nach Plausibiliätsüberlegungen.

Unter dem Konstrukt "Einstellung" sei allgemein die gefühlsmäßige, gedankliche und handlungsmäßige Disposition gegenüber bestimmten Aspekten der Umwelt verstanden (vgl. dazu etwa Stroebe 1980), das man bei Einstellungsskalen als latentes Kontinuum auffaßt, welches von extrem negativ nach extrem positiv reicht, und von dem man annimmt, daß eine Person auf diesem einen bestimmten Platz einnimmt, der durch ein Skalierungsverfahren zu ermitteln ist. Dabei werden die einzelnen Positionen des Kontinuums durch bestimmte Aussagen charakterisiert, die man in diesem Zusammenhang allgemein als *Statements* bezeichnet (vgl. Heidenreich 1995, S.418). Diesen Statements kann eine Person zustimmen oder nicht zustimmen, wobei der Grad der Zustimmung bzw. Ablehnung durch die Kategorien einer Rating-Skala vorgegeben wird.

Eine Einstellungsskala ist im Grunde nicht anderes als eine Kollektion von Statements (oder Items), die Personen zur Stellungnahme vorgelegt werden. Sie ist dann gegeben, wenn feststeht, welche Statements in diese Kollektion aufgenommen werden. Das richtet sich einmal nach allgemeinen Kriterien, die sich auf Art und Formulierung der Statements beziehen, dann aber nach mehr formalen, mit Hilfe derer aus einer größeren Anzahl von Statements die "ungeeigneten" – das sind diejenigen, die nicht auf der interessierenden Dimension messen – eliminiert werden sollen ("Itemanalyse" bzw. "Itemselektion").

Für die Formulierung von Statements einer Einstellungsskala haben sich im Lauf der Zeit einige Regeln herausgebildet. In der Zusammenstellung nach Edwards 1957, S.14 ff. sollten Statements vermieden werden,

1. die sich auf die Vergangenheit und nicht auf die Gegenwart beziehen;
2. die Tatsachen darstellen, oder so interpretiert werden könnten, als stellten sie Tatsachen dar;
3. die mehrdeutig interpretiert werden können;
4. die sich nicht auf die Einstellung beziehen, um die es geht;
5. die wahrscheinlich von fast allen oder von niemand bejaht werden.

Statements sollten ferner

6. einfach, klar und direkt formuliert sein
7. den gesamten affektiven Bereich der interessierenden Einstellung abdecken;
8. kurz sein und nur ausnahmsweise 20 Wörter überschreiten;

9. immer nur *einen* vollständigen Gedanken enthalten;
10. keine Wörter wie "alle", "immer", "niemand", "niemals" enthalten;
11. Wörter wie "nur", "gerade", "kaum" vorsichtig und nur ausnahmsweise verwenden;
12. aus einfachen Sätzen und nicht aus Satzgefügen oder Satzverbindungen bestehen;
13. keine Wörter enthalten, die den Befragten unverständlich sein könnten (wie z.B. Fremdwörter oder Fachausdrücke);
14. keine doppelten Verneinungen enthalten.

(vgl. dazu auch Schnell/Hill/Esser 1992, S.193 f. oder Heidenreich 1995, S.418)

Bei der Likert-Skala werden den Versuchspersonen in der Regel Rating-Skalen mit fünf Antwortkategorien vorgelegt, z.B. mit den Kategorien

stimme stark zu	stimme zu	unent-schieden	lehne ab	lehne stark ab
(5)	(4)	(3)	(2)	(1)

oder "sehr wichtig", "ziemlich wichtig", "wichtig", "weniger wichtig", "unwichtig" usw. Die verbale Umschreibung der Antwortkategorien hängt natürlich von der Bedeutung und der Formulierung der verwendeten Statements ab. Jede Antwort wird durch einen Zahlenwert charakterisiert, wobei bei "positiv" formulierten Statements eine starke Zustimmung mit 5 Punkten und eine starke Ablehnung mit 1 Punkt bewertet wird. Bei "negativ" formulierten Statements muß dann die Zuordnung der Zahlenwerte in umgekehrter Reihenfolge vorgenommen werden. Um das an einem Beispiel zu verdeutlichen, sei angenommen, daß eine Skala entwickelt werden soll, welche die Einstellung von Personen zur Werbung mißt, wobei ein großer Skalenwert eines Statements eine positive und ein kleiner Skalenwert eine negative Einstellung zur Werbung indizieren soll. Für die beiden folgenden Statements, die in diesem Sinn als "positiv" bzw. "negativ" bezeichnet werden können:

"Die Werbung gibt mir nützliche Informationen über die Beschaffenheit eines Produktes"

"Die Werbung will mich verführen, neue Sachen zu kaufen, die ich gar nicht brauche"

müssen die Zahlenwerte folgendermaßen zugeordnet werden:

stimme stark zu	stimme zu	unent-schieden	lehne ab	lehne stark ab
(5)	(4)	(3)	(2)	(1)

bzw.

stimme stark zu	stimme zu	unent-schieden	lehne ab	lehne stark ab
(1)	(2)	(3)	(4)	(5)

(Beispiel nach Heidenreich 1995, S.419)

Die Gesamtpunktzahl ("Gesamtscore") eines Probanden ergibt sich durch Addition der bei den einzelnen Statements erzielten Punktwerte. Deshalb wird die Likert-Skalierung auch als "method of summated ratings" bezeichnet oder im Deutschen als "Methode der summierten Einschätzungen oder Ratings". Umfaßt eine Skala z.B. 100 Statements, dann könnte eine Person maximal 500 Punkte erzielen, wenn sie eine extrem positive Einstellung hat und minimal 100 Punkte bei extrem negativer Einstellung.

Da es sich bei einer Likert-Skala um ein eindimensionales Skalierungsmodell handelt – es soll die Einstellung zu *einem* Sachverhalt gemessen werden – dürfen nur solche Statements Bestandteil der Skala sein, die sich ausschließlich auf die interessierende Dimension beziehen. Daß die Eindimensionalität der Statements und damit auch der ganzen Skala ein entscheidender Punkt für die Einstellungsmessung ist, kann man sich leicht klarmachen: Wenn ein Statement auf mehr als einer Dimension mißt, dann ist die von einem Probanden erzielte Punktzahl nicht interpretierbar. Welcher Dimension wird stark zugestimmt, wenn die Punktzahl z.B. 5 beträgt? Allen, oder nur einem Teil, und falls letzteres zutreffen sollte, welchen? "Es ist, wie wenn man die Frage stellt: Auf einem Schiff stellt ein Kapitän insgesamt 100 Grad fest. Auf dem wievielten Längengrad befindet sich das Schiff und wieviel Grad Celsius herrschen an Bord (wenn beide zusammen 100 ergeben)" (Holm 1976, S.125).

Daß für eine Skala zur Messung der Einstellung nur eindimensional messende Statements brauchbar sind, kommt schon in obiger Regel (4) zum Ausdruck. Allerdings sind dieser keine Hinweise zu entnehmen, wie man nun konkret die Eindimensionalität eines Statements feststellen soll. Die Selektion eindimensionaler Statements ist der eigentliche Kern der Likert-Skalierung. Nach Likert wird die Entwicklung einer Rating-Skala in einer mehrphasigen Prozedur durchgeführt, die nachstehend skizziert werden soll:

a) Ausgangspunkt ist die Formulierung einer größeren Anzahl von Statements (etwa 100-120), von denen vermutet wird, daß sie zum einen die interessierende Dimension ansprechen, zum andern aber auch eine möglichst eindeutige positive oder negative Position auf dem latenten Kontinuum repräsentieren.

b) Diese Statements werden, wie schon oben erwähnt, in Form von (meistens) fünf Antwortkategorien aufweisenden Rating-Skalen einer Anzahl von Personen vorgelegt, die gebeten werden, zu jedem Statement ihre Einstellung kundzutun. In dieser Phase wird sozusagen mit einer "Probeskala" gearbeitet. Die Personen, auf deren Urteile es in dieser Phase der Skalenentwicklung ankommt, sollten möglichst aus dem Personenkreis stammen, deren Einstellungen letztlich interessiert.

c) Für jede Person wird ein Gesamtpunktzahl durch Addition der Punktzahl der einzelnen Statements gebildet.

d) Die nächste Phase, die Phase der Itemanalyse, ist die eigentlich entscheidende. Sie dient der Elimination der "ungeeigneten" Statements. Für die endgültige Skala sollen nur jene Statements, die über die höchste "Trenn- oder Diskriminationsfähigkeit" verfügen, beibehalten werden und zwar so viele, daß die Anzahl der Items der endgültigen Skala zur derjenigen der Probeskala etwa im Verhältnis 1:4 steht, so daß die endgültige Skala etwa 25-30 Statements enthält. Die Selektion der "besten" Statements erfolgt an Hand statistischer Kriterien, auf die gleich näher einzugehen sein wird.

e) Die endgültige Skala wird denjenigen Personen präsentiert, deren Einstellung man eigentlich skalieren möchte. Wiederum ergibt sich der Gesamtscore für eine Person aus der Addition der Einzelurteile. Die untersuchten Personen lassen sich dann gemäß ihrer Gesamtpunktzahl in eine Rangreihe bringen, d.h. gemäß der Intensität ihrer Einstellung ordnen.

Für die Phase d) der Itemanalyse werden in der Literatur mehrere Möglichkeiten vorgeschlagen. Die einfachste besteht darin, eine "obere" und eine "untere" Gruppe zu bilden, wobei die erstere aus den 25% der Probanden mit den höchsten und die letztere aus den 25% mit den niedrigsten Gesamtscores besteht, d.h. man bestimmt das 3. und 1. Quartil der Verteilung der Gesamtscores. Für jedes Item wird das arithmetische Mittel in jeder Gruppe berechnet sowie die Differenz

$$D_i := \bar{X}_{io} - \bar{X}_{iu}, \quad i = 1, 2, \ldots N$$

Dabei bedeutet o bzw. u "obere" bzw. "untere" Gruppe und N die Anzahl der Items in der Probeskala. Da die obere Gruppe dem interessierenden Konstrukt gegenüber insgesamt überwiegend positiv eingestellt ist, die untere dagegen überwiegend negativ, müßte ein Item i, das eine hohe Trennfähigkeit aufweist, d.h. das zwischen positiver und negativer Einstellung zu diskriminieren vermag, ein D_i aufweisen, das "deutlich" von Null verschieden ist. Die Frage ist natürlich, wie entschieden werden kann, ob sich die beiden Mittelwerte "merklich" unterscheiden. Das wird üblicherweise mit einem Signifikanztest – einem t-Test – entschieden, der bekanntlich in der Statistik zur Überprüfung von Mittelwertsdifferenzen verwendet wird:

$$t_i = \frac{\bar{X}_{io} - \bar{X}_{iu}}{\sqrt{s_o^2/n_o + s_u^2/n_u}}, \quad i=1,2,\ldots N$$

wobei s_o^2 bzw. s_u^2 die Streuung der Scores in der oberen bzw. unteren Gruppe bezeichnet und n_o bzw. n_u die Anzahl der Probanden in der oberen bzw. unteren Gruppe. Für die endgültige Skala beibehalten werden die Items mit t-Werten $\geq$ 2.0 (Faustregel) bzw. wenn mehr als 25% der Items diese Ungleichung erfüllen, beschränkt man sich auf die 25% Items mit den größten t-Werten.

Dieser Selektionsprozedur liegt die Hypothese zugrunde, daß die Trennschärfeberechnung ein (mindestens) approximativer Test auf Eindimensionalität ist. Eine andere Methode der Item-Selektion beruht auf der Faktorenanalyse. Dabei werden alle Items eliminiert, die auf dem ersten Faktor nicht "hochladen". Darauf soll hier nicht weiter eingegangen werden. Ein ausführliches Beispiel zur Likert-Skalierung ist z.B. bei Laatz 1993, S.282 ff. zu finden.

"Die Problematik der Likert-Technik liegt in der Addition der Einzelurteile. Um diese Summation sinnvoll durchführen zu können, müssen zwei Prämissen erfüllt sein. Die erste Annahme unterstellt Intervallskalenniveau der Urteile der Probanden, und die zweite Annahme fordert Eindimensionalität des gesamten Verfahrens" (Jäpel 1985, S.179). Zu beachten ist auch, daß die in der Itemanalyse verwendeten Verfahren Intervallskalenniveau voraussetzen. Während manche Autoren den Gesamtscores Intervallskalenqualität attestieren, unterstellen andere vorsichtigerweise nur Ordinalskalenqualität. Zur Reliabilität von Likert-Skalen liegen zahlreiche Untersuchungen vor. Die berichteten Reliabilitätskoeffizienten liegen im Bereich von 0.69-0.94. Sie sind abhängig sowohl von der Anzahl der Anzahl der Items als auch vom Untersuchungsgegenstand. Dagegen sind keine Untersuchungen zur Validität von Likert-Skalen bekannt geworden (für Literatur zum Skalenniveau, zur Reliabilität und Validität sei auf Jäpel 1985, S.181, verwiesen). "Bewertet man die Likert-Technik global, so ist festzustellen, daß sie eine einfache, nicht zeitaufwendige, eindimensionale Technik darstellt, die als reliabel zu bezeichnen ist, deren Skalenniveau und Validität jedoch nicht völlig geklärt ist" (Jäpel 1985, S.182).

Abschließend sei noch darauf hingewiesen, daß man in der Praxis unzulässigerweise nicht selten eine *beliebige* Sammlung von Items schon als Likert-Skala anspricht. Manchmal wird sogar eine einzelne Rating-Skala als Likert-Skala bezeichnet. "Man darf nur dann von einer Likert-Skala sprechen, wenn die Skalenkonstruktion, angefangen von der Itemselektion bis hin zur Berechnung des Skalenwertes, gemäß den von Likert angegebenen Prinzipien durchgeführt wurde. Leider hat sich in der Praxis der Fehler eingeschlichen, daß schon das auf beliebige Weise entwickelte Erhebungsinstrument allein als Likert-Skala bezeichnet wird, und so eine technische Einzelheit praktisch unter Vortäuschung falscher Tatsachen mit einem anspruchsvollen Namen versehen wird" (Jäpel 1985, S.177).

IV.3.3.2. Thurstone-Skalierung (Law of Comparative Judgment)

Im Gegensatz zur Likert-Skalierung handelt es sich bei dem *Law of Comparative Judgment* nach Thurstone 1927, im Deutschen auch als *Gesetz des Paarvergleichs* bezeichnet, um ein Indikator-orientiertes Skalierungsverfahren, d.h. nicht Personen, sondern Stimuli werden skaliert. (Dieses Skalierungsverfahren ist nicht zu verwechseln mit der auf Thurstone und Chave zurückgehenden *method of equal-appearing intervals*, der Methode der gleicherscheinenden Intervalle).

Der oben unter IV.3.2.1. beschriebene Paarvergleich wird häufig als identisch mit dem Law of Comparative Judgment angesehen, was aber unzutreffend ist. Allerdings bildet der Paarvergleich in zweifacher Hinsicht die Grundlage für das hier zu besprechende Skalierungsverfahren. Einerseits beruht dieses auf einem mathematischen Modell der *Beurteilungsprozesse* beim Paarvergleich, andererseits liefern Paarvergleiche die Daten, mit denen eine Stimuli-Skalierung faktisch vorgenommen wird.

Grundlegend für Thurstone war die Vorstellung, daß ein Stimulus, der einem Probanden präsentiert wird, bei diesem einen nicht-deterministischen Beurteilungsprozeß auslöst, d.h. wenn der Stimulus wiederholt präsentiert würde, dann wären verschiedene Reaktionen des Probanden auf den Stimulus zu erwarten. Oder: präsentierte man den Stimulus verschiedenen Personen, dann wären ebenfalls individuell verschiedene Reaktionen dieser Personen zu erwarten. Diese verschiedenen Reaktionen – die hypothetischen individuellen oder die von mehreren Personen – kann man sich als Häufigkeitsverteilung über einem Kontinuum vorstellen, die um den Skalenwert des Stimulus konzentriert ist und von Thurstone in Form der Dichtefunktion einer normalverteilten Zufallsvariablen idealisiert wurde, wobei der Erwartungswert dieser Verteilung als Skalenwert des Stimulus angesehen wird.

Sei mit R_j die Reaktion eines Probanden auf den Stimulus j bezeichnet. R_j hat den Status einer normalverteilten Zufallsvariablen mit dem Erwartungswert $E(R_j)=S_j$, dem Skalenwert von Stimulus j, und der Varianz σ_j^2. Zur Konstruktion der Thurstone-Skala werden nun Paarvergleiche angestellt. Sei R_k-R_j die Urteilsdifferenz zwischen Stimulus k und Stimulus j (diese hat ebenfalls den Status einer Zufallsvariablen) und S_k-S_j die Differenz der Skalenwerte von Stimulus k und Stimulus j (diese ist eine nicht-zufällige Größe). Ziel der Skalierung ist die (empirische) Ermittlung dieser Skalenwertdifferenzen, wobei ein Nullpunkt beliebig markiert werden kann, d.h. es wird eine Skala auf Intervallskalenniveau angestrebt.

Um die Verteilung der Urteilsdifferenzen R_k-R_j zu bestimmen, sei an einen einfachen Satz aus der Wahrscheinlichkeitsrechnung erinnert. Seien X_1 und X_2 zwei Zufallsvariablen mit den Erwartungswerten $E(X_1)=\mu_1$, $E(X_2)=\mu_2$ und den jeweiligen Varianzen $Var(X_1)=\sigma_1^2$, $Var(X_2)=\sigma_2^2$, dann gilt für die Differenz $Y:=X_1-X_2$:

$$E(Y) = E(X_1) - E(X_2)$$
$$Var(Y) = Var(X_1) + Var(X_2) - 2\,Cov(X_1,X_2)$$

Dabei ist $Cov(X_1,X_2)$ die Kovarianz der beiden Zufallsvariablen X_1 und X_2:

$$Cov(X_1,X_2) := E[(X_1 - \mu_1)(X_2 - \mu_2)]$$

Mit der Korrelation:

$$\rho_{X_1,X_2} := \frac{COV(x_1,x_2)}{\sigma_1\sigma_2}$$

von X_1 und X_2 kann schließlich für die Varianz der Differenz geschrieben werden:

$$Var(Y) = \sigma_1^2 + \sigma_2^2 - 2\rho_{X_1,X_2}\sigma_1\sigma_2$$

Sind $X_1 \sim N(\mu_1;\sigma_1)$, $X_2 \sim (\mu_2;\sigma_2)$ normalverteilt, dann ist auch die Differenz Y normalverteilt:

$$Y \sim N[\mu_1 - \mu_2;(\sigma_1^2 + \sigma_2^2 - 2\rho_{X_1,X_2}\sigma_1\sigma_2)^{0.5}]$$

Aufgrund dieses Satzes und der postulierten Normalverteilung für die Reaktionen gilt nun:

$$R_k - R_j \sim N[(S_k - S_j;\ (\sigma_k^2 + \sigma_j^2 - 2\rho_{kj}\sigma_k\sigma_j)^{0.5}]$$

d.h. die Urteilsdifferenzen sind normalverteilt um den Erwartungswert S_k-S_j der Differenz der Skalenwerte von Stimulus k und Stimulus j. Dann gilt für die auf Varianz Eins standardisierte Urteilsdifferenz:

$$\frac{R_k - R_j}{\sqrt{\sigma_k^2 + \sigma_j^2 - 2\rho_{kj}\sigma_k\sigma_j}} \sim N\left(\frac{S_k - S_j}{\sqrt{\sigma_k^2 + \sigma_j^2 - 2\rho_{kj}\sigma_k\sigma_j}}\ ;\ 1\right)$$

Der Ausdruck:

$$(S_k - S_j)_{ST} := \frac{S_k - S_j}{\sqrt{\sigma_k^2 + \sigma_j^2 - 2\rho_{kj}\sigma_k\sigma_j}}$$

sei als *standardisierte Skalenwertdifferenz* bezeichnet.

Es sei zunächst angenommen, daß $P(R_k>R_j)$ oder $P(R_k-R_j>0)$, d.h. die Wahrscheinlichkeit, daß $R_k>R_j$ oder die Differenz R_k-R_j positiv ist, bekannt sei. In der folgenden Abbildung ist die auf Varianz Eins standardisierte Dichtefunktion der Urteilsdifferenz R_k-R_j dargestellt mit dem Erwartungswert $(S_k$-$S_j)_{ST}$. Die schraffierte Fläche im Bild ist gleich der Wahrscheinlichkeit, daß $P(R_k>R_j)$ ist:

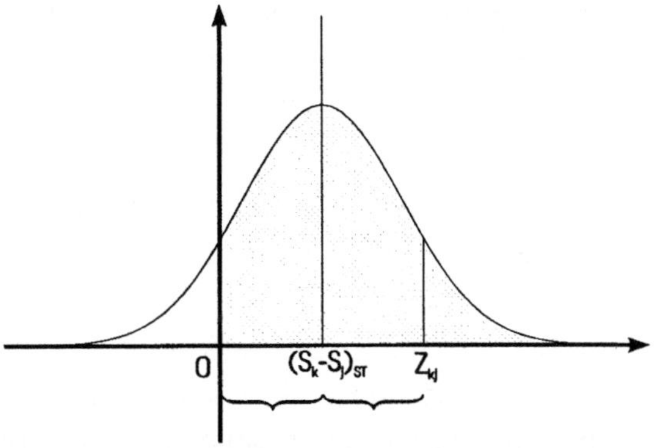

Der standardisierte Erwartungswert $(S_k$-$S_j)_{ST}$, der gleich der standardisierten Skalenwertdifferenz von Stimulus k und Stimulus j ist, läßt sich nun aus dieser Wahrscheinlichkeit leicht bestimmen: aufgrund der Symmetrieeigenschaft der Dichtefunktion einer Normalverteilung entspricht auch die Fläche von $-\infty$ bis z_{kj} dieser Wahrscheinlichkeit. Denkt man sich die Dichtefunktion nach links verschoben, so daß ihr Erwartungswert in den Nullpunkt zu liegen kommt, dann ist z_{kj} – das aus der inversen Verteilungsfunktion der N(0;1)-Verteilung bestimmt werden kann – gleich dem gesuchten standardisierten Erwartungswert. Deshalb kann geschrieben werden:

$$\frac{S_k - S_j}{\sqrt{\sigma_k^2 + \sigma_j^2 - 2\rho_{kj}\sigma_k\sigma_j}} = z_{kj}\,, \quad k \neq j = 1,2,\ldots,n$$

oder:

$$S_k - S_j = z_{kj}\sqrt{\sigma_k^2 + \sigma_j^2 - 2\rho_{kj}\sigma_k\sigma_j}\,, \quad k \neq j = 1,2,\ldots,n$$

Daraus erkennt man, daß Thurstone's Law of Comparative Judgment im Grunde nicht anderes darstellt als eine Transformation von Wahrscheinlichkeiten in Distanzen.

Zur Bestimmung der n Skalenwerte $S_1,\ldots,S_n$, n Varianzen $\sigma_1^2,\ldots,\sigma_n^2$ und n(n-1)/2 Korrelationen ρ_{kj}, $k \neq j$, also insgesamt 2n+n(n-1)/2 Parametern, stehen nur n(n-1)/2 Gleichungen zur Verfügung. Da sowohl Nullpunkt als auch Maßeinheit bei einer Intervallskala beliebig gewählt werden können, reduziert sich die Anzahl der unbekannten Parameter um zwei auf insgesamt 2(n-1)+n(n-1)/2. Ohne die Einführung bestimmter Restriktionen ist obiges Gleichungssystem somit nicht lösbar. Thurstone hat fünf verschiedene Anwendungssituationen unterschieden, die jeweils zu verschiedenen Restriktionen führen. Als praktisch wichtigster hat sich der sogenannte "Fall V" erwiesen, der Gleichheit der Varianzen, also $\sigma_k^2=\sigma_j^2$ und Gleichheit der Korrelationen, also $\rho_{kj}=\rho$, voraussetzt. Damit erhält man:

$$S_k - S_j = z_{kj}\sqrt{2\sigma^2(1 - \rho)}\,, \quad k \neq j = 1,2,\ldots,n$$

oder, wenn man den Wurzelausdruck als Maßeinheit definiert, einfach:

$$S_k - S_j = z_{kj}\,, \quad k \neq j = 1,2,\ldots,n$$

In der Praxis sind die Wahrscheinlichkeiten $P(R_k-R_j>0)$ und damit auch die z_{kj} unbekannt. Sie können jedoch über die relativen Häufigkeiten h_{kj}/N geschätzt werden, wobei h_{kj} die Anzahl Probanden ist, die Stimulus k gegenüber Stimulus j präferiert und N die Anzahl der am Paarvergleich beteiligten

Personen bezeichnet. Das ergibt dann geschätzte z_{kj}, die als $\hat{z}_{kj}$ bezeichnet werden sollen, was allerdings dazu führt, daß im allgemeinen

$$S_k - S_j - \hat{z}_{kj} \neq 0, \quad k \neq j = 1,2,\ldots,n$$

ist. Man bestimmt die Skalenwerte nun so, daß die quadrierte Summe der Abweichungen von Null minimal wird, was folgende Schätzungen für die Skalenwerte ergibt:

$$\hat{S}_k = \frac{1}{n}\sum_{j=1}^{n} \hat{z}_{kj} =: \bar{z}_k, \quad k = 1,2,\ldots,n$$

Betrachten wir dazu ein Beispiel: 100 Biertrinker testen 5 Biersorten und geben ihre Präferenzen bezüglich der allgemeinen Geschmacksqualität bekannt. Jeder Proband hat 10 Paarvergleiche durchzuführen. Die aggregierte Dominanzmatrix laute:

Sorte	A	B	C	D	E
A	-	82	69	25	35
B	18	-	27	7	15
C	31	73	-	16	25
D	75	93	84	-	59
E	65	85	75	41	-

d.h. 82 von 100 Probanden präferieren Sorte B gegenüber Sorte A, 69 Sorte C gegenüber Sorte A usw. Die Dominanzmatrix mit relativen Häufigkeiten ist dann:

Sorte	A	B	C	D	E
A	-	0.82	0.69	0.25	0.35
B	0.18	-	0.27	0.07	0.15
C	0.31	0.73	-	0.16	0.25
D	0.75	0.93	0.84	-	0.59
E	0.65	0.85	0.75	0.41	-

Die $\hat{z}_{kj}$ können aus der tabellierten Verteilungsfunktion bzw. inversen Verteilungsfunktion der Normalverteilung abgelesen oder einfacher, mit Hilfe eines Statistik-Software-Paketes berechnet werden, z.B. mit dem Data-Modul von SYSTAT, der die Werte in der nachstehenden Tabelle liefert. Die arithmetischen Mittel der Spaltensummen ergeben die gesuchten Skalenwerte, die in der zweitletzten Zeile stehen:

Sorte	A	B	C	D	E
A	-	0.915	0.496	-0.674	-0.385
B	-0.915	-	-0.613	-1.476	-1.036
C	-0.496	0.613	-	-0.994	-0.674
D	0.674	1.476	0.994	-	0.228
E	0.385	1.036	0.674	-0.228	-
Σ	-0.352	4.040	1.551	-3.372	-1.867
$\hat{S}$	-0.070	0.808	0.310	-0.674	-0.373
$\hat{S}_{adj}$	0.604	1.482	0.984	0.0	0.301

Negative Skalenwerte können durch eine Nullpunktverschiebung, die bei einer Intervallskala ja möglich ist, vermieden werden. Dazu wird durch Addition von 0.674 der kleinste Skalenwert gleich Null gesetzt, was die (adjustierten) Skalenwerte der letzten Zeile ergibt. Für die fünf Biersorten ergibt sich die Rangordnung B≻C≻A≻E≻D, die Distanz zwischen den Sorten A und D ist doppelt so groß wie zwischen E und D und die Distanz zwischen B und C ist wesentlich größer als diejenige zwischen A und E.

Validitätsuntersuchungen im Sinne der oben dargestellten Validitätskonzepte sind bisher für die Thurstone-Skalierung keine bekannt geworden. In der Literatur findet sich lediglich die Empfehlung, bei Anwendungen die "interne Validität" zu überprüfen. Darunter wird das Ausmaß verstanden, mit dem die Skalenwerte die Ausgangsdaten reproduzieren. Darauf soll hier nicht eingegangen werden (vgl. dazu Edwards 1957, S.40 oder Sixtl 1967, S.184-186). Ähnlich verhält es sich mit Reliabilitätsuntersuchungen. "Obwohl Retest-Reliabilitätskoeffizienten leicht bestimmt werden könnten, sind keine konkreten Werte bekannt. Zu erwarten wären jedoch sehr hohe Koeffizienten, da ordinale Urteile keine hohen Anforderungen stellen. Ohne die mathematischen Einzelheiten hier näher zu diskutieren, kann festgestellt werden, daß mit der relativ schwachen Annahme der Gleichheit aller Standardabweichungen Intervallskalenniveau der durch das "law of comparative jugdment" erzeugten Skalenwerte nachgewiesen werden kann" (Jäpel 1985, S.187).

IV.3.3.3. Guttman-Skalierung

Bei der *Guttman-Skalierung* (Guttman 1941) handelt es sich um ein Reaktions-orientiertes (deterministisches) Skalierungsverfahren, d.h. Stimuli und Personen werden *simultan* skaliert, wobei die Skalenwerte lediglich Ordinalskalenniveau erreichen sollen. Skaliert werden *dichotome* Items, also solche, für die es nur zwei sich gegenseitig ausschließende Reaktionsalternativen gibt, z.B. bei Fragen "Ja/nein", "trifft zu/trifft nicht zu", bei Aufgaben "gelöst/nicht gelöst" usw. (für Erweiterungen auf nicht-dichotome Items vgl. z.B. Edwards 1957, S.188 ff.).

Den Zusammenhang zwischen der Wahrscheinlichkeit einer Reaktion eines Probanden auf ein vorgelegtes Item und seiner Positionierung auf einem latenten Kontinuum kann man sich allgemein in Form einer sogenannten *Itemcharakteristik* vorstellen. Für eine Guttman-Skala muß sie beispielsweise folgenden Verlauf zeigen:

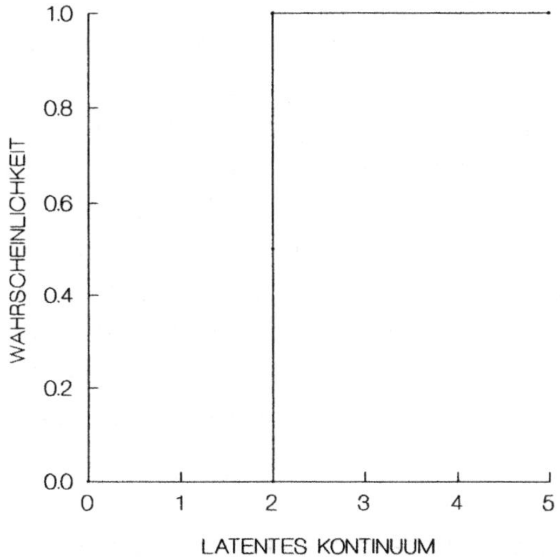

Diese Charakteristik nimmt bis zu einem bestimmten Schwellenwert (der hier mit zwei angenommen wurde) den Wert Null an und springt dann auf den Wert Eins. Dieser Verlauf impliziert, daß eine Person erst nach Überschreitung dieses Schwellenwertes mit Sicherheit (d.h. mit Wahrscheinlichkeit Eins) auf das vorgelegte Item positiv reagiert, also z.B. eine Frage bejaht, eine Aufgabe löst usw.

Allgemein hängt der Verlauf einer Itemcharakteristik von der "Schwierigkeit" eines Items ab. Das kann man sich am leichtesten klarmachen, wenn man sich z.B. unter den Items zu lösende Mathematikaufgaben vorstellt. Ist eine Aufgabe schwieriger als eine andere, dann verläuft ihre Itemcharakteristik rechts von der Itemcharakteristik der leichteren Aufgabe, d.h. ihr Schwellenwert liegt rechts vom Schwellenwert der leichteren Aufgabe, was impliziert, daß sie nur von einem Probanden lösbar ist, dessen mathematische Fähigkeiten zur Lösung dieser Aufgabe ausreichen. Man kann sich sowohl Aufgaben als auch Personen auf einem latenten Kontinuum aufgereiht denken. Ist eine Person rechts von den Schwellenwerten gewisser Aufgaben positioniert, dann löst sie diese *alle*, denn der Skalenwert der Person ist größer als die Skalenwerte dieser Aufgaben (im Beispiel: ihre mathematische Fähigkeit ist größer als der Schwierigkeitsgrad dieser Aufgaben). Dagegen löst sie *keine* der Aufgaben, deren Schwellenwerte rechts von ihr positioniert sind, da die Skalenwerte jener Aufgaben größer sind als ihr Skalenwert, d.h. der Schwierigkeitsgrad der Aufgaben ist größer als die mathematische Fähigkeit der Person.

Skalierungsmodelle, deren Itemcharakteristik nur durch die Werte Null und Eins bestimmt sind, werden als *deterministisch* bezeichnet. *Probabilistische* Skalierungsmodelle sind dagegen solche, bei denen die Wahrscheinlichkeit für eine positive Reaktion alle Werte zwischen Null und Eins annehmen kann. Die entsprechenden Item-Charakteristiken verlaufen nicht in Form einer (unstetigen) Treppenfunktion, sondern stetig, monoton ansteigend (Die Likert- und Thurstone-Skala weisen derartige Item-Charakteristiken auf, sind also probabilistisch. Allerdings spielt bei der Likert-Skala die Stochastik bei der Berechnung der Skalenwerte keine Rolle, sie "steckt" in den abgestuften Rating-Skalen – stimme zu, stimme stark zu usw.), d.h. es werden keine dichotomen Entscheidungen verlangt, wie etwa "stimme zu/lehne ab" usw.).

Lassen sich sowohl Probanden als auch Items konsistent in der beschriebenen Weise anordnen, dann spricht man von einer *perfekten* Guttman-Skala. Bei einer solchen kann aus dem Skalenwert eines Probanden geschlossen werden, welche Items er "akzeptiert" hat (welche Fragen er bejaht, welche Aufgaben er gelöst hat usw.) und welche nicht. Perfekte

Guttman-Skalen sind in der Praxis selten. Ein einfaches Beispiel dafür bietet das Merkmal "Räumliche Inklusivität" mit den folgenden Items (Fragen):

I_1: Wohnen Sie in Europa? Ja/Nein
I_2: Wohnen Sie in der Schweiz ? Ja/Nein
I_3: Wohnen Sie in der Ostschweiz? Ja/Nein
I_4: Wohnen Sie im Kanton St. Gallen? Ja/Nein
I_5: Wohnen Sie in der Stadt St. Gallen? Ja/Nein

Wie man sich leicht überlegt, muß aus logischen Gründen hier eine Guttman-Skala vorliegen, denn wenn I_k bejaht wird, muß auch I_l, $l<k$, bejaht werden. Jemand, der z.B. in der Ostschweiz wohnt, also I_3 bejaht, muß sowohl I_2 als auch I_1 bejahen usw. Von den $2^5=32$ möglichen Antwortmustern, sind genau 6 mit einer Guttman-Skala verträglich. Diese lassen sich in der folgenden Tabelle darstellen, wobei eine "1" die Bejahung und eine "0" die Verneinung einer Frage bedeutet:

Antwortmuster	I_1	I_2	I_3	I_4	I_5
1	0	0	0	0	0
2	1	0	0	0	0
3	1	1	0	0	0
4	1	1	1	0	0
5	1	1	1	1	0
6	1	1	1	1	1

Wer I_1 verneint, der muß auch alle anderen Items verneinen und wer I_5 bejaht, der muß auch alle anderen Items bejahen usw. Durch spalten- und zeilenweise Summation der Nullen und Einsen lassen sich Items und Probanden rangordnen: I_1 erhält am meisten Zustimmungen, es ist das "leichteste" oder "allgemeinste" Item, I_5 das "schwierigste" oder "speziellste" Item, es erhält die wenigsten Zustimmungen. Ein Proband, für den die Zeilensumme drei beträgt, hat mehr Items zugestimmt als für einen Probanden, dessen Zeilensumme zwei beträgt usw. Außerdem geht aus der Zeilensumme auch hervor, welchen Items er zugestimmt hat: bei drei Zustimmungen müssen das die Items I_1, I_2, und I_3 sein. Items mit diesen Eigenschaften werden als *homogen* bezeichnet (zu Kriterien für Homogenität von Items vgl. Sixtl 1967, S.400).

Abgesehen von solchen einfachen Beispielen ist im allgemeinen nicht zu erwarten, daß Items und Personen perfekt Guttman-skalierbar sind. Das kann man sich schon an obigem Beispiel der Mathematikaufgaben klarmachen: jemand kann eine objektiv schwierige Aufgabe lösen, versagt aber bei einer objektiv leichteren. In solchen Fällen erhält man dann Antwortmuster, die nicht mit einer perfekten Guttman-Skala kompatibel sind. Um das Skalierungsverfahren dennoch anwenden zu können, hat Guttman ein Gütemaß vorgeschlagen, das den Anteil derjenigen Antworten bestimmt, die ohne "Fehler" (verglichen mit einem Antwortmuster, das mit einer Guttman-Skala kompatibel ist) aus den Skalenwerten vorhergesagt werden kann. Dieses als *Reproduzierbarkeitskoeffizient* bekannte Gütemaß ist definiert durch Rep:=1-e/nN, wobei e die Fehler, n die Anzahl der Items und N die Anzahl der Probanden bezeichnet. Für eine perfekte Guttman-Skala ist Rep=1. Für die praktische Durchführung der Skalierung, auch als *Skalogramm-Analyse* bezeichnet, stehen zwei Techniken zur Verfügung, die auf Guttman zurückgehende Cornell-Technik und die Technik von Goodenough/Edwards (vgl. Edwards 1957, S.184-188), die hier an einem bei Sixtl 1967, S.402 zu findenden Beispiel mit vier Items und zehn Personen A-J demonstriert sei. Ausgangspunkt ist eine Tabelle, welche die Reaktionsmuster von zehn Personen enthält:

Person/Item	I_1	I_2	I_3	I_4	Σ
A	0	1	0	0	1
B	0	0	0	0	0
C	1	1	0	0	2
D	1	0	0	0	1
E	1	0	1	0	2
F	1	1	0	0	2
G	1	1	1	0	3
H	1	1	1	1	4
I	1	0	0	1	2
J	1	0	1	1	3
Σ	8	5	4	3	

Zuerst ordnet man die Spalten der Tabelle so um, daß die erste Spalte das Item mit der größten Zustimmung enthält, die zweite Spalte das Item mit der zweitgrößten usw. Diese Anordnung ist in der obigen Tabelle schon durchgeführt. I_1 ist also das leichteste Item und I_4 das schwierigste. Im nächsten Schritt werden die Personen gemäß ihrer Punktzahl geordnet, d.h. die Zeilen werden so vertauscht, daß die erste Zeile die Person mit den meisten und die letzte diejenige mit den wenigsten Zustimmungen enthält, was folgende Tabelle ergibt:

Person/Item	I_1	I_2	I_3	I_4	Σ
H	1	1	1	1	4
G	1	1	1	0	3
J	1	0	1	1	3
C	1	1	0	0	2
E	1	0	1	0	2
F	1	1	0	0	2
I	1	0	0	1	2
A	0	1	0	0	1
D	1	0	0	0	1
B	0	0	0	0	0
Σ	8	5	4	3	

Daraus läßt sich dann eine Tabelle ableiten, welche die Fehler enthält:

Person/Item	I_1	I_2	I_3	I_4	Σ
H	0	0	0	0	0
G	0	0	0	0	0
J	0	1	0	1	2
C	0	0	0	0	0
E	0	1	1	0	2
F	0	0	0	0	0
I	0	1	0	1	2
A	1	1	0	0	2
D	0	0	0	0	0
B	0	0	0	0	0
Σ	1	4	1	2	8

Während bei H und G keine Reaktionsfehler vorliegen, sind z.B. bei J zwei Fehler festzustellen, da I_3 und I_4 zugestimmt wird, aber nicht dem leichteren Item I_2 usw. Für den Reproduktionskoeffizienten ergibt sich demnach $Rep=1-8/4\cdot10=0.80$. Nach Guttman sind Skalen akzeptierbar mit $Rep\geq0.90$. Danach liegt hier keine Guttman-Skala vor.

Der Reproduktionskoeffizient gilt allerdings nicht als bestes Maß für die Guttman-Skalierbarkeit bzw. für den Homogenitätsgrad von Items. Andere Maße, wie z.B. der Homogenitätsindex nach Loevinger, sind bei Sixtl 1967 zu finden, ebenso wie weitere Ausführungen und Anwendungsbeispiele zur Guttman-Skalierung.

Die Reliabilität der Guttman-Skalierung kann als Test-Retest-Reliabilität bestimmt werden. Es ist Rel≥m/m-1(Rep-1/m)m, wobei m die Anzahl der Reaktionsalternativen ist (hier ist m=2). Für obiges Beispiel ist Rel≥0.60. Validitätsuntersuchungen für die Guttman-Skalierung sind keine bekannt geworden. "Zwar wird die Skalogrammanalyse meist auch für ein valides Verfahren gehalten, aber dies läßt sich weder theoretisch noch empirisch fundieren" (Jäpel 1985, S.194).

IV.3.3.4. Abschließende Bemerkungen

Bei der Entwicklung neuerer Skalierungsverfahren in den letzten Jahrzehnten standen hauptsächlich probabilistische Ansätze im Vordergrund. Bekannt geworden ist insbesonders die sogenannte *Rasch-Skala* (Rasch 1980), die als probabilistische Version der Guttman-Skala angesehen werden kann. Bei dieser Skala werden zwei Parameter unterschieden, ein – als kontinuierlich verstandener – *Personenparameter* (oder *Fähigkeit-* bzw. *Eigenschaftsparameter*) und ein *Schwierigkeitsparameter*, der sich auf die Items (Fragen, Aufgaben usw.) bezieht. Die grundlegende Beziehung der Rasch-Skala weist die Form einer "logistischen" Funktion auf, die von dem Personenparameter und dem Schwierigkeitsparameter abhängt. Bei gegebener "Fähigkeit" einer Person, ist die Wahrscheinlichkeit umso größer, daß ein Item i positiv beantwortet wird (die Aufgabe gelöst wird usw.), je kleiner der Schwierigkeitsparameter ist. Die beiden unbekannten Modell-Parameter können geschätzt werden, wenn die "Antwortmuster" mehrerer Personen für eine gegebene Anzahl von Items vorliegen. Damit eine getrennte Schätzung der Modell-Parameter möglich ist, wird die sogenannte *lokale stochastische Unabhängigkeit* postuliert, d.h. es wird angenommen, daß die Wahrscheinlichkeit, daß Person k das Item i löst, nur von diesen beiden Parametern abhängt, aber nicht davon, welche Items diese Person sonst noch löst. Durch spezielle Tests kann überprüft werden, ob empirische Antwortmuster mit den Modellvoraussetzungen kompatibel sind. Für eine detaillierte (und kritische) Darstellung der Rasch-Skalierung sei auf Fischer 1982 verwiesen.

IV.4. Mehrdimensionale Skalierung

IV.4.1. Semantisches Differential

Beim *Semantischen Differential* (kurz: SD) handelt es sich um ein einfach zu handhabendes Skalierungsverfahren, das im Gegensatz etwa zur Guttman-Skalierung in der Praxis sehr häufig verwendet wird. Es geht auf Osgood 1952 zurück und wurde von Hofstätter 1952 als *Polaritätenprofil* eingedeutscht. Eine andere gängige Bezeichnung ist *Eindrucksdifferential*. Das SD besteht aus einer Anzahl von bipolaren, *graphischen* Rating-Skalen mit meistens sieben Kategorien. Die beiden Pole sind mit *gegensätzlichen* Adjektiven oder Substantiven besetzt. Die Beurteiler werden aufgefordert, vorgelegte Begriffe (Produkte, Personen usw.) auf diesen Skalen einzustufen. Beispielsweise könnte ein SD folgendermaßen aussehen (dieses SD wurde zur Beurteilung von Städten verwendet, vgl. Laatz 1993, S.317):

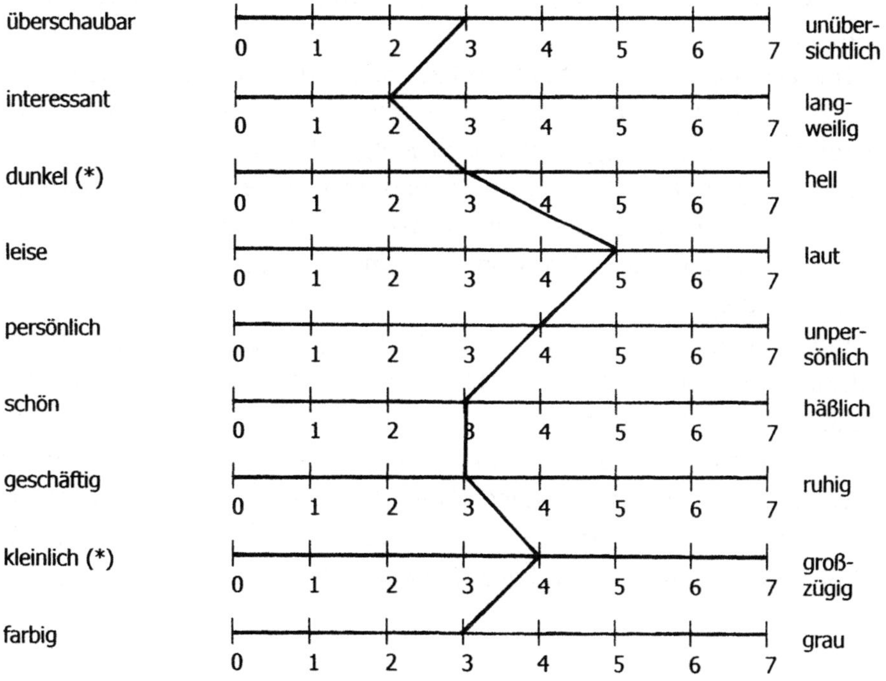

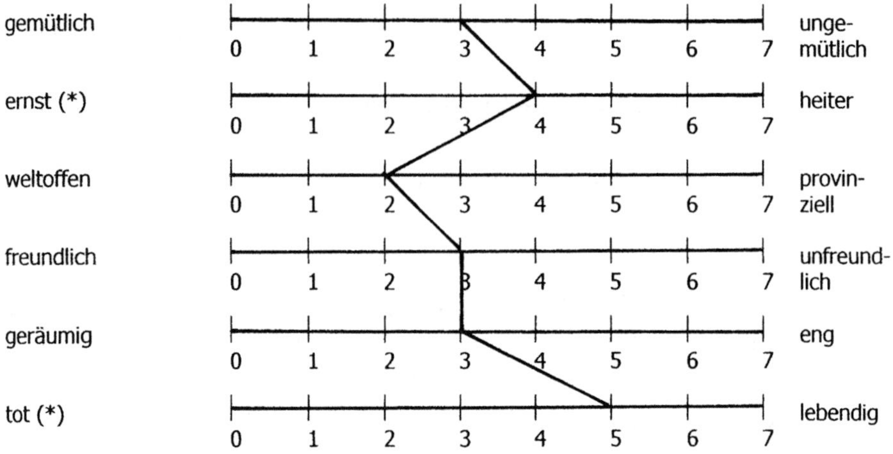

Die Probanden werden gebeten, die Begriffe im Hinblick auf das zu beurteilende Objekt auf diesen Rating-Skalen einzustufen, wobei sie sowohl Richtung als auch Intensität der Einstufung zu bestimmen haben. Jedes Gegensatzpaar wird als ein Kontinuum betrachtet, das in sieben Abschnitte unterteilt ist. Um bestimmte Antwortstile zu vermeiden, werden "Umpolungen" der Adjektivpaare vorgenommen (die oben mit einem Sternchen versehen sind), so daß die positiven Adjektive nicht immer auf der linken Seite stehen.

Nach Osgood/Suci/Tannenbaum 1957 liegen den Urteilen der Befragten im allgemeinen drei unabhängige Dimensionen zugrunde: *Bewertung (evaluation), Macht (potency), Aktivität (activity)*, die als EPA-Struktur des SD bezeichnet wird. Faktorenanalysen von SD haben immer wieder gezeigt, daß beim SD im allgemeinen drei Dimensionen angesprochen werden (nur aus diesem Grund wird das SD hier unter die mehrdimensionalen Skalierungsverfahren subsumiert).

In der Praxis verwendet man häufig einen *generellen* Satz von polaren Adjektiven, was als Vorzug im Hinblick auf eine einfache Instrumentenentwicklung angesehen werden kann, d.h. man betrachtet das SD als ein *fertiges* Instrument, das man auf beliebige Objekte, die Gegenstand einer Bewertung sein können, anwenden kann. Daß dies nicht unbedenklich ist, kann man sich leicht klarmachen, wenn man z.B. die von Hofstätter 1966, S.259 zusammengestellten Adjektivpaare im folgenden SD betrachtet:

weich	0	1	2	3	4	5	6	7	hart
heiter	0	1	2	3	4	5	6	7	traurig
verschwommen	0	1	2	3	4	5	6	7	klar
stark	0	1	2	3	4	5	6	7	schwach
großzügig	0	1	2	3	4	5	6	7	sparsam
passiv	0	1	2	3	4	5	6	7	aktiv
verspielt	0	1	2	3	4	5	6	7	ernst
zurückhaltend	0	1	2	3	4	5	6	7	offen
hilfsbereit	0	1	2	3	4	5	6	7	egoistisch
triebhaft	0	1	2	3	4	5	6	7	gehemmt
kühl	0	1	2	3	4	5	6	7	gefühlvoll
redselig	0	1	2	3	4	5	6	7	verschwiegen
friedlich	0	1	2	3	4	5	6	7	aggresiv
zerfahren	0	1	2	3	4	5	6	7	geordnet
nüchtern	0	1	2	3	4	5	6	7	verträumt
streng	0	1	2	3	4	5	6	7	nachgiebig
zurückgezogen	0	1	2	3	4	5	6	7	gesellig
robust	0	1	2	3	4	5	6	7	zart
vergnügt	0	1	2	3	4	5	6	7	mißmutig
wild	0	1	2	3	4	5	6	7	sanft
starr	0	1	2	3	4	5	6	7	beweglich
leise	0	1	2	3	4	5	6	7	laut
frisch	0	1	2	3	4	5	6	7	müde
unterwürfig	0	1	2	3	4	5	6	7	herrisch
gesund	0	1	2	3	4	5	6	7	krank

Was sollen z.B. die Adjektive "hilfsbereit-egoistisch", "unterwürfig-herrisch", "robust-zart", "triebhaft-gehemmt" usw. bedeuten, wenn mit diesem SD wie mit dem obigen eine Beurteilung von Städten vorgenommen werden soll? "Bestenfalls erhält man als Reaktion auf solche Skalen Antworten, die nichts mit den Antworten auf andere Skalen gemein haben. Solche Skalen fallen aus der EPA-Struktur heraus, "gemessen" wird überhaupt nichts" (Schnell/Hill/Esser 1992, S.190).

Auch an das Problem interindividueller Unterschiede bezüglich der Bedeutung der Adjektive ist zu denken. Es kann dadurch gelöst werden, daß man diese auf einer Rating-Skala beurteilen läßt mit den Polen "bedeutungsklar" – "bedeutungsunklar" (vgl. dazu Klapproth 1972). Für das SD werden dann nur diejenigen Gegensatzpaare verwendet, welche die Probanden als relevant einstufen für das zu beurteilende Objekt.

Schon diese beiden Probleme zeigen, daß man das SD nicht als fertiges Instrument ansehen sollte, das man unbesehen mit einem gegebenen Skalensatz auf die verschiedensten Problemstellungen anwenden kann. "Insgesamt stellt das semantische Differential zwar eine sehr flexible, aber keineswegs problemlose Methode dar. Sollen präzise Messungen erfolgen, so bedarf das semantische Differential ebenso einer sorgfältigen Instrumententenentwicklung wie alle anderen Meßtechniken" (Schnell/Hill/Esser 1992, S.190).

Für die Datenauswertung stehen beim SD verschiedene Möglichkeiten offen. Die einfachste besteht im Zeichnen eines *Profils*, wie es im ersten SD beispielhaft für zwei Objekte (Städte) und *einen* Beurteiler dargestellt ist. Ein *aggregiertes* Profil läßt sich durch Mittelwertbildung über die Ratings mehrerer Beurteiler bilden. Wird dazu das arithmetische Mittel verwendet, dann kann das aggregierte Rating auf den einzelnen Skalen auch nicht-ganzzahlige Werte annehmen, was beim – wohl angemesseren – Median nicht der Fall ist. Neben einem mittleren Profil kann die Standardabweichung, also die *Profilstreuung*, berechnet werden. Zu weiteren Auswertungsmöglichkeiten vgl. die Literaturhinweise bei Heidenreich 1995, S.429. Dort werden auch Untersuchungen zur Test-Retest-Reliabilität sowie zur Kriteriums-Validität des Semantischen Differentials zitiert, die beide als zufriedenstellend taxiert werden.

IV.4.2. Multidimensionale Skalierung

Wie bei sonstigen Skalierungsverfahren interessieren bei der MDS, der *multidimensionalen Skalierung*, Reaktionen (wie Wahrnehmung oder Beurteilung) von Probanden auf bestimmte vorgegebene Stimuli (oder Objekte). Dabei stellt man sich den Wahrnehmungs- bzw. Beurteilungsprozeß als eine Abbildung der Stimuli in einem mehrdimensionalen Raum vor. Damit kann man zum einen erkennen, welche Stimuli von den Probanden als dicht beieinanderliegend eingeschätzt werden, zum anderen aber versuchen, Informationen über die Achsen dieses Raumes zu gewinnen, die Eigenschaften repräsentieren, welche die Probanden bei ihren Reaktionen auf die Stimuli zugrundelegen.

Bewußt wird bei der MDS in der Regel auf eine Vorgabe von Merkmalen der Stimuli verzichtet. Gibt man nämlich Merkmale vor, dann besteht die Gefahr, daß Probanden in einer Nichtbefragungssituation die Stimuli nach ganz anderen Aspekten beurteilen als bei einer als mehr oder weniger "künstlich" empfundenen Befragungssituation. Ähnliches trifft auch zu, wenn Probanden die Merkmale selber nennen sollen, nach denen sie vorgelegte Stimuli beurteilen. Deshalb werden bei der MDS von den Probanden lediglich *Ähnlichkeits-* bzw. *Distanzaussagen* gefordert und es bleibt offen, nach welchem Merkmal bzw. Merkmalen sie ihre Beurteilungen vorgenommen haben.

Grundsätzlich wird zwischen *metrischer* und *nicht-metrischer* MDS unterschieden, wobei der Unterschied meistens im Skalenniveau der Input-Daten gesehen wird: bei der metrischen MDS sind es *Distanzen*, bei der nichtmetrischen *Ähnlichkeiten*, also Daten nur auf Ordinalskalenniveau. Dies ist allerdings nicht ganz korrekt, da auch bei der metrischen MDS Ähnlichkeitsdaten als Input-Daten verwendet werden können. Der entscheidende Unterschied liegt darin, daß bei der metrischen MDS Ähnlichkeitsdaten in Distanzen transformiert werden, d.h. es wird explizit ein funktionaler Zusammenhang zwischen Ähnlichkeiten und Distanzen festgelegt, während bei der nicht-metrischen MDS lediglich vorausgesetzt wird, daß zwischen der Ähnlichkeitsrangordnung von Stimuluspaaren und ihren Distanzen im Raum der folgende monotone Zusammenhang besteht:

$$(n,m) \succ (k,j) \rightarrow d_{nm} < d_{kj}$$

d.h. wenn die Stimuli n und m einander ähnlicher sind als die Stimuli k und j, dann soll auch die Distanz d_{nm} zwischen n und m kleiner sein als die Distanz d_{kj} zwischen k und j. Ist dagegen $(n,m) \sim (k,j)$, d.h. ist die Ähnlichkeit von n und m gleich derjenigen von k und j, dann sollen die entsprechenden Distanzen gleich sein, d.h. $d_{nm} = d_{kj}$ (vgl. dazu Hamerle/Pape 1984).

Da die nicht-metrische MDS für Ordinaldaten an schwächere Voraussetzungen gebunden ist als die metrische MDS, wird für dieses Skalenniveau heute in der Regel die nicht-metrische MDS eingesetzt (die metrische MDS ist die ältere Skalierungsart, erste Arbeiten dazu lassen sich bis in die 30-iger Jahre zurückverfolgen, während die Entwicklung nicht-metrischer MDS-Verfahren erst mit Shepard 1962 einsetzte). Hier soll ausschließlich die nicht-metrische MDS behandelt werden.

Ähnlichkeitsdaten können z.B. mit dem in IV.3.2.1. geschilderten Paarvergleich erhoben werden, wobei entweder eine Rangfolge für die Vergleichspaare bestimmt wird oder für jedes Paar der Grad der Ähnlichkeit an Hand einer Ratingskala festgestellt wird. Für eine MDS können *Individualdaten* verwendet werden, d.h. die zugrundeliegende Ähnlichkeitsmatrix bezieht sich auf das Urteil *einer* Person, oder *aggregierte* Daten, die Durchschnittsurteile über mehrere Personen darstellen. Möglich ist auch ein Vergleich der Urteile verschiedener Personen, wofür spezielle Skalierungsmodelle entwickelt wurden, die jedoch hier außer Betracht bleiben müssen (vgl. dazu die Angaben zur Literatur und Software von "Indiff MDS" bei Heidenreich 1995, S.542).

Die Zielsetzung der nicht-metrischen MDS besteht, wie schon eingangs angedeutet, darin, eine *Objektkonfiguration* zu bestimmen, und zwar in einem Raum möglichst niedriger Dimension, welche die oben formulierten Zusammenhänge zwischen Ähnlichkeiten und Distanzen gewährleistet. Unter einer Objektkonfiguration (kurz: Konfiguration) sind einfach die Koordinaten der Objekte (oder Stimuli) im gewählten Raum zu verstehen. Mit einer anschließenden Interpretation dieses Raumes kann dann versucht werden, Informationen über den Wahrnehmungs- und Beurteilungsraum der Probanden zu gewinnen.

Die gesuchte Konfiguration von n Objekten in einem r-dimensionalen Raum ($r<n$) kann in einer ($r \times n$)-Matrix dargestellt werden:

$$\mathbf{X} := \begin{pmatrix} x_{11} & x_{12} & \cdots & x_{1n} \\ x_{21} & x_{22} & \cdots & x_{2n} \\ \vdots & \vdots & \vdots\vdots\vdots & \vdots \\ x_{r1} & x_{r2} & \cdots & x_{rn} \end{pmatrix}$$

Dabei enthält der i-te Spaltenvektor:

$$\mathbf{x}_i := \begin{pmatrix} x_{1i} \\ x_{2i} \\ \vdots \\ x_{ri} \end{pmatrix}, \quad i = 1,2,\ldots,n$$

die Koordinaten des i-ten Objektes im r-dimensionalen Raum. Auch die Ähnlichkeits- oder Rangdaten können in einer Matrix dargestellt werden. Bezeichne δ_{ij} den Rang von Objekt i und Objekt j ($i,j=1,2,\ldots,n$, $i \neq j$), dann enthält die Matrix:

$$\mathbf{\Delta} := \begin{pmatrix} . & . & . & \cdots & . & . \\ \delta_{21} & . & . & \cdots & . & . \\ \delta_{31} & \delta_{32} & . & \cdots & . & . \\ . & . & . & \cdots & . & . \\ \delta_{n1} & \delta_{n2} & \delta_{n3} & \cdots & \delta_{n(n-1)} & . \end{pmatrix}$$

sämtliche Rangdaten (wegen $\delta_{ij} = \delta_{ji}$ ist $\mathbf{\Delta}$ symmetrisch, deshalb enthält diese untere Dreiecksmatrix sämtliche Ranginformationen).

Bezeichne $O = \{O_1, O_2, \ldots, O_n\}$ die Menge der zu skalierenden Objekte. Ein Distanzmaß $d: O \times O \Rightarrow \mathbb{R}$ soll dann vorliegen, wenn gilt:

$$\begin{aligned} d_{ij} &\geq 0, \\ d_{ii} &= 0, \\ d_{ij} &= d_{ji} \\ d_{ij} &\leq d_{ik} + d_{jk}, \quad i,j,k \in O \end{aligned}$$

Wenn die letztere Ungleichung erfüllt ist, spricht man auch von einem *metrischen Distanzmaß* und das Tupel (O,d) wird als *metrischer Raum* bezeichnet.

Konkret kann die Distanz zweier Objekte i und j im r-dimensionalen Raum z.B. als *euklidische Distanz*:

$$d_{ij} := \sqrt{\sum_{k=1}^{r} (x_{ik} - x_{jk})^2}$$

bestimmt werden. Diese Distanz ist zwar die gebräuchlichste, aber nicht die einzig mögliche. Die Euklidische Metrik ist ein Spezialfall der sogenannten *Minkowski-Metriken*:

$$m_{ij} := \left[\sum_{k=1}^{r} (|x_{ik} - x_{jk}|)^s \right]^{1/s}, \quad s = 1,2,....$$

Für s=2 ist $m_{ij} = d_{ij}$, d.h. gleich der euklidischen Distanz, für s=1 erhält man die "Manhattan"-Distanz (auch als "City-Block"-Distanz oder "Taxifahrer"-Distanz bezeichnet, weil sie die Entfernung zwischen zwei Punkten in den Straßen einer regelmäßig gebauten Stadt, wie z.B. Manhattan, darstellt).

Sowohl für die Theorie als auch für die Anwendung der MDS kommt der euklidischen Distanz die größte Bedeutung zu, da sie, abgesehen von der Anschaulichkeit, gewisse *Invarianzeigenschaften* besitzt. Sie ist *translationsinvariant*, d.h. eine Verschiebung des Koordinatenursprungs verändert euklidische Distanzen nicht. Außerdem sind sie invariant gegenüber *orthogonalen* Transformationen, d.h. Drehungen der Achsen unter Beibehaltung des rechten Winkels, verändern euklidische Distanzen ebenfalls nicht.

Im folgenden wird das im wesentlichen auf Kruskal 1964a, 1964b zurückgehende MDS-Verfahren skizziert, das (mit gewissen Modifikationen) am weitesten verbreitet ist.

Die Vorgehensweise ist *iterativ*. Man beginnt mit einer *Startkonfiguration* $\mathbf{X}^0$, d.h. man weist den Objekten (nach Festlegung der Dimension r) Koordinaten zu, z.B. zufällig. Danach berechnet man die Distanzen der n Punkte gemäß der zugrundegelegten Metrik und vergleicht diese mit den vorgegebenen Rangdaten. Dabei werden in der Regel *Inkonsistenzen*, also Verstöße gegen die Monotoniebedingung, festzustellen sein, d.h. die Rangfolge der Distanzen stimmt nicht mit den Rangdaten überein. Das kann man sich an folgendem einfachen Beispiel klarmachen, das sich auf fünf Objekte bezieht mit den Rangdaten:

$$\mathbf{\Delta} = \begin{pmatrix} . & . & . & . & . \\ 2 & . & . & . & . \\ 8 & 1 & . & . & . \\ 10 & 9 & 3 & . & . \\ 7 & 5 & 4 & 6 & . \end{pmatrix}$$

Das Objektpaar (2,3) ist das ähnlichste, das Paar (1,4) das unähnlichste. Sei z.B. r=2 und sei irgendwie eine Startkonfiguration bestimmt worden. Damit sind den fünf Objekten jeweils zwei Koordinatenwerte zugeordnet, so daß sie in der Ebene als Punkte plaziert werden können. Danach seien die paarweisen Distanzen der Objekte – etwa die euklidischen – berechnet und mit den Rangdaten verglichen worden. Dieser Vergleich läßt sich am anschaulichsten graphisch durchführen: dazu wird die Distanz jedes Objektpaares auf der Abszisse und der zugehörige Rang auf der Ordinate abgetragen – natürlich könnte auch umgekehrt vorgegangen werden – und die resultierenden Punkte (d_{ij}, δ_{ij}) durch einen Polygonzug verbunden. Angenommen, für die gewählte Startkonfiguration und obige Rangdaten erhielte man folgenden Polygonzug:

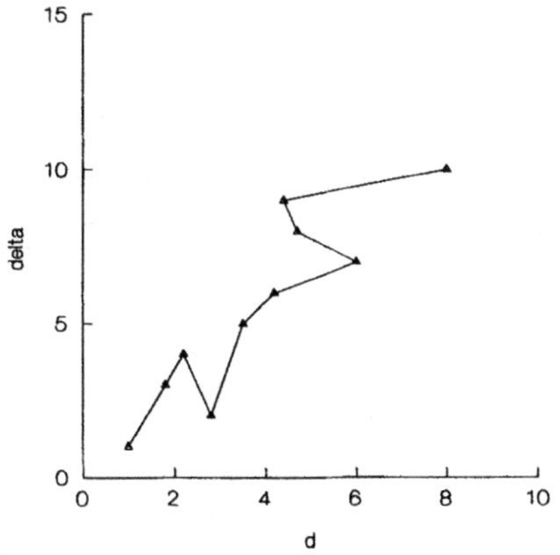

Bei völliger Übereinstimmung der Rangfolge der Distanzen mit den Rangdaten müßte gelten:

$$d_{23} < d_{12} < d_{34} < d_{35} < d_{25} < d_{45} < d_{15} < d_{13} < d_{24} < d_{14},$$

denn es ist

$$\delta_{23} < \delta_{12} < \delta_{34} < \delta_{35} < \delta_{25} < \delta_{45} < \delta_{15} < \delta_{13} < \delta_{24} < \delta_{14},$$

d.h. der Polygonzug müßte einen *monotonen* Verlauf aufweisen.

Wie aus der obigen Zeichnung jedoch hervorgeht ist:

$$d_{12} > d_{34},\ d_{15} > d_{13},\ d_{13} > d_{24},\ d_{12} > d_{35},\ d_{15} > d_{24},$$

d.h. die Rangfolge der Distanzen stimmt nicht mit den Rangdaten überein. Somit liegen Verstöße gegen die Monotoniebedingung vor.

Das Ziel der auf die Startkonfiguration folgenden Iterationen besteht nun darin, die Distanzen d_{ij} so zu verändern, d.h. die Punkte im Raum so zu verschieben, daß die Anzahl der Inkonsistenzen – bei gegebener Dimension r – *minimal* wird. Dazu werden sogenannte *Disparitäten* $\hat{d}_{ij}$ bestimmt, welche zum einen die Monotoniebedingung erfüllen, d.h. für die gilt:

$$(n,m) \succ (k,j) \Rightarrow \hat{d}_{nm} \leq \hat{d}_{kj}$$

$$(n,m) \sim (k,j) \Rightarrow \hat{d}_{nm} = \hat{d}_{kj}$$

andererseits aber den Distanzen der Objekte aus der Startkonfiguration möglichst nahe kommen. Sie ergeben sich als Lösung der folgenden Optimierungsaufgabe (unter Beachtung der eben genannten Monotoniebedingung)

$$S(\mathbf{X},\hat{d}) = \min_{d_{ij}} \sum_{i<j} (d_{ij} - \hat{d}_{ij})^2$$

die man durch eine sogenannte *monotone Regression* der Distanzen d_{ij} auf die vorgegebenen Rangordnungen der Objekte erhält. Darauf sei hier nicht weiter eingegangen, für ein Beispiel dazu siehe etwa Hamerle/Pape 1984, S.682).

Da die Disparitäten die Monotoniebedingung exakt erfüllen, die Distanzen d_{ij} aber nicht, stellt sich die Frage nach einem *Gütemaß* für die vorliegende Objektkonfiguration. Ein solches ist auch notwendig zur Entscheidung, ob eine Objektkonfiguration verändert werden soll. Auf Kruskal gehen die beiden Gütemaße:

$$S_1(\mathbf{X}) := \left(\frac{\sum_{i<j} (d_{ij} - \hat{d}_{ij})^2}{\sum_{i<j} d_{ij}^2} \right)^{1/2}, \quad S_2(\mathbf{X}) := \left(\frac{\sum_{i<j} (d_{ij} - \hat{d}_{ij})^2}{\sum_{i<j} (d_{ij} - \bar{d})^2} \right)^{1/2}, \quad \bar{d} := \frac{2}{n(n-1)} \sum_{i<j} d_{ij}$$

zurück, die als *Stressmaße* bezeichnet werden. Für Minkowski-Distanzen haben diese beiden Maße vorteilhafte Eigenschaften. Überführt man die Objektkonfiguration $\mathbf{X}=(\mathbf{x}_1,\mathbf{x}_2,\ldots,\mathbf{x}_n)$, durch die Transformation $\mathbf{y}_i=\alpha\mathbf{x}_i+\boldsymbol{\beta}$, $\alpha\neq 0$, $i=1,2,\ldots,n$, in die Konfiguration $\mathbf{Y}=(\mathbf{y}_1,\mathbf{y}_2,\ldots,\mathbf{y}_n)$, dann ist $S_1(\mathbf{X})=S_1(\mathbf{Y})$ und $S_2(\mathbf{X})=S_2(\mathbf{Y})$. Für die euklidische Distanz sind die beiden Streßmaße außerdem invariant gegenüber der Transformation $\mathbf{y}_i=\mathbf{A}\mathbf{x}_i$, $i=1,2,\ldots,n$, wenn $\mathbf{A}$ eine *orthogonale* Matrix ist (vgl. dazu Hamerle/Pape 1984, S.683; eine quadratische Matrix wird *orthogonal* genannt, wenn $\mathbf{AA}'=\mathbf{I}$ und $\mathbf{I}$ eine Einheitsmatrix ist).

Es ist $0\leq S_1(\mathbf{X})<1$, $0\leq S_2(\mathbf{X})<1$ und $S_1(\mathbf{X})\leq S_1(\mathbf{X})$. Die Anpassung einer Objektkonfiguration an die Monotoniebedingung wird in der Praxis gemäß folgenden Faustregeln bewertet (vgl. Hamerle/Pape 1984, S.683):

$S_1(\mathbf{X})$	$S_2(\mathbf{X})$	Bewertung der Konfiguration $\mathbf{X}$
>0.2	>0.4	schlecht
0.1	0.2	mäßig
0.05	0.1	gut
0.02	0.05	ausgezeichnet
0.0	0.0	perfekt

Bei dieser Bewertung ist zu beachten, daß die Stresswerte von der Dimensionszahl r, der Anzahl Objekte und vom gewählten Distanzmaß abhängig sind. Eine perfekte Konfiguration ist immer möglich für $r=n-1$. Da man aber in der Praxis in der Regel an einer Lösung interessiert ist, die unserer Anschauung zugänglich ist, sollte $r \leq 3$ sein, was bei mehr als vier Objekten (schließlich) zu einer nicht-perfekten Lösung führt, d.h. zu einem Stresswert größer Null.

Für die Startkonfiguration und den dafür bestimmten Disparitäten ergibt sich ein bestimmter Stresswert, der mit einem der beiden obigen Gütekriterien oder sonstigen Gütekriterien, die in der Literatur vorgeschlagen werden, berechnet werden kann. Die Frage ist nun, ob dieser durch Veränderung der Startkonfiguration *verbessert* werden kann. Dazu faßt man $S(\mathbf{X})$ als *stetige* Funktion von $\mathbf{X}$ auf, wobei $S(\mathbf{X})$ für irgendein Stressmaß steht. Der Funktionsverlauf von $S(\mathbf{X})$ ist nicht bekannt. Man kann aber annehmen, daß das (globale) Minimum in Richtung der negativen Steigung liegen wird. Aus diesem Grund berechnet man den negativen *Gradienten*:

$$-\nabla S(\mathbf{X}) := \left(-\frac{\partial S(\mathbf{X})}{\partial x_{11}}, \ldots, -\frac{\partial S(\mathbf{X})}{\partial x_{rn}} \right)$$

und verschiebt die Startkonfiguration in Richtung dieses negativen Gradienten, wobei das Ausmaß der Verschiebung durch einen Parameter $\gamma^{(0)}$ gesteuert wird, d.h. die Koordinaten der neuen Konfiguration, die einen geringeren Stresswert als die Startkonfiguration aufweisen sollte, sind gegeben durch:

$$x_{is}^{(1)} = x_{is}^{(0)} - \gamma^{(0)} \left(\frac{\partial S(\mathbf{X}^{(0)})}{\partial x_{is}} \right), \quad i=1,2,\ldots,n, \quad s=1,2,\ldots,r$$

Für die daraus resultierende Objektkonfiguration $\mathbf{X}^{(1)}$ werden wiederum Disparitäten und ein Stresswert berechnet. Im nächsten Verfahrensschritt wird versucht, eine neue Konfiguration mit einem noch geringeren Stresswert zu bestimmen usw., d.h. allgemein ergeben sich die Koordinaten der j+1-ten Konfiguration aus der j-ten Konfiguration durch (vgl. dazu Hamerle/Pape 1984, S.683):

$$x_{is}^{(j+1)} = x_{is}^{(j)} - \gamma^{(j)} \left(\frac{\partial S(\mathbf{X}^{(j)})}{\partial x_{is}} \right), \quad j=0,1,2,\ldots$$

Der Parameter $\gamma^{(j)}$ wird im allgemeinen groß gewählt für j=0 (häufig wird $\gamma^{(0)} = 0.2$ empfohlen) und kleiner für die nächsten Iterationsschritte, um ein Minimum nicht zu überspringen. Das iterative Verfahren wird dann beendet, wenn sich entweder der Stress nicht mehr verringern läßt oder wenn eine Stoppregel definiert ist (z.B. eine maximale Anzahl von Iterationsschritten oder eine untere Schranke für den Stress, vgl. Hamerle/Pape 1984, S.684).

Im folgenden Beispiel beurteilt eine Person die Ähnlichkeiten von 10 Personenwagen, wobei der Paarvergleich an Hand einer siebenstufigen Ratingskala vorgenommen wird, die von "völlig unähnlich" (1) bis "sehr ähnlich" (7) reicht. Die Ratingwerte sind in der folgenden Tabelle zusammen dargestellt:

	A	B	C	D	E	F	G	H	I	J
A	-	-	-	-	-	-	-	-	-	-
B	5	-	-	-	-	-	-	-	-	-
C	6	7	-	-	-	-	-	-	-	-
D	4	6	6	-	-	-	-	-	-	-
E	2	3	4	5	-	-	-	-	-	-
F	3	3	4	4	5	-	-	-	-	-
G	2	2	2	3	5	5	-	-	-	-
H	2	2	2	7	1	7	6	-	-	-
I	2	2	2	2	6	6	7	-	-	-
J	1	7	1	2	1	3	3	1	3	-

Mit dem MDS-Modul von SYSTAT ergibt sich für eine zweidimensionale Lösung mit euklidischer Distanz folgende Konfiguration:

Wagen	Dimension	
	1	2
A	-1.20	0.05
B	-0.65	0.60
C	-0.98	-0.62
D	-0.32	-0.26
E	-0.08	-0.86
F	0.30	-0.14
G	0.88	0.16
H	1.10	-0.57
I	0.90	0.16
J	0.05	1.48

die in der nächsten Graphik dargestellt ist:

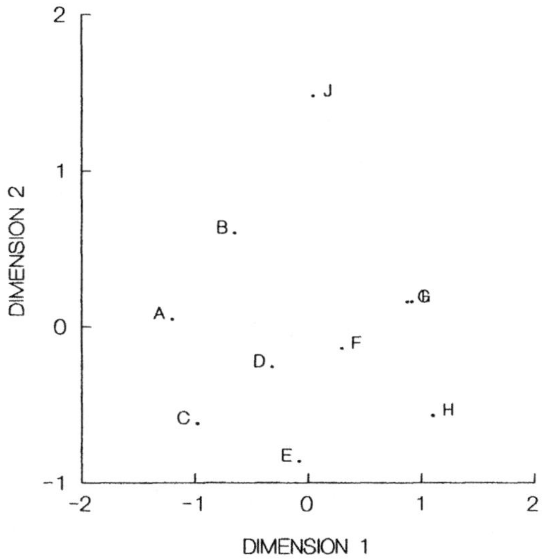

Der Stresswert dieser Konfiguration beträgt ca. 0.15, was eine nur "mäßige" Anpassung an die Monotoniebedingung indiziert (SYSTAT verwendet die Stressfunktion $S_1(\mathbf{X})$ und die Skalenwerte auf jeder Dimension werden auf die Summe Null normiert, so daß der Punkt (0,0) der Schwerpunkt der Punktwolke ist. Außerdem werden die Achsen aus Interpretationsgründen so rotiert, daß eine sogenannte "Einfachstruktur" entsteht, d.h. daß die Objekte nach Möglichkeit nur auf *einer* Achse große Werte annehmen, was allerdings nur bei euklidischer Distanz möglich ist, da, wie schon oben ausgeführt wurde, nur diese invariant ist gegenüber orthogonalen Drehungen des Achsenkreuzes. *Einfachstrukturen* werden uns wieder bei der Faktorenanalyse begegnen).

Wie die Darstellung erkennen läßt, liegen die beiden Wagen G und I sehr dicht beieinander, sie werden also als einander sehr ähnlich beurteilt. Dagegen liegen J und E sehr weit auseinander. Lägen hier anstelle von Individualdaten aggregierte Daten vor, die sich z.B. auf eine Population potentieller Wagenkäufer bezögen, dann würde ein Marketing-Mann vielleicht daraus schließen, daß G und I im Konsumentenurteil harte Konkurrenten sind.

Eine wichtige Frage, die sich bei allen MDS-Skalierungen stellt, ist die nach der Interpretation der Lösung, d.h. welche Bedeutung soll den zunächst einmal neutral einfach als "Dimensionen" bezeichneten Achsen zugeschrieben werden? *Eine* Interpretationsmöglichkeit, die mit der erwähnten Einfachstruktur zusammenhängt, besteht darin, daß man sich an "extremen" Objekten orientiert, d.h. an Objekten, die besonders große bzw. kleine Skalenwerte auf den Achsen annehmen. Im Beispiel sind dies etwa die Wagenpaare A-H und J-E. Nehmen wir an, A sei ein ausgesprochen bescheiden ausgestatteter Wagen, während H eine Luxuslimousine ist, und J sei im Gegensatz zu E in sehr "sportlicher" Wagen, dann läge es nahe, die "Dimension 1" als "Luxuriosität" und die "Dimension 2" als "Sportlichkeit" zu interpretieren. C wäre dann z.B. ein bescheiden ausgestatteter, total unsportlicher Wagen usw. Diese Vorgehensweise bei der Interpretation – Orientierung an den Extremfällen der auf Einfachstruktur rotierten Lösung – ist in der Praxis häufig anzutreffen. Sie ist allerdings nicht unumstritten. Darauf wird gleich zurückzukommen sein.

Generell sind es etwa fünf Probleme, die bei der MDS jeweils kritisch zu bedenken sind und die nachstehend kurz referiert seien. Für eine ausführliche Diskussion sei auf Gigerenzer 1981, S.344 ff., verwiesen. Es handelt sich um die folgenden:

a) lokale Minima versus globales Minimum
b) degenerierte Objektkonfigurationen
c) Interpretation der Stresswerte
d) Dimensionsproblem
e) Interpretationsproblem

Bei Problem a) handelt es sich um ein *algorithmisches* Problem, das darin besteht, daß anstelle des *absoluten* Stressminimums nur ein *lokales* Minimum gefunden wird. Aus folgender Graphik ist ersichtlich, daß – ausgehend vom Stress 0.6 der Startkonfiguration – der Stress beim Übergang von der 2. auf die 3. Konfiguration steigt und dasselbe beim Übergang von der 3. zur 4. Konfiguration der Fall ist. Die Stresswerte der 2. und 4. Konfiguration sind beide lokale Minima, das globale Minimum wird erst bei der 6. Konfiguration erreicht:

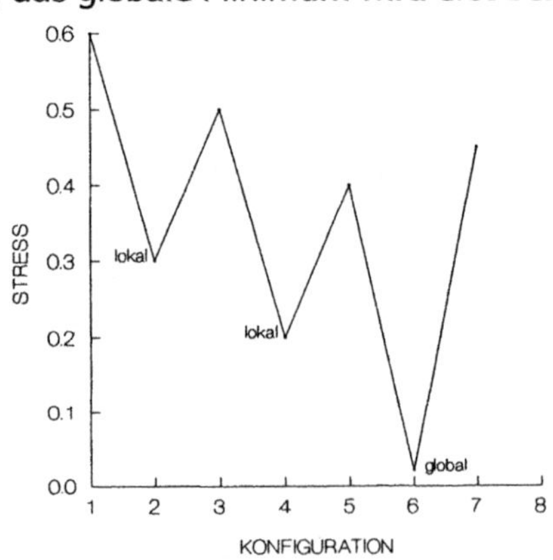

Um lokale Minima zu vermeiden, kann man z.B. mit verschiedenen zufälligen Startkonfigurationen arbeiten und schließlich diejenige mit dem kleinsten Stress wählen. Es hat sich jedoch gezeigt, daß dafür bei euklidischer Metrik mindestens 20 Startkonfigurationen erforderlich sind, bei nicht-euklidischer sogar mehr. Als überlegen haben sich Startkonfiguration erwiesen, die aus der metrischen MDS bestimmt werden. Solche werden auch bei SYSTAT verwendet. Allerdings sind sie auch nicht unproblematisch bei nicht-euklidischer Metrik (vgl. dazu und zu weiteren Möglichkeiten Gigerenzer 1981, S.345 f.).

Als *degeneriert* werden Konfigurationen bezeichnet, bei denen die "wahre" Konfiguration Cluster von Objekten enthält, die so gestaltet sind, daß die MDS die Objekte innerhalb der Cluster praktisch nicht mehr unterscheiden kann. Das führt dann zu Stresswerten, die dicht bei Null liegen (für ein Beispiel siehe Gigerenzer 1981, S.347). Ein Symptom für degenerierte Lösungen ist eine geringe Anzahl verschieden großer Distanzen relativ zur Gesamtzahl der Distanzen. Als vorbeugende Maßnahme gegen degenerierte Lösungen wird vorgeschlagen, keine MDS durchzuführen bei Objekten, die in wenige kompakte Cluster fallen, und deren Anzahl klein ist relativ zur gewählten Dimension r (Gigerenzer 1981, S.348).

Die oben angegebene Bewertung von Stresswerten, die auf Kruskal zurückgeht, ist nur als grobe Faustregel anzusehen, wie oben schon bemerkt wurde. Eine inferenzstatistische Absicherung ist allerdings nicht möglich, da die Stichprobenverteilung der Stresswerte unter einer Nullhypothese nicht bekannt ist. Problematisch ist vor allem die Formulierung einer geeigneten Nullhypothese. Verschiedene Simulationsstudien, die unter bestimmten Voraussetzungen zu kritischen Testwerten führen, werden bei Gigerenzer 1981, S.351-354 referiert und relativiert.

Beim Dimensionsproblem geht es um die Frage, wieviel Dimension für die Skalierung herangezogen werden sollen oder müssen. Es wurde schon oben darauf hingewiesen, daß man sich aus Gründen der Anschaulichkeit in der Praxis bei den allermeisten Anwendungen auf maximal drei Dimensionen beschränkt. Immerhin ist dabei noch eine Entscheidung zwischen zwei und drei Dimensionen zu fällen. Praktisch kann man das mit dem "Ellenbogenknick" versuchen, d.h. man trägt die Stresswerte verschiedener Dimensionen gegen r auf und wählt dasjenige r, bei dem ein deutlicher Knick festzustellen ist. d.h. ab dem der Stress mit steigendem r nur noch geringfügig abnimmt. Es gibt allerdings keinerlei Garantie, daß das zu einer eindeutigen

Lösung führt. "In der Mehrzahl der Fälle dürfte jedoch die Suche nach einem klaren Ellenbogenknick erfolglos enden, der «mysteriöse Fingerzeig» wird nicht gegeben" (Gigerenzer 1981, S.354).

Das Interpretationsproblem wurde schon angesprochen und eine zu seiner Lösung häufig geübte Vorgehensweise an obigem Beispiel demonstriert. Diese wird von Gigerenzer als "Ritual" apostrophiert und folgendermaßen kommentiert: ..."dazu ist klarzustellen, daß weder die Rotation nach Einfachstruktur noch die phänomenologische Deutung von Dimensionen durch den Forscher noch beide zusammen eine notwendige, hinreichende oder auch nur in irgendeinem Sinne – außer in ökonomischer Hinsicht – besonders fruchtbare Bedingung für die psychologische Interpretation darstellen" (Gigerenzer 1981, S.357). Statt dessen empfiehlt er eine *hypothesengeleitete oder hypothesentestende* Interpretation, welche in der Regel einer ad-hoc-Interpretation vorzuziehen sein dürfte. Allerdings um den Preis einer *zusätzlichen Datenerhebung* bei den Probanden bezüglich jener Merkmale, auf die sich die Hypothesen beziehen. Auf Einzelheiten kann hier nicht eingetreten werden. Für ein Beispiel sei auf Gigerenzer 1981, S.333 ff., Abb. 41, S.359, oder auf Steffens 1995, S.529-531 verwiesen.

V. Auswahlverfahren

V.1. Vorbemerkungen

In Kapitel II. wurde der Ablauf eines empirischen Forschungsprozesses als eine Folge von Entscheidungen dargestellt, die über Problempräzisierung mittels dimensionaler und/oder semantischer Analyse, Festlegung von Definitionen, Indikatorenwahl, schließlich zur Operationalisierungsphase führt. In den Kapitel III. und IV. wurde diese Linie unterbrochen, um auf Grundzüge der Meßtheorie sowie auf Skalierungsverfahren einzugehen. Wir knüpfen hier nun wieder an Kapitel II an, d.h. an die der Operationalisierung nachgelagerte Phase der Datenerhebung. Eine Datenerhebung setzt aber – neben der Entwicklung des Datenerhebungsinstrumentes – die Abklärung von (mindestens) zwei Fragen voraus: Bei wem sollen Daten erhoben werden, d.h. wer sind die *Merkmalsträger*? Wie sollen diese *ausgewählt* werden?

Beide Fragen erfordern bei jedem empirischen Projekt sorgfältige Überlegungen, nicht nur deswegen, weil es nicht nur *ein* Auswahlverfahren gibt, sondern auch, weil Verzerrungen im Auswahlprozeß die Qualität der erhobenen Daten – und damit auch die Qualität der gesamten empirischen Untersuchung – mehr oder weniger in Frage stellen können. Bevor also mit der eigentlichen Datenerhebung begonnen werden kann, ist abzuklären, welches der zahlreichen möglichen Verfahren für die Auswahl der Merkmalsträger sich für eine geplante Untersuchung am besten eignet. In diesem Kapitel sollen deshalb die wichtigsten Auswahlverfahren mit ihren jeweiligen Vor- und Nachteilen dargestellt werden.

V.2. Grundlegende Begriffe

Bevor man eine Auswahl treffen kann, muß die Menge der Objekte, aus der man auswählen soll, klar definiert sein. Eine Objektmenge kann prinzipiell

Beliebiges umfassen, wie z.B. Personen, Firmen, Zeitintervalle, irgendwelche Gegenstände usw. Die Elemente einer solchen Menge sollen generell als *Merkmalsträger* bezeichnet werden. In der Statistik werden derartige Mengen *Grundgesamtheiten* oder *Populationen* genannt. Es ist zu beachten, daß Grundgesamtheiten als Mengen im mathematischen Sinn aufgefaßt werden, d.h. es ist eindeutig definiert, welche Merkmalsträger zur Grundgesamtheit gehören bzw. welche nicht dazu gehören, d.h. Grundgesamtheiten sind nur dann definiert, wenn sie *räumlich*, *zeitlich* und *sachlich* eindeutig abgegrenzt sind. Beispielsweise können die Mitarbeiter einer bestimmten Firma nur dann als Grundgesamtheit in diesem Sinn aufgefaßt werden, wenn eindeutig festliegt bzw. festgelegt wird, wer als Mitarbeiter gelten soll (sollen dazu z.B. auch temporär Beschäftigte zählen oder Heimarbeiter?), wenn ein Stichtag (z.B. der 1.1.1996) bestimmt ist, und wenn die Mitarbeiter auch räumlich abgrenzbar sind, was z.B. bei Firmen mit Filialen oder international tätigen notwendig sein kann. Oder betrachten wir die Wohnbevölkerung eines Landes. Damit man hier von einer Grundgesamtheit sprechen kann, muß eindeutig definiert werden, wer an einem festgelegten Stichtag zur Wohnbevölkerung zählen soll (sollen z.B. auch ausländische Studenten oder das Personal der diplomatischen Vertretungen dazu gerechnet werden?). Außerdem muß klar sein, welche geographischen Gebiete (und damit auch die in diesen lebende Bevölkerung) als zum betreffenden Land gehörig gezählt werden sollen, was bei Ländern mit überseeischen Besitzungen, wie z.B. Frankreich oder England, nicht a priori eindeutig festliegt.

Wie eine Grundgesamtheit definiert wird, d.h. welche sachlichen Kriterien, welche zeitlichen und räumlichen Abgrenzungen zu ihrer genauen Bestimmung herangezogen werden, ist natürlich vom Erkenntnisinteresse und/oder Verwertungsinteresse einer empirischen Untersuchung abhängig, denn diese Interessen legen die Merkmalsträger fest, die in die Datenerhebung einzubeziehen sind. Diese Grundgesamtheit kann etwas genauer als *angestrebte* Grundgesamtheit (*target population*) bezeichnet werden im Gegensatz zur *Erhebungsgrundgesamtheit* (*frame population*). Während die target population diejenige Grundgesamtheit ist, für welche die Aussagen der Untersuchung gelten sollen, bezeichnet die frame population diejenige Grundgesamtheit, die *faktisch* erhoben wird. Den Unterschied zwischen den beiden Konzepten kann man sich am besten an Hand eines einfachen Beispiels klarmachen. Angenommen, die interessierenden Merkmalsträger seien die Mitarbeiter eines Betriebes an einem bestimmten Stichtag, wobei klar definiert sei, wer als "Mitarbeiter" zu rechnen ist. Dies ist die angestrebte Grundgesamtheit. Weiter sei angenommen, daß die Datenerhebung mittels Interview erfolgen soll. Wenn nun der bzw. die Interviewer am vorgesehenen Stichtag den Betrieb aufsuchen um die Befragung vorzunehmen, dann ist damit zu rechnen, daß eine gewisse Anzahl von Mitarbeitern nicht anwesend ist, z.B. wegen Krankheit, Urlaub oder auswärtiger Verpflichtungen usw., und somit nicht in die Datenerhebung einbezogen werden können. Die Erhebungsgrundgesamtheit besteht in diesem Fall aus denjenigen Mitarbeitern, die anwesend und damit verfügbar sind, d.h. die Erhebungsgrundgesamtheit ist kleiner als die angestrebte Grundgesamtheit, was als "undercoverage" bezeichnet wird. Es sind aber auch Fälle denkbar, bei denen die Erhebungsgrundgesamtheit größer ist als die angestrebte Grundgesamtheit, also "overcoverage" vorliegt. Um im Beispiel zu bleiben: nehmen wir an, daß in der betreffenden Firma auch Werkstudenten beschäftigt sind, die – gemäß Definition – nicht zur angestrebten Grundgesamtheit gehören. Werden nun diese – irrtümlicherweise – mit in die Erhebung einbezogen und setzen wir weiter voraus, daß keine Mitarbeiter abwesend sind, dann ist die Erhebungsgrundgesamtheit größer als die angestrebte Grundgesamtheit. Nehmen wir aber realistischerweise an, daß auch Mitarbeiter abwesend sind, dann liegt sowohl undercoverage vor (bezüglich der "echten" Mitarbeiter) als auch overcoverage (wegen den Werkstudenten, die nicht zur angestrebten Grundgesamtheit gehören). Auf eine mögliche Diskrepanz zwischen angestrebter und Erhebungsgrundgesamtheit ist immer zu achten, gleichgültig, ob eine Vollerhebung oder eine Teilerhebung geplant ist. Bei Teilerhebungen wird die Erhebungsgrundgesamtheit auch als *Auswahlgrundgesamtheit* bezeichnet. Mit under- und/oder overcoverage ist in der Praxis häufig zu rechnen, wenn eine Grundgesamtheit symbolisch repräsentiert ist in Form eines Mitglieder- bzw. Adreßverzeichnisses, z.B. eines Branchenverbandes. Solche Verzeichnisse sind nicht immer à jour, sie enthalten meistens noch Mitglieder, die aus dem Verband schon ausgeschieden sind (z.B. wegen Firmenaufgabe oder Austritt), während neue Mitglieder noch nicht gelistet sind. Damit ist umso eher zu rechnen, je älter ein solches Verzeichnis ist (Branchenverzeichnisse stehen nicht selten nur in mehrjährigen Abständen zur Verfügung).

Datenerhebungen können entweder als *Vollerhebungen* oder als *Teilerhebungen* durchgeführt werden. Bei Vollerhebungen werden *alle* Merkmalsträger einer Grundgesamtheit einbezogen, während man sich bei Teil-oder

Stichprobenerhebungen auf eine *Auswahl* beschränkt. Im Grenzfall umfaßt eine Teilerhebung nur einen einzigen Merkmalsträger. Man spricht dann von einer *Einzelfallstudie*.

Vollerhebungen sind nur dann durchführbar, wenn die Anzahl der Merkmalsträger der betrachteten Grundgesamtheit relativ klein ist. Eine Ausnahme bilden die *Volkszählungen*, die in den meisten Ländern als Vollerhebungen mit großem administrativen und finanziellen Aufwand durchgeführt werden. Derartige Großerhebungen haben z.B. den Nachteil, daß es ziemlich lange dauert, bis die Daten aufbereitet und publiziert sind. Stichproben liefern dagegen Resultate in wesentlich kürzerer Zeit. Dem stehen allerdings auch Vorteile gegenüber, etwa der, daß sie regional sehr tief gegliederte Daten liefern (z.B. auf Gemeindeebene), was mit Stichproben nur schwer möglich ist (auf die in den letzten Jahren teilweise heftig und emotional geführte Diskussion, ob man nicht auf Volkszählungen verzichten und sie durch Stichproben ersetzen könne, kann hier nicht eingetreten werden). Vollerhebungen sind auch dann nicht durchführbar, wenn mit der Untersuchung z.B. die Zerstörung oder wesentliche Beeinträchtigung des Merkmalsträgers verbunden ist, wie das bei *statistischen Qualitätskontrollen* der Fall sein kann.

Mit Teilerhebungen lassen sich Daten nicht nur schneller und damit billiger als mit Vollerhebungen gewinnen, sie sind im allgemeinen auch *präziser*, weil der Datenerhebungsprozeß gründlicher vorbereitet und überwacht werden kann, z.B. durch intensivere Interviewerschulung und Fehlerkontrollen. Schneller verfügbare Daten bedeuten im allgemeinen auch *aktuellere* Daten. Aus diesem Grund werden z.B. Volkszählungen, die alle zehn Jahre durchgeführt werden sollten, in manchen Ländern durch einen sogenannten *Mikrozensus* ergänzt. In der BRD z.B. wird dieser jährlich erhoben, wobei 1% der Bevölkerung einbezogen wird (für Details sei auf Krug/Nourney/Schmidt 1994 S.239 ff. verwiesen). In der Schweiz wurden zwischen 1986 und 1989 vier Mikrozensen erhoben.

Zur Durchführung von Teilerhebungen stehen nun verschiedene Möglichkeiten zur Verfügung. Grundsätzlich besteht die Wahl zwischen *zufallsgesteuerten* und *nicht-zufallsgesteuerten* Auswahlverfahren.

V.3. Nicht zufallsgesteuerte Auswahlverfahren

Darunter sind Auswahlverfahren zu subsumieren, bei denen die Auswahl der Merkmalsträger vom Gutdünken des Forschers abhängt, das ein breites Spektrum von der Willkür bis zu statistisch untermauerten Entscheidungsregeln umfassen kann. Dementsprechend sind hier zu nennen: *willkürliche* Auswahl, *bewußte* Auswahl (Auswahl *"typischer" Fälle*, Auswahl nach dem *Konzentrationsprinzip*) und *Quoten-Auswahl*.

V.3.1. Willkürliche Auswahl

Dieses in der Praxis (vor allem bei Journalisten der Massenmedien) beliebte Verfahren wird nicht selten als ein zufallsgesteuertes Auswahlverfahren mißverstanden, weil im Alltagsverständnis häufig "Willkür" mit "Zufall" gleichgesetzt wird. Von einer "zufälligen" Auswahl kann aber nur dann gesprochen werden, wenn folgende Voraussetzungen erfüllt sind: a) die Grundgesamtheit, aus der die Auswahl erfolgt, ist definiert, b) ob ein Merkmalsträger (oder Element) dieser Grundgesamtheit in die Auswahl kommt, hängt nicht vom Forscher ab, sondern von einem (objektiv ablaufenden) "Zufallsprozeß", den der Forscher nicht beeinflussen kann und c) für jeden Merkmalsträger ist die Wahrscheinlichkeit, in die Auswahl zu gelangen, bekannt.

Alle drei Voraussetzungen sind bei der willkürlichen Auswahl nicht gegeben: weder ist die Grundgesamtheit definiert, noch ist die Auswahlwahrscheinlichkeit für einen Merkmalsträger bekannt, und die Auswahl erfolgt nicht objektiv, sondern durch eine subjektive Entscheidung des Auswählenden.

Wenn sich z.B. ein Fernsehjournalist in der "rush hour" auf den Bahnhofsplatz einer Stadt stellt und den Passanten ein Mikrofon "vor die Nase" hält und ihnen die auf ein aktuelles Ereignis Bezug nehmende Frage stellt: "Was denken Sie über ...? " oder "Was halten Sie von ...?", dann stellt diese Vorgehensweise ein willkürliches Auswahlverfahren dar. Weder ist eine

Grundgesamtheit definiert (ist an die Einwohner dieser Stadt gedacht, an die Menge der abhängig Beschäftigten, die mit öffentlichen Verkehrsmitteln zum Arbeitsplatz fährt, oder vielleicht an die Menge der Zugfahrer usw.?), noch erfolgt die Auswahl in objektiver Weise, vielmehr ist es ins Belieben des Journalisten gestellt, wen er zur Meinungsabgabe auffordert. Da keine Grundgesamtheit definiert ist, kann natürlich auch keine Aussage zur Auswahlwahrscheinlichkeit gemacht werden. Unzulässig sind deshalb – wie im Fernsehen üblich – Generalisierungen der so erhobenen Ansichten als "Meinung oder Stimmung der Bevölkerung" o.ä. (Hinzukommt noch, daß bei diesem Auswahlverfahren mit Verzerrungen durch "Selbstselektion" zu rechnen ist, d.h. diejenigen Personen, die sich vor laufender Kamera äußern, sind vielleicht hinsichtlich des angesprochenen Ereignisses besonders motiviert, ihre Meinung ist nicht unbedingt typisch für diejenigen, die eine Stellungnahme verweigern. Andererseits ist daran zu denken, daß sich bevorzugt die Eloquenten oder Unerschrockenen äußern.)

Festzuhalten ist hier, daß es sich bei der willkürlichen Auswahl um ein Verfahren handelt, das für wissenschaftliche Zwecke unbrauchbar ist: "Aussagen auf der Basis einer willkürlichen Auswahl genügen elementaren Regeln wissenschaftlicher Arbeiten nicht" (Schnell/Hill/Esser 1992, S.306).

V.3.2. Auswahl typischer Fälle

Diese Auswahlprozedur gehört zu den *bewußten* Auswahlen, d.h. die Auswahl wird *gezielt* vorgenommen und zwar nach Kriterien, die im Zusammenhang des Forschungsprojektes als sinnvoll erscheinen. Es hängt also im Gegensatz zur willkürlichen Auswahl nicht von einer subjektiven Entscheidung ab, ob ein Merkmalsträger ausgewählt wird, sondern nur davon, ob dieser die vorgegebenen Kriterien erfüllt. Somit ist bei bewußten Auswahlen sowohl die Grundgesamtheit als auch das Auswahlverfahren angebbar und kontrollierbar. Auswahlkriterien können beispielsweise sein: nur Experten eines bestimmten Fachgebietes werden befragt oder nur Personen mit besonders hohem oder besonders tiefem Einkommen (sowohl der zugrundegelegte Einkommensbegriff als auch die jeweiligen Grenzen, ab denen ein Einkommen als besonders hoch bzw. tief gelten soll, müssen dazu genau definiert sein) oder nur Studenten, welche die Zwischenprüfung nicht bestanden haben usw.

Ein Spezialfall der bewußten Auswahl ist die *typische Auswahl*. Da es "typische" Fälle an sich nicht gibt, ist jeweils genau zu definieren, welches die Kriterien sind, durch die ein "typischer" Fall charakterisiert sein soll. Bei dieser Auswahlform will man sich auf relativ wenige Elemente der Grundgesamtheit beschränken, die als "typisch" angesehen werden. Das setzt natürlich Kenntnisse über die Grundgesamtheit voraus, d.h. man muß wissen, wie die Merkmale, welche den "typischen" Fall charakterisieren, in der Grundgesamtheit verteilt sind und es muß außerdem möglich sein, die jeweiligen Merkmalsausprägungen bei den Merkmalsträgern festzustellen, sonst kann keine gezielte Auswahl vorgenommen werden. Dies ist nicht immer gewährleistet. Man muß sich dann an Ersatzmerkmale halten, deren Ausprägungen bei den Merkmalsträgern leicht feststellbar sind und die möglichst hoch korrelieren mit den nicht erfaßbaren "Typ-Merkmalen", so daß davon ausgegangen werden kann, daß die über die Ersatzmerkmale ausgewählten "typischen" Merkmalsträger auch "typisch" sind im Sinne der eigentlichen, aber nicht erfaßbaren, "Typ-Merkmale".

Typische Auswahlen spielen in der amtlichen Statistik eine bedeutende Rolle, vor allem in der *Preisstatistik* und der *Produktionsstatistik*. Da es unmöglich ist, sämtliche Marktvorgänge, bei denen ein Preis entsteht, zu registrieren, beschränkt man sich für die Preisstatistik auf eine Auswahl "typischer" Güter, den sogenannten *Preisrepräsentanten*, die an "typischen" Marktorten, den sogenannten *Berichtsstellen*, regelmäßig erhoben werden (vgl. dazu Krug/Nourney/Schmidt 1994 S.49 ff.). Der *Index der Nettoproduktion für das Produzierende Gewerbe* arbeitet mit vier Güterarten, die als "typisch" angesehen werden (vgl. dazu Krug/Nourney/Schmidt 1994 S.52). Schließlich sei noch darauf hingewiesen, daß der Wirtschaftsstatistik für private Haushalte in der BRD drei Haushaltstypen zugrundeliegen:
Typ 1: 2-Personen-Haushalte von Renten- und Sozialhilfeempfänger,
Typ 2: 4-Personen-Arbeitnehmerhaushalte mit mittlerem Einkommen und
Typ 3: 4-Personen-Haushalte von Beamten und Angestellten mit höherem Einkommen (für Details und Abgrenzungen sei wiederum auf Krug/Nourney/Schmidt 1994, S.52 ff. verwiesen).

V.3.3. Auswahl nach dem Konzentrationsprinzip

Bei dieser Form der bewußten Auswahl konzentriert man sich auf Merkmalsträger deren Merkmalsausprägungen so stark ausgeprägt sind, daß sie die Verteilung dieses Merkmals in der Grundgesamtheit dominieren. Damit bleiben Elemente der Grundgesamtheit mit kleineren Merkmalsausprägungen unberücksichtigt, d.h. man konzentriert sich auf die (in diesem Sinn) als "wichtig" erachteten Merkmalsträger. Um ein Konzentrationsverfahren (oder *Abschneideverfahren, cut-off-sampling*) anwenden zu können, muß natürlich klar sein, nach welchem Merkmal eine "Abschneidegrenze" bestimmt werden soll und außerdem muß die Ausprägung dieses Merkmals bei den einzelnen Merkmalsträgern feststellbar sein. Besteht die Grundgesamtheit z.B. aus Firmen und ist ihr gesamter Jahresumsatz auf wenige Firmen konzentriert, so daß z.B. auf 5% der Firmen 90% des gesamten Umsatzes entfallen, dann würde sich eine Auswahl nach dem Konzentrationsprinzip nur auf diese Firmen beschränken.

Sowohl die Auswahl des "Abschneidemerkmals" als auch die Festlegung einer Abschneidegrenze muß natürlich nach sachlichen Gesichtspunkten vorgenommen werden. Das Abschneidemerkmal wird gewöhnlich so gewählt, daß es möglichst hoch korreliert mit den Merkmalen, die erhoben werden sollen.

Auswahlverfahren nach dem Konzentrationsprinzip spielen in der amtlichen Statistik eine gewisse Rolle, in der BRD z.B. bei Erhebungen des *Produzierenden Gewerbes* (darunter sind die Wirtschaftssektoren Bergbau und Verarbeitendes Gewerbe, Baugewerbe (mit Ausbaugewerbe), Energie- und Wasserversorgung zu verstehen). In die Auswahl einbezogen werden alle Unternehmen mit mindestens 20 Beschäftigten (vgl. dazu Krug/Nourney/Schmidt 1994, S.217 ff.). Auch im Bereich der *Agrarstatistik* wird nach dem Konzentrationsprinzip ausgewählt. Als Abschneidemerkmal wird dabei jeweils eine Anbaufläche und als Abschneidegrenze eine Mindestanbaufläche gewählt (vgl. Krug/Nourney/Schmidt 1994, S.64).

V.3.4. Quoten-Auswahl

Die *Quoten-Auswahl* (*quota-sampling*) ist das in der kommerziellen Markt- und Meinungsforschung in Verbindung mit dem Datenerhebungsinstrument "Interview" dominierende Auswahlverfahren, weil es im Vergleich zu zufallsgesteuerten Auswahlverfahren in der Regel kostengünstiger und schneller durchzuführen ist. Die Auswahl der Merkmalsträger erfolgt nach Vorgabe der Verteilung gewisser Merkmale in der Grundgesamtheit, die als *Quotenmerkmale* bezeichnet werden. Die Quotenmerkmale sollten einerseits leicht erkenn- oder erfragbar sein, andererseits aber auch möglichst eng mit den *Erhebungsmerkmalen* korrelieren. Außerdem muß ihre Verteilung in der Grundgesamtheit bekannt sein. Die am häufigsten verwendeten Quotenmerkmale sind etwa Alter, Geschlecht, Familienstand, Konfession, Wohnort (z.B. differenziert nach Stadt/Land), Berufstätigkeit bzw. selbständig/nichtselbständig, wobei man sich aus Gründen der Praktikabilität in der Regel auf einige wenige beschränken muß. Die genannten Quotenmerkmale sind nicht nur leicht erkenn- bzw. erfragbar, sie werden auch deswegen verwendet, weil anzunehmen ist, daß z.B. 20-jährige Ledige, mit städtischem Wohnsitz und abhängig beschäftigt, im Durchschnitt eine andere Meinung zu einem bestimmten Problem haben dürften als etwa 50-jährige verheiratete Selbständige mit ländlichem Wohnsitz. Oder die Parteipräferenzen bei Wahlen dürften sich im allgemeinen nach Konfession, Alter, Berufstätigkeit usw. unterscheiden.

Die Auswahl bei der Quotenstichprobe erfolgt nun so, daß die Verteilung der Quotenmerkmale in der Stichprobe genau ihrer Verteilung in der Grundgesamtheit entspricht, d.h. die Quotenstichprobe ist ein verkleinertes Abbild der Grundgesamtheit. Allerdings gilt das nur für die Quotenmerkmale. Für sonstige Merkmale ist das nicht garantiert, obgleich das in der Praxis mehr oder weniger stillschweigend angenommen wird. Bei einfachen Quotenstichproben, die in der Praxis dominieren, werden die Quoten *unabhängig* voneinander vorgegeben, kompliziertere verwenden *kombinierte* Quoten. Der Unterschied sei an folgendem Beispiel gezeigt, wobei der Einfachheit halber nur die beiden Quotenmerkmale "Geschlecht" und "Alter" verwendet werden. Die (eindimensionale) Verteilungen dieser Merkmale in der Grundgesamtheit seien:

Geschlecht	Anteil in Prozent
männlich	49
weiblich	51

Altersklasse	Anteil in Prozent
18 bis unter 30 Jahre	25
30 bis unter 45 Jahre	40
45 bis unter 60 Jahre	17
60 Jahre und älter	18

Angenommen, die Quotenstichprobe soll 1000 Personen umfassen. Nach der Verteilung der beiden Quotenmerkmale muß diese 490 Männer und 510 Frauen, 250 Personen aus der ersten, 400 aus der zweiten, 170 aus der dritten und schließlich 180 aus der letzten Altersklasse enthalten. Hier sind die Quoten unabhängig voneinander vorgegeben. In der Realität treten jedoch die Quotenmerkmale kombiniert auf, d.h. jemand ist männlich **und** in der ersten Altersklasse usw. Um kombinierte Quoten vorgeben zu können, müssen deshalb mehrdimensionale Verteilungen bekannt sein, hier eine zweidimensionale, z.B.:

Altersklasse/Geschlecht	männlich	weiblich	
18 bis unter 30 Jahren	10	15	25
30 bis unter 45 Jahren	27	13	40
45 bis unter 60 Jahren	7	10	17
60 Jahre und älter	5	13	18
	49	51	100

Danach muß die Quotenstichprobe beim gleichen Stichprobenumfang wie oben 100 Personen enthalten, die männlich **und** aus der ersten Altersklasse sind, 270 Personen, die männlich **und** aus der zweiten Altersklasse sind ... und schließlich 130 Personen, die weiblich **und** aus der letzten Altersklasse sind.

Für die praktische Durchführung sind kombinierte Quoten komplizierter zu handhaben als einfache, da stets mehrere Merkmale simultan berücksichtigt werden müssen. Für mehr als zwei Quotenmerkmale sind die mehrdimensionalen Verteilungen in der Grundgesamtheit häufig nicht bekannt, so daß eine Vorgabe kombinierter Quoten rasch an die Grenzen der Praktikabilität stößt. Wenn oben gesagt wurde, daß eine Quotenstichprobe bezüglich der Quotenmerkmale ein verkleinertes Abbild der Grundgesamtheit darstelle, so ist das strenggenommen für den Fall unabhängiger Quoten nicht zutreffend, da ja die Quotenmerkmale für eine Person gemeinsam betrachtet werden müssen. Somit ist diese Aussage nur richtig in Bezug auf ihre *Randverteilungen*, nicht aber für ihre gemeinsame Verteilung. Während man sich viele verschiedene Quotenstichproben denken kann, welche – eindimensional betrachtet – die Quotenvorgaben erfüllen, gibt es für kombinierte Quoten nur eine einzige, welche der gemeinsamen Verteilung der Quotenmerkmale in der Grundgesamtheit entspricht.

Eine Vorgabe von Quotenmerkmalen ist gleichbedeutend mit einer *Schichtung* der Grundgesamtheit. Insofern weist sie verwandte Züge zur zufallsgesteuerten geschichteten Stichprobe auf. Darauf wird noch zurückzukommen sein. Der Interviewer wählt im Rahmen der vorgegebenen Quoten seine Interviewpartner nach Belieben aus, d.h. diese Auswahl erfolgt willkürlich, weshalb das Quotenverfahren auch als *geschichtetes, willkürliches* Auswahlverfahren bezeichnet wird.

Praktisch wird bei Quotenstichproben eine große Anzahl von Interviewern eingesetzt, so daß auf jeden nur eine relativ geringe Anzahl von Interviews entfällt. Damit ist die Hoffnung verbunden, daß der einzelne Interviewer mit seinen willkürlichen Auswahlen nur einen geringen Einfluß auf die Gesamtstichprobe hat. Außerdem hofft man, daß sich die realisierten Merkmalskombinationen bei unabhängig vorgegebenen Quoten durch die Vielzahl der Interviewer auf die mehrdimensionale Verteilung der Grundgesamtheit einspielen. Praktisch läuft eine Quotenstichprobe nach einem *Quotenplan* ab, der jedem Interviewer vorschreibt, wieviele Interviews er in welcher Zusammensetzung durchzuführen hat. Mit den beiden obigen unabhängigen Quotenmerkmalen Alter und Geschlecht könnte dieser so aussehen:

Interviewer Nr.	Anzahl Interviews	Geschlecht m	w	Altersklasse 1	2	3	4
1	10	5	5	3	4	2	1
2	10	4	6	2	5	1	2
3	10	7	3	1	4	4	1
.	.	.			.		
.	.	.			.		
100	10	3	7	3	2	1	4
	1000	490	510	250	400	170	180

Gemäß diesem Plan wird nicht jedem Interviewer die gleiche Quote zugeteilt. Vielmehr werden in der Praxis die Zuteilungen häufig nach einem Zufallsschlüssel vorgenommen, d.h. die 490 zu erhebenden Männer werden zufällig auf die 100 Interviewer verteilt, dasselbe gilt für die 510 Frauen sowie die 250, 400, 170 und 180 Personen der vier Altersstufen. Insgesamt über alle Interviewer entsprechen die Proportionen 49:51 bzw. 25:40:17:18 jedoch genau den Proportionen der beiden Quotenmerkmale in der Grundgesamtheit. Interviewer Nr.1 z.B. wählt zu Beginn einen Mann aus und erfragt sein Alter. Wenn dieser der Altersklasse 2 angehört, dann hat er nur noch vier Männer auszuwählen und drei Angehörige der Altersklasse 2 usw. Für das letzte Interview gibt es nur noch eine einzige Merkmalskombination, z.B. eine Frau der Altersklasse 1. Gekoppelt wird der Auswahlprozeß häufig mit dem sogenannten *Schneeballverfahren*, d.h. der Interviewer fragt seinem Interviewpartner nach einer weiteren Zielperson, die in seinen Quotenplan paßt. Diese Vorgehensweise ist vor allem dann praktisch nützlich, da die zulässigen Merkmalskombinationen schließlich immer mehr abnehmen und zum Schluß nur noch eine Kombination übrig bleibt.

Obwohl das Quoten-sampling heute als ein in der Praxis etabliertes Auswahlverfahren anzusehen ist, sind einige kritische Punkte anzumerken. Zunächst ist festzuhalten, daß es sich nicht um ein zufallsgesteuertes Auswahlverfahren handelt. Somit sind Inferenz-Schlüsse, wie z.B. die Berechnung von Konfidenzintervallen, nicht zulässig. Obwohl die angestrebte Grundgesamtheit definiert ist, bleibt unklar, welches die Erhebungsgrundgesamtheit ist. Diese kann erheblich kleiner sein als die angestrebte Grundgesamtheit, weil davon ausgegangen werden muß, daß der Auswahlprozeß mit Verzerrungen verbunden ist: die Interviewer werden bevorzugt solche Personen aufsuchen, die leicht erreichbar sind (häufig an ihrem Wohnsitz anzutreffende Personen, z.B. Hausfrauen, dürften eine erhöhte Auswahlwahrscheinlichkeit haben) und sich kooperativ geben, d.h. zu einem Interview bereit sind, was vor allem für den eigenen Bekanntenkreis zutreffen dürfte. Ferner ist nicht immer sicher, ob die Interviewer genau ihre Anweisungen aus dem Quotenplan befolgen. Problematisch kann auch die *Aktualität* der Verteilung der Quotenmerkmale in der Grundgesamtheit sein, da die entsprechenden Kenntnisse häufig auf Volkszählungen beruhen, die oft viele Jahre zurückliegen.

Von seiten der kommerziellen Institute werden Quotenauswahlen als gleichwertig den zufallsgesteuerten Auswahlverfahren eingestuft und darauf verwiesen, daß die theoretischen Einwände gegen dieses Verfahren empirisch widerlegt seien, wobei die einschlägigen Untersuchungen überwiegend von kommerziellen Instituten durchgeführt wurden. Es existieren allerdings auch Studien, die nicht unerhebliche Differenzen zwischen Quotenauswahl und Zufallsstichproben festgestellt haben (zur Literatur vgl. die Ausführungen bei Schnell/Hill/Esser 1992, S.313 f.).

V.4. Zufallsgesteuerte Auswahlverfahren

Wie bei den nicht-zufallsgesteuerten Auswahlverfahren kann man auch bei den zufallsgesteuerten mehrere Varianten unterscheiden, die sich hinsichtlich Praktikabilität, Komplexität und Präzision unterscheiden. Grundlegend ist die *einfache* Zufallsstichprobe, von größerer praktischer Bedeutung sind jedoch die *geschichtete*, die *mehrstufige* und *mehrphasige* Zufallsstichprobe sowie die *Klumpenstichprobe*.

V.4.1. Einfache Zufallsstichproben

Wir nehmen an, daß eine Grundgesamtheit definiert sei, die N Merkmalsträger (im folgenden oft kurz als "Elemente" bezeichnet) umfasse. Zufallsstichproben sind dadurch charakterisiert, daß für jedes Element der Grundgesamtheit die Wahrscheinlichkeit *bekannt* ist, daß es in die Auswahl kommt. Bei einer *einfachen* Zufallsstichprobe (*simple random sample*) ist diese Wahrscheinlichkeit für jedes Element *gleich*, also 1/N.

Theoretisch kann man sich die Elemente einer Grundgesamtheit als N Kugeln in einer Urne vorstellen, aus der – analog zum Zahlenlotto – mit Hilfe eines "Zufallsmechanismus" eine Stichprobe im Umfang $n<N$ gezogen wird. Dabei kann eine gezogene Kugel wieder in die Urne zurückgelegt werden oder auch nicht, was als *"Ziehen mit Zurücklegen"* bzw. *"Ziehen ohne Zurücklegen"* bezeichnet wird. Für die praktische Anwendung ist "Ziehen ohne Zurücklegen" natürlich der weitaus wichtigere Fall. Die Anzahl der *möglichen* Stichproben im Umfang n, die aus einer Grundgesamtheit von N Elementen ohne Zurücklegen gezogen werden kann, ist:

$$\binom{N}{n} = \frac{N!}{n!(N-n)!}$$

(es ist $x!=x(x-1)(x-2)\cdot\ldots\cdot 2\cdot 1$). Schon für kleine Grundgesamtheiten ergibt das eine enorme Anzahl möglicher Stichproben: für N=10 und n=7 sind es 120, für N=110 und n=10 schon mehr als 10^{11} (=100 Milliarden), und dann für N=10000, n=1000 ergibt sich sogar die astronomische Anzahl von $1.6568\cdot 10^{2340}$ alternativ möglicher Stichproben. In der Praxis wird in der Regel nur eine einzige Stichprobe gezogen, von der auf wichtige Kenngrößen oder *Parameter* der Grundgesamtheit geschlossen werden soll.

Zu den wichtigsten Parametern zählen *arithmetisches Mittel* und *Varianz* eines Merkmals. Seien $(x_1, x_2, \ldots, x_N)$ die Ausprägungen eines metrischen Merkmals der N Merkmalsträger einer Grundgesamtheit, dann bezeichnen:

$$\mu := \frac{1}{N}\sum_{i=1}^{N} x_i, \quad \sigma^2 := \frac{1}{N}\sum_{i=1}^{N}(x_i - \mu)^2$$

arithmetisches Mittel und Varianz der Merkmalsausprägungen. Häufig interessiert man sich für *Anteile*, also für die Ausprägungen eines nominalskalierten, dichotomen Merkmals (z.B. Geschlecht). Anteile und ihre Varianzen kann man auf den eben betrachteten Fall zurückführen, wenn man $x_i=1$ bzw. $x_i=0$ setzt, je nachdem, ob der i-te Merkmalsträger das betrachtete Merkmal besitzt oder nicht. Dann ist:

$$p := \frac{1}{N}\sum_{i=1}^{N} x_i = \frac{1}{N}[m\cdot 1 + (N-m)\cdot 0] = \frac{m}{N}$$

der Anteilswert und m bezeichnet die Anzahl der Merkmalsträger, welche dieses Merkmal aufweisen. Für die Varianz von p ergibt sich:

$$\sigma^2 := \frac{1}{N}\sum_{i=1}^{N}(x_i - p)^2 = (1-p)^2\frac{m}{N} + p^2\frac{(N-m)}{N}$$
$$= (1-p)p = pq, \quad q := 1 - p$$

Als *Schätzfunktion* – auch *Stichprobenfunktion* oder kurz *Schätzer* genannt – für den Mittelwert der Grundgesamtheit bietet sich das *Stichprobenmittel*:

$$\bar{X} := \frac{1}{n}\sum_{j=1}^{n} X_j$$

an. Zu beachten ist, daß Stichprobenfunktionen *Zufallsvariablen* sind, die hier grundsätzlich mit großen Buchstaben notiert werden. Je nachdem, welche der vielen theoretisch möglichen Stichproben realisiert wird, variieren die Merkmalsausprägungen, die in die Schätzfunktion eingehen (deshalb wird in der Summe das Symbol X_j benützt) und ergeben einen anderen Stichprobenmittelwert, der deshalb (als Zufallsvariable) mit $\bar{X}$ notiert wird. Das Stichprobenmittel ist ein *erwartungstreuer* Schätzer für den Mittelwert der Grundgesamtheit, den Parameter μ, es ist also $E(\bar{X})=\mu$. Da sich je nach realisierter Stichprobe ein anderes Stichprobenmittel ergibt, stellt sich die Frage nach der Varianz des Stichprobenmittels. Es ist:

$$\mathrm{Var}(\bar{X}) := \sigma^2_{\bar{X}} = \frac{\sigma^2}{n}\,\frac{N-n}{N-1}$$

Diese hängt offensichtlich vom Stichprobenumfang n und der Varianz des Merkmals in der Grundgesamtheit ab. Drei Spezialfälle können unterschieden werden:

$$\begin{aligned} &a)\; n = 1 \rightarrow \sigma^2_{\bar{X}} = \sigma^2 \\ &b)\; n = N \rightarrow \sigma^2_{\bar{X}} = 0 \\ &c)\; \sigma^2 = 0 \rightarrow \sigma^2_{\bar{X}} = 0 \end{aligned}$$

Beim denkbar kleinsten Stichprobenumfang (n=1) sind Stichproben- und Grundgesamtheitsvarianz identisch. Fall b) stellt eine Vollerhebung dar, während bei Fall c) eine (bezüglich des zu untersuchenden Merkmals) vollkommen homogene Grundgesamtheit vorliegt.

Der Quotient (N-n)/(N-1) wird als *Korrekturfaktor* (für endliche Grundgesamtheiten) bezeichnet. Es ist:

$$\frac{N-n}{N-1} \approx \frac{N-n}{N} = 1 - \frac{n}{N}$$

Das Verhältnis zwischen dem Stichprobenumfang n und dem Umfang N der Grundgesamtheit, n/N:=f, wird als *Auswahlsatz* bezeichnet. Für f<0.05 erhält man für die Varianz des Stichprobenmittels praktisch den selben Wert, egal, ob bei einem Stichprobenumfang von n=1000 die Grundgesamtheit N=40 000 oder N=400 000 Merkmalsträger umfaßt, denn es ist:

$$\sigma^2_{\bar{X}} = \frac{\sigma^2}{n}\,\frac{39}{40} = \frac{\sigma^2}{n}\,0.975 \quad \text{bzw.} \quad \sigma^2_{\bar{X}} = \frac{\sigma^2}{n}\,\frac{399}{400} = \frac{\sigma^2}{n}\,0.9975$$

Daraus ist ersichtlich, daß die Varianz des Stichprobenmittelwertes proportional ist zur Varianz des betreffenden Merkmals in der Stichprobe, aber umgekehrt proportional zum Stichprobenumfang n. Für große N (theoretisch für $N \rightarrow \infty$) strebt der Korrekturfaktor gegen Eins und kann damit praktisch vernachlässigt werden. Der Ausdruck:

$$\sigma_{\bar{X}} = \frac{\sigma}{\sqrt{n}}$$

bzw. mit Korrekturfaktor:

$$\sigma_{\bar{X}} = \frac{\sigma}{\sqrt{n}}\sqrt{\frac{N-n}{N-1}}$$

wird *Standardfehler* der Schätzung genannt. Eine Halbierung dieses Fehlers z.B. setzt eine Vervierfachung des Stichprobenumfangs voraus.

Für Anteile ergeben sich analoge Ausdrücke. Eine naheliegende Schätzfunktion für den Anteil p in der Grundgesamtheit ist:

$$P := \frac{M}{n}$$

wobei M die Anzahl der Merkmalsträger in der Stichprobe ist, welche das interessierende Merkmal aufweisen. M variiert von Stichprobe zu Stichprobe und ist deshalb eine Zufallsvariable, woraus folgt, daß auch P eine Zufallsvariable ist. Auch diese Schätzfunktion ist *erwartungstreu*, d.h. es ist E(P) = p. Ihre Varianz ist:

$$\mathrm{Var}(P) := \sigma_P^2 = \frac{pq}{n}\frac{N-n}{N-1}$$

Der Standardfehler der Schätzung ist hier:

$$\sigma_P = \sqrt{\frac{pq}{n}} \text{ bzw. } \sigma_P = \sqrt{\frac{pq}{n}\frac{N-n}{N-1}}$$

Die Varianzen der Schätzfunktionen bzw. die Standardfehler drücken die *Präzision* einer Schätzung aus: Je kleiner diese sind, umso präziser kann ein Parameter geschätzt werden. Wie die Ausdrücke für Varianzen bzw. Standardfehler erkennen lassen, hängt die Präzision einer Schätzung vom *absoluten* Stichprobenumfang ab und nicht vom relativen Umfang, also vom Auswahlsatz f.

Was aber bedeutet die Erwartungstreue einer Schätzfunktion? Das kann man sich an einem einfachen Beispiel klarmachen. Angenommen, für die

Grundgesamtheit $\{e_1,e_2,e_3,e_4,e_5\}$ mit N=5 seien die Merkmalsausprägungen (1,3,5,7,11) gegeben. Daraus können (ohne Zurücklegen) insgesamt 10 Stichproben im Umfang von n=2 gezogen werden, die nachstehend mit ihren Merkmalsausprägungen und jeweiligen Stichprobenmittel aufgelistet sind:

Stichprobe Nr: Elemente	Merkmalsausprägungen	Stichprobenmittelwerte
1: e_1, e_2	1, 3	2
2: e_1, e_3	1, 5	3
3: e_1, e_4	1, 7	4
4: e_1, e_5	1, 11	6
5: e_2, e_3	3, 5	4
6: e_2, e_4	3, 7	5
7: e_2, e_5	3, 11	7
8: e_3, e_4	5, 7	6
9: e_3, e_5	5, 11	8
10: e_4, e_5	7, 11	9

Hier ist μ=5.4. Die Zufallsvariable $\bar{X}$ kann die 10 Realisationen 2,3,...,9 annehmen. Berechnet man das arithmetische Mittel dieser 10 Stichprobenmittel, dann ergibt sich 5.4=μ, d.h. das arithmetische Mittel aller möglichen Stichprobenmittelwerte ist gleich dem Mittelwert μ der Grundgesamtheit. Genau das sagt die Erwartungstreue der Schätzfunktion aus. Die Erwartungstreue ist somit eine *Durchschnittseigenschaft*, wobei der Durchschnitt über alle potentiellen Stichproben gebildet wird. Wie man aus diesem Beispiel ersieht, kann bei einer einzelnen Stichprobe der Mittelwert erheblich vom wahren Parameter abweichen, z.B. bei der ersten oder letzten Stichprobe. Damit ist zu rechnen, wenn die Varianz der Merkmalsausprägungen in der Grundgesamtheit groß ist, wie es hier der Fall ist (σ^2=11.84). Berechnet man direkt die Varianz der 10 Stichprobenmittelwerte erhält man den Wert 4.44, der sich auch aus obiger Formel (mit Korrekturfaktor!) ergibt:

$$11.84/2\cdot(5-2)/(5-1)=4.44.$$

Ein entscheidender Vorteil von Zufallsstichproben gegenüber anderen Formen der Teilerhebung ist darin zu sehen, daß neben *Punktschätzungen* für Parameter mit ihren Standardfehlern, die bisher betrachtet wurden, auch *Vertrauensbereiche* für die unbekannten Parameter berechnet werden können. Dazu sind einige weitere Überlegungen erforderlich.

Eine Zufallsvariable X mit $E(X)=\mu$ und $Var(X)=\sigma^2$ kann bekanntlich in ihre standardisierte Form überführt werden durch Subtraktion des Erwartungswertes und Division durch die Standardabweichung, d.h. $(X-\mu)/\sigma$, d.h. sie hat den Erwartungswert Null und die Varianz oder Standardabweichung Eins. Gilt nun für die *Verteilungsfunktion* einer standardisierten Zufallsvariablen X:

$$W(X \leq x) = \frac{1}{\sqrt{2\pi}} \int_{-\infty}^{x} e^{-\frac{y^2}{2}} dy \ , \ x \in \mathbb{R}$$

so nennt man diese *standard-normalverteilt* (kurz: N(0;1)-verteilt).

Die obige Schätzfunktion $\bar{X}$ ist in ihrer standardisierten Form:

$$\frac{\bar{X} - \mu}{\sigma_{\bar{X}}}$$

für hinreichend großen Stichprobenumfang (Faustregel: $n \geq 30$) approximativ N(0;1)-verteilt. Dies folgt aus dem sogenannten "zentralen Grenzwertsatz" (genau genommen gibt es in der Wahrscheinlichkeitstheorie nicht "den" zentralen Grenzwertsatz schlechthin, es existieren mehrere derartige Sätze. Darauf kann jedoch hier nicht näher eingegangen werden). Damit ließe sich eine *Intervallschätzung* für den unbekannten Parameter μ angeben, wenn der Standardfehler bekannt wäre, denn dieser hängt noch von der unbekannten Varianz σ^2 der Merkmalsausprägungen in der Grundgesamtheit ab. Eine erwartungstreue Schätzfunktion für diesen Parameter ist die *Stichprobenvarianz*:

$$S^2 := \frac{1}{n-1} \sum_{j=1}^{n} (X_j - \bar{X})^2 \quad \text{mit} \quad E(S^2) = \sigma^2$$

(damit diese erwartungstreu ist, muß durch n-1 dividiert werden). Analog bildet man für Anteile:

$$S^2 := PQ \quad \text{mit} \quad E(S^2) = pq$$

Damit erhält man die *geschätzten* Varianzen:

$$\hat{\sigma}^2_{\bar{X}} = \frac{S^2}{n} \frac{N-n}{N-1} \quad \text{bzw.} \quad \hat{\sigma}^2_P = \frac{PQ}{n} \frac{N-n}{N-1}$$

wobei bei großem N die Korrekturfaktoren wieder vernachlässigt werden können. Damit kann geschrieben werden:

$$\frac{\bar{X} - \mu}{\hat{\sigma}_{\bar{X}}} \sim N(0;1) \quad \text{bzw.} \quad \frac{P - p}{\hat{\sigma}_P} \sim N(0;1)$$

(genau genommen bleibt die Verteilung von einer Ersetzung des Nenners durch geschätzte Varianzen nicht unberührt, statt von einer Normal- wäre (wiederum unter bestimmten Voraussetzungen) von einer t-Verteilung auszugehen. Für $n \geq 30$ sind jedoch die Unterschiede zwischen beiden Verteilungen vernachlässigbar). Damit kann schließlich folgende Wahrscheinlichkeitsaussage gemacht werden:

$$W(-\lambda_{1-\alpha/2} \leq \frac{\bar{X}-\mu}{\hat{\sigma}_{\bar{X}}} \leq \lambda_{1-\alpha/2}) = 1-\alpha \quad \text{bzw.} \quad W(-\lambda_{1-\alpha/2} \leq \frac{P-p}{\hat{\sigma}_P} \leq \lambda_{1-\alpha/2}) = 1-\alpha$$

Dabei ist $\lambda_{1-\alpha/2}$ das $\alpha/2$-Quantil der Standardnormalverteilung N(0;1), d.h. es ist:

$$\alpha/2 = \frac{1}{\sqrt{2\pi}} \int_{\lambda_{1-\alpha/2}}^{\infty} e^{-\frac{y^2}{2}} dy$$

Zum Beispiel ist $\lambda_{0.95} = 1.645$, $\lambda_{0.975} = 1.96$, was einer Wahrscheinlichkeit von 0.90 bzw. 0.95 entspricht. Aus den obigen Beziehungen ergibt sich durch Umformulierung:

$$W(\bar{X} - \lambda_{1-\alpha/2}\hat{\sigma}_{\bar{X}} \leq \mu \leq \bar{X} + \lambda_{1-\alpha/2}\hat{\sigma}_{\bar{X}}) = 1 - \alpha$$
$$W(P - \lambda_{1-\alpha/2}\hat{\sigma}_P \leq p \leq P + \lambda_{1-\alpha/2}\hat{\sigma}_P) = 1 - \alpha$$

d.h. die Wahrscheinlichkeit, daß die Parameter μ und p in den angegebenen Intervallen liegen, beträgt jeweils $1-\alpha$. Zu beachten ist, daß diese Aussage "**vor** Ziehung einer Stichprobe" gilt. Dann sind die Intervallgrenzen Zufallsvariablen. **Nach** Ziehung einer Stichprobe nehmen diese jedoch **feste** Werte an, so daß ein solches Intervall z.B. [5.4; 8.7] bzw. [0.6; 0.8] lautet, d.h. der unbekannte Parameter, der ein fester Wert ist, liegt entweder innerhalb dieses Intervalls oder er liegt nicht darin. Deshalb spricht man bei einem konkreten Intervall nicht mehr von einem Wahrscheinlichkeitsintervall, sondern von einem *Konfidenzintervall* oder *Konfidenzbereich* und nicht mehr von zugehöriger Wahrscheinlichkeit, sondern von *Konfidenzniveau.* Diese Zusammenhänge werden immer wieder falsch dargestellt (z.B. bei Laatz 1993, S.444 oder Krug/Nourney/Schmidt 1994, S.44).

Um ein einfaches Beispiel zu betrachten, nehmen wir an, wir interessierten uns für den durchschnittlichen Betrag, den Studenten einer Universität mit N=4000 Studierenden im vergangenen Semester für Fachbücher ausgegeben haben. Dazu seien durch eine einfache Zufallsstichprobe 200 Studenten ausgewählt und nach ihrer Ausgabe befragt worden. Der Stichprobenmittelwert sei $\overline{X}=130$ mit $s^2=800$. Damit ergibt sich für die geschätzte Varianz des Stichprobenmittels:

$$\hat{\sigma}^2_{\overline{X}} = \frac{800}{200}\frac{4000-200}{4000-1} \approx 3.8$$

und folgendes Konfidenzintervall für die Durchschnittsausgabe in der Grundgesamtheit:

$$130 - 1.96\sqrt{3.8} \leq \mu \leq 130 + 1.96\sqrt{3.8}$$

also $126.18 \leq \mu \leq 133.82$, wenn ein Konfidenzniveau von 0.95 zugrundegelegt wird. Hätte man auf den Korrekturfaktor verzichtet, dann hätte sich das geringfügig breitere Intervall $126.08 \leq \mu \leq 133.92$ ergeben. Außer dem Mittelwert der Grundgesamtheit könnte auch der von den Studenten insgesamt ausgegebene *Totalwert* geschätzt werden. Es ist:

$$T: = N\overline{X} = \frac{N}{n}\sum_{i=1}^{n} X_i \,, \qquad \sigma^2_T = N^2\sigma^2_{\overline{X}}$$

Damit ergibt sich das Wahrscheinlichkeitsintervall:

$$W(N\overline{X} - \lambda_{1-\alpha/2}\, N\hat{\sigma}_{\overline{X}} \leq T \leq N\overline{X} + \lambda_{1-\alpha/2}\, N\hat{\sigma}_{\overline{X}}) = 1 - \alpha$$

was im vorliegenden Beispiel bei einem festgelegten Konfidenzniveau von 0.95 das entsprechende (auf ganze Währungseinheiten gerundete) Konfidenzintervall $504717 \leq T \leq 535283$ für den Totalwert T der Grundgesamtheit ergibt. Der Schluß vom Stichprobentotalwert ΣX_i zum Totalwert der Grundgesamtheit wird als *Hochrechnung* bezeichnet. $N/n=1/f$ ist der *Hochrechnungsfaktor*. Diese Art von Hochrechnung ist als *freie* Hochrechnung bekannt, weil dazu außer dem Kehrwert des Auswahlsatzes keine weiteren Informationen herangezogen werden. Dem steht die *gebundene* Hochrechnung gegenüber, die evtl. zusätzlich vorhandene Informationen bei der Hochrechnung verwertet (vgl. dazu die Ausführungen unter V.4.4.).

Einfache Zufallsstichproben sind in der Praxis jedoch nicht immer zu empfehlen. Dafür gibt es im wesentlichen vier Gründe:

a) Nicht immer sind die Elemente einer Grundgesamtheit identifizierbar, z.B. liegen keine Adreßlisten vor

b) Die ausgewählten Elemente können bei geographisch weiträumig verteilten Grundgesamtheiten (z.B. die Bevölkerung eines großen Landes) ebenfalls weit streuen, wodurch erhebliche Erhebungskosten anfallen
c) Komplexere Zufallsstichproben können zu präziseren Schätzungen der interessierenden Parameter der Grundgesamtheit führen, d.h. zu Schätzern mit kleineren Varianzen
d) Interessante Untergruppen, die nur einen geringen Anteil an der Grundgesamtheit ausmachen, sind möglicherweise in einer einfachen Zufallsstichprobe nur mit so geringen Fallzahlen vertreten, daß eine statistische Auswertung unmöglich oder mindestens sehr problematisch ist.

Um diese Nachteile zu vermeiden, wurden komplexere Zufallsauswahlen entwickelt, wie die *geschichtete*, die *Klumpen-* und die *mehrstufige* Zufallsstichprobe. Bei diesen muß die Wahrscheinlichkeit, daß ein Element ausgewählt wird, nicht mehr für alle Elemente gleich sein, jedoch besteht für jedes eine von Null verschiedene, bestimmbare Auswahlwahrscheinlichkeit. Bevor auf komplexere Stichproben eingegangen wird, seien zuerst einige wichtige *Auswahlverfahren* dargestellt.

V.4.2. Auswahlverfahren

Wenn in obigem Beispiel gesagt wurde, 200 Studenten seien "zufällig" aus der Grundgesamtheit ausgewählt worden, dann stellt sich die Frage, wie Zufallsauswahlen *praktisch* bewerkstelligt werden können. Dafür gibt es mehrere Möglichkeiten. Beim *Monte-Carlo-Verfahren* oder Auswahl nach dem *Lotterieprinzip* werden die Elemente der Grundgesamtheit mit Hilfe von *Zufallszahlen* (genauer: Pseudo-Zufallszahlen) ausgewählt, die mit einem *Zufallszahlengenerator* eines Computers erzeugt werden können. Zufallszahlen existieren aber auch in Tabellenform und sind z.B. in vielen statistischen Lehrbüchern publiziert (*Pseudo*-Zufallszahlen sind es deswegen, weil sie das Resultat deterministischer Algorithmen sind. Darauf kann hier nicht weiter eingegangen werden). Voraussetzung für dieses Auswahlverfahren ist, daß eine eindeutige Identifikation und Kennzeichnung der Elemente der Grundgesamtheit **vor** der Stichprobenziehung möglich sein muß, z.B. daß diese in einer Kartei, Adreßliste usw. (heute wohl vorzugsweise in einer Datenbank) gespeichert sind. Wie an diesem Verfahren gesehen werden kann, erfolgt die Auswahl der Merkmalsträger unbeeinflußt vom Willen einer auswählenden Person, die Auswahl ist sozusagen "objektiviert", d.h. einem nicht beeinflußbaren Mechanismus überlassen, im Gegensatz zur willkürlichen Auswahl und den sonstigen oben besprochenen nicht-zufallsgesteuerten Auswahlverfahren.

Eine Alternative zur Monte-Carlo-Auswahl stellt die *systematische* Zufallsauswahl dar. Dabei wird lediglich das erste Element zufällig ausgewählt (z.B. durch eine Zufallszahl), die weiteren hingegen nach einer bestimmten *Regel*. Angenommen, der Auswahlsatz betrage 2%, dann wird eine Zufallszahl zwischen 1 und 50 bestimmt. Sei diese z.B. 43, dann wird systematisch jeder weitere 50. Fall ausgewählt (also der 93.,143.,193.,..., und schließlich der [43+(n-1)50]. Fall). Auch bei diesem Verfahren muß die Grundgesamtheit symbolisch repräsentiert sein in Form einer Kartei, Datenbank o.ä. Bei dieser Auswahlart ist zu beachten, daß sie nicht unbedingt gleichzusetzen ist mit einem Monte-Carlo-Verfahren. Zwar können die gleichen Schätzer für Mittelwert, Anteile usw. in der Grundgesamtheit verwendet werden, wie sie oben dargestellt wurden, jedoch sind ihre Varianzen *andere* als bei der Monte-Carlo-Auswahl. Darauf sei kurz eingegangen:

Da bei einem Auswahlsatz $f=n/N$ systematisch jedes $1/f$-te Element (beginnend mit einer zwischen 1 und $1/f$ (jeweils inklusive) liegenden Zufallszahl), ausgewählt wird, sind folgende Stichproben möglich (wobei angenommen werden soll, daß $1/f:=r$ *ganzzahlig* ist):

Zufallszahl	Stichprobenelemente	Merkmalsausprägungen
1	1,1+r,1+2r,...,1+(n-1)r	$x_1, x_{1+r}, x_{1+2r}, \dots, x_{1+(n-1)r}$
2	2,2+r,2+2r,...,2+(n-1)r	$x_2, x_{2+r}, x_{2+2r}, \dots, x_{2+(n-1)r}$
.	.	.
j	j,j+r,j+2r,...,j+(n-1)r	$x_j, x_{j+r}, x_{j+2r}, \dots, x_{j+(n-1)r}$
.	.	.
r	r, 2r, 3r, ..., nr	$x_r, x_{2r}, x_{3r}, \dots, x_{nr}$

(vgl. dazu Krug/Nourney/Schmidt 1994, S.74. Dort laufen allerdings die Zufallszahlen irrtümlicherweise von 1 bis n). Es sind also nur noch r Stichproben möglich. Jede dieser r möglichen Stichproben kann als "Klumpen" oder "Klasse" betrachtet werden mit $n=N/r$ Elementen, wobei diese jeweils einen "Abstand" von r Elementen aufweisen. Für den j-ten Klumpen können die Elemente einfach von 1 bis n durchnumeriert und die Merkmalsausprägungen mit $x_{i1}, x_{i2}, \dots, x_{in}$, bezeichnet werden, was die Notierung erleichtert.

Es läßt sich nun zeigen, daß z.B. für die Stichprobenvarianz des arithmetischen Mittels (ohne Korrekturfaktor) gilt:

$$\hat{\sigma}_{\bar{x}}^2 = \frac{\sigma^2}{n}[1 + \delta(n - 1)]$$

wobei

$$\delta := 1 - \frac{n}{n-1}\frac{\sum_{i=1}^{r}\sum_{j=1}^{n}(x_{ij} - \bar{x}_i)^2}{\sum_{i=1}^{r}\sum_{j=1}^{n}(x_{ij} - \bar{x})^2}$$

der sogenannte *Intraklassenkorrelationskoeffizient* ist (vgl. Krug/Nourney/ Schmidt 1994, S.75). Die Doppelsumme im Zähler ist gleich der Variation der Merkmalsausprägungen der Grundgesamtheit *innerhalb* der Klassen ($\bar{x}_i$ bezeichnet den Mittelwert der i-ten Klasse), während die entsprechende Doppelsumme im Nenner gleich ihrer gesamten Variation (um das Gesamtmittel $\bar{x}$) ist. δ ist natürlich nicht direkt berechenbar, aber es läßt sich aus ihm ersehen, unter welchen Voraussetzungen diese Varianz gleich, größer bzw. kleiner ist als bei einer Monte-Carlo-Auswahl. Sind die Elemente innerhalb den r Klassen *absolut* homogen, d.h. besteht keine Variation der Merkmalsausprägungen innerhalb der Klassen (wohl aber möglicherweise zwischen den Klassen), dann ist δ=1 und die Varianz des Stichprobenmittels ist maximal, d.h. gleich der Varianz der Merkmalsausprägungen in der Grundgesamtheit. Abgesehen von diesem praktisch nicht relevanten Extremfall, liegt δ in der "Nähe" von Eins, wenn die Elemente in der Grundgesamtheit so angeordnet sind (z.B. in einer Kartei oder Datei), daß sie – beginnend mit dem Startwert – im Abstand r ziemlich "gleichartige" Elemente enthält, also sozusagen eine gewisse "Periodizität" vorliegt (z.B. jeder fünfzigste ist gerade ein Arbeitsloser oder jedes zwanzigste Haus in einer sehr regelmäßig gebauten Stadt ist ein Eckhaus mit im Durchschnitt anders strukturierten Merkmalsausprägungen als die übrigen Häuser). Sind die Elemente jedoch im Hinblick auf das Untersuchungsmerkmal "rein zufällig" angeordnet, dann ist δ ungefähr gleich Null und die systematische Auswahl ist äquivalent zur Monte-Carlo-Auswahl, d.h. die gleichen Formeln zur Bestimmung der Varianzen der Stichprobenfunktionen können verwendet werden. Es sind aber auch Konstellationen denkbar, die eine präzisere Schätzung als jene erlauben, nämlich dann, wenn δ negativ ist, was – wie man aus obiger Formel entnehmen kann – eine starke Heterogenität der Elemente in den Klassen voraussetzt. Ist bekannt oder zu vermuten, daß gewisse mit dem bzw. den Untersuchungsmerkmalen zusammenhängende Periodizitäten vorliegen, dann kann man dem dadurch begegnen, daß man aus je r aufeinanderfolgenden Elementen *eines* zufällig auswählt und somit die Periodizität "durchbricht". Dadurch werden quasi N/r "Schichten" gebildet und aus jeder ein Element zufällig entnommen (vgl. dazu Kellerer 1953, S.57). Diese Vorgehensweise ist sicherlich bequemer für die Praxis als die Verwendung komplizierter Varianzschätzer.

Außer an Monte-Carlo- und systematischer Auswahl ist bei Grundgesamtheiten mit Personen auch an die *Buchstabenauswahl* (oder Auswahl nach *Namensanfängen*) und an die *Geburtstagsauswahl* zu denken. Dabei werden nur Personen ausgewählt, deren Namen mit bestimmten Anfangsbuchstaben beginnen bzw. die an einem bestimmten Tag Geburtstag haben. Begründet wird ein solches Verfahren damit, daß es im allgemeinen keinen Grund für eine Korrelation gibt zwischen Anfangsbuchstaben von Namen bzw. von Geburtstagen und den zu erhebenden Merkmalen. Es sind allerdings auch Ausnahmen bekannt: von alphabetisch geordneten Familienbögen der Stadt Mannheim wurden für die Familien mit den Anfangsbuchstaben A,B und M die Kinderzahl ausgezählt und die durchschnittliche Kinderzahl/Familie berechnet. Ein Vergleich mit einer Vollerhebung ergab eine Überschätzung dieses Durchschnitts. Der Grund dafür war darin zu sehen, daß sich unter diesen Anfangsbuchstaben überdurchschnittlich viele katholische Familien befanden, die im Vergleich zu nicht-katholischen im Durchschnitt mehr Kinder hatten. Hätte man also für eine Stichprobe eine Buchstabenauswahl mit den Buchstaben A,B und M getroffen, dann hätte man einen verzerrten (d.h. zu großen) Durchschnittswert erhalten (nach Kellerer 1953, S.58). Voraussetzung für eine Buchstaben- bzw. Geburtstagsauswahl ist wie bei der Monte-Carlo- und systematischen Auswahl wiederum eine Datei, in der die dazu notwendigen Informationen (Namen bzw. Geburtstage) gespeichert sind.

V.4.3. Geschichtete Stichproben

Die geschichtete Stichprobe ist dadurch charakterisiert, daß eine Grundgesamtheit G so in mehrere Teilgrundgesamtheiten G_i, i=1,2,...,K zerlegt wird, daß gilt:

$$G = G_1 \cup G_2 \cup \ldots \cup G_K, \quad G_i \cap G_j = \emptyset, \; i \neq j, \quad N = \sum_{i=1}^{K} N_i$$

d.h. jedes Element von G gehört zu genau einer der K (disjunkten) Teilgrundgesamtheiten G_i vom Umfang N_i, die als *Schichten* bezeichnet werden. Aus jeder Schicht wird eine einfache Zufallsstichprobe gezogen, wobei die Ziehungen in den einzelnen Schichten unabhängig voneinander erfolgen. Eine *Aggregation* der Schätzresultate für die einzelnen Schichten liefert Schätzwerte für die Grundgesamtheit G.

Bei einer geschichteten Stichprobe stellen sich mehrere Fragen. Wieviel Schichten soll man bilden? Nach welchen Kriterien sollen sie gebildet werden? Wie soll man sie gegeneinander abgrenzen? Wie soll die Gesamtstichprobe auf die einzelnen Schichten aufgeteilt werden?

Zunächst wollen wir davon ausgehen, daß diese Fragen geklärt sind, d.h. daß K, die Kriterien für die Schichtung sowie die Schichtabgrenzung und der Stichprobenumfang n_i der i-ten Schicht festliegen.

Es ist nun zweckmäßig, für die Merkmalsausprägungen eine Doppelindizierung einzuführen: x_{ij} bezeichne die Merkmalsausprägung des j-ten Merkmalsträgers in der i-ten Schicht, j=1,2,...,n_i; i=1,2,...,K. Mittelwert und Varianz in der i-ten Schicht sind:

$$\mu_i = \frac{1}{N_i}\sum_{j=1}^{N_i} x_{ij}, \quad \sigma_i^2 = \frac{1}{N_i}\sum_{j=1}^{N_i} (x_{ij} - \mu_i)^2$$

woraus sich der Mittelwert für die Grundgesamtheit als gewogenes Mittel der Schichtmittelwerte ergibt:

$$\mu = \frac{1}{N}\sum_{i=1}^{K}\sum_{j=1}^{N_i} x_{ij} = \frac{1}{N}\sum_{i=1}^{K} N_i \mu_i$$

Die Streuung der Merkmalsausprägungen in der Grundgesamtheit läßt sich folgendermaßen zerlegen:

$$\sigma^2 = \frac{1}{N}\sum_{i=1}^{K} N_i\sigma_i^2 + \frac{1}{N}\sum_{i=1}^{K} N_i(\mu_i - \mu)^2$$

(vgl. dazu Kellerer 1953, S.108). Der erste Summand ist ein gewogenes arithmetisches Mittel der Streuungen der Merkmalsausprägungen innerhalb der Schichten ("interne Streuung") und der zweite ein gewogenes Mittel der Streuungen der Mittelwerte μ_j je Schicht um das Gesamtmittel μ ("externe Streuung"). Diese beiden Streuungen werden häufig mit den Symbolen σ_w^2 (w:= "within") und σ_b^2 (b:= "between") bezeichnet. Die Gesamtstreuung ist also gleich der Summe der internen und externen Streuung.

Da aus jeder Schicht eine einfache Zufallsauswahl vorgenommen wird, stellt das Stichprobenmittel der i-ten Schicht eine erwartungstreue Schätzfunktion für den Mittelwert der Merkmalsausprägungen dieser Schicht dar:

$$\bar{X}_i = \frac{1}{n_i}\sum_{j=1}^{n_i} X_{ij}\ , \quad E(\bar{X}_i) = \mu_i$$

Als Schätzfunktion für den Mittelwert μ der Grundgesamtheit bietet sich das mit den Schichtanteilen N_i/N gewogene Mittel:

$$\bar{X}_g := \frac{1}{N}\sum_{i=1}^{K} N_i\bar{X}_i$$

an, die erwartungstreu ist:

$$E(\bar{X}_g) = \frac{1}{N}\sum_{i=1}^{K} N_i E(\bar{X}_i)) = \frac{1}{N}\sum_{i=1}^{K} N_i\mu_i = \mu$$

Da

$$\sigma_{\bar{X}_g}^2 = \frac{1}{N^2}\sum_{i=1}^{K} N_i^2\sigma_{\bar{X}_i}^2$$

ist, weil die Kovarianzen der Schätzfunktionen für die Schichtmittel gleich Null sind aufgrund der postulierten Unabhängigkeit der K Stichproben, folgt:

$$\sigma_{\bar{X}_g}^2 = \frac{1}{N^2}\sum_{i=1}^{K} N_i^2\frac{\sigma_i^2}{n_i}\frac{N_i - n_i}{N_i - 1}$$

Analog ist bei Anteilen

$$P_g := \frac{1}{N}\sum_{i=1}^{K} N_i P_i \ , \quad P_i := \frac{M_i}{n_i}$$

eine Schätzfunktion für den Anteil in der Grundgesamtheit, wobei M_i die Anzahl der Merkmalsträger in der i-ten Schicht mit der interessierenden Eigenschaft bezeichnet. Für diese ist:

$$E(P_g) = p \ , \quad \sigma^2_{P_g} = \frac{1}{N^2}\sum_{i=1}^{K} N_i^2 \frac{p_i q_i}{n_i} \frac{N_i - n_i}{N_i - 1}$$

Falls die Schichtumfänge N_i hinreichend groß sind, können wie bei der einfachen Zufallsstichprobe die Korrekturfaktoren der einzelnen Schichten vernachlässigt werden, so daß geschrieben werden kann:

$$\sigma^2_{\bar{X}_g} = \frac{1}{N^2}\sum_{i=1}^{K} N_i^2 \frac{\sigma_i^2}{n_i} \quad \text{bzw.} \quad \sigma^2_{P_g} = \frac{1}{N^2}\sum_{i=1}^{K} N_i^2 \frac{p_i q_i}{n_i}$$

Wie bei der einfachen Zufallsstichprobe läßt sich auch wieder ein Konfidenzintervall für μ angeben, da die Zufallsvariable

$$\frac{\bar{X}_g - \mu}{\frac{1}{N}\sqrt{\sum_{i=1}^{K} N_i \hat{\sigma}_i^2 \frac{N_i - n_i}{N_i - 1}}}$$

approximativ N(0,1)-verteilt ist, wenn die n_i hinreichend groß (Faustregel: $n_i \geq 30$) und die Auswahlsätze in den Schichten zudem hinreichend klein sind ($n_i/N_i \leq 0.05$). Dabei wurden die unbekannten Varianzen in den Schichten durch entsprechende Stichprobenvarianzen

$$\hat{\sigma}_i^2 := \frac{1}{n_i - 1}\sum_{j=1}^{n_i} (X_{ij} - \bar{X}_i)^2 \quad \text{mit} \quad E(\hat{\sigma}_i^2) = \sigma_i^2$$

ersetzt. Analog ergibt sich ein Konfidenzintervall für den Anteil p, wobei die unbekannten Varianzen $p_i q_i$ durch die Stichprobenvarianzen $P_i Q_i$ geschätzt werden.

Der Totalwert läßt sich analog zur einfachen Zufallsstichprobe durch freie Hochrechnung bestimmen, wobei jetzt jede Schicht mit einem schichtspezifischen Hochrechnungsfaktor N_i/n_i gewichtet wird:

$$T = \sum_{i=1}^{K} \frac{N_i}{n_i}\sum_{j=1}^{n_i} X_{ij} = \sum_{i=1}^{K} N_i \bar{X}_i$$

ist eine erwartungstreue Schätzfunktion für den Totalwert mit der Varianz:

$$\sigma_T^2 = \sum_{i=1}^{K} N_i^2 \operatorname{Var}(\bar{X}_i) = \sum_{i=1}^{K} N_i^2 \frac{\sigma_i^2}{n_i} \frac{N_i - n_i}{N_i - 1} \approx \sum_{i=1}^{K} N_i (\frac{N_i}{n_i} - 1) \sigma_i^2$$

Im Fall einer proportional geschichteten Stichprobe (siehe folgenden Abschnitt) ist $n_i/N_i=n/N$.

V.4.3.1. Das Allokationsproblem bei geschichteten Stichproben

Wenn bei einer geschichteten Stichprobe die Schichten gebildet sind und der Gesamtstichprobenumfang festliegt, stellt sich die Frage, wie dieser auf die einzelnen Schichten zu verteilen ist, d.h. wie groß die n_i sein sollen. Für dieses *Allokationsproblem* gibt es verschiedene Lösungen.

Bei der *proportionalen* Aufteilung ist der Anteil, der in jeder Schicht ausgewählt wird *konstant*, d.h. es ist $n_i/N_i = c$. Wie man sich leicht überlegt, ist dabei $c=n/N$, also gleich dem Auswahlsatz in der Grundgesamtheit, und somit $n_i=(n/N)N_i$. Bei dieser Aufteilung folgt für Stichprobenmittelwert und Stichprobenvarianz:

$$\bar{X}_g = \frac{1}{N} \sum_{i=1}^{K} \frac{N}{n} n_i \bar{X}_i = \frac{1}{n} \sum_{i=1}^{K} n_i \bar{X}_i$$

$$\sigma^2_{\bar{X}_{g,prop.}} \approx \frac{N - n}{N^2 n} \sum_{i=1}^{K} N_i \sigma_i^2 \approx \frac{1}{nN} \sum_{i=1}^{K} N_i \sigma_i^2 = \frac{1}{n} \sigma_w^2 \quad (\text{mit } N_i - 1 \approx N_i)$$

(Für Anteile ergeben sich analoge Ausdrücke, wenn σ_i^2 durch $p_i q_i$ ersetzt wird, so daß auf eine explizite Wiedergabe hier – ebenso wie bei den weiteren Allokationen – verzichtet werden kann. Auch soll im weiteren nicht mehr darauf hingewiesen werden, daß für praktische Schätzungen die unbekannten Parameter jeweils durch die entsprechenden Stichprobenparameter zu ersetzen sind).

Ein gleicher Auswahlsatz pro Schicht ist jedoch nicht immer empfehlenswert. Wenn es z.B. Schichten gibt, die nur schwach besetzt sind (also N_i klein ist im Vergleich zu N), dann führt eine proportionale Auswahl dazu, daß (absolut) aus einer solchen Schicht nur wenige Elemente ausgewählt werden, womit Vergleiche mit Schichten, die stark besetzt sind, nicht oder nur eingeschränkt möglich sind. Zum Beispiel werden nicht selten für die

Datenanalyse (z.B. bei der Varianzanalyse) gleich oder annähernd gleich stark besetzte Gruppen oder Klassen vorausgesetzt oder zumindest als günstig erachtet (z.B. wegen Verteilungsannahmen o.ä.). Dann empfiehlt sich die Auswahl einer gleichen Anzahl von Elementen pro Schicht, was mit einer *disproportionalen* Auswahl möglich ist. Wenn z.B. N=100 000 ist und vier Schichten mit N_1=40 000, N_2=30 000, N_3=25 000, N_4=5000 vorliegen, dann beträgt bei n=1000 der Auswahlsatz 1 Prozent, was bei proportionaler Auswahl zu den Stichprobenumfängen n_1=400, n_2=300, n_3=250 und n_4=50 führen würde. Soll dagegen aus jeder Schicht eine Stichprobe im Umfang von 250 Elementen gezogen werden, dann müssen die Auswahlsätze in den einzelnen Schichten lauten: 0.625%, 0.83%, 1%, 5%.

Man kann sich bei der Allokation der Gesamtstichprobe auf die einzelnen Schichten aber auch den der Präzision der Schätzung orientieren und diese so vornehmen, daß die Stichprobenvarianz *minimal* wird, d.h.

$$\sigma^2_{\bar{x}_g} \underset{(n_i)}{=} \min \text{ unter der Nebenbedingung } \sum_{i=1}^{K} n_i = n$$

Die Lösung dieser Optimierungsaufgabe führt zur *optimalen* Aufteilung:

$$\frac{n_i}{N_i} = \left(n \Big/ \sum_{j=1}^{K} N_j \sigma_j \right) \sigma_i$$

die auch als Aufteilung nach *Tschuprov-Neyman* bekannt ist. Bei dieser sind die Auswahlsätze in den einzelnen Schichten proportional zur internen Streuung der Merkmalswerte in den einzelnen Schichten. Je homogener eine Schicht ist, d.h. je kleiner die interne Schichtstreuung ist, umso geringer kann der Stichprobenumfang für diese Schicht gehalten werden. Daraus folgt, daß Schichten möglichst homogen gebildet werden sollten. Für optimale n_i erhält man nach einigen Umformungen:

$$\sigma^2_{\bar{x}_{g,opt.}} = \frac{1}{N^2}\left[\frac{1}{n}\Big(\sum_{i=1}^{K} (N_i\sigma_i)^2 - \sum_{i=1}^{K} N_i\sigma_i^2\right]$$

bzw. ohne Korrekturfaktoren (vgl. Kellerer 1953, S.112):

$$\sigma^2_{\bar{x}_{g,opt}} = \frac{1}{N^2 n}\left[\sum_{i=1}^{K} N_i\sigma_i\right]^2$$

Eine optimale Aufteilung des Gesamtstichprobenumfangs auf die einzelnen Schichten kann auch unter Einbeziehung eines *ökonomischen Kriteri-*

ums vorgenommen werden. Seien c_i die Kosten für Erhebung eines Elementes der i-ten Schicht und C das *vorgegebene* Budget für die gesamte Erhebung, dann lautet die Optimierungsaufgabe:

$$\sigma^2_{\bar{X}_{g,opt}} = \min_{(n_i)} \text{ unter der Nebenbedingung } \sum_{i=1}^{K} n_i c_i = C$$

für die sich die optimale Aufteilung:

$$\frac{n_i}{N_i} = \frac{C\sigma_i}{\sqrt{c_i}\sum_{j=1}^{K} N_j \sigma_j \sqrt{c_j}}$$

ergibt, d.h. je teurer die Erhebung eines Elementes in der i-ten Schicht ist, umso weniger ist sie bei der Auswahl zu berücksichtigen (vgl. dazu Kellerer 1953, S.112). n_i ist auch hier proportional zur Streuung der Merkmalswerte in der i-ten Schicht. Für $c_i=c$, d.h. gleiche Erhebungskosten in allen Schichten, erhält man die obige Lösung ohne Berücksichtigung von Erhebungskosten.

Interessant ist nun ein Vergleich zwischen der Präzision einer Stichprobe bei einfacher Zufallsauswahl einerseits und bei proportional bzw. optimal geschichteter Stichprobe andererseits, denn daraus lassen sich gewisse Hinweise für die Schichtenbildung ableiten. Es ist:

$$\sigma^2_{\bar{X}} - \sigma^2_{\bar{X},prop.} = \frac{N-n}{Nn}\sum_{i=1}^{K} N_i(\mu_i - \mu)^2$$

d.h. die proportional geschichtete Stichprobe ist gegenüber der einfachen umso *wirksamer* (*effizienter*), je mehr die μ_i voneinander abweichen. Für $\mu_1=\mu_2=...=\mu_K=\mu$ sind die beiden Varianzen gleich und es liegt kein *Schichtungsgewinn* vor. Daraus folgt, daß eine Schichtung so vorgenommen werden sollte, daß sich die Mittelwerte des interessierenden Merkmals von Schicht zu Schicht möglichst stark unterscheiden. Ein Vergleich zwischen proportionaler und optimaler Allokation ergibt:

$$\sigma^2_{\bar{X}_{g,prop}} - \sigma^2_{\bar{X}_{g,opt}} = \frac{1}{N^2 n}\sum_{i=1}\sum_{j=1} N_i N_j(\sigma_i - \sigma_j)^2 \text{ , } i \neq j$$

d.h. die optimale ist gegenüber der proportionalen Allokation umso wirksamer, je ungleicher die Varianzen der Merkmalsausprägungen in den einzelnen Schichten sind (vgl. dazu Kellerer 1953, S.113 f.). Daraus folgt, daß bei einer optimalen Allokation die Schichten so gebildet werden sollten, daß sie nicht nur möglichst homogen sind, d.h. daß die Merkmalsausprägung innerhalb der Schichten möglichst gering streuen, sondern daß diese Streuungen auch von Schicht zu Schicht möglichst stark differieren.

V.4.3.2. Zur Schichtenbildung

Bisher wurde einfach vorausgesetzt, daß die Grundgesamtheit jeweils in K Schichten zerlegt ist. In der Praxis müssen jedoch die Schichten gebildet, sowie ihre Anzahl und gegenseitige Abgrenzung festgelegt werden. Die Bildung von Schichten erfolgt an Hand sogenannter *Schichtungsmerkmale*, die in Analogie zu den bei der Quotenstichprobe verwendeten Quotenmerkmalen zu sehen sind. Somit besteht zwischen der Quoten- und der geschichteten Stichprobe eine gewisse Verwandtschaft, der entscheidende Unterschied ist allerdings der, daß die Auswahl in den einzelnen Schichten zufällig erfolgt und nicht willkürlich wie bei der Quotenstichprobe.

Die Verteilung dieser Schichtungsmerkmale muß bekannt sein, es muß möglich sein, jedes Element der Grundgesamtheit G je nach seinen Ausprägungen bei den Schichtungsmerkmalen **einer** Schicht zuzuordnen. Bei einer Schichtung von Firmen könnte z.B. der Jahresumsatz als Schichtungsmerkmal verwendet werden oder die Anzahl der beschäftigten Mitarbeiter oder auch beide Merkmale gleichzeitig. Um eine Zuordnung einer Firma zu einer bestimmten zu bildenden Schicht vornehmen zu können, muß ihre Merkmalsausprägung bezüglich des Schichtungsmerkmals bekannt sein bzw. bei mehreren Schichtungsmerkmalen die entsprechend *kombinierten* Merkmalsausprägungen (im Beispiel: Jahresumsatz **und** Beschäftigtenzahl). Daraus folgt, daß bei der geschichteten im Gegensatz zur einfachen Stichprobe *a priori-Informationen* über die Grundgesamtheit notwendig sind.

Nach welchen Kriterien sollen nun Schichtungsmerkmale ausgewählt und wieviel sollen zur Schichtung herangezogen werden? Daß dafür, wie eben ausgeführt, nur solche Merkmale in Frage kommen, deren Ausprägungen bei den einzelnen Merkmalsträgern in der Grundgesamtheit bekannt ist, stellt lediglich eine notwendige, wenn auch praktisch unverzichtbare Voraussetzung dar. Zusätzlich ist wie bei der Quotenstichprobe zu fordern, daß die Schichtungsmerkmale mit den Erhebungsmerkmalen möglichst hoch *positiv korrelieren*. Bezüglich der *Anzahl der Schichtungsmerkmale* läßt sich allgemein nur sagen, daß diese aus praktischen Gründen *möglichst klein* gehalten werden sollte (vgl. Krug/Nourney/Schmidt 1994, S.79).

Dies kann auch für die *Anzahl der Schichten* gesagt werden. Wie schon die obigen Formeln zur Präzision geschichteter Stichproben erkennen lassen, steigt diese mit dem "Homogenitätsgrad" der einzelnen Schichten. Je mehr Schichten gebildet werden, umso homogenere Elemente (und damit Schichten) können prinzipiell abgegrenzt werden. Wie theoretische Untersuchungen allerdings zeigen, ist von einem "abnehmenden Grenznutzen" auszugehen, d.h. eine Steigerung der Anzahl der Schichten bringt schließlich nur noch einen marginalen Präzisionsgewinn. In der statistischen Praxis hat sich als allgemeine Regel eine Schichtanzahl zwischen *drei* und *sechs* herausgebildet (vgl. dazu Krug/Nourney/Schmidt 1994, S.81).

Nebst der Auswahl von Schichtungsmerkmalen und der Festlegung der Anzahl der Schichten müssen Schichten gegeneinander *abgegrenzt* werden. Für nominalskalierte Schichtungsmerkmale ist dies in der Regel viel weniger problematisch als für metrisch skalierte. Nominalskalierte oder qualitative Schichtungsmerkmale ergeben sich z.B. in natürlicher Weise, wenn eine Grundgesamtheit regional (z.B. nach Gemeinden, Kantonen o.ä.) oder sektoral (z.B. nach Branchen) gegliedert ist, womit die jeweiligen Schichtgrenzen praktisch schon festliegen (Verschiebungen, z.B. durch Zusammenfassen regionaler Einheiten, können sich jedoch als notwendig erweisen, wenn z.B. eine Schicht nur sehr schwach besetzt ist). Schwieriger ist eine Schichtabgrenzung bei metrischen Schichtmerkmalen, wie z.B. dem vorher erwähnten Jahresumsatz. Die Ableitung *optimaler* Schichtgrenzen bei *einem* Schichtungsmerkmal geht auf Dalenius 1957 zurück und wurde z.B. von Strecker 1957 auch praktisch angewendet. Für *mehrere* Schichtmerkmale existieren ebenfalls mit Hilfe der nicht-linearen Programmierung erzielte Lösungsansätze (vgl. z.B. Schneeberger 1973). In die Praxis scheinen diese Optimallösungen bisher allerdings allgemein noch wenig Eingang gefunden zu haben. Auf nähere Ausführungen sei deshalb hier verzichtet, weitere Details sind bei Krug/Nourney/Schmidt 1994, S.81-86, zu finden.

V.4.4. Klumpen- und mehrstufige Stichproben

Bei den bisher betrachteten Stichprobenverfahren war die *Auswahleinheit* stets gleich der *Untersuchungseinheit*, d.h. die Erhebung konzentrierte sich genau auf die Elemente der Grundgesamtheit, die durch ein Auswahlverfahren in die Stichprobe kamen. Diese Vorgehensweise ist jedoch nicht immer praktikabel, weil bei diesen Verfahren (sowohl bei der einfachen als auch bei der geschichteten Stichprobe) eine *Auswahlgrundlage* vorhanden sein muß, also z.B. bei Personen oder Firmen eine Adreßliste. Dies ist in der Praxis jedoch nicht immer gewährleistet. Praktikabler sind deshalb oft *mehrstufige* Stichprobenverfahren (*multistage sampling*), die dadurch gekennzeichnet sind, daß auf allen Auswahlstufen mit Ausnahme der letzten, Auswahleinheit und Erhebungseinheit auseinanderfallen. Sollen z.B. Personen erhoben werden, dann könnte in der ersten Auswahlstufe eine Anzahl Gemeinden zufällig ausgewählt werden, in der zweiten Stufe zufällig Häuser in den ausgewählten Gemeinden und erst in der dritten Stufe zufällig Personen in den ausgewählten Häusern. Erst in dieser Auswahlstufe fallen Auswahleinheit und Erhebungseinheit (=Personen) zusammen, während in den beiden vorgelagerten Stufen "Gemeinde" und "Haus" die Auswahleinheiten waren. Mehrstufige Stichproben sind sozusagen nichts anderes als "hintereinandergeschachtelte" oder "hierarchisch gestaffelte" Auswahlverfahren, wobei die Auswahlgrundlagen für diejenigen Stufen, die der letzten vorgeschaltet sind (wie z.B. eine Liste aller Gemeinden eines Landes oder einer Region, eine Gebäudeliste usw.), in der Praxis meist leicht zu beschaffen sind.

Eine *Klumpenstichprobe* (cluster sample) ist nun eine einfache Zufallsstichprobe, bei der sich die Auswahl nicht auf die Elemente der Grundgesamtheit bezieht, sondern auf *Aggregate von Elementen*, die als *Klumpen* oder *Clusters* bezeichnet werden und für die eine *Vollerhebung* durchgeführt wird. Soll z.B. eine Erhebung bei Arbeitnehmern einer bestimmten Branche durchgeführt werden, dann kann man die dieser Branche zuzurechnenden M Firmen als Klumpen ansehen, welche die Arbeitnehmer "enthalten". Für diese Klumpen läßt sich in der Regel relativ leicht eine Adreßliste beschaffen, so daß durch eine einfache Zufallsstichprobe aus der Grundgesamtheit der

M Cluster (oder M Firmen) m ausgewählt werden können. Bei den zufällig ausgewählten $m<M$ Firmen werden **alle** Arbeitnehmer erhoben, d.h. der Auswahlsatz ist 100%.

Denkbar wäre aber auch eine andere Vorgehensweise. Bei den ausgewählten Clustern könnte man anstatt einer Vollerhebung auch jeweils eine Zufallsstichprobe vornehmen, d.h. mit Auswahlsätzen arbeiten, die kleiner als 100% sind. In diesem Fall spricht man von einer *zweistufigen* Zufallsstichprobe. Offensichtlich ist eine geschichtete Stichprobe nichts anderes als eine zweistufige Stichprobe mit einem Auswahlsatz von 100% auf der ersten Stufe, wobei die Schichten den Klumpen entsprechen.

Bei Klumpen- bzw. mehrstufigen Stichproben macht man sich in der Praxis häufig den einfachen Sachverhalt zunutze, daß die Elemente der Grundgesamtheit in geographisch abgrenzbaren Gebieten verteilt sind. In diesen Fällen liegt es nahe, das gesamte geographische Untersuchungsgebiet in einzelne Teilflächen aufzuteilen, um daraus zufällig eine Auswahl vorzunehmen. Die Aufteilung in räumliche Einheiten kann z.B. nach administrativen Aspekten (z.B. Verwaltungseinheiten, Stadtteile o.ä.) erfolgen, oder auch nach künstlich gebildeten Flächen, wie z.B. Planquadraten. Dieses Auswahlverfahren wird deshalb als *Flächenstichprobenverfahren* (*area sampling*) bezeichnet. Dabei braucht man höchstens für die Elemente der ausgewählten Flächen ein Adreßverzeichnis. In der Praxis kann man vielfach auch darauf verzichten, indem z.B. eine systematische Auswahl vorgenommen wird, etwa jeder 10. Haushalt, wobei ein "Starthaushalt" zufällig festgelegt wird. Markt- und Meinungsforschungsinstitute bedienen sich zur *Adreßbeschaffung* auf dieser Stufe gerne des *random-route*-Verfahrens (vgl. Schnell/Hill/Esser 1992, S.301 f.). Dabei wird innerhalb der ausgewählten Fläche z.B. zufällig eine Straße ausgewählt und das weitere Vorgehen nach einer genau definierten Abfolge ("Begehungsanweisung") vorgeschrieben, zum Beispiel: als Startadresse diene das erste Haus auf der rechten Seite, die erste Zieladresse ist das dritte Haus auf dieser Seite, weitergehen bis zur nächsten rechten Querstraße, die nächste Zieladresse ist das zweite Haus auf der rechten Seite usw. (bei Mehrfamilienhäusern muß noch angegeben werden, wie dort eine Adresse auszuwählen ist). Aus den auf diese Weise gesammelten Adressen werden durch eine einfache Zufallsstichprobe die endgültig auszuwählenden Haushalte bestimmt. Bei der *standard-random-Technik* wird mit der Adreßermittlung gleichzeitig die Erhebung durchgeführt. Diese Prozeduren sind allerdings auch nicht ganz unproblematisch.

Die Begehungsanweisungen sind möglicherweise nicht unbedingt eindeutig, was eine Replikation durch Kontrollen erschwert, die Adressenermittler interpretieren sie u.U. so, daß ihre Arbeit möglichst einfach wird. Letzteres dürfte vor allem bei der Standard-Random-Technik nur schwer kontrollierbar sein. Auch die Adreßermittlung selber kann schon bei den Betroffenen auf Unverständnis und damit auf Widerstand stoßen. "Systematische Verzerrungen der Ergebnisse aufgrund dieser Probleme erscheinen bei intensiven Kontrollen zwar unwahrscheinlich, können aber nicht mit Sicherheit ausgeschlossen werden" (Schnell/Hill/Esser 1992, S.302).

In den weiteren Darlegungen wollen wir uns auf eine *zweistufige* Stichprobe beschränken. Dabei soll vorausgesetzt werden, daß die Auswahleinheiten auf der ersten Stufe, die auch als *Primäreinheiten* bezeichnet werden, die gleiche Chance haben, in die Auswahl zu kommen. Diese beträgt also m/M, wenn mit M die Gesamtzahl und mit m die Anzahl der daraus zufällig ausgewählten Primäreinheiten bezeichnet wird. Auf den Fall, daß diese Auswahlwahrscheinlichkeit von der Anzahl der in einer Primäreinheit enthaltenen *Sekundäreinheiten* abhängt – danach erhält eine Primäreinheit P_1 mit z.B. doppelt so vielen Sekundäreinheiten wie Primäreinheit P_2 auch eine doppelt so große Auswahlchance – was als PPS-Auswahl ("probability proportional to size") bezeichnet wird, sei hier nicht eingegangen. Weiter sei vorausgesetzt, daß innerhalb einer Primäreinheit jede Sekundäreinheit die gleiche Wahrscheinlichkeit besitzt in der zweiten Stufe ausgewählt zu werden.

Bei der Kommentierung der folgenden Formeln sei zum leichteren Verständnis davon ausgegangen, daß unter Primäreinheiten "Gemeinden" und unter Sekundäreinheiten "Haushalte" zu verstehen sind. Das interessierende Merkmal sei "Einkommen" (der Begriff muß natürlich für eine Erhebung präzise definiert sein, was hier unterstellt sei). Mit

$$E_i := \sum_{j=1}^{N_i} x_{ij} \quad \text{bzw.} \quad E := \sum_{i=1}^{M} E_i$$

werde die Merkmalssumme (Gesamteinkommen) in der *i-ten Primäreinheit* (i-ten Gemeinde), die N_i Sekundäreinheiten (Haushalte) umfasse, bzw. die Merkmalssumme (Gesamteinkommen) in *allen Primäreinheiten* (allen Gemeinden), d.h. das Gesamteinkommen aller Haushalte der Grundgesamtheit, bezeichnet. Dann ist

$$\mu := \frac{E}{N}, \quad N := \sum_{i=1}^{M} N_i$$

das Durchschnittseinkommen pro Sekundäreinheit (pro Haushalt). Dafür ist:

$$\bar{\bar{X}} := \frac{1}{N}\frac{M}{m}\sum_{i=1}^{m}\frac{N_i}{n_i}\sum_{j=1}^{n_i} X_{ij}$$

wobei n_i der Stichprobenumfang in der zweiten Stufe ist, d.h. die Anzahl der zufällig ausgewählten Haushalte in der i-ten Gemeinde, eine erwartungstreue Schätzfunktion. Die Varianz dieses Schätzers ist:

$$\sigma^2_{\bar{\bar{X}}} = \frac{M^2}{N^2}\left[\frac{\sigma_e^2}{m}\frac{M-m}{M-1} + \frac{1}{Mm}\sum_{i=1}^{M} N_i^2 \frac{\sigma_i^2}{n_i}\frac{N_i-n_i}{N_i-1}\right]$$

Dabei ist:

$$\sigma_i^2 := \frac{1}{N_i}\sum_{j=1}^{N_i}(x_{ij}-\mu_i)^2, \quad \mu_i := \frac{1}{N_i}\sum_{j=1}^{N_i} x_{ij}$$

die Streuung der Merkmalsausprägungen (Einkommen) *innerhalb* der i-ten Primäreinheit (i-ten Gemeinde), μ_i die durchschnittliche Merkmalsausprägung (Durchschnittseinkommen) in der i-ten Primäreinheit (Gemeinde). Im Gegensatz dazu ist:

$$\sigma_e^2 := \frac{1}{M}\sum_{i=1}^{M}(E_i - \bar{E})^2, \quad \bar{E} := \frac{1}{M}\sum_{i=1}^{M} E_i$$

die *externe* Streuung der Merkmalssummen E_i (Gesamteinkommen der Haushalte der i-ten Gemeinde) um die durchschnittliche Merkmalssumme $\bar{E}$ pro Primäreinheit (Durchschnittseinkommen pro Gemeinde). Für den Totalwert (Gesamteinkommen aller Haushalte der Grundgesamtheit) ergibt sich bei freier Hochrechnung:

$$\bar{\bar{T}} = N\bar{\bar{X}} \quad \text{mit} \quad \sigma^2_{\bar{\bar{T}}} = N^2\sigma^2_{\bar{\bar{X}}}$$

Für m=M ergibt sich:

$$\bar{\bar{X}} = \frac{1}{N}\sum_{i=1}^{M} N_i \frac{\sum_{j=1}^{N_i} X_{ij}}{n_i} = \frac{1}{N}\sum_{i=1}^{M} N_i\bar{X}_i = \bar{X}_g$$

und

$$\sigma^2_{\bar{\bar{x}}} = \frac{1}{N^2}\sum_{i=1}^{M} N_i^2 \frac{\sigma_i^2}{n_i}\frac{N_i - n_i}{N_i - 1} = \sigma^2_{\bar{x},g}$$

d.h. die geschichtete Stichprobe ist ein Spezialfall der zweistufigen Stichprobe mit einem Auswahlsatz von 100% auf der ersten Stufe, wie oben schon bemerkt wurde. Für $n_i = N_i$, d.h. einer Vollerhebung auf der zweiten Stufe, ergeben sich die entsprechenden Ausdrücke für die Klumpenstichprobe:

$$\bar{x}_K = \frac{1}{N}\frac{M}{m}\sum_{i=1}^{m}\sum_{j=1}^{N_i} x_{ij}\ , \quad \sigma_K^2 = \frac{M^2}{N^2}\frac{\sigma_e^2}{m}\frac{M - m}{M - 1}$$

In der Praxis sind die zur Varianzberechnung erforderliche interne und externe Varianz unbekannt. Sie müssen deshalb jeweils durch Stichprobenvarianzen ersetzt werden. Darauf soll hier weiter nicht eingegangen werden (vgl. dazu Kellerer 1953, S.155 f.).

Bei der Klumpenstichprobe stellt sich analog zur geschichteten Stichprobe die Frage, wie Klumpen zweckmäßigerweise zu bilden sind. Diese Frage ist wegen des sogenannten "Klumpeneffekts" von erheblicher praktischer Bedeutung. Als *Klumpeneffekt* bezeichnet man den (möglichen) Präzisionsverlust von Schätzungen bei einer Klumpenstichprobe im Vergleich zu einer einfachen Zufallsstichprobe. Dieser tritt ein, wenn die Elemente der Klumpen sehr *homogen* sind, d.h. wenn die interne Varianz der Merkmalsausprägungen klein ist. Während bei der geschichteten Stichprobe möglichst homogene Schichten zu bilden sind, sind bei der Klumpenstichprobe möglichst *heterogene* Klumpen vorzuziehen. Je homogener Klumpen sind und je mehr Elemente sie enthalten, umso größer ist der Klumpeneffekt. Sind beispielsweise Haushaltungen Auswahleinheiten, dann ist bei "Anstaltshaushaltungen" (z.B. Altenheime, Gefängnisse usw.) Vorsicht geboten, da damit zu rechnen ist, daß ihre Bewohner bezüglich gewisser Erhebungsmerkmale (wie z.B. Einkommensverhältnisse, Alter, Gesundheit, Einstellungen zu bestimmten Fragen usw.) sehr homogen sind. Bei einer Hochrechnung auf die Grundgesamtheit wären dann diese Bevölkerungsschichten überrepräsentiert. Hier würde sich eine feinere Auswahleinheit empfehlen (Für Beispiele zum Klumpeneffekt sei auf Kellerer 1953, S.137-139 verwiesen). Der Klumpeneffekt läßt sich formal mit Hilfe des Intraklassenkorrelationskoeffizienten erfassen. Dafür sei auf Krug/Nourney/Schmidt 1994, S.98-100, verwiesen.

Abschließend sei darauf hingewiesen, daß die mehrstufige nicht mit der *mehrphasigen* Stichprobe zu verwechseln ist. Letztere ist dann gegeben, wenn aus einer vorliegenden Stichprobe wieder eine *Unterstichprobe* gezogen wird. Eine wichtige praktische Anwendung einer mehrphasigen Stichprobe ist z.B. in der amtlichen Statistik der BRD beim Mikrozensus gegeben, wo aus der 1%-Mikrozensus-Stichprobe im dreijährigen Abstand zwei Unterstichproben mit den Auswahlsätzen 0.5% und 0.25% gezogen werden um spezielle Merkmale zu erheben (vgl. dazu Krug/Nourney/Schmidt 1994, S.106-110).

V.4.5. Gebundene Hochrechnung

Im Gegensatz zur freien Hochrechnung werden bei der *gebundenen* Hochrechnung zusätzliche Informationen verwendet mit dem Ziel, die Präzision einer Stichprobenschätzung gegenüber einer freien Hochrechnung zu verbessern. Diese Informationen müssen in Form eines *Bezugsmerkmals* zur Verfügung stehen, dessen Ausprägungen sowohl für die Stichprobeneinheiten als auch für die Grundgesamtheit bekannt sind und das mit dem Erhebungsmerkmal möglichst hoch korreliert. Die Ausprägungen des Bezugs- und Erhebungsmerkmals y bzw. x in der Stichprobe – $Y_1, Y_2, .., Y_n$ bzw. $X_1, X_2, ..., X_n$ – können *additiv und/oder multiplikativ* miteinander verbunden sein. Dementsprechend wird eine *Differenzenschätzung, Verhältnisschätzung* und *Regressionsschätzung* unterschieden. Wir wollen diese Schätzungen hier nur für die einfache Zufallsstichprobe betrachten und für kompliziertere Auswahlverfahren jeweils auf die Literatur verweisen.

Bei der *Verhältnisschätzung* wird von einer multiplikativen Verknüpfung ausgegangen. Für den Totalwert in der Grundgesamtheit wird dabei folgender Schätzer verwendet:

$$T_V := \frac{\sum_{i=1}^{n} X_i}{\sum_{i=1}^{n} Y_i} Y = \frac{Y}{\sum_{i=1}^{n} Y_i} \sum_{i=1}^{n} X_i \,, \quad Y := \sum_{i=1}^{N} Y_i$$

wobei Y den Totalwert des Bezugsmerkmals bezeichnet. Offensichtlich tritt das Verhältnis $Y/\sum Y_i$ an die Stelle des Hochrechnungsfaktors N/n bei der freien Hochrechnung. Während N/n eine konstante Größe ist, ist $Y/\sum Y_i$ eine Zufallsvariable, weil die Summe im Nenner von der gezogenen Stichprobe abhängt. Die Einführung einer zusätzlichen Zufallsgröße (neben $\sum X_i$) in die Hochrechnungsformel ist nur dann von Nutzen, wenn die den Zufallsfehler vergrößernde Wirkung durch eine genügend **hohe Korrelation** zwischen dem Erhebungs- und dem Bezugsmerkmal mehr als ausgeglichen wird. Für eine wirksame Verhältnisschätzung sind somit nur solche Bezugsmerkmale geeignet, die zu den mit der Stichprobe zu erhebenden Merkmalen in einer hinreichend engen Korrelation stehen. Für viele Anwendungsfälle kann als Faustregel gelten, daß der Korrelationskoeffizient nicht kleiner als 0.5 oder 0.6 sein sollte" (Krug/Nourney/Schmidt 1994, S.146). Nicht selten wird als Bezugsmerkmal das Erhebungsmerkmal selbst gewählt, wenn dessen Werte aus einer *früheren* Erhebung bekannt sind (man denke hier z.B. an Wahlstimmen für eine Partei aus der letzten Wahl).

Für die Varianz einer Verhältnisschätzung ergibt sich näherungsweise (vgl. Krug/Nourney/Schmidt 1994, S.145 oder Kellerer 1953, S.182):

$$\sigma_{T_V}^2 = \frac{N(N-n)}{n}\left[\sigma_x^2 + V^2\sigma_y^2 - 2V\sigma_{xy}\right], \quad V := \sum_{i=1}^{n} X_i \Big/ \sum_{i=1}^{n} Y_i$$

σ_{xy} ist die Kovarianz zwischen den Werten des Erhebungs- und des Bezugsmerkmals. Die Varianz der Verhältnisschätzung läßt sich wiederum schätzen, wenn die unbekannten Parameter durch ihre Schätzungen ersetzt werden. Für die Kovarianz wird dabei der Schätzer:

$$\hat{\sigma}_{xy} := \frac{1}{n-1}\sum_{i=1}^{n}(X_i - \bar{X})(Y_i - \bar{Y})$$

verwendet. Es läßt sich nun zeigen, daß die Verhältnisschätzung wirksamer ist als eine freie Hochrechnung, d.h. zu einer kleineren Varianz des Totalwertes führt, wenn die Bedingung:

$$\rho_{xy} > \frac{1}{2}\frac{\sigma_x / \bar{x}}{\sigma_y / \bar{y}}$$

erfüllt ist, d.h. wenn die Korrelation ρ zwischen Erhebungs- und Bezugsmerkmal größer ist als der (halbe) Quotient der Variationskoeffizienten beider Merkmale, wobei sich diese Aussage auf die Merkmalsausprägungen in der Grundgesamtheit bezieht. Zur praktischen Überprüfung dieser Beziehung sind die jeweiligen Schätzungen aus der Stichprobe heranzuziehen.

Für die Verhältnisschätzung bei geschichteter und mehrstufiger Stichprobe sei auf Krug/Nourney/Schmidt 1994, S.148-159 verwiesen.

Im Unterschied zur Verhältnisschätzung wird bei der *Differenzenschätzung* von einer *additiv* begründeten Beziehung zwischen Erhebungs- und Bezugsmerkmal ausgegangen. Als Schätzer für den Totalwert wird die erwartungstreue Schätzfunktion:

$$T_D := \frac{N}{n}\left(\sum_{i=1}^{n} X_i - \sum_{i=1}^{n} Y_i\right) + Y = \frac{N}{n}\sum_{i=1}^{n} X_i + \left(Y - \frac{N}{n}\sum_{i=1}^{n} Y_i\right)$$

benützt. Bei dieser Schätzung wird offensichtlich der frei hochgerechnete Totalwert des Erhebungsmerkmals (=1. Summand rechts) korrigiert mit der Differenz zwischen dem (bekannten) Totalwert des Bezugsmerkmals Y und seinem aus der Stichprobe geschätzten Totalwert (= 2. Summand rechts). Die Varianz des Differenzenschätzers ist:

$$\sigma^2_{T_D} = \frac{N(N-n)}{n}[\sigma^2_x - 2\sigma_{xy} + \sigma^2_y]$$

(vgl. Krug/Nourney/Schmidt 1994, S.159). Eine Differenzenschätzung ist im Vergleich zur einfachen Hochrechnung wirksamer, wenn die Bedingung:

$$\rho_{xy} > \frac{1}{2}\frac{\sigma_x}{\sigma_y}$$

erfüllt ist (vgl. dazu Krug/NourneySchmidt 1994, S.160). Zur Differenzenschätzung bei einer geschichteter Stichprobe sei wieder auf Krug/Nourney/Schmidt 1994, S.160, verwiesen.

Schließlich stellt die *Regressionsschätzung* den allgemeinsten Ansatz für die gebundene Hochrechnung dar, da sowohl additive als auch multiplikative Verknüpfungen berücksichtigt werden. Bei dieser Hochrechnungsart ist der Schätzer für den Totalwert:

$$T_R := \frac{N}{n}\sum_{i=1}^{n} X_i + \hat{b}\left(Y - \frac{N}{n}\sum_{i=1}^{n} Y_i\right)$$

Der Ausdruck "Regressionsschätzung" kommt daher, weil $\hat{b}$ der geschätzte Regressionskoeffizient in der Regression $X_i=a+bY_i+\varepsilon_i$ ist, die nur für die Stichprobe definiert ist, d.h. für i=1,2,...,n und für den gilt:

$$\hat{b} = \frac{\sum_{i=1}^{n}(X_i - \bar{X})(Y_i - \bar{Y})}{\sum_{i=1}^{n}(Y_i - \bar{Y})^2} = r\frac{\hat{\sigma}_x}{\hat{\sigma}_y}$$

wobei r der Stichprobenkorrelationskoeffizient ist zwischen den Wertepaaren $(x_1,y_1),\ldots,(x_n,y_n)$ ist, d.h. r drückt die korrelative Beziehung zwischen Erhebungs- und Bezugsmerkmal aus. Danach wird die freie Hochrechnung umso weniger korrigiert, je kleiner die Korrelation zwischen Erhebungs- und Bezugsmerkmal ist. Für die Varianz der Regressionsschätzung gilt approximativ:

$$\sigma^2_{T,R} = \frac{N(N-n)}{n}\sigma^2_x(1 - \rho^2_{xy})$$

Analoge Ausdrücke für geschichtete Stichproben sind bei Krug/Nourney/Schmidt 1994, S.162 f. zu finden.

Die Regressionsschätzung liefert stets präzisere Schätzungen als die freie Hochrechnung, denn wenn man die beiden Varianzen vergleichend nebeneinander stellt:

$$\sigma^2_T = N^2\sigma^2_{\bar{X}} = N^2\frac{\sigma^2_x}{n}\frac{N-n}{N-1} \approx \frac{N(N-n)}{n}\sigma^2_x$$

$$\sigma^2_{T,R} = \frac{N(N-n)}{n}\sigma^2_x(1 - \rho^2_{xy})$$

dann sieht man, daß die Varianz für die Schätzung des Totalwerts bei der Regressionsschätzung kleiner als bei der freien Hochrechnung ist, falls die Korrelation zwischen Erhebungs- und Bezugsmerkmal nicht gerade gleich Null ist.

V.4.6. Zur Frage des Stichprobenumfangs

Bisher wurde der Stichprobenumfang n stets als *gegeben* vorausgesetzt. Bei praktischen Erhebungen muß dieser jedoch festgelegt werden. In der Tat lautet die Frage, die bei Beratungen mit am häufigsten gestellt wird: Wie groß muß ich meinen Stichprobenumfang wählen? Diese Frage kann nur mit einer Gegenfrage geklärt werden und die lautet: Damit was erfüllt oder gewährleistet ist? Die Frage nach einem "optimalen" oder "geeigneten" Stichprobenumfang per se hat keinen Sinn. Sinnvoll ist sie nur, wenn eine wohlformulierte Zielsetzung spezifiziert ist. Nur dann kann darüber etwas Verbindliches gesagt werden. Dabei stellt allerdings der in diesem Zusammenhang meist spontan geäußerte Wunsch, eine "repräsentative" oder "möglichst repräsentative" Stichprobe zu ziehen, keine wohlformulierte Zielsetzung dar. Diese häufig zu hörende Formulierung erweist sich bei genauerer Betrachtung als eine Leerformel. Auf das Problem der "Repräsentativität" von Stichproben soll im nächsten Abschnitt eingegangen werden.

Wohlformulierte Zielsetzungen sind z.B. die Schätzung eines Parameters oder Totals mit einer vorgegebenen Präzision (ausgedrückt durch einen maximalen absoluten oder relativen Fehler) oder Durchführung eines Experimentes bzw. eines Signifikanztests mit einer vorgegebenen Teststärke bzw. vorgegebener Macht. Bei der Datenanalyse müssen häufig gewisse Mindeststichprobenumfänge vorausgesetzt werden, damit Verteilungsannahmen gerechtfertigt oder bestimmte Tests zulässig sind. Daraus ergibt sich, daß es **den** "optimalen" Stichprobenumfang auch bei wohlformulierten Zielsetzungen schlechthin nicht gibt, vielmehr kann dieser je nach Zielsetzung variieren. Sind mehrere Zielsetzungen zu berücksichtigen, dann ist der Stichprobenumfang nach der Zielsetzung auszurichten, welche den größten Umfang verlangt, die anderen sind dann automatisch erfüllt.

In diesem Abschnitt sollen optimale Stichprobenumfänge ausschließlich unter der Zielsetzung "vorgegebene Präzision bei der Parameterschätzung" betrachtet werden. Andere Zielsetzungen können z.B. beim Experiment oder der Datenanalyse im Vordergrund stehen.

Aus dem in Abschnitt V.4.1. betrachteten Wahrscheinlichkeitsintervall für den Parameter μ bzw. p folgt bei der einfachen Zufallsstichprobe:

$$|\bar{X} - \mu| \leq \lambda_{1-\alpha/2}\sigma_{\bar{X}} \quad \text{bzw.} \quad |P - p| \leq \lambda_{1-\alpha/2}\sigma_P$$

Damit kann der *absolute* Stichprobenfehler definiert werden als:

$$e := |\bar{X} - \mu| \quad \text{bzw.} \quad e := |P - p|$$

Zu beachten ist, daß e eine Zufallsvariable ist, da $\bar{X}$ bzw. P Zufallsvariablen sind. Man kann nun folgende Zielsetzung formulieren: bestimme den Stichprobenumfang n so, daß der maximale absolute Stichprobenfehler e bei einem vorgegebenen Sicherheitsgrad $1 - \alpha$ eine vorgegebene Schranke nicht überschreitet. Löst man

$$e_{max} = |\bar{X} - \mu| = \lambda_{1-\alpha/2}\sigma_{\bar{X}} = \lambda_{1-\alpha/2}\frac{\sigma}{\sqrt{n}}\sqrt{\frac{N-n}{N-1}}$$

nach n auf, dann erhält man:

$$n \geq \frac{\lambda^2_{1-\alpha/2}\sigma^2 N}{\lambda^2_{1-\alpha/2}\sigma^2 + (N-1)e^2_{max}}$$

Analog ergibt sich für einen Anteil:

$$n \geq \frac{\lambda^2_{1-\alpha/2}\, pqN}{\lambda^2_{1-\alpha/2}\, pq + (N-1)e^2_{max}}$$

Das Ungleichheitszeichen wurde deswegen gewählt, um auszudrücken, daß bei einem größeren als dem Mindeststichprobenumfang die geforderte Genauigkeit erst recht erreicht wird. Für eine große Grundgesamtheit, d.h. für ein großes N, kann man näherungsweise schreiben:

$$n \geq \frac{\lambda^2_{1-\alpha/2}\,\sigma^2}{e^2_{max}} \quad \text{bzw.} \quad n \geq \frac{\lambda^2_{1-\alpha/2}\,pq}{e^2_{max}}$$

Offensichtlich kann man diese Ausdrücke in der Praxis nicht direkt anwenden, weil sie die unbekannten Parameter σ^2 bzw. p enthalten. Dabei ist man beim Anteil in einer vergleichsweise günstigen Situation, weil seine Varianz in der Grundgesamtheit (=pq) nach oben beschränkt ist, denn sie ist *maximal* für p=q=1/2. Will man also sicher gehen, dann unterstellt man diesen ungünstigsten Fall. Seien beispielsweise die Wahlchancen bei einer Präsidentschaftswahl eines großen Landes im Rahmen einer Befragung zu untersuchen (mit e_{max}= 0.01) und seien keine verläßlichen a priori-Informationen über den voraussichtlichen Stimmenanteil der beiden Kandidaten zu erhalten bzw. muß mit einem Kopf-an Kopf-Rennen gerechnet werden, dann kann man vorsichtigerweise p=q=1/2 setzen, was bei einem Sicherheitsgrad von 0.95 zu folgendem Stichprobenumfang führt:

$$n = \frac{1.96^2 \cdot 0.5 \cdot 0.5}{0.01^2} = 9604$$

(auf die mit derartigen Befragungen verbundenen weiteren Probleme soll hier nicht eingegangen werden. Dazu sei auf Kapitel VI.3. verwiesen). Hier konnte die Formel ohne Korrekturfaktor benutzt werden, weil N sehr groß ist. Bei relativ kleinen Grundgesamtheiten ist das jedoch nicht zulässig bzw.

führt u.U. zu unsinnigen Resultaten. Bei folgendem nicht-fiktiven Beispiel einer Grundgesamtheit mit N=1470 Firmen wollte ein Doktorand einen Anteil mit e=0.01 schätzen. Da keine Information über die Varianz in der Grundgesamtheit vorlag, hat er wie oben den ungünstigsten Fall unterstellt und den erforderlichen Stichprobenumfang ohne Korrekturfaktor berechnet (da das von ihm benützte Lehrbuch leider nur diesen Fall enthielt), was zu $n \geq 1.96^2 \cdot 0.5 \cdot 0.5/0.01^2 = 9604 > N$, also zu einem unsinnigen Ergebnis führte. Mit Korrekturfaktor ergibt sich $n \geq 651$.

Schwieriger gestaltet sich die Bestimmung eines optimalen Stichprobenumfangs, wenn σ^2 nicht bekannt ist. Hier kann man sich manchmal mit einer ungefähren Vorstellung von der minimalen bzw. maximalen Merkmalsausprägung, also von der *Spannweite* des zu untersuchenden Merkmals, behelfen. Analog zum vorigen Fall unterstellt man die (bezüglich der Merkmalsvarianz) ungünstigste Verteilung, die dann eintritt, wenn N/2 der Elemente der Grundgesamtheit die minimale und N/2 die maximale Merkmalsausprägung M_{min} bzw. M_{max} besitzen. Unter dieser Voraussetzung sind der hypothetische Mittelwert und die maximale Varianz gegeben durch:

$$\mu_h := \frac{1}{N}\left(\frac{N}{2}M_{min} + \frac{N}{2}M_{max}\right) = \frac{1}{2}(M_{min} + M_{max})$$

$$\sigma^2_{max} = \frac{N}{2}(M_{min} - \mu_h)^2 + \frac{N}{2}(M_{max} - \mu_h)^2$$

Praktisch wird dieser Fall kaum eintreten, so daß man mit dem daraus resultierenden Stichprobenumfang auf der "sicheren Seite" ist.

Eine andere Möglichkeit besteht in der Durchführung einer "pilot study", d.h. in einer Probeerhebung zum Zwecke der Abschätzung der Merkmalsvarianz. Dabei spielt es dann keine allzu große Rolle, wenn diese Schätzung vielleicht um bis zu 20% vom wahren Wert abweicht. Sei z.B. die wahre Varianz $\sigma^2=400$ und werde diese einmal über- und einmal unterschätzt mit 464 bzw. 324 mit den daraus resultierenden Stichprobenumfängen n=207 und n=144 (bei einem Sicherheitsgrad von 0.95), dann beträgt der jeweilige *tatsächliche* maximale Fehler (ohne Korrekturfaktor) $\lambda_{1-\alpha/2}\ \sigma/\sqrt{n}=1.96 \cdot 20/\sqrt{207} \approx 2.7$ bzw. $1.96 \cdot 20/\sqrt{144}=3.3$ (zu diesem Beispiel vgl. Kellerer 1953, S.66)

Statt des absoluten Fehlers kann der *relative Fehler* von Bedeutung sein. Beträgt z.B. der wahre Wert p=0.4 bzw. 0.08 und sind die entsprechenden Punktschätzungen 0.38 bzw. 0.06, dann beträgt in beiden Fällen der absolute Fehler 0.02. Die relativen (prozentualen) Fehler, d.h. die absoluten Fehler bezogen auf die wahren Werte, betragen jedoch 5% bzw. 25% (vgl. dazu Kellerer 1953, S.66). Allgemein ist der relative Fehler definiert durch $e_r := e/\mu$ bzw. $e_r := e/p$. Der relative prozentuale Fehler ergibt sich daraus durch Multiplikation mit 100.

Optimale Stichprobenumfänge bei vorgegebenem relativen Fehler lassen sich aus den obigen Ausdrücken leicht herleiten, man braucht lediglich e durch $e_r\mu$ bzw. $e_r p$ zu ersetzen. Damit ergibt sich:

$$n \geq \frac{\lambda^2_{1-\alpha/2}\sigma^2 N}{\lambda_{1-\alpha/2}\sigma^2 + (N-1)e_r^2\mu^2} = \frac{\lambda^2_{1-\alpha/2}\gamma^2 N}{\lambda^2_{1-\alpha/2}\gamma^2 + (N-1)e_r^2} \approx \frac{\lambda^2_{1-\alpha/2}\gamma^2 N}{\lambda^2_{1-\alpha/2}\gamma^2 + Ne_r^2}$$

Dabei ist $\gamma := \sigma/\mu$ der (unbekannte) *Variationskoeffizient.* Dieser kann in der Praxis häufig geschätzt werden oder es läßt sich dafür wenigstens eine obere Grenze angeben. Analog erhält man für den Anteil:

$$n \geq \frac{\lambda^2_{1-\alpha/2}Nq}{\lambda^2_{1-\alpha/2}q + (N-1)e_r^2\, p} \approx \frac{\lambda^2_{1-\alpha/2}Nq}{\lambda^2_{1-\alpha/2}q + Ne_r^2\, p}$$

wobei wiederum mit dem ungünstigsten Fall p=q=1/2 gerechnet werden kann. Ohne Korrekturfaktoren erhält man die einfachen Ausdrücke:

$$n \geq \frac{\lambda^2_{1-\alpha/2}\gamma^2}{e_r^2} \quad \text{bzw.} \quad n \geq \frac{\lambda^2_{1-\alpha/2}q}{e_r^2\, p}$$

Zur Bestimmung des Stichprobenumfangs bei geschichteter, Klumpen- und mehrstufiger Stichprobe sei auf Krug/Nourney/Schmidt 1994, S.113 f. verwiesen.

In der Praxis hat man es bei Erhebungen selten mit nur einem Merkmal zu tun. Bei mehreren Merkmalen muß der Stichprobenumfang nach demjenigen Merkmal ausgerichtet werden, das (absolut oder relativ) am genauesten geschätzt werden soll.

V.4.7. Zur Frage der Repräsentativität von Stichproben

Der Ausdruck "repräsentative" Stichprobe wurde in den bisherigen Darstellungen zur Stichprobenerhebung – mit Ausnahme des letzten Abschnitts – bewußt vermieden. Durch fast die gesamte Literatur zu empirischen Forschungsmethoden geistert die Vorstellung, wonach eine Stichprobe, insbesondere eine Zufallsstichprobe, ein "verkleinertes Abbild" der Grundgesamtheit ist oder wenigstens sein sollte und an diesem verkleinerten Abbild könnten, so die Vorstellung, die Verhältnisse in der Grundgesamtheit in "repräsentativer" Weise studiert werden. Anders ausgedrückt, wenn eine Stichprobe tatsächlich dieses vielzitierte "verkleinerte Abbild" einer Grundgesamtheit ist, dann kann sie als "repräsentativ" bezeichnet werden.

Wir wollen uns nun hier an Hand eines einfachen fiktiven Beispiels überlegen, wie sinnvoll diese gängige Charakterisierung einer Stichprobe ist. Dazu unterstellen wir eine Grundgesamtheit von N = 100 000 Personen und nehmen an, daß wir uns für die drei Merkmale Geschlecht, Alter (mit drei Altersklassen) und Wohnsitz (Stadt/Land) interessieren. Die dreidimensionale Verteilung dieser Merkmale in der Grundgesamtheit sei:

	Wohnsitz						
	Stadt(S)			Land(L)			Σ
Geschlecht	Altersklassen						
	A_1	A_2	A_3	A_1	A_2	A_3	
Männlich (M)	2	4	8	4	12	10	40
Weiblich (W)	2	10	15	9	21	3	60
Σ	4	14	23	13	33	13	100

wobei die Tabellenwerte prozentuale relative Häufigkeiten bedeuten. Nehmen wir nun an, eine einfache Zufallsstichprobe im Umfang n=1000 werde aus dieser Grundgesamtheit gezogen. Wie muß diese Stichprobe zusammengesetzt sein, wenn sie ein "verkleinertes Abbild" der Grundgesamtheit sein soll? Offensichtlich muß sie 20 Männer der Altersklasse A_1 und städtischem Wohnsitz, 40 Männer der Altersklasse A_2 und städtischem Wohnsitz ... 30 Frauen der Altersklasse A_3 und ländlichem Wohnsitz enthalten, d.h. die dreidimensionale Verteilung der Merkmale Geschlecht, Alter und Wohnsitz in der Stichprobe muß genau der Verteilung dieser Merkmale in der Grundgesamtheit entsprechen. Die Wahrscheinlichkeit, daß eine Zufallsstichprobe genau zu dieser Verteilung führt, ist praktisch gleich Null. Realistischerweise muß angenommen werden, daß eine konkrete Stichprobe zum Beispiel vielleicht nur 15 Personen umfaßt mit der Merkmalskombination (M,A_1,S) - 31 mit der Kombination (M,A_2,S),... - 40 Personen mit der entspechenden Merkmalskombination (W,A_3,L). Kann diese Zusammensetzung noch als "verkleinertes Abbild" der Grundgesamtheit aufgefaßt werden? Kann diese noch als "repräsentativ" (im Sinne eines "verkleinerten Abbildes") bezeichnet werden? Welche Abweichungen zur Merkmalsverteilung der Grundgesamtheit sind noch tolerierbar? Oder wie wäre die Stichprobe dann zu charakterisieren, wenn z.B. die Merkmalskombination (M,A_1,S) überhaupt nicht vertreten wäre, was praktisch durchaus vorkommen kann?

Diese Fragen, auf die es keine Antworten gibt, zeigen, daß die Redeweise von einer "repräsentativen" Stichprobe im Grunde genommen als inhaltsleer zu apostrophieren ist. Abweichungen von Stichprobenverteilungen von Verteilungen in der Grundgesamtheit sind nicht die Ausnahme, sondern die Regel. Sie sind umso mehr zu erwarten, je kleiner (absolut) eine Stichprobe ist, was unmittelbar einsichtig ist, wenn man an den Grenzfall einer Vollerhebung denkt. Mit beträchtlichen Abweichungen zwischen Stichprobenverteilungen und Verteilungen in der Grundgesamtheit muß also auch bei Zufallsstichproben gerechnet werden. Was jedoch Zufallsstichproben von nicht-zufälligen grundlegend unterscheidet, ist die Tatsache, daß bei ihnen ein "Repräsentationsschluß" erlaubt ist, d.h. es kann innerhalb berechenbarer Fehlergrenzen (auf einem vorgegebenen Konfidenzniveau) mit Hilfe der Inferenzstatistik auf Parameter, Verteilungen usw. in der Grundgesamtheit geschlossen werden. Wenn man schon von einer "repräsentativen" Stichprobe sprechen möchte, dann hat das nur für Zufallsstichproben eine klar definierte Bedeutung. Da aber der Begriff heute für alles mögliche verwendet wird (z.B. für eine typische Auswahl, für eine "unverzerrte Auswahl", vgl. dazu die Auflistung bei Schnell/Hill/Esser 1992, S.315) ist eher dafür zu plädieren, ihn ganz zu vermeiden.

Wie obiges Beispiel übrigens nahelegt, trifft die Redeweise vom "verkleinerten Abbild" eigentlich für die Quotenstichprobe zu – mindestens bezüglich der Quotenmerkmale – und nicht für eine Zufallsstichprobe: genau die Verteilung der Quotenmerkmale in der Grundgesamtheit soll in der Stichprobe realisiert werden.

Es ist Schnell/Hill/Esser zuzustimmen, wenn sie zu folgendem Schluß kommen: "Allerdings sind die Begriffe "repräsentativ" und "Repräsentativität" in der Praxis, abseits dieser klar umgrenzten statistischen Bedeutung [gemeint ist der "Repräsentationsschluß", d.Verf.], zu schmückenden und vorwiegend inhaltsleeren Attributen für eine Vielzahl von Stichprobenuntersuchungen geworden, die keineswegs immer als Zufallsauswahlen konzipiert sind ... Die Vielfalt und Verschwommenheit der verschiedenen Definitionen [gemäß der oben erwähnten Auflistung, d.Verf.], bewirkt, daß die bloße Feststellung, bei einer gegebenen Stichprobe handele es sich um eine "repräsentative Stichprobe" oder um eine "Repräsentativbefragung" nichts aussagt; erst recht handelt es sich um kein exakt definiertes Gütekriterium" (Schnell/Hill/Esser 1992, S.314 f.).

VI. Datenerhebung

Wenn, wie in Kapitel I. ausgeführt wurde, Informationsgewinnung über reale Sachverhalte die entscheidende Zielsetzung empirischer Forschung ist, dann stellt sich die Frage nach dafür geeigneten *Datenerhebungsinstrumenten*. Grundsätzlich sind hier die drei Instrumente *Inhaltsanalyse, Beobachtung, Befragung* zu nennen. Von diesen drei stellt zweifellos die Befragung das wichtigste und praktisch weitaus am häufigsten eingesetzte Datenerhebungsinstrument dar. Deshalb soll es hier auch relativ ausführlich behandelt werden. Inhaltsanalyse und Beobachtung spielen dagegen eine vergleichsweise bescheidene Rolle, besonders für den hier angesprochenen Leserkreis, so daß eine nur kursorische Darstellung gerechtfertigt erscheint. Ganz verzichtet werden soll auf sie allerdings nicht, weil gewisse Probleme der Befragung auf dem Hintergrund etwa der Inhaltsanalyse besonders plastisch hervortreten. Für eine ausführlichere Darstellung von Inhaltsanalyse und Beobachtung sei z.B. auf Laatz 1993, S.207 ff. bzw. S.169 ff. und die dort aufgeführte Literatur verwiesen.

Spezielle Untersuchungsdesigns, die ebenfalls der Datenerhebung dienen, wie Experiment, Panelstudien, Einzelfallstudien, sollen im nächsten Kapitel separat dargestellt werden. Dies deswegen, weil bei diesen spezielle Designprobleme auftreten, die Datenerhebung selbst aber z.B. mit Hilfe einer Befragung (z.B. beim Panel) oder einer Beobachtung, gegebenenfalls auch mit Hilfe beider Instrumente (etwa beim Experiment), erfolgt. Auch die in Kapitel IV. beschriebenen Skalierungsverfahren setzen jeweils eine Datenerhebung voraus und zwar durchweg in Form der Befragung.

VI.1. Inhaltsanalyse

Die Inhaltsanalyse ist eigentlich sowohl eine Form der Datenerhebung als auch eine Analysetechnik. Eine Analysetechnik insofern, als sie – gemäß vorgegebenen Kriterien – eine "Zerlegung" eines "Bedeutungsträgers" in "Elemente" erlauben soll, mit dem Ziel, gewisse Schlüsse bezüglich des analysierten Dokumentes ziehen zu können. Gleichzeitig stellt die Analyse insofern aber auch eine Form der Datenerhebung dar, als die gewünschten Daten uno actu mit der Analyse anfallen.

Gegenstand der *Inhaltsanalyse* (*Content Analysis*) können Bedeutungsträger aller Art sein. Darunter können sprachliche Mitteilungen zu verstehen sein, aber auch Ton- oder Bilddokumente (z.B. Filme, Fernsehsendungen usw.), Gegenstände der bildenden Kunst wie Gemälde, Skulpturen u.ä. Das Hauptanwendungsgebiet der Inhaltsanalyse liegt jedoch eindeutig bei Dokumenten (deswegen wird auch häufig von *Dokumentenanalyse* gesprochen), die in schriftlicher Form vorliegen. Davon soll auch im folgenden ausgegangen werden.

Um einem naheliegenden Mißverständnis vorzubeugen, sei hier gleich darauf hingewiesen, daß Inhaltsanalyse nichts mit einer *Textinterpretation* im üblichen Sinn zu tun hat. Bei dieser Art der Interpretation, wie sie z.B. aus dem Deutschunterricht der Schule bekannt ist, geht es um ein "ganzheitliches" *Verständnis* eines Textes (um ausnahmsweise ein längst zum Schlagwort degeneriertes Adjektiv zu gebrauchen), z.B. eines Gedichtes. Was wollte der Dichter damit zum Ausdruck bringen? Dazu wird man sich im allgemeinen mit der Biographie des Autors beschäftigen, z.B. fragen, in welchem Lebensabschnitt es geschrieben wurde, was die äußeren Lebensumstände des Dichters waren, was der Anlaß für dieses Gedicht war usw., d.h. man versucht, den *Sinn* des Gedichtes zu ermitteln. Diese "ganzheitliche" Vorgehensweise steht im direkten Gegensatz zur Inhaltsanalyse, die sich, wie der Ausdruck schon nahelegt, nicht für den Sinn eines Textes interessiert, sondern für seine "Zerlegung" in einzelne (wohldefinierte) Bestandteile nach gewissen vorgegebenen Kriterien.

Noch ein weiterer Punkt unterscheidet die Inhaltsanalyse von der Textinterpretation. Wenn beim vorher erwähnten Gedicht mehrere Personen eine Textinterpretation durchführen, dann ist damit zu rechnen, daß auch (mehr oder weniger) verschiedene Interpretationen resultieren, d.h. eine Textinterpretation ist ein mehr oder weniger *subjektiver* Vorgang. Demgegenüber ist die Inhaltsanalyse *objektiv, systematisch und intersubjektiv nachprüfbar*, läuft also nach festen Regeln ab, d.h. wenn mehrere Personen den selben Text einer Inhaltsanalyse unterziehen, dann kommen sie – bei gleichen Analysekriterien – zum gleichen Resultat. Allerdings ist hier gleich relativierend zu bemerken, daß das im strengen Sinn nur theoretisch gilt, in der Praxis sind durchaus gewisse Abweichungen von der Objektivität zu konstatieren, die mit der Zuverlässigkeit der Personen, welche die Analyse durchführen (den "Vercodern") zusammenhängt. Darauf wird noch zurückzukommen sein.

Charakteristisch für die Inhaltsanalyse ist weiterhin, daß der analysierte Gegenstand durch die Analyse nicht verändert wird, so daß die Analyse zu beliebigen Zeitpunkten wiederholt werden kann, was auf die Textinterpretation allerdings auch zutrifft, nicht dagegen auf die Beobachtung oder Befragung. Beide lassen sich nie identisch wiederholen, auch ist z.B. beim Interview mit *Interaktionen* zwischen Interviewer und Befragtem zu rechnen. Deswegen wird die Inhaltsanalyse den sogenannten *nicht-reaktiven* Meßverfahren zugeordnet.

Ausgangspunkt einer Inhaltsanalyse ist eine Festlegung der zu analysierenden Texte, die sowohl relevant für das der Untersuchung zugrundeliegende Erkenntnisinteresse als auch dem Analytiker zugänglich sein müssen. In der Regel sind die Texte physisch präsent, z.B. Jahrgänge einer Zeitung in einem Archiv, Bücher, Zeitschriften usw., oder die Texte sind auf einem Datenträger gespeichert. Letzteres ist besonders bequem, da sich damit die Möglichkeit *automatischer* Inhaltsanalysen eröffnet, die heute immer mehr in den Vordergrund rückt.

Mit der Festlegung der Texte ist die Entscheidung verbunden, ob alle zur Verfügung stehenden Texte analysiert werden sollen (Vollerhebung), oder nur eine Auswahl. Besonders bei einer großen Anzahl von Texten, z.B. Ausgaben einer oder mehrerer Zeitungen über mehrere Jahre, bieten sich Stichproben an. Neben einfachen Zufallsstichproben kommen prinzipiell dafür alle anderen im letzten Kapitel behandelten Stichprobenverfahren in Frage, z.B. eine geschichtete Auswahl, bei der die Schichten aus verschiedenen Zeitungen bestehen, woraus jeweils eine Zufallsauswahl getroffen wird (Dabei dürfte sich eine systematische Auswahl der in der Regel chronologisch archivierten Zeitungen empfehlen, da eine Monte-Carlo-Auswahl dazu führen kann, daß nur Zeitungen ab bzw. bis zu einem bestimmten Jahrgang in die Stichprobe kommen. Bei einer systematischen Auswahl dagegen wird das gesamte Jahrgangsspektrum abgedeckt).

Zentral bei jeder Inhaltsanalyse ist das sogenannte *Kategoriensystem*. Dieses stellt sozusagen den *Raster* dar, gemäß dem ein Text in einzelne Elemente zerlegt wird. Die konkrete Gestaltung dieses Rasters hängt natürlich vom Erkenntnisinteresse der Inhaltsanalyse ab (welche Textelemente interessieren?) und sollte prinzipiell *vor* Durchführung der Analyse vorgenommen werden. Ganz so streng wird das allerdings in der Praxis nicht ganz gehandhabt, da ein Pretest in der Regel gewisse Modifikationen und Verfeinerungen des ursprünglichen Kategoriensystems nahelegt. Beispielsweise kann es sich als notwendig erweisen, weitere Kategorien oder Unterkategorien einzuführen oder auf nicht-eindeutige Kategorien zu verzichten bzw. diese geeignet umzudefinieren.

Mit "Kategorien" wird bei der Inhaltsanalyse das bezeichnet, was bisher als "Dimensionen" angesprochen wurde. Kategorien und Unterkategorien entsprechen (Ober)-Begriffen und Merkmalsausprägungen. Nehmen wir zum Beispiel an, bei einer Inhaltsanalyse von Tageszeitungen sei die interessierende Kategorie "Stellung zur Regierung" mit den Unterkategorien "freundlich", "unfreundlich" und "neutral". Als *Zähleinheit*, d.h. als Merkmalsträger, können Texteinheiten definiert werden, hier z.B. die jeweiligen Leitartikel. Jede Aussage, die sich in einem Leitartikel finden läßt, die sich irgendwie auf die Regierung bezieht, wird nun in diese Kategorie bzw. in die drei genannten Unterkategorien eingeordnet. Beispielsweise würde man die Aussage "ist kompetent" der Unterkategorie "freundlich", dagegen etwa "hat versäumt" der Unterkategorie "unfreundlich" zuordnen (vgl. dazu Laatz 1993, S.237).

Natürlich besteht ein Kategoriensystem in der Regel aus mehr als einer Kategorie mit entsprechenden Unterkategorien. Je mehr Kategorien und Unterkategorien vorgesehen sind, umso höhere Ansprüche sind an die Personen – die *Vercoder* – zu stellen, welche diese Zuordnung vornehmen.

Das Kategoriensystem steuert die Zerlegung eines Textes in einzelne Aussagen (die oben als "Elemente" bezeichnet wurden), welche gemäß ihrer Bedeutung einer Kategorie bzw. Unterkategorie zugeordnet werden. Es ist also *selektiv*, nicht der ganze Text interessiert (also z.B. nicht der ganze Leitartikel), sondern nur diejenigen Aussagen, die vom Kategoriensystem erfaßt werden.

Ein Kategoriensystem muß gewisse formale Anforderungen erfüllen:

- Eine Kategorie mit ihren Unterkategorien darf sich nur auf **eine** Bedeutungsdimension beziehen (*Prinzip der Vergleichbarkeit*).
- Die einzelnen Kategorien und Unterkategorien müssen *einander ausschließen*, sonst ist keine eindeutige Zuordnung einzelner Textelemente oder Texteinheiten möglich (*Prinzip der Klassifizierbarkeit*).

- Das Kategoriensystem insgesamt muß *erschöpfend* sein, d.h. jedes interessierende Textelement muß einer Kategorie bzw. Unterkategorie zugeordnet werden können (*Prinzip der Vollständigkeit*).
- Die Kategorien müssen *unabhängig voneinander* sein, d.h. die Zuordnung einer Texteinheit darf die Zuordnung anderer Einheiten nicht präjudizieren (vgl. dazu Kromrey 1994, S.245 f.).

Textelemente oder Texteinheiten können sein: einzelne Worte, Wortbestandteile, Fremdwörter, Sätze, Schlagzeilen usw. (für weitere Beispiele siehe Kromrey 1994, S.249).

Jede Kategorie (mit ihren Unterkategorien) soll sprachliche Einheiten unter dem Aspekt der Bedeutungsgleichheit (genauer: der semantischen Ähnlichkeit) zusammenfassen. Damit das auch praktisch zu bewerkstelligen ist, sind die Kategorien nebst ihren Unterkategorien *operational* zu definieren. Das kann etwa durch Vorgabe von typischen Beispielen geschehen, durch eine Stichwortliste aller interessierender Texteinheiten, u.U. auch durch Nennung von Negativ-Beispielen. Meist wird auch eine Schulung der Vercoder notwendig sein, insbesonders dann, wenn mehrere eingesetzt werden, damit eine möglichst hohe *Inter-Coder-Reliabilität*, d.h. eine möglichst übereinstimmende Kodierung, sichergestellt ist. "Die größte Gefahr für die *Zuverlässigkeit* der inhaltsanalytischen Ergebnisse liegt im Einsatz mehrerer Vercoder, weil sich Unterschiedlichkeiten der Auffassung, des Sprachgefühls und der subjektiven Einstellung zum Inhalt bei den einzelnen Vercodern auf die Verschlüsselung als subjektiv-interpretierendem Vorgang auswirken (können). Die Zuverlässigkeit zwischen Vercodern hängt vom Inhalt selbst, vom Kategorienschema und von der Eigenart der Texte ab (z.B. homogene/heterogene Stile, gleiche Autoren/unterschiedliche Autoren). Vieldeutige Kategorien führe zu größeren Abweichungen als eindeutige. Man verringert die Fehlermöglichkeiten, indem man Textbeispiele für die Unterkategorien in deren Definition aufnimmt" (Kromrey 1994, S.251).

Zuverlässigkeitsprobleme können allerdings auch bei nur einem Vercoder auftreten. Würde ein anderer Vercoder die gleichen Kodierungen vornehmen? Außerdem ist an Lern- und Ermüdungsprozesse zu denken, d.h. die Kodierungen weisen im Zeitablauf möglicherweise einen gewissen Grad von Inkonsistenz auf. Somit kann sich auch die *Intra-Coder-Reliabilität* als Problem erweisen.

Die erwähnten Probleme deuten darauf hin, daß eine wichtige Zielsetzung der Inhaltsanalyse, nämlich eine *objektive* Zerlegung eines Textes (verschiedene Vercoder kommen zum gleichen Resultat), in der Praxis meistens wohl nur graduell realisiert werden kann.

Das bei einer Inhaltsanalyse anfallende Datenmaterial kann nach verschiedenen Gesichtspunkten ausgewertet werden. Die einfachste Auswertung, bei der man sich lediglich für Klassifikationen interessiert, ist die *Frequenzanalyse*. Dabei werden einfach Textelemente (z.B. bestimmte Worte oder Wortverbindungen) klassifiziert und ihre Häufigkeit ausgezählt. Ein Beispiel für eine Frequenzanalyse, die sich auf die Häufigkeit bestimmter Wörter bezieht, die von den US-Präsidenten Carter und Reagan verwendet wurden, ist bei Schnell/Hill/Esser 1992, S.413 zu finden. Diese Art der Analyse geht davon aus, daß die Häufigkeit des Auftretens bestimmter Textelemente ein Indiz für ihre Bedeutung im Rahmen eines zu untersuchenden Problems ist. Kann man Frequenzanalysen für die gleichen Textelemente im Zeitablauf durchführen, dann kann man untersuchen, ob sich diese Häufigkeiten verändern oder in etwa konstant bleiben. Dabei muß eine zunehmende Häufigkeit nicht unbedingt eine wachsende Bedeutung indizieren, es kann auch lediglich ein Indiz dafür sein, daß ein Textelement Schlagwortcharakter angenommen hat (man überlege sich das z.B. für die Begriffe "ganzheitlich", "systemisch", "vernetzt" usw.).

Valenzanalysen gehen über Frequenzanalysen insofern hinaus, als nicht nur Häufigkeiten interessieren, sondern auch *Bewertungen* (positiv, negativ, neutral). Sei beispielsweise das interessierende Textelement "Erhöhung der Mineralölsteuer", dann wird nicht nur registriert, ob über dieses Thema berichtet wird, sondern auch, ob das in bejahender (positiver) oder verneinender (negativer) oder lediglich informierender (neutraler) Weise erfolgt.

Eine Verfeinerung der Valenzanalyse stellt die *Intensitätsanalyse* dar. Dabei wird nicht nur zwischen positiver und negativer Bewertung unterschieden, sondern es wird auch versucht, die *Intensität* der positiven bzw. negativen Bewertung festzustellen, d.h. die Vercoder bewerten die Textelemente auf einer *Intensitätsskala* (Ratingskala).

Schließlich ist die *Kontingenzanalyse* zu erwähnen. Dabei wird nicht nur registriert, ob ein bestimmtes Textelement vorkommt, sondern auch, ob es im Zusammenhang mit anderen Textelementen auftaucht. "Beispielsweise möge Textmaterial daraufhin untersucht werden, ob Aussagen zur Bildung und/oder Ausbildung gemacht werden, ob hohe oder niedrige Bildung positiv oder negativ bewertet wird, ob berufsbezogene oder allgemeine Bildung bevorzugt wird. Bei der Kontingenzanalyse werden nun solche Aussagen nicht isoliert betrachtet, sondern in einem Zusammenhang zu anderen Aussagen im Text gebracht. Die Aussagen werden also beispielsweise danach differenziert, ob sie mit dem Blick auf männliche oder weibliche Jugendliche gemacht werden, ob sie mit Blick auf Unterschicht-, Mittel- oder Oberschichtkinder gemacht werden. Die Kontingenzanalyse erlaubt dann Aussagen darüber, ob für männliche Jugendliche eher eine höher qualifizierende Bildung befürwortet wird als für weibliche Jugendliche, ob hohe Bildung im Mittel- oder Oberschichtkontext einen höheren Stellenwert genießt als im Unterschichtkontext oder ob für Mittel- und Oberschichtkinder eher abstraktere Bildungsinhalte, für Unterschichtkinder eher handwerklich-berufsbezogene Bildungsinhalte befürwortet werden" (Kromrey 1994, S.254).

Wie oben schon angedeutet wurde, werden Inhaltsanalysen heute in zunehmendem Ausmaß computergestützt durchgeführt, eine Entwicklung, die in den 60-iger Jahren mit dem "General Inquirer" begann (vgl. Stone/Bales/ Namenwirth/Ogilvie 1966). Für eine knappe Übersicht über weitere Computer-Programme zur Inhaltsanalyse sei auf Ardelt/Ardelt 1984 verwiesen.

VI.2. Beobachtung

Die *Beobachtung* ist aus dem Alltagsleben vertraut. Allerdings erfolgt sie dort in der Regel unsystematisch oder "naiv". Im Gegensatz zur Alltagsbeobachtung wird von *wissenschaftlicher Beobachtung* dann gesprochen, wenn sie *zielgerichtet, systematisch* und *methodisch kontrolliert* durchgeführt wird.

Zielgerichtet ist eine Beobachtung dann, wenn sie einem bestimmten Forschungszweck dient. Damit verknüpft ist eine bewußte *Selektion* der zu beobachtenden Aspekte der Realität, die sich nach dem einer Beobachtung zugrundeliegenden Erkenntnisinteresse richtet. Es wird also nicht mehr oder weniger zufällig mal dieses, mal jenes beobachtet, sondern nur dasjenige, was sich im genau definierten und abgegrenzten Kontext der Fragestellung als relevant erweist. Das setzt voraus, daß über den Beobachtungsgegenstand eine implizite oder explizite Theorie, die im konkreten Fall sehr einfach sein kann, oder mindestens eine Hypothese, existiert (vgl. dazu Huber 1995, S.126). Die *Systematik* der Beobachtung bezieht sich darauf, daß Beobachtungen gemäß vorgegebenen *Beobachtungskategorien* vorgenommen und aufgezeichnet werden. Dieses Kategoriensystem entspricht dem Kategoriensystem bei der Inhaltsanalyse. Gelegentlich werden auch Beobachtungen vorgenommen, welche dieser Systematik entbehren, d.h. die Beobachtung wird eher durch das spontane Interesse des Beobachters gelenkt und nicht durch feste Beobachtungskategorien oder die Kategorien liegen nur als "grober" Raster vor. Vor allem bei Situationen über die man nur sehr ungenügende Kenntnisse hat und für die deshalb (noch) kein ausgefeiltes Kategoriensystem formulierbar ist, kann es durchaus im Sinne einer *explorativen Studie* angezeigt sein, auf diese "unsystematische" Weise vorzugehen. Die Grenze zur Alltagsbeobachtung ist dabei allerdings eine fließende.

Die *methodische Kontrolle* von Beobachtungen beschäftigt sich mit möglichen Störvariablen, die eine Beobachtung verzerren können, z.B. mit Beobachterfehlern, mit der Reliabilität von Beobachtern, u.ä.

Eine allgemeine Theorie der wissenschaftlichen Beobachtung existiert nicht, wohl aber eine klassifikatorische Beschreibung unterschiedlicher *Beobachtungstypen* (vgl. Schnell/Hill/Esser 1992, S.395). Die wichtigsten (Grund)-Typen sind:

a) *Offene/verdeckte* Beobachtung, je nachdem, ob die beobachteten Personen wissen bzw. nicht wissen, daß sie beobachtet werden.
b) *Teilnehmende/nicht-teilnehmende* Beobachtung, je nachdem, ob der Beobachter am zu beobachtenden Geschehen aktiv teilnimmt oder nicht.
c) Beobachtung in *natürlicher/künstlicher Situation*, je nachdem, ob sich die zu beobachtenden Personen in ihrem natürlichen Umfeld oder in einem Labor befinden.
d) *Systematische/unsystematische* Beobachtung, je nachdem, ob ein ausformuliertes Beobachtungskategoriensystem vorliegt oder nicht.

Diese Typen können auch in Kombinationen auftreten, z.B. kann eine Beobachtung systematisch, offen und nicht-teilnehmend sein. Insgesamt lassen sich aus den obigen vier Grund-Typen $2^4=16$ mögliche Beobachtungstypen ableiten, von denen allerdings nur gerade vier wirklich praktisch relevant sind und zwar *offen/natürlich/systematisch*, *verdeckt/natürlich/systematisch* sowie *offen/künstlich/systematisch*, *verdeckt/künstlich/systematisch* (vgl. Kromrey 1994, S.259). Im weiteren soll unter "Beobachtung" wie schon bei der eingangs getroffenen Abgrenzung zur Alltagsbeobachtung stets die "systematische" Beobachtung verstanden werden, weshalb bei den genannten vier Typen auf das Attribut "systematisch" verzichtet werden kann.

Wenn oben gesagt wurde, daß die Beobachtungskategorien dem Kategoriensystem bei der Inhaltsanalyse entsprechen, dann ist damit auch gesagt, daß für diese die selben formalen Kriterien erfüllt sein müssen, die im letzten Abschnitt dargestellt wurden, so daß sich Wiederholungen hier erübrigen. Hinzugefügt sei lediglich, daß die Anzahl der vorzusehenden Kategorien bei der Beobachtung im allgemeinen wesentlich kleiner sein dürfte als bei der Inhaltsanalyse, weil das zu beobachtende Geschehen in der Regel sehr schnell registriert werden muß und im Gegensatz zur Inhaltsanalyse nicht wiederholbar ist.

Bei einer Beobachtung sind nicht nur die *Beobachtungsgegenstände* bzw. *Beobachtungseinheiten* (die den Texteinheiten der Inhaltsanalyse entsprechen) festzulegen, sondern auch der *Beobachtungszeitraum* sowie evtl. ihre *räumliche Abgrenzung*.

Eng damit verbunden ist die Stichprobenproblematik bei Beobachtungen. Zunächst ist festzuhalten, daß die Grundgesamtheit der interessierenden und zu beobachtenden Ereignisse gar nicht existiert. Will man beispielsweise Verstöße der Verkehrsteilnehmer gegen die Verkehrsordnung innerhalb eines Stadtgebietes während eines bestimmten Zeitraumes (z.B. eines Monats) beobachten, dann ist leicht einzusehen, daß diese Grundgesamtheit zu Beginn der Beobachtung noch gar nicht existiert. Das gilt generell für Beobachtungen: die Grundgesamtheit der zu beobachtenden Ereignisse konkretisiert sich erst – wenn überhaupt – im Lauf der Beobachtungsperiode. Es ist also nicht möglich, wie bei Stichproben sonst üblich, einen Auswahlplan zu erstellen, der sich auf eine fixe Grundgesamtheit bezieht. Alles was man (trivialerweise) sagen kann, ist, daß sich die Ereignisse, falls sie überhaupt eintreten, in Raum und Zeit abspielen. Ein Auswahlplan kann sich deshalb nur auf *Zeiteinheiten* (z.B. Minuten, Stunden, Tage usw.) und *räumliche Einheiten* (z.B. Plätze, Straßen, Gebiete usw.) beziehen, d.h. es ist mindestens eine zweistufige Auswahl nach Raum und Zeit erforderlich. Mit dieser Auswahl wird implizit angenommen, daß damit auch eine Zufallsauswahl bezüglich der eigentlich interessierenden Ereignisse (hier: Verkehrsverstöße) verbunden ist (vgl. dazu auch Kromrey 1994, S.262 ff.). Unvorhergesehene äußere Ereignisse während ausgewählter Zeiteinheiten können das in Frage stellen, etwa wenn sich – um im Beispiel zu bleiben – das Verhalten der Verkehrsteilnehmer durch einen plötzlichen Schneesturm drastisch verändert. "Die Nutzung der relativ unproblematischen Auswahl von Zeit- und Raumeinheiten bei der Stichprobenziehung von Ereignissen ist in diesem Zusammenhang dann möglich, wenn unterstellt wird, daß sich die – in bezug auf die Forschungsfragestellung – interessierenden Ereignisse in bestimmten Raum-Zeit-Situationen wahrscheinlicher ereignen als in anderen. Solange jedoch keine formalisierten Wahrscheinlichkeitsmodelle existieren, welche die Ableitung von Annahmen über das Auftreten bestimmter Ereignisse möglich machen, stellt jede Stichprobenentnahme unter den Bedingungen einer Beobachtung ein "unberechenbares" Risiko dar, das auch kaum durch die Vergrößerung der Stichprobe ausgeglichen werden kann" (Schnell/Hill/Esser 1992, S.401).

Beobachter und Beobachtungskategoriensystem zusammen bilden **ein** Meßinstrument, das möglichst reliabel sein sollte. Werden für das gleiche Geschehen mehrere Beobachter mit dem gleichen Kategoriensystem eingesetzt, so sollte zu erwarten sein, daß sie zu gleichen bzw. nur wenig unterschiedlichen Kodierungen kommen. Eine hohe Beobachterübereinstimmung wird im allgemeinen nicht nur als Indiz für die Qualität des Kategoriensystems, sondern auch für die Qualität der Beobachter, gewertet. Allerdings kann eine hohe Inter-Coder-Reliabilität auch dadurch zustandekommen, daß alle Vercoder systematisch gleich falsch kodieren (vgl. dazu Huber 1995, S.141).

Beobachterfehler sind auf verschiedene Ursachen zurückzuführen. Neben Grenzen der individuellen Leistungsfähigkeit bzw. Leistungsbereitschaft, sind unpräzise definierte Kategorien, mangelnde Beherrschung des Kategoriensystems, Erwartungshaltungen, Halo-Effekte, Interaktionen zwischen dem Beobachter und dem zu beobachtenden Geschehen u.ä. zu nennen (für eine ausführlichere Auflistung von Beobachterfehlern vgl. Huber 1995, S.139 ff. oder Schnell/Hill/Esser 1992, S.402-404).

Zur Beurteilung der Beobachterreliabilität können verschiedene Maßzahlen herangezogen werden, z.B. bei dichotomen Beobachtungskategorien die *prozentuale Übereinstimmung*, die allerdings den Nachteil aufweist, daß nur zufällige Übereinstimmungen ebenfalls positiv, d.h. die Reliabilität erhöhend, bewertet werden, was z.B. beim Koeffizienten κ ("Kappa-Koeffizient") vermieden wird (zu diesem vgl. die Darstellung bei Huber 1995, S.142). Reliabilitätsmaße für Kategorien mit Intensitätsstufen können auf varianzanalytischer Basis definiert werden, wenn diese Stufen eine metrische Skala bilden. Ist das nicht der Fall, dann können die Beurteilungen aller Beobachtungseinheiten in eine Rangreihe gebracht und die Übereinstimmung der Rangreihen mehrere Beobachter mittels Rangkorrelationsmaßen, z.B. dem Konkordanzkoeffizient nach Kendall, überprüft werden (vgl. dazu Huber 1995, S.143).

Eine zusammenfassende Darstellung der wichtigsten Entscheidungen, die bei der Planung einer Beobachtung zu beachten sind, ist bei Huber 1995, S.143 ff. zu finden.

VI.3. Befragung

Zweifellos stellt die ***Befragung*** das weitaus am häufigsten eingesetzte Datenerhebungsinstrument dar, sei es in der mündlichen Form als *Interview*, sei es als *schriftliche* (*postalische*) oder *telefonische* Befragung. Befragungen können in standardisierter, teil-standardisierter und auch nicht-standardisierter Form durchgeführt werden. Als *standardisiert* (oder *strukturiert*) wird eine Befragung bezeichnet, bei der für alle Befragten die gleichen Fragen in der gleichen Reihenfolge vorliegen, was bei *teil-standardisierter* nur teilweise und bei *nicht-standardisierter* überhaupt nicht der Fall ist. Die Gestaltung der einzelnen Fragen wie auch des gesamten Fragebogens (falls überhaupt einer verwendet wird) können je nach gewählter Frageform sehr unterschiedlich ausfallen. Von **der** Befragung schlechthin kann somit nicht gesprochen werden, vielmehr weisen ihre einzelnen Varianten (neben vielem Gemeinsamen) jeweils ihre Besonderheiten auf, die ihre getrennte Darstellung rechtfertigen.

Da bei allen Befragungsformen Fragen in irgendeiner Form eine Rolle spielen, scheint es angebracht zu sein, zuerst auf Probleme der *Fragenformulierung*, also ihrer Gestaltung (z.B. Art der Fragen, Wortwahl usw.) sowie auf Probleme der *Fragenbogengestaltung* einzugehen.

VI.3.1. Zur Gestaltung von Fragen

Fragen zu stellen scheint einfach zu sein, handelt es sich doch dabei um einen alltäglichen Vorgang. Bei näherem Hinzusehen zeigt sich jedoch, daß die Formulierung von Fragen bei einer Befragung sehr sorgfältige Überlegungen erfordern, will man (einigermaßen) gültige Antworten erzielen.

Fragen können zunächst nach der *Art der Information*, die mit ihnen gewonnen werden soll, *klassifiziert* werden. Danach sind zu unterscheiden: Einstellungs- oder Meinungsfragen, Überzeugungsfragen, Verhaltensfragen und Eigenschaftsfragen (vgl. dazu sowie für die folgenden Ausführungen Schnell/Hill/Esser 1992, S.333 ff.).

Der erste Fragentyp, die *Einstellungs-* oder *Meinungsfrage*, bezieht sich auf die *Beurteilung* oder auch *Wünschbarkeit* eines Sachverhaltes (oder Statements), wobei diese sowohl in die Fragestellung als auch in die Antwortvorgaben "verpackt" werden kann, wie z.B. bei den beiden folgenden Fragen:

- "Sollten Personen, welche das Niederlassungsrecht in der Schweiz besitzen, auch wahlberechtigt sein?"

  Ja ☐ Nein ☐

- "Jede in der Schweiz lebende Person mit Niederlassungsrecht sollte hier auch wählen dürfen".

  Stimme zu ☐ Lehne ab ☐

Bei der letzteren Frageformulierung bietet sich auch die Möglichkeit einer *abgestuften* Meinungsäußerung in Form einer Rating-Skala an mit z.B. fünf Kategorien von "stimme zu" bis "lehne völlig ab".

Beim Typ der *Überzeugungsfrage* geht es darum, was Befragte für wahr/unwahr bzw. für richtig/falsch halten. Dabei kann sich eine derartige Frage auf Sachverhalte beziehen, für die es eine richtige oder falsche Antwort tatsächlich gibt (z.B. Wissensfragen), aber auch auf solche, die man nur subjektiv als richtig/falsch bzw. wahr/unwahr einstufen kann. Eine Überzeugungsfrage ist z.B.:

- Ist die folgende Aussage richtig oder falsch?

  "In den letzten fünf Jahren wurden in unserem Land mehr Asylanten aufgenommen als in den letzten zwanzig Jahren zuvor"

  Aussage ist richtig ☐ Aussage ist falsch ☐

Verhaltensfragen beziehen sich auf (tatsächliches oder beabsichtigtes) Verhalten bzw. Handlungen Befragter Personen, wobei sich sowohl Verhalten als auch Handlungen auf Vergangenheit, Gegenwart und Zukunft beziehen können. Eine Verhaltensfrage ist z.B.:

–"Werden Sie ihre nächsten Sommerferien im Ausland verbringen?"

Ja ☐ Nein ☐

(auch hier ist wieder eine abgestufte Antwortskala möglich). Genau genommen wird hier nicht nach einem *tatsächlichen* Verhalten gefragt, sondern nach einem zukünftigen, *beabsichtigten* Verhalten. "Berichtetes Verhalten", auch wenn es sich nicht auf die Zukunft, sondern auf die Gegenwart oder Vergangenheit bezieht, muß nicht mit dem (gegenwärtigen oder vergangenen) tatsächlichen Verhalten übereinstimmen. Dies ist z.B. bei Befragungen vor Wahlen zu beachten. Die dabei bekundeten Wahlabsichten müssen nicht unbedingt mit dem tatsächlichen Wahlverhalten übereinstimmen (hinzukommt, daß nicht sicher ist, ob ein Befragter überhaupt zur Wahl geht; ferner ist zu beachten, daß über den Prozentsatz der noch Unentschlossenen in den Medien häufig nicht berichtet wird, obwohl gerade diese bei "Kopf-an Kopf-Rennen" ausschlaggebend sein können).

Eigenschaftsfragen schließlich beziehen sich auf Eigenschaften von Personen, insbesondere demographische Eigenschaften wie Alter, Geschlecht, Ausbildung, Beruf, Zivilstand, Konfession usw. Diese werden meistens routinemäßig erhoben, häufig aber auch deswegen, um z.B. herauszufinden, ob es Zusammenhänge (Korrelationen) gibt zwischen (manchen) demographischen Eigenschaften und Einstellungen, Überzeugungen und Verhaltensweisen. Gegen eine *nur* routinemäßige Plazierung von Eigenschaftsfragen z.B. in einem Fragebogen sind jedoch Bedenken anzumelden: "Auch im Fall der Fragen nach Eigenschaften von Befragten muß die theoretische Bedeutung des durch die Frage operationalisierten theoretischen Konstrukts auf seine Relevanz für das spezifische Forschungsinteresse geprüft werden. Eine lediglich "routinemäßige" Abfrage von demographischen und/oder personalen Eigenschaften empfiehlt sich keinesfalls" (Schnell/Hill/Esser 1992, S.335).

Daß Verhaltensfragen für *prognostische* Zwecke problematisch sind, wurde schon an obigem Beispiel des Wahlverhaltens deutlich. Ähnliches gilt aber auch für Einstellungsfragen, wenn aus deren Beantwortung auf zukünftiges Verhalten der Befragten geschlossen werden soll. Insbesondere fehlt in der Regel eine theoretische Fundierung für den angenommenen Zusammenhang zwischen "Einstellung" und (zukünftigem) "Verhalten". Beliebt ist die Praxis "Einstellungen" einfach zu erheben, d.h. "theorielos", um daraus prognostische Schlüsse zu ziehen. "Generell läßt sich vermuten: Je unprofessioneller die Untersuchung, desto höher der Anteil der Einstellungsfragen" (Schnell/Hill/Esser 1992, S.337, Fußnote 1).

Es fehlt auch nicht an kritischen Stimmen, die Fragen zu hypothetischem Verhalten, aber auch zu Einstellungen und Meinungen, weitgehend eliminieren und statt dessen das Schwergewicht auf Fragen nach dem *aktuellen* Verhalten legen möchten (vgl. dazu die bei Schnell/Hill/Esser 1992, S.337

zitierte Literatur). So berechtigt diese Kritik auch sein mag, so muß doch andererseits darauf hingewiesen werden, daß auch Fragen nach dem aktuellen Verhalten nicht unproblematisch sind und zwar deswegen, weil die Befragten nur über ihr aktuelles Verhalten *berichten* und dieses "berichtete" Verhalten mit dem "tatsächlichen" nicht übereinstimmen muß, wie schon oben ausgeführt wurde. Überzeugender und informativer wäre da schon "beobachtetes" Verhalten. Verhaltensbeobachtungen sind jedoch im allgemeinen nicht nur recht aufwendig, sondern vielfach auch gar nicht durchführbar. Auch aus diesem Grund wird man nolens volens auf Einstellungs- und Verhaltensfragen nicht ganz verzichten können.

Eine andere Klassifikation von Fragen, die sich nicht an gewünschten Informationen orientiert, ist diejenige nach ihrer *formalen Gestaltung*, wobei diese auch die Antwortvorgaben miteinschließt. Grundsätzlich kann man hier zwei Fragentypen unterscheiden: die *offene* Frage und die *geschlossene* Frage. Der Unterschied zwischen beiden Fragentypen besteht darin, daß bei der geschlossenen Fragen Antwortvorgaben vorgesehen sind, d.h. der Befragte kreuzt nur die für ihn zutreffende Antwort an, während bei der offenen Frage eine Antwort in selbstgewählten Worten verlangt wird.

Eine offene Frage wäre z.B. "Was sollte Ihrer Meinung nach getan werden um das Arbeitslosenproblem zu lösen?", wenn keinerlei Antwortvorgaben gemacht werden. Würde dagegen die selbe Frage gestellt mit den folgenden fünf Antwortkategorien:

Man sollte die Wochenarbeitszeit verkürzen ☐
Man sollte die Lebensarbeitszeit verkürzen ☐
Man sollte die Löhne senken ☐
Man sollte Ausländern keine Arbeitsbewilligung mehr erteilen ☐
Man sollte für mehr Wirtschaftswachstum sorgen ☐

dann läge eine geschlossene (oder *multiple-choice-*)Frage vor.

Bei geschlossenen Fragen können die Antwortalternativen auch eine *Rangordnung*, also eine Rating-Skala, bilden, wie schon oben erwähnt wurde, z.B.:

"Wie zufrieden sind Sie mit Ihrem neuen Wagen?"

Sehr zufrieden ☐
Teils, teils ☐
Überhaupt nicht zufrieden ☐

"Üblich sind z.B. Antwortskalen wie "nie/selten/gelegentlich/oft/immer für Häufigkeiten, "nicht/wenig/mittel/ziemlich/sehr" für Intensitäten, "stimmt nicht/stimmt wenig/stimmt mittelmäßig/stimmt ziemlich/stimmt sehr" für Bewertungen und "keinesfalls/wahrscheinlich nicht/vielleicht/ziemlich wahrscheinlich/ ganz sicher" für Wahrscheinlichkeiten" (Schnell/Hill/Esser 1992, S.340).

Die beiden Fragentypen "offen/geschlossen" haben je spezifische Vor- und Nachteile. Ein Vorteil der offenen Frage ist darin zu sehen, daß der Befragte nicht in eine bestimmte Richtung gelenkt wird, also z.B. eine Alternative ankreuzt, an die er vorher noch nie gedacht hat. Er hat die Möglichkeit, eine Antwort in einer Formulierung zu geben, die seiner Denkweise und Einstellung bzw. Meinung entspricht. Allerdings setzt das eine hinreichend gute Artikulationsfähigkeit eines Befragten voraus, sonst sind unterschiedliche Antworten von Befragten möglicherweise nicht auf Meinungs- bzw. Einstellungsunterschiede zurückzuführen, sondern auf unterschiedliche Artikulationsfähigkeiten. Die offene Frage stellt somit an Befragte höhere Anforderungen als die geschlossene Frage, aber nicht nur an Befragte, sondern auch an Interviewer, wenn eine solche Frage im Rahmen eines Interviews gestellt wird. Ein Interviewer muß zum einen die Antwort "richtig" verstehen, sie protokollieren, beidemal "Wesentliches" von "Unwesentlichem" trennen (z.B. Wiederholungen, schmückende Beiwörter), also die eigentliche "Botschaft" herausfiltern. Aber ist dies immer in völlig objektiver Weise möglich? Was in den Augen des Interviewers unwesentlich sein mag, kann für den Befragten durchaus wesentlich sein. Die offene Frage ist somit anfällig gegenüber *Interviewereffekten*, auf die bei der Darstellung des Interviews noch näher einzugehen sein wird. Dieses Problem stellt sich natürlich nicht bei einer schriftlichen Befragung.

Auch bezüglich der Auswertung ist die offene Frage mit erheblich mehr Aufwand verbunden als die geschlossene Frage. Dazu müssen nach Durchsicht der Antworten aller Befragten Auswertungskategorien definiert werden mit den gegebenenfalls erforderlichen Unterkategorien (analog zur Inhaltsanalyse), was darauf hinausläuft, daß man versucht, Antwortmuster herauszufinden, um diese dann klassifizieren zu können.

Demgegenüber weist die geschlossene Frage weder bei der Erhebung noch bei der Auswertung die genannten Probleme auf. Allerdings ist auch sie nicht problemlos. So kann es passieren, daß die Antwortvorgaben für einen Befragten (im ungünstigsten Fall sogar für die Mehrzahl der Befragten) nicht oder nur teilweise zutreffen oder daß das vorgegebene Antwortspektrum zu undifferenziert ist. Denkbar ist auch ein zu fein differenziertes Antwortspektrum (z.B. bei Rating-Skalen mit "zu vielen" Kategorien). Deshalb ist die Entwicklung der Antwortvorgaben bei einer geschlossenen Frage mit großer Sorgfalt vorzunehmen. Vor allem empfiehlt sich eine Überprüfung durch einen Pretest.

Wägt man Vor- und Nachteile beider Fragetypen gegeneinander ab, so wird man – vor allem im Rahmen standardisierter bzw. weitgehend standardisierter Befragungen – der geschlossenen Frage den Vorzug geben müssen. "Die Nachteile offener Fragen erscheinen jedoch schwerwiegender als ihre Vorteile ... [es] sollte die Verwendung gut konzeptualisierter, theoretisch begründeter und durch einen Pretest geprüfter geschlossener Fragen vorgezogen werden" (Schnell/Hill/Esser 1992, S.341, vgl. auch Payne 1965). In der Praxis dominiert ganz eindeutig die geschlossene Frage, der Anteil der offenen Fragen wird auf nur 3% geschätzt (vgl. dazu die bei Schnell/Hill/Esser 1992, S.341, Fußnote 1, zitierten Untersuchungen).

In der Praxis wird häufig eine "weichere" Form der geschlossenen Frage verwendet, die dadurch "geöffnet" wird, daß eine zusätzliche Kategorie eingeführt wird, die üblicherweise mit "Sonstige (Sonstiges) ... und zwar" charakterisiert wird. Damit wird dem Befragten die Möglichkeit geboten, eine von den Vorgaben abweichende Antwort zu geben. Solche Fragen werden als *Hybridfragen* bezeichnet.

Bei den Antwortkategorien einer geschlossenen Frage ist eine "Weiß-nicht"-Kategorie zu empfehlen. Jede Befragung setzt stillschweigend voraus, daß ein Befragter auch tatsächlich eine Meinung hat zum Thema oder den Themen der Befragung, was nicht unbedingt selbstverständlich ist. Jedermann kann sich Themenkreise, Problembereiche usw. vorstellen, zu denen er keine Meinung bzw. bezüglich derer er keine Kenntnisse hat, z.B. weil er sich noch nie damit auseinandergesetzt hat oder weil sie ihn einfach nicht interessieren. Liegt "non-attitude" vor und "zwingt" man einen Befragten zum Ankreuzen einer Kategorie, dann wird diese Markierung eher zufällig erfolgen. Deshalb empfiehlt sich eine explizite "Weiß-nicht"-Kategorie (vgl. dazu die Ausführungen in IV.3.1.2. zur Ausweichkategorie bei Rating-Skalen). Noch besser ist eine *zweistufige* Frage, bei der die erste Stufe zur "Ausfilterung" der Befragten mit "non-attitude" dient, z.B.:

> "Eine Reform des Kartellrechts würde zu größerem Wettbewerb führen mit der Konsequenz sinkender Preise".
>
> Haben Sie eine Meinung zu dieser Aussage?
>
> Nein ☐ Ja ☐

Falls ja, stimmen Sie dieser Aussage zu oder lehnen Sie diese Aussage ab?

Stimme zu ☐ Lehne ab ☐

Durch diese Filterung wird dem Befragten auch angezeigt, daß es kein Zeichen mangelnder Bildung, Interesselosigkeit o.ä. ist, keine Meinung zu haben oder etwas nicht zu wissen (vgl. Schnell/Hill/Esser 1992, S.346).

Bei den eben verwendeten Antwortkategorien "Stimme zu/Lehne ab" ist zu beachten, daß diese als besonders anfällig gelten für einen speziellen Verzerrungseffekt, der als "Zustimmungstendenz" bekannt ist (auf derartige Effekte wird allgemein bei der Behandlung des Interviews eingegangen). Damit ist gemeint, daß die Antwort "Stimme zu" häufig völlig unabhängig von Inhalt der Frage gegeben wird, was sich daran zeigen kann, daß gleichzeitig auch inhaltlich entgegengesetzten Fragen zugestimmt wird (vgl. dazu das bei Schnell/Hill/Esser 1992, S.347 zitierte praktische Beispiel nach Schumann/Presser).

Für sonstige Aspekte, die bei der Gestaltung von Antwortkategorien geschlossener Fragen zu beachten sind, sei auf Abschnitt VI.3.1. (Rating-Skalen) verwiesen.

Eine weitere Fragen-Klassifikation unterscheidet *direkte* und *indirekte* Fragen. Mit direkten Fragen wird der Befragte persönlich angesprochen ("Was halten *Sie* von ...?") bei den indirekten über einen Umweg, z.B. über eine kurze Geschichte, bei der verschiedene Meinungen zu einem Problem geäußert werden und der Befragte dann gefragt wird, welcher Meinung er am ehesten zustimmen könnte (für ein Beispiel siehe Kromrey 1994, S.280). Indirekte Fragen werden in der Hoffnung verwendet, daß sie eher beantwortet werden als direkte. "Allerdings beeinflußt diese indirekte Art der Formulierung nicht nur die Bereitschaft positiv, *überhaupt* zu antworten, sondern auch die Bereitschaft, *bestimmte* Meinungen oder Ansichten zu äußern. Das heißt, es werden im allgemeinen nicht nur *mehr* Antworten gegeben, sondern die Antworten fallen auch *anders* aus als bei direkten Fragen. Ungewiß bleibt: Welche Antwort spiegelt die Haltung des Befragten zum angesprochenen Sachverhalt am ehesten wider, welche ist also zutreffender? (Kromrey 1994, S.281).

Schließlich spielen *Wortwahl* (*wording*) und *Satzbau* bei Fragen eine praktisch wichtige Rolle. Neben (bewährten) Faustregeln liegen dafür aber auch Resultate experimenteller Untersuchungen vor (z.B. von Schuman/

Presser 1981). Generell läßt sich etwa sagen (vgl. dazu Schnell/Hill/Esser 1992, S.344 ff.):

- daß Fragen *einfache* Worte enthalten sollten, also keine Fachausdrücke (es sei denn, man kann voraussetzen, daß die Befragten diese kennen, z.B. bei einer Befragung von Experten), keine *Fremdwörter*, keine *Abkürzungen* oder *Slangausdrücke*.
- daß Fragen *kurz* sein sollten (etwa 20 Worte als Höchstgrenze).
- daß Fragen sich auf *konkrete* und nicht auf abstrakte Sachverhalte beziehen sollten.
- daß Fragen dem *Sprachniveau der Befragten* angepaßt sein sollten.
- daß Fragen keine bestimmten Antworten provozieren sollten, also *Suggestivfragen* zu vermeiden sind (siehe dazu unten).
- daß Fragen *neutral* formuliert werden sollten, also keine präjudizierende oder diffamierende Begriffe verwendet werden sollten (z.B. "Kapitalist", "Proletarier", "Immobilienhai", "Spekulant" usw.).
- daß Fragen *nicht hypotethisch* formuliert werden sollten, z.B. "Angenommen, Sie wären 20 Jahre jünger, würden Sie dann ...?"
- daß Fragen sich immer nur auf *einen* Sachverhalt beziehen sollten und nicht gleichzeitig auf mehrere (Vermeidung von Mehrdimensionalität). "Mußten in dem Betrieb, in dem Sie beschäftigt sind, im letzten Jahr Überstunden geleistet werden oder mußte Kurzarbeit angeordnet werden?" ist eine Frage, die sich offensichtlich auf zwei verschiedene Sachverhalte bezieht. Eine Antwort darauf kann nicht eindeutig zugeordnet werden. Sie sollte deshalb in zwei separate Fragen aufgelöst werden.
- daß Fragen keine *doppelten Verneinungen* enthalten sollten.
- daß Fragen den Befragten *nicht überfordern* sollten. Das gilt insbesondere für Fragen, die sich auf die Vergangenheit beziehen, aber evtl. für Fragen wie: "Wieviel Prozent Ihres monatlichen Einkommens geben Sie für Miete aus?", bei der die Berechnung eines Prozentsatzes erwartet wird. Besser wären zwei Fragen, eine nach der Höhe des Einkommens und eine nach der Höhe der Miete. Das funktioniert allerdings nur dann, wenn die Frage nach der Höhe des Einkommens keine "sensitive Frage" ist, d.h. eine Frage, bei der man entweder mit einer Antwortverweigerung oder mit einer bewußt (nach "unten" oder nach "oben") verfälschten Antwort rechnen muß.
- daß Fragen *formal balanciert* sein sollten, d.h. alle positiven und negativen Antwortmöglichkeiten sollten in einer Frage enthalten sein, z.B.

"Sollte Ihrer Meinung nach der Konsum "weicher" Drogen legalisiert werden oder sollte er nicht legalisiert werden?" anstelle von nur "Sollte Ihrer Meinung nach der Konsum "weicher" Drogen legalisiert werden?" (dabei muß natürlich klar sein, was unter "weichen" Drogen zu verstehen ist).

- daß Fragen nur *eindeutige Worte* enthalten. Scheinbar eindeutige Worte wie z.B. "normalerweise", "üblicherweise", "häufig", "oft", "gelegentlich", "regelmäßig", "manchmal", können für verschiedene Befragte durchaus Verschiedenes bedeuten. So ist z.B. die Frage "Wie oft gehen Sie im Jahr zu einem Arzt?" mit der Antwortvorgabe "nie/gelegentlich/oft/ regelmäßig" anfällig für einen "response bias", weil die Antwortkategorien mehrdeutig sind. Eindeutig wäre z.B. die Vorgabe "nie/ein- bis zweimal/drei- bis viermal/mehr als viermal".

(vgl. dazu auch die Ausführungen zu Statements bei einer Likert-Skalierung in Abschnitt IV.3.3.1. die größtenteils mit den eben genannten übereinstimmen)

Daß Suggestivfragen manchmal auch in manipulativer Absicht gestellt werden, sei an folgendem Beispiel verdeutlicht, das zwei geschlossene Fragen zur "Samstagsarbeit" einander gegenüberstellt (vgl. dazu Krämer 1991, S.100 ff.).

Die IG-Metall hat – nach einer längeren Einleitung – eine einfache Frage mit drei Antwortkategorien formuliert:

"Die Gewerkschaften haben die 5-Tage-Woche von Montag bis Freitag in den fünfziger/sechziger Jahren durchgesetzt... Dadurch sind für alle zusätzliche Möglichkeiten der Freizeitgestaltung entstanden, an die wir uns alle gewöhnt haben. Was entspricht Deiner/Ihrer Meinung?

- Nach meiner Ansicht wäre die Abschaffung des freien Wochenendes ein schwerer Schlag für die Familie, Freundschaft, Partnerschaften, für Geselligkeit, Vereine, den Sport und das Kulturleben ☐
- Ich halte den gemeisamen Freizeitraum des Wochenendes für nicht so wichtig. Seine Abschaffung würde zur besseren Auslastung der Freizeit- und Verkehrseinrichtungen führen ☐

  Weiß nicht/Keine Antwort ☐

Dagegen *Marplan*:

"Inwieweit wären Sie bereit, samstags zu arbeiten, wenn es für die wirtschaftliche Situation des Unternehmens gut wäre?

Gelegentlich, wenn dafür an einem anderen Tag arbeitsfrei ist ☐

Häufiger, an mehreren Samstagen (etwa 8-12 mal jährlich), wenn dafür ein Zusatzurlaub von mehreren zusammenhängenden Tagen zusammenkommt ☐

Abwechselnd, einmal in der Woche 6 Tage lang, also einschließlich Samstag, und in der nächsten Woche vier Tage, so daß Sie in dieser Woche ein "Drei-Tage-Wochenende" zur Verfügung haben; dies etwa an 20 Samstagen im Jahr ☐

Nein, nicht bereit ☐

Das Resultat war, daß nach der IG-Metall-Befragung 95% aller Befragten Samstagsarbeit ablehnten, dagegen bei der Marplan-Befragung 72% zur Samstagsarbeit bereit waren. Es braucht wohl nicht viel Scharfsinn um einzusehen, daß beide Formulierungen suggestiv bzw. manipulativ sind. Die erste stellt einseitig die Vorteile der Freizeit heraus und läßt jede andere Haltung als Verrat an den Arbeitnehmerinteressen erscheinen, die zweite stellt nur mögliche Vorteile der Samstagsarbeit heraus, unterstellt auch eine gewisse Notsituation des Unternehmens, die sicher nicht für alle Unternehmen zutrifft (vgl. dazu Laatz 1993, S.126). Obwohl beide Befragungen suggestiv/manipulativ sind, sind sie nicht miteinander vergleichbar, da die Suggestion an verschiedenen "Punkten" ansetzt.

Schließlich sei noch auf das Problem der sogenannten *sensitiven* Fragen eingegangen. Darunter sind Fragen nach sozial unerwünschten Verhaltensweisen zu verstehen, wie z.B. Drogen- und Alkoholkonsum, Steuerhinterziehung usw. Welche Bereiche als sensitiv gelten, ist einerseits kulturabhängig, aber auch von der sozialen Schicht, andererseits aber auch dem Wandel der Zeit unterworfen. Mit *direkt* gestellten sensitiven Fragen riskiert man eine große Anzahl von Antwortverweigerungen bzw. bewußt falsche Antworten. Eine Möglichkeit besteht darin, solche Fragen indirekt zu stellen. Weitere Möglichkeiten sind *Verharmlosen, Entschärfen* (z.B. statt von "Stehlen" spricht man von "mit nach Hause nehmen"), Appell an den *Mitläufereffekt* (z.B. "Fast jeder "schummelt" ein bißchen bei der Steuererklärung, haben Sie das auch schon getan?"), *Überrumpeln* (z.B. "Sagen Sie mir bitte, wann Sie zum letzten Mal "angeheitert" Auto gefahren sind?") u.ä., vgl. dazu Mayntz/Holm/Hübner 1969, S.110 ff.).

Einen ganz anderen Zugang zur Handhabung sensitiver Fragen bietet eine auf wahrscheinlichkeitstheoretischen Überlegungen basierende Technik, die als *Randomized Response Technique* (RRT) bekannt ist. Darauf sei bei der Darstellung des standardisierten Interviews eingegangen.

VI.3.2. Zur Fragebogengestaltung

Die bisherigen Ausführungen bezogen sich auf Probleme, die mit der Formulierung *einzelner* Fragen verbunden sind. Bei den weitaus meisten Erhebungen kann man sich jedoch nicht auf einige wenige oder gar nur eine einzige Frage beschränken. Ein *Fragebogen* ist ein Datenerhebungsinstrument, das aus einer *Kollektion* von Fragen besteht, mittels derer diejenigen Informationen gewonnen werden sollen, welche gemäß dem "theoretischen Vorspann" einer empirischen Untersuchung (Erkenntnis- bzw. Verwertungsinteresse, dimensionale/und oder semantische Analyse, Begriffsdefinitionen, Indikatorenwahl, Operationalisierung) benötigt werden. So gesehen ist ein Fragebogen nichts anderes als die "Übersetzung" der einer Untersuchung zugrundeliegenden Forschungsprobleme in Fragen. Welche Fragen konkret zu stellen sind, hängt ganz von diesen Problemen (empirische Überprüfung einer Theorie und/oder von Hypothesen bzw. Deskription eines Ausschnittes der Realität) ab. Es ist deshalb auch nur beschränkt möglich, die Qualität eines Fragebogens zu beurteilen, wenn man nicht den "theoretischen Hintergrund" einer Untersuchung genau kennt. Ohne diesen Hintergrund läßt er sich nur bezüglich formaler Kriterien beurteilen, die sich auf die Fragenformulierung beziehen, wie sie im vorigen Abschnitt besprochen wurden, sowie hinsichtlich entsprechender Kriterien für die Gestaltung des gesamten Fragebogens, wie sie nun hier darzulegen sind. Ein "formal korrekter" Fragebogen muß aber noch lange kein "inhaltlich korrekter" Fragebogen sein.

Eine "korrekte" Übersetzung der Forschungsfragestellungen ist zwar die Hauptaufgabe eines Fragebogens, zusätzlich sollte er aber so gestaltet sein, daß er für die Befragten *motivierend* wirkt und ihre *Kooperationsbereitschaft* erhöht.

Für den Entwurf eines Fragebogens steht nun genau so wenig wie für die Formulierung einer einzelnen Frage eine Theorie zur Verfügung. Es gibt also keine wissenschaftlichen Prinzipien, deren Befolgung einen "optimalen"

Fragebogen garantierten, Fragebogendesign ist eher als "Kunst" denn als Wissenschaft anzusehen.

Nach ihrer *Funktion* im Fragebogen lassen sich zunächst *Einleitungs- und Übergangsfragen* unterscheiden.

Einleitungsfragen sind insofern von großer Bedeutung, als sie zuerst dazu dienen sollen, ein "günstiges Klima" für die Befragung zu schaffen. Deshalb sollten diese Fragen sowohl leicht zu beantworten sein (und zwar von möglichst allen Befragten) als auch auf möglichst interessante Weise in das Thema der Befragung einführen. Wenn schon die ersten Fragen mit "weiß nicht" oder "trifft nicht zu" beantwortet werden müssen, dann kann sich beim Befragten leicht der Eindruck einstellen, daß ihn die ganze Sache wenig angehe. "[Es] sollte davon abgesehen werden, als Einleitung Fragen nach Geschlecht, Alter und anderen demographischen Merkmalen zu stellen. Eine solche Einführung läßt den Befragten zu lange im Unklaren über den "eigentlichen" Sinn des Interviews" (Schnell/Hill/Esser 1992, S.353).

Fragen, die sich auf den gleichen Themenbereich beziehen, sind *zusammenzufassen* und nicht über den ganzen Fragebogen zu streuen (eine Ausnahme bilden Kontrollfragen, die zur Überprüfung der Zuverlässigkeit der Antwort auf eine bestimmte Frage in ähnlicher Weise und so, daß es der Befragte möglichst nicht merkt, später nochmals gestellt werden). *Übergangsfragen* dienen dazu, verschiedene Themenbereiche gegeneinander abzugrenzen, d.h. dem Befragten den Themenwechsel zu "signalisieren".

Zu achten ist bei der im Fragebogen festzulegenden *Fragensequenz* – sowohl *innerhalb* eines Themenkomplexes (zu dem in der Regel nicht nur eine Frage gestellt wird, sondern mehrere, d.h. eine *Fragenbatterie*) als auch *zwischen* verschiedenen Themenkomplexen – auf mögliche *Verzerrungseffekte*. Diese hängen damit zusammen, daß die einzelnen Fragen von den Befragten nicht isoliert gesehen, sondern zueinander "in Beziehung" gesetzt werden. Es ist auf *Ausstrahlungs-* bzw. *Plazierungseffekte* zu achten, die allerdings auch erwünscht sein können, was z.B. bei der *Trichterung* bezüglich des Ausstrahlungseffektes zutrifft. Dabei geht man von einer allgemeinen Frage zu immer spezielleren über, d.h. der Befragte wird – beginnend mit einer allgemeinen Frage – stufenweise in ein bestimmtes Thema eingeführt, wobei die aufeinanderfolgenden Fragen sich auf immer speziellere Aspekte des Themas beziehen. Bei Meinungsfragen sind Ausstrahlungseffekte natürlich völlig unerwünscht.

Von *Plazierungseffekten* spricht man, wenn mit Ausstrahlungen zwischen Fragen verschiedener Themenkomplexe zu rechnen ist. In diesem Fall empfiehlt sich eine Trennung dieser Themenkomplexe, was jedoch nicht immer möglich ist. Hier läßt sich durch eine Variation in der Reihenfolge der Fragen der Ausstrahlungseffekt zwar nicht beseitigen, immerhin aber kontrollieren (vgl. Kromrey 1994, S.284).

Filterfragen haben die Funktion, daß je nach gegebener Antwort gewisse (nachfolgende) Fragen als "nicht zutreffend" übersprungen werden können. Fragt man z.B. ob jemand Mitglied eines Sportvereins ist und beziehen sich die folgenden fünf Fragen auf Aktivitäten der Vereinsmitglieder, dann ist dies eine Filterfrage, weil für Befragte, die keinem Sportverein angehören, diese Fragen keinen Sinn haben und deshalb übersprungen werden können bzw. müssen.

Was die oben diskutierten sensitiven Fragen anbelangt, sollten diese nicht an den Anfang eines Fragebogens plaziert werden, um keinen Abbruch der Befragung zu riskieren. Sie ganz an das Ende zu verlagern, kann allerdings auch problematisch sein, wenn sie damit aus dem Zusammenhang des Fragenkomplexes gerissen werden, dem sie thematisch zuzuordnen sind. Empfohlen wird eine Plazierung jeweils am Ende des zugehörigen Themenkomplexes (vgl. dazu Schnell/Hill/Esser 1992, S.354).

Schließlich spielt auch das *Layout* eines Fragebogens eine nicht zu unterschätzende Rolle, insbesondere bei der schriftlichen Befragung. Er sollte eine klar erkennbare Gliederung aufweisen, z.B. Teil A , Teil B usw. (mit jeweiliger Nennung des Themenkomplexes). Insgesamt sollte er einen "professionellen" Eindruck vermitteln, auch was Papierqualität und Form betrifft. Bei einem längeren Fragebogen ist eine Broschüre einer Sammlung "fliegender Blätter vorzuziehen.

Beim Interview kommt es hauptsächlich auf Übersichtlichkeit für den Interviewer an, weshalb z.B. verschiedene Schrifttypen zur Unterscheidung von Fragen und Anweisungen an den Interviewer zu empfehlen sind. Filterfragen sollten optisch so gestaltet sein, daß die nächsten Fragen zügig ohne langes Suchen gestellt werden können. Texte, die der Interviewer sprechen muß, sollten im Fragebogen schriftlich fixiert sein usw. (vgl. Schnell/Hill/Esser 1992, S.356 ff.).

Da es für die Gestaltung eines Fragebogens nur ziemlich allgemeine und relativ vage Regeln gibt, sollte er nie "im stillen Kämmerlein" entwickelt und dann unmittelbar eingesetzt werden. Vielmehr sollte er – im Sinne einer intersubjektiven Kontrolle – der Kritik Dritter (z.B. Kollegen) ausgesetzt werden. Es besteht leicht die Gefahr, "betriebsblind" zu werden, man hält Fragen, verwendete Begriffe, Definitionen usw. für eindeutig und klar und realisiert erst in der Diskussion mit Dritten vorhandene Mängel und Unklarheiten. Außerdem ist dringend ein *Pretest* mit Personen aus der Zielgrundgesamtheit anzuraten, um herauszufinden, ob Fragen falsch verstanden wurden, welche Fragen und/oder Begriffe als schwierig oder unverständlich empfunden werden, welche Fragen evtl. überflüssig sind usw. Ein Pretest kann auch Hinweise dafür liefern, ob Fragen zu einem Themenkomplex vergessen oder nur ungenügend berücksichtigt wurden. Die Entwicklung eines Fragebogens ist ein Prozeß, der vom ersten Entwurf bis zur Einsatzreife kritischer Evaluation "von außen" bedarf.

VI.3.3. Das standardisierte Interview

Das *Interview* stellt wohl die wichtigste *mündliche* Befragungsart dar. Dabei sind, wie schon oben bemerkt wurde, verschiedene Grade von Standardisierung denkbar. Während beim *nicht-standardisierten Interview* überhaupt kein Fragebogen verwendet wird, also sowohl die Frageformulierung als auch die Abfolge der Fragen dem Interviewer überlassen wird, liegt ein solcher beim *teil-standardisierten Interview* vor. Der Interviewer ist gehalten, *alle* Fragen, die im Fragebogen aufgeführt sind, in der dort vorgesehenen Formulierung zu stellen, hat aber Wahlfreiheit bezüglich der Abfolge, in der er die Fragen stellt. Diese sollte u.a. gemäß dem sich entwickelnden Gesprächsablauf gestaltet werden. Ein solches Interview verwendet den Fragebogen als Leitfaden, weshalb das teil-strukturierte Interview auch als *Leitfadengespräch* bezeichnet wird. Dagegen hat sich beim *standardisierten* oder *voll-standardisierten* Interview der Interviewer strikt an den vorliegenden Fragebogen zu halten und zwar sowohl was die genaue Formulierung der Fragen als auch deren Reihenfolge betrifft. Die Rolle des Interviewers ist bei dieser Befragungsform sozusagen diejenige des *neutralen* Übermittlers der zu stellenden Fragen. Daß diese Vorstellung nicht ganz realistisch ist, wird noch darzulegen sein. In diesem Abschnitt wollen wir uns mit dem standardisierten mündlichen Interview beschäftigen.

Man macht sich leicht klar, daß einer Interviewsituation etwas "Künstliches" anhaftet, sie ist in gewisser Weise vergleichbar mit einem Labor-Experiment. In der Regel kennen sich die Interviewpartner nicht, der Interviewer muß deshalb zuerst das Einverständnis des zu Befragenden für das durchzuführende Interview gewinnen. Dieses hängt einerseits von der "Qualität" des Interviewers ab (persönliche Ausstrahlung, geschickte und überzeugende Einführung), andererseits aber auch von der grundsätzlichen Antwortbereitschaft der angesprochenen Person. Erfahrungsgemäß ist letztere bei verschiedenen sozialen Schichten durchaus in unterschiedlichem Maß ausgeprägt, "Mittelschichtangehörige" gelten im allgemeinen als kommunikationsfreudiger als Angehörige der "Arbeiterschicht" und "Oberschicht". Da der Interviewer den aktiven Part im Interview spielt, stellt das Interview eine *asymmetrische* soziale Beziehung dar, der Befragte wird quasi in die Rolle des "Datenlieferanten" gedrängt. Die Meinungsäußerungen zu den gestellten Fragen im Kontext eines Interviews können sich erheblich unterscheiden von den Äußerungen zu den selben Fragen unter "natürlichen" Bedingungen, d.h. außerhalb der Interviewsituation. Dies deshalb, weil die Antworten im Interview "sozial folgenlos" bleiben, worauf der Interviewer üblicherweise durch die Zusicherung der Anonymität hinweist. Die im Interview geäußerten Meinungen sind deshalb als "unverbindlich" zu bezeichnen (vgl. zur Interview-Situation Kromrey 1994, S.269 ff.).

Interviews sind zu den *reaktiven* Meßverfahren zu zählen. Theoretisch sollte der Interviewer keinerlei Einfluß auf den Befragten ausüben, praktisch läßt sich das aber nicht vollständig vermeiden, d.h. Reaktionen eines Befragten auf eine Frage sind u.U. nicht nur auf den Frageinhalt zurückzuführen, sondern auch auf Interaktionen zwischen Interviewer und Befragtem. Antworten können je nach Befragungsthemathik mehr oder weniger davon abhängen, ob z.B. eine Frau von einem Mann, ein Älterer von einem wesentlich Jüngeren, ein "Schwarzer" von einem "Weißen", ein Inländer von einem Ausländer (oder jeweils umgekehrt) interviewt wird. Einen Einfluß kann auch die Sprache haben, ob z.B. beide Partner sich der Schriftsprache oder des gleichen Dialekts (oder unterschiedlicher Dialekte) bzw. Dialekt einerseits und Schriftsprache andererseits, bedienen. Auch Äußerlichkeiten wie Kleidung und Auftreten können u.U. einen erheblichen Einfluß auf das Antwortverhalten ausüben. Sehr saloppe oder gar nachlässige Kleidung kann einen Befragten an der Seriosität des Interviews zweifeln lassen, umgekehrt kann ein ausgesprochen gut gekleideter Interviewer bei manchen Leuten

Mißtrauen erwecken. Diese potentiellen Einflüsse hängen natürlich in starkem Maß von der Schichtzugehörigkeit eines Befragten ab.

Diese schon seit langem bekannten Probleme des Interviews , der "response errors", haben zu einer intensiven Methodenforschung geführt. Nach Schnell/Hill/Esser 1992, S.360 "ist das Interview auch das Erhebungsverfahren, zu dem am meisten Methodenforschung betrieben wurde". Als wichtige "response errors" oder "Antwortverzerrungen" sind die "Zustimmungstendenz" ("Akquieszens") und die "soziale Erwünschtheit" ("social desirability response set") zu nennen (zu diesen systematischen Fehlern bei der Befragung siehe auch Esser 1986, S.316-319. Wichtige andere Verzerrungseffekte können als Spezialfälle dieser beiden Effekte begriffen werden.

Unter der *Zustimmungstendenz* (*Akquieszens*) wird die Zustimmung zu einer Frage ohne Bezug zum Inhalt der Frage verstanden. Diese kann sich z.B. dadurch zeigen, daß von einem Befragtem zwei Fragen mit genau entgegengesetztem Inhalt bejaht werden, etwa: "Autos ohne Katalysator sollten höher besteuert werden als bisher" und "Autos ohne Katalysator sollten nicht höher besteuert werden als bisher". Erklärt wird ein solches Verhalten entweder als Persönlichkeitsmerkmal von Befragten ("geringe Ich-Stärke") oder als Behauptungsstrategie von im Alltag unterpriviligierten Personen. "Zustimmungstendenzen [treten] vor allem in unklar definierten Situationen bei Personen auf, die solche Situationen als lediglich durch Deferenz und Anpassung bewältigbar erlernt haben" (Schnell/Hill/Esser 1992, S.302).

Antworten, die in Richtung *sozialer Erwünschtheit* verzerrt sind, sind z.B. bei Fragen nach Konsum von Suchtmitteln, nach als extrem geltenden politischen Ansichten o.ä. zu erwarten. Dahinter kann sich ein Bedürfnis nach sozialer Anerkennung ebenso verbergen wie Angst davor, seine wirkliche Meinung ungeschminkt offenzulegen. Dieses Antwortverhalten kann als "kulturell soziale Erwünschtheit" auftreten (z.B. als Akademiker urteilt "man" nicht so radikal, als Frau hat "man" (oder "frau") sich heutzutage emanzipiert (oder "efrauzipiert") zu geben usw. oder auch als "situationale soziale Erwünschtheit", d.h. es ist auf die konkrete Befragungssituation zurückzuführen, etwa wenn der Befragte annimmt, daß der Interviewer bestimmte Antworten erwartet. Die Anwesenheit Dritter beim Interview kann ebenfalls eine Ursache dafür sein (vgl. Schnell/Hill/Esser 1992, S.363 ff.).

Traditionellerweise versucht man Reaktivitätseffekte durch Interviewerschulung, besondere Fragenformulierung (vgl. dazu die Ausführungen in

Abschnitt VI.3.1.), sorgfältigen Fragebogenaufbau usw. zu minimieren. Nach Esser 1986 treten *bedeutsame* Verzerrungseffekte nur unter speziellen Bedingungen auf (siehe insbesondere seine Schlußfolgerungen auf S.332). Allerdings haben die genannten möglichen Fehlerquellen des Interviews auch zur Entwicklung alternativer Befragungstechniken beigetragen.

Schließlich sei noch auf eine Variante des persönlichen Interviews hingewiesen, der – ausgehend von den USA – in Zukunft wohl allgemein eine immer größere Bedeutung zukommen dürfte. Gemeint ist das CAPI (**C**omputer **A**ssisted **P**ersonal **I**nterview). An die Stelle des Interviewers tritt dabei der PC (falls er überhaupt noch physisch anwesend ist beschränkt sich seine Rolle auf die eines Helfers, falls technische Schwierigkeiten mit dem Programm auftreten sollten o.ä.). Ein *interaktiver* Fragebogen erlaubt dem Befragten, seine Antworten direkt in den Computer einzugeben. Damit können nicht nur gewisse Interviewereffekte vermieden werden (z.B. Beeinflussung der Antwort durch bewußte oder unbewußte Betonungen von Wörtern oder Satzteilen, die Versuchung, sozial erwünschte Antworten zu geben, dürfte geringer werden), sondern auch Fehler des Interviewers bei der Übertragung der Antworten in den Fragebogen sowie Fehler beim Transfer der Fragebogendaten auf einen Datenträger. Die Kosten für diesen sonst notwendigen Transfer entfallen. Insgesamt ist beim CAPI mit einer erheblichen Kostenreduktion im Vergleich zum klassischen persönlichen Interview zu rechnen.

CAPI kann z.B. so durchgeführt werden, daß Disketten mit dem Frageprogramm versandt werden, was natürlich bei allgemeinen Bevölkerungsbefragungen eine PC-Dichte voraussetzt, die mit der Telefondichte (etwa den USA und den meisten Industrieländern) vergleichbar ist. Ist das nicht der Fall, dann muß der Interviewer die zu Befragenden mit einem portablen PC aufsuchen, wobei allerdings Reisekosten in gleicher Höhe wie beim klassischen Interview anfallen. Außerdem muß damit gerechnet werden, daß es Schwierigkeiten gibt bei Personen, die noch nie einen PC bedient haben, was aber je länger je weniger ein Problem sein dürfte, sind doch heutzutage die nachwachsenden Generationen schon von Kindesbeinen an mit Computern vertraut.

Wenn man an die Möglichkeiten der "globalen Vernetzung" denkt (Stichwort: "Internet"), dann braucht es nicht viel Phantasie um sich vorzustellen, daß in vermutlich nicht allzu ferner Zukunft, CAPI weltweit mit relativ geringen Kosten durchführbar sein dürfte, so daß das "persönliche Interview ohne Interviewer" möglicherweise zum "Standarddatenerhebungsinstrument" (evtl. zusammen mit CATI, dem **C**omputer **A**ssisted **T**elephone **I**nterview) avancieren könnte.

VI.3.3.1. Alternative Interviewformen

Unter *alternativen Interviewformen* seien hier solche verstanden, die auf die eine oder andere Weise vom standardisierten Interview abweichen. Insbesondere verwenden sie keinen festen Fragebogen, der sowohl für den Interviewer als auch den Befragten "verbindlich" ist. Man spricht daher auch vom "offenen Interview" oder "Leitfadengespräch". Andere Bezeichnungen wie z.B. "qualitatives Interview" oder "Intensivinterview" sind leicht irreführend, weil sie suggerieren, gerade diese Interviewform gewährleiste eine besonders "hohe Qualität" der Datenerhebung (was immer dies auch heißen mag) oder eine besonders "intensive", im Unterschied zum standardisierten Interview. Außerdem kann ein "Intensivinterview" leicht verwechselt werden mit dem in der Psychiatrie praktizierten "Tiefeninterview".

Grundlage eines Leitfadengesprächs ist ein *Stichwort-Katalog*, der sicherstellen soll, daß auch alle forschungsrelevanten Themen angesprochen werden und damit wenigstens eine "rudimentäre Vergleichbarkeit der Interviewergebnisse gewährleistet werden kann" (Schnell/Hill/Esser 1992, S.391). Zusätzlich können Fragen vorgesehen sein, die bei *jedem* Interview zu stellen sind ("Schlüsselfragen") und solche, die je nach Gesprächsverlauf relevant werden können ("Eventualfragen"). Aber die genaue Formulierung der Fragen, ihre Reihenfolge und die Reihenfolge der einzelnen Themen ist dem Interviewer überlassen bzw. sollte vom Gesprächsfluß abhängen.

Beim Leitfadengespräch wird eine "offene" Gesprächsführung angestrebt, "damit der Bezugsrahmen des Befragten bei der Fragebeantwortung miterfaßt werden kann, um so einen Einblick in die Relevanzstrukturen und die Erfahrungshintergründe des Befragten zu erlangen" (Schnell/Hill/Esser 1992, S.390 ff.).

Das Leitfadengespräch stellt wesentlich höhere Anforderungen an den Interviewer als das standardisierte Interview, da er die Interviewfragen erst im Gespräch formulieren kann, d.h. er muß während des Gesprächs Forschungsfragen "übersetzen" in Interviewfragen. Beim standardisierten

Gespräch ist dies die Aufgabe des Forschers. Da keine Antwortvorgaben existieren wie bei geschlossenen Fragen, gestaltet sich auch die Dokumentation der Antworten ungleich schwieriger und aufwendiger als beim standardisierten Interview, das ja im allgemeinen nur wenige offene Fragen aufweist. Manchmal kann die Dokumentation durch Tonbandaufzeichnungen erleichtert werden. Solche können sich aber auch als problematisch erweisen, da sich der Interviewpartner bei einer Gesprächsaufzeichnung möglicherweise anders ausdrückt oder verhält als sonst. Die Datenqualität beim Leitfadengespräch hängt sowohl hinsichtlich der Gesprächsführung (Fragenformulierung und Fragensequenz) als auch der Dokumentation in hohem Maß von der Qualifikation des Interviewers ab. Aber auch an den Befragten sind bezüglich seiner sprachlichen Kompetenz und Kooperationsbereitschaft (auch wegen des höheren Zeitaufwandes) höhere Anforderungen zu stellen als beim standardisierten Interview.

Leitfadengespräche werden vor allem explorativ eingesetzt, zur Hypothesengewinnung, als Pretest bei der Entwicklung eines standardisierten Fragebogens, zur Analyse kleiner oder besonders interessanter Gruppen oder von Einzelfällen.

Dem *narrativen Interview* liegt im Gegensatz zum Leitfadengespräch in der Regel nicht einmal ein Stichwort-Katalog zugrunde. Vielmehr wird dem Befragten lediglich ein Grobthema vorgegeben zu dem er seine Erlebnisse erzählen soll, z.B. die Geschichte seiner Firmengründung, die Geschichte seiner Erfindung usw. Das narrative Interview ist die "Erzählung eigenerlebter Geschichten" (Schütze 1976, S.163), der Interviewpartner plaudert sozusagen aus dem "Nähkästchen". Daraus folgt schon, daß diese Interviewform nur für spezielle Fragestellungen bzw. Situationen geeignet ist.

Im wesentlichen werden drei Gesprächsphasen unterschieden, die "Erzähl-", die "Rückgriffs-" und die "Bilanzierungsphase". In der *Erzählphase* läßt der Interviewer seinen Interviewpartner seine Geschichte erzählen ohne ihn zu unterbrechen. Erst danach kann er ihn in der *Rückgriffsphase* bitten, gewisse Ereignisse nochmals oder ausführlicher zu erzählen. Dies wird er vor allem dann tun, wenn ihm gewisse Zusammenhänge nicht klar geworden sind oder als widersprüchlich erscheinen. Der Erzähler kann dann in der *Bilanzierungsphase* dem Interviewer die gewünschten Informationen liefern. Die Rolle des Interviewers besteht im wesentlichen darin, den Erzähler zu motivieren, d.h. seine Erzählbereitschaft zu fördern (durch Zustimmung,

Bitten um nähere Erläuterungen usw.). Fragen nach Begründungen sind dagegen verboten, ebenso wie die Äußerungen von irgendwelchen Zweifeln.

Narrative Interviews werden in der Regel auf Tonband oder Videofilm aufgezeichnet und anschließend in schriftliche Form "übersetzt". Diese *Transskriptionsphase* ist jedoch nicht unproblematisch: "Der immer wieder betonte Vorteil narrativer Interviews, als Medium die Situationsgebundenheit von Gesprächen und Interaktionen ernst zu nehmen und nachvollziehen zu können, wird allerdings spätestens bei der Transskription als Überführung des Gesprächsverlaufs in situationsunabhängige Daten aufgehoben" (Schnell/Hill/Esser 1992, S.393).

Es ist wohl Schnell/Hill/Esser zuzustimmen, wenn sie das Hauptproblem des narrativen Interviews wie folgt charakterisieren: "Das Hauptproblem dieser Interviewform liegt jedoch darin, daß hauptsächlich der Interviewpartner spricht bzw. sprechen soll. Damit sind die Ergebnisse im wesentlichen Umfang von der Sprachkompetenz des Befragten, seiner retrospektiven Kompetenz sowie von der Bedeutung, die dem Forschungsgegenstand zugemessen wird, abhängig" (Schnell/Hill/Esser 1992, S.394).

VI.3.3.2. Randomized Response-Technik

Als eine spezielle alternative Befragungstechnik im Rahmen des Interviews (und der schriftlichen Befragung) ist die *Randomized-Response-Technik* (*RRT*) anzusehen, die entwickelt wurde, um Antwortverzerrungen bei sensitiven Fragen zu vermeiden bzw. um überhaupt Antworten zu erhalten, da erfahrungsgemäß das *Non-Response-Risiko* bei dieser Art von Fragen besonders hoch ist. Deshalb und weil sie vom methodischen Ansatz mit den im letzten Abschnitt behandelten alternativen Interviewformen nicht vergleichbar ist, soll sie hier gesondert dargestellt werden.

Die ursprüngliche Form der RRT geht auf Warner 1965 zurück, die dann von einer Reihe von Autoren verfeinert und modifiziert wurde. Die Grundidee von Warner besteht darin, zwei logisch sich gegenseitig ausschließende Fragen zu stellen, wobei ein *Zufallsmechanismus* darüber entscheidet, welche Frage gestellt wird und nur der Befragte weiß (aber nicht der Interviewer), welche Frage gestellt wird. Im einfachsten Fall weisen beide Fragen eine *dichotome* Antwortstruktur auf, z.B. Ja/Nein. Mit Hilfe einfacher wahrscheinlichkeitstheoretischer Überlegungen läßt sich dann der Anteil der Befragten schätzen, welche die sensitive Eigenschaft aufweisen. Seien die beiden Fragen, auf die man entweder nur mit "Ja" oder "Nein" antworten kann z.B.:

F_1: Ich habe schon mal Heroin konsumiert

F_2: Ich habe noch nie Heroin konsumiert,

dann ist: $W(Ja) = W(F_1)W(Ja|F_1) + W(F_2)W(Ja|F_2)$,

d.h.: die Wahrscheinlichkeit einer "Ja-Antwort" ist gleich der Wahrscheinlichkeit, daß Frage 1 gestellt wird multipliziert mit der Wahrscheinlichkeit, daß mit "Ja" geantwortet wird bei Frage 1 plus der Wahrscheinlichkeit, daß Frage 2 gestellt wird multipliziert mit der Wahrscheinlichkeit, daß "Ja" geantwortet wird bei Frage 2 (genau genommen handelt es sich hier nicht um Fragen, sondern um Statements mit den Antwortkategorien "richtig/falsch" oder "trifft zu/trifft nicht zu", der Einfachheit halber soll aber durchweg von "Fragen" mit den Antwortkategorien "Ja/Nein"die Rede sein).

Bezeichne λ die Wahrscheinlichkeit einer "Ja-Antwort", p die Wahrscheinlichkeit, daß Frage 1 gestellt wird und π die Wahrscheinlichkeit, daß "Ja" geantwortet wird unter der Bedingung, daß Frage 1 gestellt wird, dann kann man für obige Gleichung schreiben:

$$\lambda = p\pi + (1 - p)(1 - \pi)$$

bzw. nach π aufgelöst:

$$\pi = \frac{(\lambda + p - 1)}{2p - 1}, \quad p \neq 0.5$$

p, also die Wahrscheinlichkeit, daß die sensitive Frage (F_1) gestellt wird, ist durch die Art des benutzten Zufallsmechanismus festgelegt (z.B. p=0.2, wenn der Befragte zufällig eine Kugel aus einer gut durchmischten Urne mit 20 weißen und 80 schwarzen Kugeln zieht). Zunächst ist nur darauf zu achten, daß diese verschieden ist von 0.5. Damit kann man den Anteil derjenigen befragten Personen schätzen, der die sensitive Frage bejaht hat. Diese ergibt sich daraus, daß die unbekannte Wahrscheinlichkeit λ mit "Ja" zu antworten durch die relative Häufigkeit der "Ja-Antwortenden" ersetzt wird. Bei korrekter Handhabung der Prozedur ist es jedoch nicht möglich, auf die Antwort einer einzelnen Person zu schließen, da der Interviewer nicht weiß, ob der Befragte zu F_1 oder F_2 "Ja" oder "Nein" gesagt hat. Die (geschätzte) Varianz des obigen Schätzers ist (vgl. Fox/Tracy 1986, S.19).:

$$Var(\hat{\pi}) = \frac{\hat{\pi}(1 - \hat{\pi})}{n} + \frac{p(1 - p)}{n(2p - 1)^2}, \quad n := \text{Anzahl der Befragten}$$

Der ursprüngliche Warner-Ansatz weist zwei Nachteile auf. Verglichen mit der (geschätzten) Varianz der Stichprobenproportion, wenn die sensitive Frage direkt gestellt wird – $\hat{\pi}(1-\hat{\pi})/n$ – , zeigt der zweite Term die *Varianzerhöhung* infolge der indirekten Befragung (vgl. Fox/Tracy 1986, S.20); allerdings scheint dieser Nachteil doch wohl mehr ein theoretischer zu sein, da Antwort-Verzerrung sowie Non-Response bei direkter Befragung viel gravierendere Probleme sein dürften als diese Varianzaufblähung). Praktisch bedeutsamer ist, daß *beide* Fragen die sensitive Thematik berühren (einmal positiv und einmal negativ formuliert), was bei nicht wenigen Befragten den Verdacht wecken dürfte, daß es dem Interviewer mit Hilfe eines "eingebauten" Tricks eben doch möglich ist, seinen wahren "Status" – also auf welche Frage er mit "Ja" geantwortet hat – zu entschlüsseln.

Vorzuziehen ist deshalb eine "harmlose" Alternativfrage, also eine Frage, die nicht die Negation der sensitiven Frage ist, z.B.:

F_1: Haben Sie schon mal Heroin konsumiert?

F_2: Haben Sie eine Tageszeitung abonniert?

("alternative question case" nach Horvitz/Shah/Simmons 1967).

Hier sind zwei Wahrscheinlichkeiten unbekannt, π_1 und π_2, also die Wahrscheinlichkeiten F_1 bzw. F_2 mit "Ja" zu beantworten. Deshalb sind bei diesem Ansatz *zwei unabhängige Stichproben* notwendig mit verschiedenen Selektionswahrscheinlichkeiten p_1 und p_2 für F_1 und F_2. Hier ist:

$$\lambda_i = p_i\pi_1 + (1 - p_i)\pi_2 \ , \ i = 1,2 \ , \ p_1 \neq p_2$$

woraus sich die Wahrscheinlichkeit, daß die sensitive Frage F_1 mit "Ja" beantwortet wird, ergibt:

$$\pi_1 = \frac{\lambda_1(1 - p_2) - \lambda_2(1 - p_1)}{p_1 - p_2}$$

die wiederum geschätzt werden kann, indem die beiden unbekannten Wahrscheinlichkeiten λ_1 und λ_2 durch die entsprechenden relativen Häufigkeiten aus den beiden Stichproben ersetzt werden. Die (geschätzte) Varianz dieses Schätzers mit den Stichprobenumfängen n_1 bzw. n_2 ist (vgl. Fox/Tracy 1986, S.21):

$$\mathrm{Var}(\hat{\pi}_1) = \frac{1}{(p_1 - p_2)^2}\left[\frac{\hat{\lambda}_1(1 - \hat{\lambda}_1)(1 - p_2)^2}{n_1} + \frac{\hat{\lambda}_2(1 - \hat{\lambda}_2)(1 - p_1)^2}{n_2}\right]$$

Den Aufwand zweier Stichproben kann man sich sparen, wenn als Alternativfrage eine solche verwendet wird, deren Verteilung (also die Wahrscheinlichkeit π_2, daß sie mit "Ja" beantwortet wird) bekannt ist. Dann reduzierten sich die beiden letzten Ausdrücke auf:

$$\hat{\pi}_1 = \frac{\hat{\lambda} - (1 - p)\pi_2}{n}, \quad Var(\hat{\pi}_1) = \frac{\hat{\lambda}(1 - \hat{\lambda})}{np^2}$$

(vgl. Fox/Tracy 1986, S.21). Eine derartige Frage ist z.B. die nach dem Geburtsmonat ($\pi_2 = 30/365$, wenn angenommen werden darf, daß diesbezüglich eine Gleichverteilung vorliegt).

Steht keine Alternativfrage mit bekannter Antwortverteilung zur Verfügung, dann kann als etwas einfachere Variante der obigen Zwei-Stichproben-Prozedur nach Moors 1971 eine der beiden Stichproben dazu benutzt werden, um die Wahrscheinlichkeit einer "Ja"-Antwort auf die nicht-sensitive Frage *direkt* zu schätzen, d.h. man stellt diese Frage *allein*, während in der anderen Stichprobe die Befragten mit beiden Fragen auf "randomisierte" Weise konfrontiert werden. Der Vorteil gegenüber der obigen Vorgehensweise ist darin zu sehen, daß die Varianz der Schätzung der "Ja"- Antworten bei der sensitiven Frage kleiner sein kann.

Eine Weiterentwicklung des Zwei-Stichprobenmodells nach Folsom/ Greenberg/Horvitz/Abernathy 1973 mit dem Ziel einer besseren Ausschöpfung der Informationen, die mit beiden Stichproben erzielbar sind, verwendet zwei harmlose Fragen, die in je einer Stichprobe direkt erfragt bzw. mit der sensitiven Frage randomisiert gekoppelt werden, also z.B.:

Stichprobe 1:	F_1:	Haben Sie schon mal Heroin konsumiert?
	F_2:	Haben Sie eine Tageszeitung abonniert?
	F_3:	Sind Sie Mitglied irgendeines Clubs?
Stichprobe 2:	F_1:	Haben Sie schon mal Heroin konsumiert?
	F_2:	Sind Sie Mitglied irgendeines Clubs?
	F_3:	Haben Sie eine Tageszeitung abonniert?

F_1 und F_2 werden in beiden Stichproben randomisiert gestellt, dagegen F_3 jeweils direkt. In beiden Stichproben läßt sich der Anteil der "Ja"-Antworten auf die sensitive Frage schätzen durch:

$$\hat{\pi}_1(1) = \frac{1}{p}[\hat{\lambda}_{1,r} - \hat{\lambda}_{2,d}(1 - p)], \quad \hat{\pi}_1(2) = \frac{1}{p}[\hat{\lambda}_{2,r} - \hat{\lambda}_{1,d}(1 - p)]$$

woraus sich für den Anteil in beiden Stichproben zusammen die Linearkombination:

$$\hat{\pi}_1 = g\hat{\pi}_1(1) + (1 - g)\hat{\pi}_1(2)$$

anbietet, wobei die Gewichte g, 1-g so gewählt werden, daß die Varianz dieser Schätzung *minimal* wird, was der Fall ist, wenn diese umgekehrt proportional zur Stichprobenvarianz von $\hat{\pi}_1(1)$ und $\hat{\pi}_1(2)$ gewählt werden (zu diesen Varianzen vgl. Fox/Tracy 1986, S.24).

Schließlich sei darauf hingewiesen, daß man auch ganz ohne nicht-sensitive Fragen auskommen kann, indem man sich diese durch den Zufallsmechanismus "erzeugen" läßt. Beispielsweise könnte man den Befragten bitten, einen Würfel zu werfen und mit "Ja" zu antworten, wenn "eins" fällt, "Nein", wenn "zwei" oder "drei" fällt, dagegen auf die sensitive Frage zu antworten, wenn "vier" oder "fünf" oder "sechs" erscheint. In diesem Fall ist p=0.5 und π_2=1/3. Diese Variante wird als *forced-alternative-approach* bezeichnet (vgl. Fox/Tracy 1986, S.24).

Bisher wurde von einer dichotomen Antwortstruktur ausgegangen. Für k (k>2) Antwortkategorien sind zur Schätzung der k-1 Wahrscheinlichkeiten:

$$\pi_1, \pi_2, \ldots, \pi_{k-1}, \quad \pi_k = 1 - \sum_{i=1}^{k-1} \pi_i$$

k-1 Stichproben erforderlich, was schon bei drei Kategorien zu recht umständlichen Ausdrücken führt. Es sind allerdings einige Ansätze zur Vereinfachung des formalen Apparates bekanntgeworden (vgl. Fox/Tracy 1986, S.43 ff. und die dort zitierte Literatur).

Praktisch wichtiger als eine Erweiterung auf eine polychotome Antwortstruktur dürfte eine Verallgemeinerung auf metrisch skalierte Reaktionen sein. Hierbei geht es nicht nur um die Information, ob eine sensitive Eigenschaft vorliegt, sondern auch darum, in welchem Ausmaß dies der Fall ist, z.B.:

F_1: Wie oft haben Sie in den vergangenen drei Monaten ein Fahrzeug gesteuert, obwohl Sie zuviel Alkohol getrunken haben?

F_2: Wie viele Zeitungen, Magazine usw. haben Sie abonniert?

Analog zum dichotomen Fall sind auch hier zwei unabhängige Stichproben (mit unterschiedlichen Selektionswahrscheinlichkeiten p_1 und p_2) erforderlich, um die durchschnittlichen Anzahlen (oder durchschnittliche Ausprägung) für F_1 und F_2 zu schätzen. Bezeichne Z die Antwort des Befragten (Z kann im Beispiel die Werte 0,1,2,... annehmen, in anderen Fällen aber auch eine beliebige reelle Zahl), egal welche Frage durch den Zufallsmechanismus selektiert wird, dann gilt:

$$\mu_{Z_i} = p_i \, \mu_{X_i} + (1 - p_i)\mu_{Y_i} \,, \quad i=1,2$$

wobei sich der Erwartungswert μ mit den Indizes X_i bzw. Y_i auf Frage F_1 bzw. F_2 bezieht. Daraus ergibt sich als Schätzer für den Erwartungswert der sensitiven Frage:

$$\hat{\mu}_X = \frac{(1 - p_2)\hat{\mu}_{Z_1} - (1 - p_1)\hat{\mu}_{Z_2}}{p_1 - p_2}, \qquad p_1 \neq p_2$$

mit der Varianz:

$$\mathrm{Var}(\hat{\mu}_X) = \frac{(1 - p_2)^2 \mathrm{Var}(\hat{\mu}_{Z_1}) + (1 - p_1)^2 \mathrm{Var}(\hat{\mu}_{Z_2})}{(p_1 - p_2)^2}$$

wobei die Varianzen der beiden Stichprobenmittelwerte von Z direkt aus den Werten der beiden Stichproben geschätzt werden können. Auch hier ergibt sich eine Vereinfachung – nur eine Stichprobe ist erforderlich – wenn der Erwartungswert der nicht-sensitiven Frage bekannt ist:

$$\hat{\mu}_X = \frac{\hat{\mu}_Z - (1 - p)\mu_Y}{p} \,, \quad \mathrm{Var}(\hat{\mu}_X) = \frac{\mathrm{Var}(\hat{\mu}_Z)}{p^2}$$

Auch bei der RRT sind für den praktischen Einsatz einige *Design-Überlegungen* anzustellen. Zunächst stellt sich die Frage, welche Kriterien es für die Wahl von p gibt, also der Selektionswahrscheinlichkeit für die sensitive Frage. Offensichtlich ist die Varianz der obigen Schätzer umso größer, je kleiner p ist, was auch unmittelbar einleuchtet: ein kleines p impliziert, daß die sensitive Frage selten gestellt wird, mit der Konsequenz, daß nur wenige Informationen über sie vorliegen, was zu einer entsprechend ungenauen Schätzung ihrer Parameter führt. Allerdings spielt dabei der Stichprobenumfang eine wesentliche Rolle. Bei "großen" Stichproben ist die Einbuße an Präzision bei einem kleinen p viel weniger bedeutend als bei "kleinen" Stichproben. Andererseits ist der "Schutz" des Befragten umso höher, je kleiner die Selektionswahrscheinlichkeit für die sensitive Frage ist. Praktisch entscheidend für seine Kooperationsbereitschaft ist aber nicht die tatsächliche Größe von p, sondern die von ihm wahrgenommene bzw. eingeschätzte, d.h. Zufallsmechanismen, bei denen p unterschätzt wird, sind für die RRT als günstig einzustufen (für entsprechende Experimente siehe Fox/Tracy 1986, S.26). Da bei der RRT aber nicht nur die Varianz der Schätzer von Bedeutung ist, sondern der "mittlere quadratische Fehler", ist auch der "response-bias" (hier: bewußte Falschantworten aus Furcht vor "Entdeckung") zu beachten, d.h. bei "hinreichend" großem Stichprobenumfang (> 100) sollte dieser im Vordergrund stehen, was für ein relativ kleines p spricht, etwa nicht größer als 0.5. "Unfortunately no rule of thumb can be given for how large a sample must be before Randomized response procedures with a comfortable level of p can be considered" (Fox/Tracy 1986, S.26).

Eine weitere Design-Entscheidung ist bezüglich der *Auswahl der nicht-sensitiven Frage* anzustellen. Je kleiner die Wahrscheinlichkeit für eine "Ja"-Antwort bei dieser Frage ist, umso größer ist der Verdacht, daß sich ein "Ja" auf die sensitive Frage bezieht. Deshalb sollte als nicht-sensitive Frage eine solche gewählt werden, für welche die Wahrscheinlichkeit für ein "Ja" möglichst groß ist. Außerdem darf sie nicht stigmatisierend sein, d.h. sich auf eine Eigenschaft beziehen, die offenkundig oder leicht offenkundig ist (z.B. "Sind Sie Linkshänder?"). Für den oben erwähnten "forced-alternative-approach" spricht in diesem Kontext nicht nur die inhaltliche Neutralität, sondern auch der Umstand, daß π_2 nicht geschätzt werden muß, was sich günstig auf die Varianz der Schätzung von π_1 auswirkt. Vor allem bei metrisch skalierten Reaktionen ist dieser approach zu empfehlen, weil es schwierig sein kann, inhaltlich neutrale nicht-sensitive Fragen zu finden, deren Verteilung derjenigen der sensitiven entspricht. Divergieren nämlich beide Verteilungen stark – haben sie sehr unterschiedliche Mittelwerte – dann ist leicht ein Rückschluß möglich, ob der Befragte auf die sensitive oder nicht-sensitive Frage geantwortet hat (vgl. dazu Fox/Tracy 1986, S.46).

Die "Gefährdung" eines Befragten, d.h. die (bedingte) Wahrscheinlichkeit, daß auf das Vorhandensein der sensitiven Eigenschaft geschlossen wird, wenn er mit "Ja" antwortet, ist beim obigen "alternative question case" mit bekannter Wahrscheinlichkeit für "Ja" bei der nicht-sensitiven Frage:

$$W(S|Ja) = \frac{p\pi_1 + (1-p)\pi_1\pi_2}{p\pi_1 + (1-p)\pi_2}$$

wobei S die sensitive Eigenschaft bezeichnet. Für verschiedene (hypothetische) Kombinationen von π_1, π_2 und p läßt sich diese Wahrscheinlichkeit berechnen. Offensichtlich steigt die Wahrscheinlichkeit einer "Gefährdung" mit steigendem p und abnehmendem π_2. Analog läßt sich für dieses Design die (bedingte) Wahrscheinlichkeit berechnen, daß von einer "Nein"-Antwort auf die sensitive Eigenschaft geschlossen werden kann, d.h. daß der Befragte dieser Eigenschaft "verdächtigt" wird (vgl. dazu Fox/Tracy 1986, S.32 sowie die tabellarischen Übersichten für verschiedene ausgewählte Parameterkombinationen auf S.33 sowie S.35 f.).

Diese Wahrscheinlichkeiten sind praktisch von geringem Wert, da sie vom speziellen Design abhängen sowie von der unbekannten Wahrscheinlichkeit π_1. Sie zeigen jedoch, wie die verschiedenen Design-Aspekte zusammenhängen und "reinforce the idea that the manner in which one implements randomized response may be as important an issue as wether one employs it at all" (Fox/Tracy 1986, S.34).

Schließlich ist noch die Frage zu klären, welcher *Zufallsmechanismus* verwendet werden soll. Spielkarten, Münzen und Würfel haben den Vorteil, daß sie leicht verfügbar sind und praktisch jedermann damit vertraut ist. Von verschiedenen Autoren wurden teilweise recht raffinierte Zufallsapparate entwickelt (zwei sind bei Fox/Tracy 1986 auf S.28 f. reproduziert), die aber evtl. den Nachteil haben, daß sie einem Befragten nur schwer zu erklären sind. Außerdem mag es schwierig sein, ihn davon zu überzeugen, daß dabei nicht mit verborgenen Tricks gearbeitet wird, die einen Rückschluß erlauben, ob er die sensitive Eigenschaft hat oder nicht. Dies ist ohnehin ein generelles praktisches Problem der RRT, leicht hält ein Befragter die Sache entweder für eine Spielerei oder einen plumpen Überrumpelungsversuch. Mit vertrauten Zufallsmechanismen kann man den letzteren Verdacht wohl eher in Grenzen halten als mit theoretisch möglicherweise überlegenen, aber unbekannten Prozeduren.

Die RRT ist bisher mit einigem Erfolg vor allem in den USA eingesetzt worden. Für einen generellen Überblick zu Anwendungen in verschiedenen Bereichen sei auf Deffaa 1982, S.234 ff., verwiesen. Über entsprechende Erfahrungen im deutschsprachigen Raum ist bisher nichts bekannt geworden.

VI.3.4. Schriftliche Befragung

Unter einer *schriftlichen Befragung* soll hier eine Erhebung verstanden werden, bei der Fragebogen *postalisch* versandt werden. "Mail Surveys" weisen gegenüber Interviews einige *Vorteile* auf. Zunächst ist unstrittig, daß ein Versand von Fragenbogen wesentlich billiger ist als ein Einsatz von Interviewern, insbesondere, wenn eine relativ große Anzahl von Personen befragt werden soll und/oder diese geographisch weit streuen, was hohe Reisekosten verursacht. So entfällt sowohl eine Interviewerschulung als auch eine Interviewerkontrolle.

Mit der Abwesenheit eines Interviewers entfallen natürlich auch mögliche Interviewereffekte, wie sie in Abschnitt VI.3.3. behandelt wurden. Deshalb wird z.B. angenommen, daß gegenüber dem Interview "ehrlichere" und "überlegtere" Antworten resultierten, da weder Interviewerbeeinflussung noch Zeitmangel Antwortverzerrungen verursachten. Außerdem sei die Zusicherung von Anonymität glaubwürdiger (vgl. Schnell/Hill/Esser 1992, S.368 ff.).

Diesen potentiellen Vorteilen stehen jedoch auch einige gravierende *Nachteile* gegenüber.

An erster Stelle ist hier wohl die im Vergleich zum Interview und zur telefonischen Befragung erfahrungsgemäß wesentlich höhere *Ausfallquote* (oder kleinere *Rücklaufquote*) zu nennen, entweder als *Totalausfall* (der Fragebogen landet im Papierkorb) oder in der milderen Form als *item-non- response*, d.h. *einzelne* Fragen bleiben unbeantwortet. Mit solchen Problemen ist natürlich auch das Interview konfrontiert, allerdings hat der Interviewer die Möglichkeit, durch geschickte Überzeugungsarbeit doch noch zum Ziel zu kommen. Bedenklich sind solche Ausfälle vor allem dann, wenn sie nicht rein zufällig erfolgen, sondern eine gewisse Systematik aufweisen, was der Fall ist, wenn z.B. nur Personen, die speziell an der Thematik interessiert sind, einen ausgefüllten Fragebogen retournieren, oder wenn mehrheitlich solche Personen antworten, die gewohnheitsmäßig mit schriftlichen Unterlagen umgehen, was vor allem für Personen mit höherem Bildungsniveau zutreffen dürfte. Durch diese *Selbstselektion* kann es bezüglich der Stichprobe zu erheblichen Verzerrungen kommen, d.h. die Stichprobe ist dann keine Stichprobe mehr aus der Erhebungsgrundgesamtheit, sondern nur noch der *Teil-Grundgesamtheit der Antwortbereiten*. Darauf ist nochmals zurückzukommen.

Verständnisschwierigkeiten bei gewissen Fragen können nicht wie beim Interview im Gespräch ausgeräumt werden, ebenso entfällt eine Kontrolle, ob der Befragte den mit einer Frage angesprochenen Sachverhalt auch wirklich verstanden hat. Dies deutet darauf hin, daß bei der schriftlichen

Befragung im allgemeinen einfachere Fragen bzw. weniger komplexe Themen als beim Interview im Vordergrund stehen.

Ein weiterer Nachteil ist darin zu sehen, daß nicht kontrollierbar ist, wer den Fragebogen ausgefüllt hat. War es die Zielperson (also z.B. der Chef der Firma) oder eine andere damit beauftragte (z.B. die Sekretärin)? Unter welchen Umständen wurde er ausgefüllt? Haben Dritte die Antworten beeinflußt?

Da der gesamte Fragebogen überblickt werden kann, dürften gewisse Tricks zur Erkennung von Verzerrungen, wie z.B. der Zustimmungstendenz (durch Formulierung inhaltlich konträrer Fragen und ihre Plazierung an verschiedenen Stellen des Fragebogens), ziemlich wirkungslos bleiben (vgl. Schnell/Hill/Esser 1992, S.368).

Um die Anfälligkeit der schriftlichen Befragung für Non-Response zu reduzieren, hat Dillman 1978 die sogenannte *Total-Design-Methode* entwikkelt, die sich auf die spezielle Ausgestaltung von Fragebogen, Fragendesign, Implementation usw. bei dieser Datenerhebungsform bezieht (die von Dillman aufgestellten Regeln für die Konstruktion eines Fragebogens gelten natürlich auch für andere Erhebungsformen, spezifisch für die postalische Befragung sind aber Anweisungen für das Anschreiben und die "Nachfassaktionen"). Eine stichwortartige, tabellarische Zusammenfassung der Dillman-Methode ist z.B. bei Laatz 1993, S.110 zu finden. Es wird berichtet, daß mit Hilfe dieser Methode im Durchschnitt eine Ausschöpfungsrate von 75% (d.h. eine Non-Response-Rate von 25%) erzielt werde (vgl. die diesbezüglichen Angaben bei Laatz 1993, S.111), was für schriftliche Befragungen als außerordentlich hoch erscheint. In den folgenden Ausführungen werden wesentliche Aspekte des Dillman-Ansatzes berücksichtigt.

Leicht einsehbar ist, daß das Design eines Fragebogens bei der schriftlichen Befragung sorgfältiger als bei jeder anderen Erhebungsform vorzunehmen ist, da der Befragte mit diesem allein zurecht kommen muß. Gegenüber dem Fragebogen beim Interview ist besondere Sorgfalt auf die *erste Frage* zu legen, die sich auf die Thematik der Untersuchung beziehen sollte, aber gleichzeitig interessant und so einfach sein sollte, daß sie mühelos beantwortet werden kann. Deshalb sind an dieser Stelle sowohl offene als auch geschlossene Fragen mit vielen Antwortkategorien unbrauchbar. Außerdem sollte die Einstiegsfrage "neutral" sein, also weder eine Zustimmung noch eine Ablehnung erfordern. Nicht immer wird es möglich sein, dafür eine eigentlich im Fragebogen vorgesehene Frage zu verwenden.

Dann wird man eine spezielle, nur der Motivierung dienende Einstiegsfrage als *Wegwerf-Frage* erfinden müssen (vgl. Schnell/Hill/Esser 1992, S.370).

Während beim Interview bei der Fragenbogengestaltung im Hinblick auf Format und Layout nur auf den Interviewer Rücksicht genommen werden muß, ist bei der schriftlichen Befragung die Wirkung dieser Gestaltungsmerkmale auf den Befragten entscheidend, insbesondere für seine Kooperationsbereitschaft. Darauf wurde schon in Abschnitt VI.3.2. hingewiesen. Insbesondere sind bei Dillman ausführliche Hinweise über Schrifttypen (für Fragen einerseits und Antwortkategorien andererseits), Papierqualität usw. zu finden, die dem Befragten den Eindruck der Professionalität, Seriosität und Wichtigkeit der Befragung signalisieren sollten.

Weitere wichtige Aspekte der Fragenbogengestaltung betreffen Hinweise darauf, wie die Antworten zu kennzeichnen sind (vielleicht an einem Beispiel demonstriert), deutliche Markierung der Filterführung, Dankesformel und Einladung zur Kommentierung der Untersuchung auf der letzten Seite (vgl. auch Schnell/Hill/Esser 1992, S.371). Das Angebot, die wesentlichen Resultate der Untersuchung interessierten Befragten später zukommen zu lassen, kann die Kooperationsbereitschaft erhöhen.

Die Fragebogen sollten zusammen mit einem *Begleitschreiben*, das die *Nützlichkeit* und *Bedeutung* der Untersuchung unterstreicht sowie die *Vertraulichkeit* der Angaben zusichert, versandt werden. Dabei empfiehlt sich auch ein Hinweis darauf, wie der Empfänger ausgewählt wurde und weshalb gerade seine Mitarbeit wichtig ist, sowie eine Erklärung dafür, warum eine Identifikationsnummer auf dem Fragebogen angebracht ist (Rücklauf-Kontrolle).

Eine schriftliche Befragung verläuft in der Regel in mehreren "Wellen", da nach Versand zunächst nur mit einer schwachen Reaktion zu rechnen ist. Deshalb sind u.U. mehrere "Nachfaßaktionen" notwendig. Nach Dillman sollte eine Woche nach Versand eine Postkarte verschickt werden mit dem Dank an diejenigen, die bereits geantwortet haben und einer freundlichen Erinnerung an die anderen. Drei Wochen nach Versand empfiehlt Dillman den Versand eines weiteren Erinnerungsscheibens mit Beilegung eines Fragebogens. Schließlich schlägt er vor, sieben Wochen nach dem ersten Versand, ein Erinnerungsschreiben nebst Fragebogen mit "certified Mail" (Einschreiben, Eilbrief) den noch immer Säumigen zukommen zu lassen.

Problematisch ist die der Rücklaufkontrolle dienende Identifikationsnummer, da von seiten des Befragten leicht der Verdacht aufkommen kann, daß damit die zugesicherte Anonymität nicht gewährleistet ist. Dazu gibt es jedoch kaum eine gangbare Alternative (vgl. Schnell/Hill/Esser 1992, S.373). Die einzig perfekte Lösung, auf diese Nummer zu verzichten und bei allen Nachfaßaktionen stets alle anzuschreiben ist einerseits relativ teuer, mag andererseits aber auch von denjenigen, die schon geantwortet haben, als Belästigung empfunden werden.

Trotz all dieser Aktionen wird mit einer mehr oder weniger großen Non-Response-Quote bei einer schriftlichen Befragung gerechnet werden müssen.

VI.3.5. Telefonische Befragung

Diese Form der Befragung entstand in den USA und wird heute auch in Europa in zunehmendem Ausmaß eingesetzt, vor allem von Markt- und Meinungsforschungsinstituten. Ein Grund für diese Entwicklung ist darin zu sehen, daß man auf diesem Weg eine Erhebung wesentlich schneller und billiger als mit Interview bzw. schriftlicher Befragung durchführen kann, zumal die Telefondichte in den meisten Industrieländern heute sehr hoch ist. Ein anderer Grund liegt zweifellos in der in den letzten Jahren gesunkenen Akzeptanz von Interview und postalischer Befragung.

Für die Fragenbogenkonstruktion sind bei der telefonischen Befragung einige Besonderheiten zu beachten. Noch kritischer als beim Interview und der postalischen Befragung ist bei dieser Interviewform die *Einleitungsphase*. Nicht von ungefähr erfolgen die meisten Gesprächsabbrüche nach dieser Phase, aber vor der ersten Frage. Z.B. kann ein Anruf leicht mit dem Versuch eines Verkaufsgespräches verwechselt werden. Auch mögen nicht wenige Angerufene mindestens ein gewisses Unbehagen darüber empfinden, daß eine unbekannte Person ihre Telefonnummer "kennt". Deshalb empfiehlt sich eine vorhergehende Informierung des Anzurufenden mittels eines *Ankündigungsschreibens*. Dieses bietet auch die Möglichkeit, die Institution vorzustellen, welche die Befragung durchführt, sowie über Thema, Auftraggeber, Auswahlverfahren, voraussichtliche Länge des Interviews usw. zu informieren. Gemäß den Untersuchungen von Dillman/Gallegos/Frey 1976 lassen sich mit Ankündigungsschreiben die Verweigerungsraten reduzieren und eine bessere Datenqualität erzielen. Nicht vergessen werden sollte auch, zum Abschluß der Einleitungsphase ausdrücklich um das Einverständnis für das Interview zu bitten und darauf hinzuweisen, daß der Befragte jederzeit die Möglichkeit hat, Rückfragen zu stellen.

Nach Dillman 1978 sollte die erste Frage – wie bei der schriftlichen Befragung – themenbezogen, interessant und als geschlossene Frage leicht zu beantworten sein. Die zweite Frage jedoch sollte eine offene sein, damit der Befragte Gelegenheit hat, seine eigene Meinung zu artikulieren sowie sich an das Telefongespräch zu gewöhnen. Nicht zu empfehlen sind am Anfang Fragen demographischer Art, da solche eher als langweilig und nicht themenbezogen empfunden werden.

Generell sollten telefonisch gestellte Fragen möglichst kurz und einfach sein. Schwierig sind Fragen, für die relativ viele Antwortkategorien vorgesehen werden müssen. Da im Gegensatz zur schriftlichen Befragung diese nicht visuell vorliegen, besteht die Gefahr einer Verzerrung zu Gunsten der erst- oder der letztgenannten Antwortkategorie, was als *primacy* bzw. *recency*-Effekt bekannt ist. Als problematisch können sich auch Antwortkategorien in Form von Rating-Skalen erweisen, da eine Differenzierung z.B. zwischen "recht gut" und "sehr gut" am Telefon mehr Mühe machen kann als bei einem vorliegenden Fragebogen.

Dillman 1978 empfiehlt grundsätzlich eine Beschränkung auf fünf Antwortkategorien, was jedoch nicht immer ausreichen dürfte. Als bewährt gilt eine *zweistufige* Vorgehensweise, die eine Frage in eine *Haupt-* und eine *Folgefrage* aufteilt, wobei für die Hauptfrage eine dichotome Antwortstruktur vorgesehen ist, also z.B. "stimme zu/lehne ab". Die feinere Abstufung, d.h. die Ermittlung etwa des Grades der Zustimmung, wird dann erst in der Folgefrage, die mehrere Kategorien aufweisen kann, ermittelt (für ein Beispiel sei auf Schnell/Hill/Esser 1992, S.385 verwiesen).

Bei langen Fragebogen kann ein telefonisches Interview gut eine Stunde und mehr in Anspruch nehmen. Mehrere Untersuchungen haben überraschenderweise gezeigt, daß dies von den Befragten im allgemeinen nicht als unzumutbar empfunden wird (für entsprechende Untersuchungen vergleiche Schnell/Hill/Esser 1992, S.386).

Auch beim Telefoninterview kann heute der Erhebungs- und Auswertungsaufwand durch eine Verwendung des Computers wesentlich reduziert werden. Beim CATI (**C**omputer **A**ssisted **T**elephone **I**nterview) arbeitet der Interviewer am PC interaktiv mit einem Fragebogenprogramm, welches den Ablauf des Interviews steuert. Die Antworten werden direkt eingegeben wie beim CAPI, was die Interviewzeit reduziert und Konsistenzprüfungen ermöglicht.

Schließlich sei noch kurz auf die Auswahl von Telefonnummern eingegangen. Dafür stehen zwei Methoden zur Verfügung, *Random Digit Dialing (RDD)* und *Zufallsauswahl* aus einem Telefonverzeichnis. Beim RDD werden *zufällige Zahlenkombinationen* gebildet (z.B. achtstellige, falls die Telefonnummern der zu Befragenden acht Stellen aufweisen). Eliminiert werden Nummern von Firmen und Behörden. Das RDD ist vor allem in den USA verbreitet, da es dort eine große Anzahl von "unlisted numbers" gibt. Zufallsauswahlen aus Telefonverzeichnissen können als systematische Zufallsauswahlen gestaltet werden, also zufällige Wahl eines Start-Teilnehmers mit anschließender Auswahl jedes x-ten Teilnehmers (vgl. dazu die Ausführungen in Abschnitt V.4.2.). Nicht einschlägige Nummern (Behörden usw.) werden wieder eliminiert.

VI.3.6. Zum Problem der Ausfälle bei Befragungen

Vergleicht man Inhaltsanalyse und Befragung, dann ist leicht einzusehen, daß die Inhaltsanalyse wesentlich weniger "problembeladen" ist als die Befragung, egal welche spezielle Befragungsform man betrachtet. Abgesehen von Reaktivitätseffekten, ist hier vor allem auf die Problematik der *Ausfälle* hinzuweisen, ein Problem, das bei der Inhaltsanalyse ebenfalls nicht auftritt (daß auch die Beobachtung problematischer ist als die Inhaltsanalyse, dürfte einsichtig sein).

Mit Ausfällen ist in der Praxis bei jeder der oben dargestellten Formen der Befragung zu rechnen. Zu unterscheiden sind *unit-non-response* (der Befragte verweigert total) und *item-non-response* (die Verweigerung betrifft nur gewisse Fragen). Problematisch ist vor allem die Unit-Non-Response.

Eine – allerdings nur scheinbare – Ausnahme bildet die Befragung auf der Grundlage einer Quotenstichprobe, bei der ein Verweigerer oder eine Person, die nicht anzutreffen ist, einfach ersetzt wird durch eine Person mit den gleichen Ausprägungen bei den Quotenmerkmalen. Daß damit jedoch Verzerrungen verbunden sein können, also das Unit-Non-Response nur scheinbar gelöst ist, wurde schon in Abschnitt V.3.4. ausgeführt.

Ausfälle können dazu führen, daß der als notwendig erkannte Mindeststichprobenumfang erheblich unterschritten wird. Die naheliegende Lösung dieses Problems, nämlich von vornherein einen größeren Stichprobenumfang zu planen als eigentlich erforderlich wäre, ist jedoch in der Regel eine Scheinlösung. Wenn beispielsweise bei einer schriftlichen Befragung mit einer Rücklaufquote von 50% gerechnet wird und der Stichprobenumfang mindestens n=200 betragen sollte, dann werden nach dieser Überlegung 400 Fragebogen versandt, so daß tatsächlich eine Stichprobe von 200 Befragten realisiert werden kann. Diese Lösung wäre nur dann nicht zu beanstanden, wenn davon ausgegangen werden könnte, daß es rein zufällig ist, ob ein Fragebogen beantwortet wird oder nicht. Gerade davon kann jedoch in der Regel nicht ausgegangen werden. Vielmehr zeigt sich immer wieder, daß die Antwortbereitschaft in hohem Maß vom Untersuchungsgegenstand abhängt. Man kann sich die Erhebungsgrundgesamtheit in zwei Teil-Gesamtheiten aufgeteilt denken, in die "Antwortbereiten" und die "Nicht-Antwortbereiten". Bei der geschilderten Vorgehensweise zieht man eine Stichprobe nur aus den "Antwortbereiten", erhält aber keine Informationen von den "Nicht-Antwortbereiten". Die Personen dieser beiden Teil-Grundgesamtheiten unterscheiden sich häufig in den Ausprägungen wichtiger Merkmale. Ein Schluß von der Stichprobe auf die Grundgesamtheit wäre somit fragwürdig.

Eine traditionelle Klassifikation unterscheidet verschiedene Ausfalltypen: den "Schwer-Erreichbaren" ("Not-at-Home"), den "Nicht-Befragbaren" ("Unable to answer") und den echten "Verweigerer" ("Refusal").

Als "Nicht-Befragbare" gelten solche, die aufgrund von Krankheit o.ä. nicht befragt werden können. Diese Gruppe ist in der Regel sehr klein und zu vernachlässigen (falls sich die Erhebung nicht gerade auf Gesundheitsprobleme bezieht). Problematischer sind schon die "Schwer-Erreichbaren", die trotz mehrfach versuchter Kontaktaufnahme nicht zu erreichen sind, wie z.B. Personen, die sich selten an ihrem Wohnsitz aufhalten oder Personen mit ungewöhnliche Arbeitszeiten. "Offensichtlich erfolgen solche Ausfälle nicht zufällig, sondern hängen mit bestimmten Merkmalen der Person zusammen. Werden Schwer-Erreichbare völlig aus der Stichprobe ausgeschlossen (z.B. durch ein Quotenverfahren), so ist mit erheblichen Verzerrungen zu rechnen" (Schnell/Hill/Esser 1992, S.320). Ein Patentrezept zur Vermeidung oder wenigsten spürbaren Reduktion von Ausfällen dieses Typs existiert leider nicht. Man kann lediglich "Callbacks" versuchen, z.B. durch persönliche Kontaktaufnahme via Telefon (zu verschiedenen Tageszeiten).

Am problematischsten sind jedoch die echten "Verweigerer". Diese Gruppe scheint seit einigen Jahren die (quantitativ) bedeutendste Ausfall-Gruppe zu sein, selbst bei Befragungen auf gesetzlicher Grundlage, also Erhebungen mit Auskunftspflicht, wie z.B. der Volkszählung. International bekannt geworden ist in diesem Zusammenhang die – schließlich verhinderte – Volkszählung 1983 in der Bundesrepublik Deutschland. Nicht weniger als 1223 Verfassungsbeschwerden wurden gegen das Volkszählungsgesetz 1983 erhoben, die (wenigstens teilweise) vom Bundesgerichtshof in Karlsruhe geschützt wurden, was eine Novellierung des Volkszählungsgesetzes erzwang, die u.a. eine Modifikation des Fragebogens nach sich zog, mit der Konsequenz, daß die fertigen Fragebogen dem Reißwolf zugeführt werden mußten und die meisten Vorarbeiten sich als vergeblich erwiesen, was einer Verschleuderung öffentlicher Mittel in Millionenhöhe gleichkam.

Wie verschiedene Untersuchungen zeigen, hängt das Verweigerungsverhalten mit Variablen des Untersuchungsgegenstandes zusammen, was verzerrte Erhebungsdaten erwarten läßt. "Alle bisher gewonnenen empirischen Ergebnisse zum Verweigerungsverhalten machen deutlich, daß von einer homogenen und konstanten Zusammensetzung der "Gruppe der Verweigerer" nicht gesprochen werden kann. Da sich sowohl Einflüsse der Interviewer, der Erhebungsorganisation, des Wohnortes der Befragten und des Erhebungsgegenstandes zeigen lassen, kann es sich beim Verweigerungsverhalten nicht um ein unveränderliches "Persönlichkeitsmerkmal" handeln, sondern offensichtlich um ein Entscheidungshandeln, das sowohl von Situationsmerkmalen, wie auch durch individuelle Präferenzen der Handelnden bedingt wird" (Schnell/Hill/Esser 1992, S.322; siehe auch die dort aufgeführte Literatur zu den entsprechenden Forschungsresultaten).

Hier sei nur noch angemerkt, daß Verweigerungsverhalten möglicherweise auch (unabsichtlich) durch zu häufige Befragungen provoziert wird, etwa, daß in einem kleinen Land wie z.B. der Schweiz gezielt eine bestimmte Personengruppe (Manager, Vorstände usw.) fast permanent mit Fragebogen eingedeckt wird, und sei es auch nur für die Zwecke einer Seminar- oder Diplomarbeit. Generell wäre in dieser Hinsicht im akademischen Bereich mehr Zurückhaltung wünschenswert.

VII. Spezielle Untersuchungsdesigns

Die im letzten Kapitel behandelten grundlegenden Datenerhebungsinstrumente werden in der Praxis häufig nicht "isoliert", sondern innerhalb *spezieller Untersuchungsdesigns* eingesetzt. Bei einem *Experiment* z.B. können Daten via Beobachtung oder Befragung erhoben werden. Als wichtige Untersuchungsdesigns, die mit Datenerhebungen (meistens durch Befragung) verknüpft sind, sind außer dem Experiment, die *Panelstudie* (sowie *Trend-* und *Kohortenanalyse*) und die *Einzelfallstudie* zu nennen. Die praktisch ebenfalls eine große Rolle spielende *Sekundäranalyse* unterscheidet sich von den genannten Designs dadurch, daß Daten schon vorliegen, d.h. die Datenerhebung erfolgte unabhängig von dem gerade interessierenden empirischen Projekt.

VII.1. Experiment

Wenn in Kapitel VI. ausführlich auf Datenerhebungsinstrumente eingegangen wurde, dann könnte vielleicht der Eindruck entstehen, als sei bei empirischen Untersuchungen die Datengewinnung ein Ziel an sich. Dies ist jedoch nicht der Fall. Vielmehr wird man Daten erheben, um Phänomene der Realität erklären zu können, aber auch, um Kausalzusammenhänge zu erkennen. Letztere sind besonders interessant, wenn in bestehende Beziehungen gezielt eingegriffen werden soll. Insbesondere dafür kommt dem *Experiment* eine spezielle Bedeutung zu.

VII.1.1. Grundlagen

Das Experiment ist allgemein aus den Naturwissenschaften bekannt, hauptsächlich aus Chemie und Physik. Dort gilt es als **die** Prüfungsinstanz für

Hypothesen und Theorien bzw. als Basis für *Kausalschlüsse*. Aber auch die Sozialwissenschaften bedienen sich des Experiments (mindestens des *Quasi-Experiments*), seit langem die Psychologie, dann aber auch die Pädagogik sowie die Wirtschaftswissenschaften ("experimentelle Ökonomie", vgl. Sauermann/Selten 1967, Marketing-Experimente, vgl. z.B. Banks 1965).

Bei der "Kausalität" handelt es sich um ein komplexes (und teilweise kontroverses) Konzept, auf das hier nicht detailliert eingegangen werden kann. Es sei nur soviel vermerkt, daß "Kausalität" im wissenschaftlichen Verständnis etwas anderes bedeutet als im Alltagsverständnis. Grob gesagt, sind u.a. folgende Unterschiede wesentlich: wenn im Alltag davon gesprochen wird, daß X die Ursache für Y sei, dann wird in der Regel X als *alleinige* Ursache für Y verstanden, ferner, daß aus X *stets* Y folgt und daß es möglich ist, definitiv zu *beweisen*, daß Y von X verursacht wird. Im wissenschaftlichen Verständnis wird dagegen X nur als *eine* von mehreren Ursachen für Y angesehen, wenn X eintritt, dann tritt *wahrscheinlich* auch Y ein, aber ein *stringenter* Nachweis, daß Y von X verursacht wird, ist nicht möglich.

Damit mit einiger Sicherheit angenommen werden kann, zwischen X und Y bestehe eine Ursache-Wirkungs-Beziehung (und zwar von X nach Y) müssen drei Voraussetzungen erfüllt sein: X muß Y *zeitlich vorausgehen*, eine Veränderung von X *kovariiert* mit einer Veränderung von Y und außer X darf es keine alternativen Erklärungsmöglichkeiten für Y geben, z.B. durch eine kovariierende dritte Variable Z (Cook/Campbell 1976, S.225).

Ob Kausalbeziehungen, also Ursache-Wirkungs-Beziehungen, zwischen zwei oder mehreren Variablen bestehen, ist für praktische Maßnahmen in vielen Bereichen von Wirtschaft und Gesellschaft eine äußerst wichtige Frage. Läßt sich z.B. mit einem allgemeinen Tempolimit auf Autobahnen die Ozonbelastung reduzieren oder die Unfallhäufigkeit reduzieren? Führen flexible Arbeitszeiten in einer Firma zu höherer Produktivität und/oder besser motivierten Arbeitskräften? Läßt sich der Absatz eines bestimmten Produktes durch verstärkte Werbung steigern? Führt eine Notenbankpolitik, die eine Senkung des allgemeinen Zinsniveaus anstrebt, zu mehr Beschäftigung?

Fragen dieser und ähnlicher Art können in nahezu unbegrenzter Anzahl formuliert werden. Man sieht aber schon an diesen wenigen Beispielen, daß man solche Fragen wohl kaum ohne weiteres mit einem eindeutigen "Ja" oder "Nein" beantworten kann. Eher wird man sagen müssen: "das hängt davon ab, ob ..." Bei der Frage nach der Absatzsteigerung etwa, ob der Wettbewerb die selbe Strategie verfolgt, also mit einer Preissenkung reagiert, vielleicht ein neues Produkt auf den Markt bringt usw. Das heißt aber nichts anderes, als daß damit zum Ausdruck gebracht wird, daß es neben dem genannten Faktor vermutlich noch weitere Faktoren geben dürfte, welche die interessierende Größe beeinflussen und daß sich diese möglicherweise ebenfalls verändern, so daß nicht eindeutig gesagt werden kann, ob überhaupt und gegebenenfalls in welchem Ausmaß, sich eine Variation dieses Faktors auswirkt. Daran ändert sich auch nichts, wenn sich – um das Beispiel fortzuführen – herausstellen sollte, daß nach intensiverer Werbung tatsächlich eine Absatzsteigerung zu beobachten ist, denn diese könnte ja auch durch eine Variation anderer Einflußfaktoren bedingt und nicht (oder nur zu einem geringen Teil) vom Faktor "Werbung" verursacht worden sein. Stünden Daten zur Verfügung, etwa Absatzzahlen und Werbeausgaben über einen bestimmten Zeitraum, dann ergäbe sich im geschilderten Fall eine positive Korrelation zwischen "Absatz" und "Werbung" und man könnte versuchen – etwa mit einer Regressionsanalyse – die Variable "Absatz" durch die Variable "Werbung" zu "erklären". Daß eine solche "Erklärung", auch wenn alle "Gütekriterien" für ein Regressionsmodell erfüllt sein sollten (vgl. dazu Kapitel VIII.2.4.), nicht mit einem "Kausalitätsbeweis" verwechselt werden darf, braucht wohl kaum betont zu werden. Ein solcher ist mit "Passiv-Daten", d.h. mit nicht-experimentellen Daten, die das Resultat vieler (möglicherweise sehr vieler) Einflußfaktoren sind, nicht zu führen.

Charakteristisch für die oben angeführten Beispiele ist nun, daß es sich dabei gerade nicht um "klassische" Experimente im wissenschaftlichen Sinn handelt, sondern allenfalls um Quasi-Experimente (auf den genauen Unterschied sei weiter unten eingegangen). Für wissenschaftliche Experimente ist, grob gesagt, u.a. entscheidend, daß sie "kontrolliert" vorgenommen werden, d.h. nur die interessierende Variable (oder die interessierenden Variablen) wird (werden) variiert und der (potentielle) Einfluß aller anderen wird "konstant" gehalten werden. Auf diesem Weg können "Aktiv-Daten" erzeugt werden, d.h. Daten, die – überspitzt ausgedrückt – nur den Einfluß einer (oder weniger ausgewählter) Variablen widerspiegeln. Daß dies auch beim Experiment im allgemeinen nicht mit absoluter Sicherheit gelingt, wird noch darzulegen sein. Deshalb wurde schon oben gesagt, daß ein stringenter Kausalitätsbeweis nicht möglich ist.

VII.1.2. Abhängige, unabhängige und Störvariablen

Wie die einleitenden Ausführungen schon nahelegen, sind beim Experiment verschiedene Typen von Variablen zu unterscheiden. Als *unabhängige Variable* (UV) wird eine Variable bezeichnet, deren Einfluß untersucht werden soll. Zu diesem Zweck wird sie planmäßig variiert oder manipuliert. Bei Experimenten können mehrere unabhängige Variable berücksichtigt werden. Dagegen ist die *abhängige Variable* (AV) diejenige, deren (tatsächliche oder vermutete) Abhängigkeit von der unabhängigen bzw. den unabhängigen Variablen untersucht werden soll, wobei ein Experiment auch mehrere abhängige Variable aufweisen kann. Für das Folgende soll zunächst nur von *einer* AV und *einer* UV ausgegangen werden.

Außer der planmäßig variierten unabhängigen Variablen sind aber noch andere Variablen zu berücksichtigen, die einen Einfluß auf die abhängige Variable haben bzw. haben können, die aber nicht manipuliert werden, häufig auch gar auch nicht manipulierbar sind (z.B. Alter, Geschlecht, Intelligenz usw.). Da sie die "reine" Beziehung zwischen den unabhängigen Variablen und der abhängigen Variablen sozusagen "stören", werden sie als *Störvariable* bezeichnet. Sind sowohl Störvariablen als auch unabhängige Variable für die Variation der abhängigen Variablen verantwortlich, so liegt eine *Konfundierung* (*Vermischung*) der Effekte vor.

Gegenstand von Experimenten können Personen sein, aber auch Organisationen, Firmen usw. Der Einfachheit halber soll im folgenden stets von Personen bzw. Versuchspersonen (kurz: Vpn) ausgegangen und der Experimentator als Versuchsleiter (kurz: Vl) bezeichnet werden.

Als *intern valide* wird ein Experiment genannt, wenn die Variation der abhängigen Variablen "eindeutig" auf die Variation der unabhängigen Variable zurückgeführt werden kann. Liegt Konfundierung vor, dann ist ein Experiment nicht intern valide.

Von der *externen Validität* eines Experimentes spricht man dagegen dann, wenn die aus einem Experiment gewonnenen Erkenntnisse auch auf Nicht-Vpn übertragbar sind (nach Campbell/Stanley 1963). Dabei stellt die interne Validität nur eine notwendige, jedoch keine hinreichende Bedingung für externe Validität dar. Die externe Validität kann insbesondere dann in

Frage gestellt werden, wenn unter "realen" Bedingungen noch andere Faktoren als die im Experiment kontrollierten, eine Rolle spielen.

Ein Experiment im wissenschaftlichen Sinn liegt dann vor, wenn ein Vl eine (oder mehrere) unabhängige Variablen planmäßig variiert und den Effekt ("Experimental-Effekt") auf eine abhängige Variable bestimmt (mißt), wobei der Einfluß der Störvariablen ausgeschaltet bzw. kontrolliert wird. Störvariablen können die interne (und damit auch die externe) Validität eines Experimentes in Frage stellen. Ein berühmtes Beispiel dafür bietet das sogenannte *Hawthorne-Experiment* (Roethlisberger/Dickson 1939), bei dem u.a. der Einfluß der Intensität der Beleuchtung des Arbeitsplatzes auf die Arbeitsleistung untersucht werden sollte. Als Vpn wurde eine Gruppe von Arbeiterinnen ausgewählt. Es zeigte sich, daß sich die festgestellte Erhöhung der Arbeitsleistung plausibler durch eine gestiegene Arbeitsmotivation und ein höheres Gruppenzugehörigkeitsgefühl (bedingt durch das als positiv empfundene plötzliche Interesse der Betriebsleitung an der Tätigkeit dieser Arbeiterinnen) als durch unterschiedliche Beleuchtungsintensitäten erklären ließ.

Nach Campbell 1957 und Campbell/Stanley 1963, S.175 ff. sind im wesentlichen zwölf Typen von Störvariablen zu unterscheiden, welche die interne und externe Validität eines Experimentes gefährden können (vgl. dazu auch Stapf 1995, S.238-239). Die wichtigsten sind:

- *Historische Einflüsse (H)* : wird die AV *vor* und *nach* der Variation der UV gemessen (sog. "Pre-Test/Post-Test"), dann können Unterschiede in den Meßwerten auch auf Ereignisse zurückzuführen sein, die *nach* der Veränderung der UV (aber *vor* der zweiten Messung) auftreten. Damit muß im allgemeinen umso eher gerechnet werden, je länger das Zeitintervall zwischen Pre- und Post-Test ist. Zum Beispiel kann sich die bei der ersten Messung ergebende Präferenz von Konsumenten für ein bestimmtes Produkt nach einer sales promotion unabhängig von dieser deshalb verstärken, weil ein Konkurrenzprodukt vom Markt verschwunden ist, d.h., die sich bei der Post-Messung ergebende höhere Präferenz ist nicht von der promotion (oder vielleicht nur zu einem geringen Teil) verursacht, sondern durch ein "exogenes" Ereignis.
- *Reifungsprozesse (RP)* : solche können zwischen Pre- und Post-Test dadurch eintreten, daß sich bei Vpn Veränderungen ergeben, sei es in psychologischer oder biologischer Hinsicht, die Vpn werden z.B. erfahrener, müder, älter usw.

- *Test- oder Meßeffekte (ME)* : aus dem Pre-Test können sich Auswirkungen auf den Post-Test ergeben, z.B. bei der Messung der mathematischen Fähigkeiten von Schülern via Klausur vor und nach Einführung einer neuen Lehrmethode, wenn dabei die selben oder sehr ähnlichen Aufgaben verwendet werden. Hier ist mit Erinnerungs- und Lerneffekten zu rechnen, d.h. ein durchschnittlich besseres Klausurresultat beim Post-Test kann ganz unabhängig von der neuen Lehrmethode zustande gekommen sein und ist z.B. auf das gute Gedächtnis der Schüler zurückzuführen.
- *Hilfsmittel bzw. ihre Veränderung (HI)* : unterschiedliche Meßwerte zwischen Pre- und Post-Test können ihre Ursache in experimentellen Hilfsmitteln bzw. in zwischenzeitlich eingetretenen Veränderungen experimenteller Hilfsmittel haben. Als Hilfsmittel sind sowohl Apparate als auch Personen (z.B. Vl, Beobachter) anzusehen. Bekannt sind in diesem Zusammenhang die sogenannten *Versuchsleitereffekte*, also Effekte, die bei der AV meßbar sind, aber nicht von einer Variation der UV verursacht sind, sondern vom Verhalten des Versuchsleiters. Darunter fallen Erwartungshaltungen des Vl, die (in der Regel unbewußt) durch Auftreten, Wortwahl, Gestik, Mimik die Reaktionen der Vpn auf die UV beeinflussen.
- *Selektionseffekte (SE)* : wenn sich die Vpn verschiedener experimenteller Gruppen vor dem Experiment bezüglich den Ausprägungen von Merkmalen unterscheiden, die ebenfalls (also neben der UV) einen Einfluß auf die AV haben, dann kann ein Unterschied zwischen Pre- und Post-Test darauf und nicht auf die UV zurückzuführen sein. Sind z.B. beim oben erwähnten pädagogischen Experiment in der *Experimentalgruppe* durchschnittlich intelligentere Schüler als in der *Kontrollgruppe*, dann könnte z.B. ein höherer Lernerfolg nur aufgrund von Intelligenzunterschieden, aber nicht aufgrund der neuen Lehrmethode, eingetreten sein (in der Experimentalgruppe sind die Vpn, die dem "experimentellen Stimulus" ausgesetzt, hier: nach der neuen Methode unterrichtet, werden, während für die Vpn in der Kontrollgruppe das nicht der Fall ist, d.h. hier: diese werden mit der bisherigen Methode unterrichtet). Selektionseffekte treten auch dann auf, wenn die AV bei Experimental- und Kontrollgruppe schon vor dem Experiment differiert.
- *Statistische Regression (SR)* : darunter versteht man, daß die Ausprägungen der AV im Durchschnitt aller Vpn beim Post-Test kleiner sind als beim Pre-Test, was dadurch bedingt sein kann, daß Vpn auf dieser Varia-

blen *vor* dem Experiment extreme Werte aufweisen, die dann "zur Mitte regressieren". Dieser Effekt wird vor allem dann zu beobachten sein, wenn beim Pre-Test überwiegend Vpn mit extremen Ausprägungen bei der AV berücksichtigt werden. Wenn sich diese ändern, dann ist das nur in Richtung "Mitte" möglich.

- *Mortalität (MO)* : zwischen Pre- und Post-Test können Vpn ausfallen. Von *Mortalitätseffekten* spricht man dann, wenn diese Ausfälle nicht zufällig erfolgen, sondern systematisch. Letztere haben etwas mit dem Experiment, z.B. der vorgesehenen Variation der UV, dem VI oder den allgemeinen Bedingungen, unter denen das Experiment durchgeführt werden soll, zu tun. Es ist zu erwarten, daß die Ausprägungen der AV im Post-Test bei relativ vielen Ausfällen systematisch verzerrt sind.
- *Interaktion von Pre-Test und UV (IPUV)* : durch den Pre-Test kann die Sensitivität der Vpn gegenüber der UV beeinflußt, d.h. erhöht oder verringert, werden. Die im Experiment gewonnenen Erkenntnisse sind dann nicht generalisierbar auf Personen, die diesem Pre-Test nicht unterzogen wurden, d.h. das Experiment ist nicht extern valide.
- *Reaktive Effekte der Experimentalsituation (RE)* : hier handelt es sich um eine Interaktion zwischen dem Bewußtsein, an einem Experiment teilzunehmen und dem Verhalten der Vpn während der Durchführung des Experimentes. Einfacher ausgedrückt, die Experimentalsituation kann so erheblich von der "Alltagssituation" der Vpn abweichen, vor allem beim *Laborexperiment*, daß sie sich im Experiment ganz anders verhalten als im Alltag. Effekte, die sich im Experiment nachweisen lassen, d.h. eine Kovariation zwischen UV und AV, stellen sich möglicherweise in der Alltagsumgebung nicht ein, d.h. das Experiment weist keine externe Validität auf. In diesem Zusammenhang wird von einer "demand characteristics of the experimental situation", also von einem "Aufforderungscharakter" des Experimentes, gesprochen. Gemeint sind Verhaltensweisen der Vpn, die durch das Experiment provoziert werden, z.B. durch möglichst gewissenhafte Befolgung der Instruktionen zum Erfolg des Experimentes beizutragen. Denkbar sind aber auch bewußt negative Verhaltensweisen, z.B. um dem VI die "Sache zu vermasseln" (zu beiden Verhaltensformen vgl. Stapf 1995, S.244 und die dort zitierte Literatur).

VII.1.3. Kontrolle von Störvariablen

Da es bei einem Experiment vor allem darauf ankommt, die UV planmäßig zu verändern und die Auswirkungen dieser Veränderungen auf die AV festzustellen, sollten natürlich Störvariablen möglichst vollständig ausgeschaltet werden. Dazu stehen mehrere Strategien offen, wobei zu unterscheiden ist, ob die Störfaktoren mit der Experimentalsituation zuammenhängen (z.B. "Hilfsmittel" oder "Reaktive Effekte") oder mit Eigenschaften der Vpn (z.B. "Selektionseffekte).

Für den erstgenannten Typ von Störfaktoren bietet sich *Elimination* bzw. *Konstanthalten* an.

"Elimination" ist vor allem bei externen Störungen des Ablaufes eines Experimentes (z.B. durch Lärm, Einfluß dritter Personen usw.) möglich und zwar vor allem im Labor, weshalb das *Laborexperiment* als diejenige Experimentalsituation gilt, bei der (mindestens) Störfaktoren dieses Typs am besten kontrollierbar sind (daß diese Experimentalform auch mit Nachteilen verbunden sein kann, und zwar vor allem hinsichtlich der externen Validität, wurde schon oben angedeutet). Mit "Konstanthalten" ist gemeint, daß mögliche Störfaktoren, die unvermeidlich sind, sich bei Experimental- und Kontrollgruppe in gleicher Weise auswirken. Ist z.B. der Vl ein möglicher Störfaktor, dann wird man den selben Vl für Experimental- und Kontrollgruppe einsetzen. Oder wenn physiologische Messungen vorgenommen werden, was z.B. Anlegen von Elektroden erforderlich machen kann, dann wird man solche bei beiden Gruppen anlegen; im pharmakologischen Versuch wird man der Kontrollgruppe ebenfalls ein Medikament verabreichen, um den Placeboeffekt auszuschalten usw. (sogenannter "Blindversuch" bzw. "Doppel-Blindversuch", wenn auch der Vl (Arzt) nicht weiß, wer das Medikament und wer das Placebo erhalten hat).

Anders sind Störvariablen zu behandeln, die sich auf Eigenschaften der Vpn beziehen und möglicherweise die interne Validität eines Experiments tangieren, wobei der oben erwähnte Selektionseffekt wohl der bedeutendste sein dürfte. Für diesen Typ von Störvariablen kommt die *statistische Kontrolle, Matching* bzw. *Parallelisierung* sowie *Randomisierung* in Frage.

Eine "statistische Kontrolle" ist dann möglich, wenn man den bzw. die Störfaktor(en) im einzelnen kennt und wenn für jede Vpn Daten bezüglich dieses Faktors bzw. dieser Faktoren vorliegen oder diese erheben kann. Nehmen wir z.B. an, bei einem pädagogischen Experiment, bei dem eine neue Lehrmethode für den Englischunterricht geprüft werden soll, sei die Vorbildung der Schüler in Englisch verschieden aufgrund der individuell unterschiedlichen Dauer des bisherigen Englisch-Unterrichts. Da anzunehmen ist, daß die Dauer des bisher "genossenen" Englisch-Unterrichts eine Auswirkung hat auf den Lernerfolg der neuen Lehrmethode (etwa: je länger diese ist, umso positiver wirkt sich die neue Methode aus), ist "Dauer des bisherigen Englisch-Unterrichts" eine Störvariable, die zur Erhöhung bzw. Sicherstellung der internen Validität des Experimentes ausgeschaltet werden sollte. Eine statistische Kontrolle dieser Störvariablen kann z.B. dadurch erfolgen, daß ein Vergleich von "Lernerfolg" (irgendwie gemessen, z.B. durch die erzielten Punkte einer Abschlußklausur) und "Methode" ("neu" versus "bisher") für zwei Subgruppen von Schülern vorgenommen wird, definiert z.B. durch die beiden Kategorien ("lange", "kurze" Vorbildung), wobei diese Dichotomisierung etwa nach dem Median der Verteilung der Anzahl Jahre vorangegangenen Unterrichts erfolgen kann. Dabei kann sich z.B. zeigen, daß sich die neue Methode nur bei Schülern mit "langer" Vorbildung als überlegen erweist. Da die Störvariable in diesem Beispiel metrisch skaliert ist, kann ihre statistische Kontrolle u.U. auch mit Hilfe einer "ausgefeilteren" Methode wie der *Kovarianzanalyse* erzielt werden (vgl. dazu die Ausführungen in Kap. VIII.3.6).

Beim "Matching" werden Vpn, die hinsichtlich der Ausprägung bestimmter Merkmale als "gleich" anzusehen sind, der Experimental- bzw. Kontrollgruppe zugewiesen. Dazu können natürlich nicht beliebige Vpn-Merkmale herangezogen werden, sondern nur solche, von denen man weiß oder mindestens vermuten kann, daß sie einen Einfluß auf die AV haben (sogenannte "Drittvariable"). Sind diese Merkmale z.B. "Alter" und "Geschlecht", dann werden für Experimental- und Kontrollgruppe jeweils "Zwillinge" gebildet, also z.B. Männer aus der Altersklasse 25 bis unter 30 Jahren, 30 bis unter 40 o.ä. und Frauen aus entsprechenden Altersklassen, d.h. für beide Gruppen ist (mindestens) eine Vpn zu finden, die bezüglich dieser beiden Merkmale die gleichen Ausprägungen aufweist.

Diese Paarbildung ist bei mehr als zwei Merkmalen aufwendig. Wie bei der statistischen Kontrolle müssen dafür u.U. Daten vor dem Experiment erhoben werden, außerdem müssen die "richtigen" Merkmale berücksichtigt werden. Sind bei einem Experiment k Versuchsgruppen (k>2) involviert, dann müssen "Drillinge", "Vierlinge", usw. gebildet werden. In der Praxis kann diese Vorgehensweise leicht daran scheitern, daß aus den zur Verfügung stehenden bereitwilligen Vpn nur wenige Paare und noch weniger Drillinge, Vierlinge, usw. gebildet werden können.

Eine häufig praktikablere Form des Matching ist die "Parallelisierung" ("matched groups"). Dabei werden wie vorher entsprechende Merkmale berücksichtigt, aber keine Vpn-Zwillinge, Vpn-Drillinge, usw. gebildet, sondern nur darauf geachtet, daß die Verteilung der Merkmale in den Versuchsgruppen gleich ist. Wenn beispielsweise wieder "Geschlecht" und "Alter" diese Merkmale sind, dann besteht die Parallelisierung darin, daß der Anteil der Männer bzw. Frauen in den Versuchsgruppen gleich ist. Dasselbe gilt für die Altersverteilung in den Gruppen. Es wird also nur auf Gleichheit der eindimensionalen Merkmalsverteilungen geachtet, nicht jedoch der mehrdimensionalen wie beim eigentlichen Matching.

Sowohl statistische Kontrolle als auch Matching bzw. Parallelisierung sind wegen der unvermeidlichen Datenerhebung nicht nur recht aufwendig, sondern auch mit dem Problem der "richtig" ausgewählten Merkmale belastet. Als **die** Kontrollstrategie gilt die leicht durchzuführende "Randomisierung", bei der die Vpn *rein zufällig* auf Experimental- und Kontrollgruppe verteilt werden bzw. allgemein auf die vorgesehenen Versuchsgruppen. Für die Zuweisung einer Vpn spielen also zusätzliche Merkmale oder Kriterien keine Rolle, sondern lediglich der Zufall. Sind z.B. von 100 Vpn je 50 der Experimental- bzw. Kontrollgruppe zuzuweisen, dann kann die Zugehörigkeit zu einer dieser beiden Gruppe etwa per Los bestimmt werden.

Bei der Randomisierung liegen *systematische* Zusammenhänge zwischen Vpn-Merkmalen und Zugehörigkeit zu einer bestimmten Versuchsgruppe nicht vor, so daß Variationen der AV mit großer Sicherheit auf die UV zurückgeführt werden können und nicht auf Drittvariable. Allerdings muß beachtet werden, daß bei der Randomisierung die Anzahl der Vpn nicht "zu klein" sein darf, da mit dieser Gruppen gebildet werden, die nur "im Durchschnitt" bezüglich der Ausprägungen von Drittvariablen gleich sind.

VII.1.4. Experimentelle Designs

Zur konkreten Durchführung eines Experimentes ist die genaue Vorgehensweise festzulegen, z.B. welche und wieviele Versuchsgruppen gebildet, wie die Zuteilung der Vpn zu diesen Gruppen vorgenommen werden soll, welches die AV und die UV ist usw., mit anderen Worten, jedes Experiment setzt ein sogenanntes *experimentelles Design* voraus, wofür es mehrere Möglichkeiten gibt. Neben *experimentellen Designs im engeren Sinn* und *statistischen Designs* sind in der Praxis auch *vor-* und *quasi-experimentelle Designs* anzutreffen. Auf diese soll zuerst eingegangen werden.

VII.1.4.1. Vor- und quasi-experimentelle Designs

Unter *vorexperimentellen* Designs sollen die *Fallstudie mit einer Messung*, die *Ein-Gruppen Pre-Test/Post-Test*-Anordnung, sowie der Vergleich *statischer Gruppen* und das *Survey-Design* verstanden werden, als *Quasi-experimentelle* Designs dagegen *Zeitreihen*-Designs.

Das Design bei der "Fallstudie mit einer Messung" kann symbolisch folgendermaßen dargestellt werden:

$$\begin{array}{cc} X & M \\ t_1 & t_2 \end{array}$$

Dabei steht das Symbol "X" für die UV (auch als experimenteller Stimulus oder *Treatment* bezeichnet) und "M" für Messung. Bei diesem Design wird eine Gruppe von Vpn zum Zeitpunkt t_1 einem Stimulus ausgesetzt und anschließend (zum Zeitpunkt t_2) der Wert der AV gemessen. Man sieht leicht, daß bei diesem Design kein Vergleich mit den Ausprägungen der AV *vor* Einführung des Stimulus sowie keine Kontrolle von Störvariablen möglich ist (z.B. Reifungsprozesse, historische Einflüsse, Selektion).

Für die "Ein-Gruppen Pre-Test/Post-Test"-Anordnung läßt sich schreiben:

$$\begin{array}{ccc} M_1 & X & M_2 \\ t_1 & t_2 & t_3 \end{array}$$

Hier wird die AV bei einer Gruppe von Vpn zweimal gemessen, einmal vor Einführung und einmal nach Einführung des Stimulus. Als Experimental-Effekt der UV wird die Differenz M_2 - M_1 angesehen. Obwohl dieses Design gegenüber dem vorherigen insofern "feiner" ist, da eine Veränderung der AV festgestellt werden kann, ist seine interne Validität zweifelhaft, da auch hier keine Störvariablen-Kontrolle erfolgt.

Für einen Vergleich "statischer Gruppen" gilt:

Experimentalgruppe:	X	M_{EG}
Kontrollgruppe:		M_{KG}
	t_1	t_2

d.h. hier wird (wie beim echten Experiment) mit einer Experimentalgruppe, die dem Stimulus ausgesetzt wird, und einer Kontrollgruppe, für die das nicht der Fall ist, gearbeitet. Der Experimetal-Effekt wird durch die Differenz M_{EG} - M_{KG} gemessen. Da die Zuweisung der Vpn zu den beiden Gruppen nicht durch eine der im vorigen Abschnitt beschriebenen Techniken erfolgt, z.B. durch Randomisierung, ist dieses Design besonders anfällig für Selektionseffekte.

Eine Variante dieses Designs ist das sogenannte "Survey-Design", das folgendermaßen symbolisiert werden kann:

Experimentalgruppe:	X	M_{EG}
Kontrollgruppe:		M_{KG}
	t	t

Im Unterschied zum echten Experiment werden die Vpn dem Stimulus nicht gezielt "ausgesetzt" und die beiden Gruppen werden nicht ex ante gebildet, sondern ex post gemäß den Ausprägungen der UV. Es handelt sich also nicht um eine echte Experimental- bzw. Kontrollgruppe. Beispielsweise werden Befragte danach klassifiziert, ob sie eine akademische Ausbildung (Pseudo-Experimentalgruppe) haben oder nicht (Pseudo-Kontrollgruppe). Die AV sei die Einstellung eines Befragten zu einem bestimmten Problem. Sowohl die Ausprägungen der UV als auch die der AV werden in der selben Befragung erhoben, deshalb sind zwei gleiche Zeitpunkte vermerkt. Falls die Ausbildung verschiedene Einstellungen "produziert", müßte sich die AV in beiden Gruppen deutlich unterscheiden. Offensichtlich ist aber auch denkbar, daß sich beide Gruppen schon vor der akademischen Ausbildung bezüglich dieser Einstellung unterschieden haben. Außerdem ist keine Drittvariablen-Kontrolle möglich, d.h. unterschiedliche Einstellungen können durch ganz andere Variable als durch die "Ausbildung" bedingt sein. Survey-Designs werden in der Praxis häufig vorgenommen. Auf das "Drittvariablen-Problem wird bei der Datenanalyse in Kapitel VIII.7 noch zurückzukommen sein.

"Zeitreihen-Designs" sollen als "quasi-experimentelle" Designs bezeichnet werden. Unter einer *Zeitreihe* wird eine Folge *zeitlich geordneter* Beobachtungswerte verstanden, z.B. die monatlichen Umsätze einer Firma, die börsentäglichen Kurse eines Wertpapiers usw.. Für ein solches (univariates) Design kann man z.B. schreiben:

$$M_1\ M_2\ M_3\ M_4\ M_5\ M_6\ M_7\ X\quad M_8\ M_9\ M_{10}\ M_{11}\ M_{12}\ M_{13}\ M_{14}\ M_{15}$$

wenn dies etwa die monatlichen Umsätze einer Firma für ein bestimmtes Produkt sind und wenn mit Beginn des 8. Monats z.B. eine Preisvariation vorgenommen wird. Hier interessiert, ob sich der Effekt dieser Preisveränderung an den nachfolgenden Beobachtungswerten feststellen läßt. Bei diesem Beispiel kann der Experimentator die UV kontrollieren. Dies ist jedoch nicht immer der Fall, z.B. wenn staatlicherseits verschärfte Abgasvorschriften erlassen werden und zu prüfen ist, ob man (nach einem gewissen Zeitraum) eine Wirkung, z.B. auf den Stickoxyd-Gehalt der Luft, nachweisen kann. Solche Analysen können mit Hilfe spezieller, relativ komplizierter, Techniken der Zeitreihenanalyse ("Interventionsanalyse") vorgenommen werden, die hier nicht diskutiert werden können.

VII.1.4.2. Experimentelle Designs im engeren Sinn

Von *experimentellen Designs im engeren Sinn* kann dann gesprochen werden, wenn (wie oben schon teilweise ausgeführt wurde), die UV kontrolliert variiert werden kann (wenn von einer Variation der UV im folgenden die Rede ist, dann sei zunächst nur unterschieden, ob der Stimulus "anwesend" oder "abwesend" ist, feinere Abstufungen der UV können z.B. bei den faktoriellen Designs berücksichtigt werden), eine Experimentalgruppe und eine Kontrollgruppe vorliegt und wenn die Vpn diesen Gruppen so zugewiesen werden, daß dabei keine verzerrenden Einflüsse auf die AV erzeugt werden. In den weitaus meisten Experimenten erfolgt diese Zuweisung durch Randomisierung.

Das klassische grundlegende Design für ein (echtes) Experiment sieht folgendermaßen aus:

Experimentalgruppe:	R	M_1	X	M_2
Kontrollgruppe:	R	M_3		M_4
	t_1	t_2		t_3

und wird als Design mit "Kontrollgruppe und Pre-/Post-Test-Messung" bezeichnet. "R" weist darauf hin, daß die Zuweisung der Vpn zu den beiden Gruppen durch Randomisierung erfolgt (möglich ist natürlich auch eine Zuweisung durch Matching oder Parallelisierung). Der experimentelle Effekt (*Treatment-Effekt*) ist bei diesem Design gegeben durch

$$(M_2 - M_1) - (M_4 - M_3)$$

Betrachtet man die beiden Summanden $(M_2 - M_1)$ und $(M_4 - M_3)$ näher, dann kann man schreiben:

$$M_2 - M_1 = EE + H + RP + ME + IPUV + HI + SR + MO$$

$$M_4 - M_3 = H + RP + ME + HI + SR + MO = SV$$

wobei "EE" den Experimental-Effekt und "SV" den Totaleffekt der Störvariablen, bezeichnet. Die Differenz zwischen Post- und Pre-Test enthält neben dem Experimentaleffekt (möglicherweise) Effekte, die auf historische Einflüsse (H), auf Reifungs-Prozesse (RP), auf Meßeffekte (ME), auf Interaktionseffekte zwischen Pre-Test und UV (IPUV), auf Hilfsmittel (HI), auf statistische Regression (SR) sowie auf Mortalität (MO), aber aufgrund der Randomisierung nicht auf Selektionseffekte (SE), zurückzuführen sind.

Bei der Kontrollgruppe sind alle diese Effekte ebenfalls möglich mit Ausnahme von EE und IPUV. (Daß hier ME und HI möglich ist, mag zunächst erstaunen, aber es zu beachten, daß bei der Kontrollgruppe ebenfalls "etwas passiert", z.B. beim oben erwähnten pädagogischen Experiment wird nach der bisherigen Lehrmethode unterrichtet, so daß zwischen Pre- und Post-Test ebenfalls Meßeffekte auftreten können. Analoges gilt für Hilfsmittel).

Da Experimental- und Kontrollgruppe sich nur bezüglich der Variation der UV unterscheiden, kann ("normalerweise") davon ausgegangen werden, daß die genannten Effekte in beiden Gruppen in (etwa) gleicher Größenordnung auftreten. Deshalb ist:

$$(M_2 - M_1) - (M_4 - M_3) = EE + IPUV$$

d.h. bei diesem Design wird nur die (mögliche) Interaktion zwischen Pre-Test und Manipulation der UV nicht kontrolliert. Außer Kontrolle bleiben natürlich auch potentielle reaktive Effekte der Experimentalsituation (RE), welche die externe Validität eines Experimentes in Frage stellen können.

Hinzugefügt sei hier aber noch, daß durchaus Fälle vorstellbar sind, bei denen z.B. die MO in beiden Gruppen unterschiedlich ausfällt, etwa, wenn in der Experimentalgruppe relativ viele VP wegen der Art der UV das Experiment vorzeitig abbrechen ("so etwas mache ich nicht mit"). Auch für die anderen Störvariablen sind Konstellationen denkbar, die zu merklich differierenden Ausprägungen in beiden Gruppen führen können. In diesem Zusammenhang sei nochmals daran erinnert, daß auch das echte Experiment *keine absolute Sicherheit* bietet, um ursächlich von der UV auf die AV schließen zu können.

Ein Design, bei dem auch eine mögliche Interaktion zwischen Pre-Test und der UV (IPUV) kontrolliert (und gemessen) werden kann, ist das "Vier-Gruppen-Design nach Solomon":

Experimentalgruppe I:	R	M_1	X	M_2
Kontrollgruppe I:	R	M_3		M_4
Experimentalgruppe II:	R		X	M_5
Kontrollgruppe II:	R			M_6

Hier ist für:

Experimentalgruppe I: R $M_2 - M_1 = EE + IPUV + SV$

Kontrollgruppe I: R $M_4 - M_3 = SV$

wie beim vorigen Design, für M_5 und M_6 sind aber keine Pre-Test-Meßwerte vorhanden. Nimmt man an, daß sich alle vier Gruppen bezüglich des Pre-Testwertes für die AV nicht unterscheiden, dann können die fehlenden Pre-Testwerte durch eine Schätzung ersetzt werden, naheliegenderweise durch $(M_1 + M_3)/2$. Damit erhält man für:

Experimentalgruppe II: R $M_5 - (M_1 + M_3)/2 = EE + SV$

Kontrollgruppe II: R $M_6 - (M_1 + M_3)/2 = SV$

und:

$$[M_5 - (M_1 + M_3)/2] - [M_6 - (M_1 + M_3)/2] = EE$$

Experimental- und Kontrollgruppe I werden dabei nur indirekt zur Bestimmung des Experimentaleffektes EE gebraucht. Mit ihrer Hilfe läßt sich aber der Interaktionseffekt IPUV bestimmen:

$$(M_2-M_1)-[M_5-(M_1+M_3)/2] = (EE+IPUV+SV)-(EE+SV) = IPUV$$

Da vier Versuchsgruppen gebraucht werden, ist das Solomon-Design in der Praxis recht aufwendig.

Ein, aufgrund seiner Einfachheit, in der Praxis beliebtes Design ist das "Post-Test-Design mit Kontrollgruppe":

Experimentalgruppe:	R	X	M_1
Kontrollgruppe:	R		M_2

mit EE = M_1 - M_2. Dabei wird angenommen, daß sich beide Gruppen wegen der Randomisierung in der AV vor Einführung des Stimulus nicht unterscheiden. Im Gegensatz zum Solomon-Design sind nur zwei Gruppen notwendig und nur zwei Messungen (anstelle von sechs bzw. vier im Vergleich zum klassischen Design). Nachteilig bei diesem Design ist, daß individuelle Veränderungen der AV (also bei einzelnen Vpn) nicht beobachtbar sind. Das Post-Test- Design mit Kontrollgruppe wird z.B. bei Marketing-Experimenten häufig verwendet (vgl. z.B. Demirdjian 1983).

VII.1.4.3. Statistische Designs

Bei den bisherigen Designs wurde davon ausgegangen, daß unter der Variation der UV nur verstanden wurde, ob die Vpn einem Stimulus ausgesetzt werden oder nicht bzw. einem anderen Stimulus als bisher (z.B. andere Lehrmethode als die bisherige, anderer Preis als bisher usw.). Außerdem wurde immer nur von eine UV berücksichtigt.

Bei den *statistischen Designs* können nicht nur relativ bequem mehrere UV miteinbezogen werden, auch ihre Ausprägungen dürfen mehr als zwei Kategorien aufweisen. *Multivariate* statistische Designs erlauben auch mehrere AV. Variablen, die vermutlich einen erheblichen Einfluß auf die AV haben (außer der bzw. den UV), können (je nach Design) explizit berücksichtigt und ihre Auswirkungen statistisch kontrolliert werden. Weiterhin können *Wechselwirkungen* ("Interaktionen") zwischen mehreren UV modelliert werden. Außerdem sind kostengünstige Designs möglich durch Mehrfachmessungen bei den einzelnen Vpn. Charakteristisch für statistische Experimental-Designs ist insbesondere, daß die Beziehung zwischen AV und UV durch ein *statistisches Modell* explizit formuliert wird. Die Datenauswertung bei diesen Designs erfolgt hauptsächlich mit der *Varianz-* und *Kovarianzanalyse.*

Statistische Designs sind eigentlich nichts anderes als eine *Menge von Experimenten,* denen im einzelnen verschiedene Konstruktionsprinzipien zugrundeliegen. Hier steht eine große Vielfalt von Versuchsanordnungen zur Verfügung wie *randomisierte Block-* und *unvollständige Block-Designs, Lateinische* und *Lateinisch-Griechische Quadrate, faktorielle-* und *fraktionelle-*

Designs, *Split-Plot-Designs, Hierarchische Designs* usw., auf die hier im Einzelnen nicht eingegangen werden kann. Lediglich einige Grundlagen des "randomisierten Block-Designs" sowie der "faktoriellen" Versuchspläne seien zur Illustration statistischer Designs kurz dargestellt (für ausführliche Darstellungen sei z.B. auf Kirk 1968, Winer 1962 oder Box/Hunter/Hunter 1978 verwiesen).

Wie der Begriff schon andeutet, werden bei den "randomisierten Block-Designs" die Vpn auf verschieden "Blöcke" verteilt, die gemäß den Kategorien *einer* wichtigen Variablen, die nicht manipuliert werden kann, aber einen bedeutenden Effekt auf die AV hat (bzw. vermutlich hat) gebildet werden. Sei beispielsweise das Alter der Vpn eine derartige Variable, dann können die Vpn zunächst gemäß ihrem Alter klassifiziert, d.h. eine der gebildeten Altersklassen zugeteilt, werden. *Innerhalb* der Blöcke (=Altersklassen) kann die Zuweisung der Vpn zu den einzelnen Stufen der UV durch Randomisierung erfolgen. Werden z.B. vier Altersklassen (oder Blöcke) gebildet und weist die UV drei Stufen auf, dann ergibt das insgesamt 12 Experimente, woraus verständlich wird, weshalb oben statistische Designs als eine Menge von Experimenten bezeichnet wurden. Dieses Design läßt sich in folgender Tabelle darstellen:

		Unabhängige Variable		
Block Nr.	Bezeichnung	Stufe 1	Stufe 2	Stufe 3
1	Alterskl. I	n_{11}	n_{12}	n_{13}
2	Alterskl. II	n_{21}	n_{22}	n_{23}
3	Alterskl. III	n_{31}	n_{32}	n_{33}
4	Alterskl. IV	n_{41}	n_{42}	n_{43}

Dabei bezeichnet n_{ij} die Anzahl der Vpn des Blocks i, die per Zufall der j-ten Stufe der UV zugewiesen wurde. Für die einzelnen Experimente sind natürlich wieder die schon im Abschnitt VII.1.2. erwähnten Fehlerquellen potentiell relevant.

Innerhalb der Blöcke sind (bzw. sollten) die Vpn *homogener* bezüglich den Ausprägungen der AV (sein), als *zwischen* den Blöcken, d.h. der (statistische) Grund für die Blockbildung ist darin zu sehen, daß dadurch die Variabilität (Varianz) der AV verringert wird. Bezeichne Y_{ij} die Merkmalsausprägung der AV in Block i und Stufe j der UV, dann lautet das statistische Modell für das randomisierte Block-Design:

$$Y_{ij} = \mu + \pi_i + \beta_j + \varepsilon_{ij}$$

Dabei ist μ eine Konstante, π_i ist der "Block"-Effekt und β_j der Effekt der j-ten Stufe der UV. ε_{ij} ist der "Experimentalfehler" (gewissermaßen der Teil der AV, der weder von der "Block-Variablen" noch von der UV erklärt wird), der (im Modell) den Status einer Zufallsvariablen hat. Sowohl die Block-Variable als auch die UV sind nominal-skaliert, während die AV metrisch skaliert ist. Auf weitere Einzelheiten kann hier nicht eingetreten werden.

Beim *faktoriellen Design* kann der *kombinierte* Effekt von zwei und mehr UV auf die AV modelliert und überprüft werden. Beim einfachsten Fall eines randomisierten Designs mit *zwei Faktoren* (oder UV) A und B lautet das statistische Modell:

$$Y_{ij} = \mu + \alpha_i + \beta_j + (\alpha\beta)_{ij} + \varepsilon_{ij}$$

Dabei läuft der Index i(j) über alle Stufen des Faktors A(B), α_i bzw. β_j repräsentieren somit den Einfluß der Faktorstufen-Kombination (i,j) der beiden UV A und B (A und B sind nominal- und Y metrisch skaliert). Das Symbol $(\alpha\beta)$ – nicht zu verwechseln mit dem Produkt $\alpha \cdot \beta$ – bezeichnet die sogenannte *Interaktion* (oder *Wechselwirkung*) der beiden UV A und B.

Die Bedeutung einer Interaktion kann man sich an einem einfachen Beispiel klarmachen. Sei A ein Medikament (z.B. ein Schlafmittel) und B die konsumierte Menge an Alkohol (z.B. mit den Stufen keinen, kleine, große, sehr große Menge), den eine Vpn zu sich genommen hat. Wenn die Wirkung des Medikamentes variiert, je nachdem, ob verschiedene Dosen mit keinem Alkohol, mit einer kleinen (großen, sehr großen) Menge Alkohol "kombiniert" werden, dann liegt eine Interaktion zwischen Medikament und Alkohol vor.

Faktorielle Designs können auch als *randomisierte faktorielle Block-Designs* konzipiert werden, d.h. wie vorher wird eine Block-Variable berücksichtigt, die eine Homogenisierung der Vpn (innerhalb der einzelnen Blöcke) bezüglich der AV bewirken soll:

$$Y_{ij} = \mu + \pi_i + \alpha_i + \beta_j + (\alpha\beta)_{ij} + \varepsilon_{ij}$$

Auf faktorielle Designs soll bei der Darstellung der Varianzanalyse in Kapitel VIII.3.1. nochmals eingegangen werden.

Schließlich sei noch ganz kurz auf das Problem der *Teststärke* (*Macht, power*) bei statistischen Designs hingewiesen. Unter der Teststärke eines Experiments wird die Wahrscheinlichkeit verstanden, mit der vorhandene experimentelle Effekte auch entdeckt werden, d.h. das Testergebnis sollte *nicht nur* "statistisch signifikant" sein. Wie aus der Theorie der Signifikanztests bekannt ist, hängt die Macht eines Tests u.a. vom Stichprobenumfang ab (hier: von der Anzahl der Vpn). Ein Experiment, dessen Teststärke bei einem bestimmten experimentellen Effekt z.B. nur 0.5 beträgt, ist praktisch wertlos: bei einer Replikation des Experiments würde man diesen Effekt nur mit einer Wahrscheinlichkeit von 0.5 wieder entdecken, d.h. man könnte genau so gut eine Münze werfen statt das Experiment zu replizieren. Zur Schätzung der Teststärke eines Experiments bzw. zur Ableitung des notwendigen Stichprobenumfangs zur Realisierung einer bestimmten Macht sei auf Cohen 1988 verwiesen und zur allgemeinen Problematik der Teststärke von Experimenten auf Stelzl 1982.

VII.1.4.4. Labor- versus Feldexperiment

Abschließend seien noch kurz einige Überlegungen zum Vergleich von Laborexperiment einerseits und Feldexperiment andererseits angestellt (zur sogenannten "Feldforschung" im allgemeinen vgl. z.B. Gachowetz 1995). Charakteristisch für das *Laborexperiment* ist, daß die Umgebung, in der ein Experiment abläuft, eine künstliche ist, d.h. eine Vpn agiert in einem Umfeld, das nicht seinem üblichen, natürlichen, entspricht. Damit ist die Gefahr verbunden, daß sich eine Vpn im Labor anders verhält als in seiner natürlichen Umgebung. Außerdem ist es möglich, daß in der natürlichen Umgebung andere Einflußfaktoren als im Labor eine Rolle spielen. Auf diese und ähnliche Probleme wurde schon oben im Hinblick auf die externe Validität von Experimenten hingewiesen.

Beim *Feldexperiment* dagegen findet dagegen das Experiment in der gewohnten Umgebung der Vpn statt, d.h. der Experimentator begibt sich mit samt seinen Hilfsmitteln zum Ort der Vpn, was in aller Regel wesentlich aufwendiger ist als die Durchführung eines Laborexperimentes. Dabei geht es häufig nicht um die Überprüfung von Theorien, sondern um festzustellen, wie sich z.B. Sozialprogramme auf die Bevölkerung auswirken. Bekannt geworden sind z.B. die "New Jersey Negative Income Tax Experiments", bei denen u.a. die Auswirkungen eines garantierten Mindesteinkommens, das knapp an der Armutsgrenze lag, auf das Arbeitsverhalten untersucht wurden (vgl. dazu Ferber/Hirsch 1978).

Im Gegensatz zum Laborexperiment wird nun dem Feldexperiment eine im allgemeinen höhere externe Validität zugeschrieben. Weil aber Störfaktoren beim Laborexperiment im allgemeinen weitaus besser kontrollierbar sind als beim Feldexperiment, weist dieses in der Regel eine höhere interne Validität auf. Die prägnante Kurzformel "Laborexperiment = künstlich und intern valide", "Feldexperiment = natürlich und extern valide" greift jedoch zu kurz: zu beachten ist, daß auch beim Feldexperiment Eingriffe in den Alltag der Vpn praktisch unvermeidbar sind, was zu Reaktionen führen kann, die "normalerweise" nicht auftreten, d.h. auch die externe Validität eines Feldexperimentes ist nicht unbedingt a priori gewährleistet. Andererseits können Meßeffekte, Versuchsleitereffekte usw. die interne Validität auch eines Laborexperimentes gefährden. Was als "künstliche" und was als "natürliche" Situation anzusehen ist, hängt vor allem auch von den Vpn selbst ab, die eine konkrete Experimentalsituation diesbezüglich durchaus unterschiedlich einschätzen oder empfinden mögen (vgl. dazu Schnell/Hill/ Esser 1992, S.239-241).

VII.2. Panel-Designs

Viele Datenerhebungen in den Sozialwissenschaften sind *Querschnittsuntersuchungen* (*cross-sectional studies*), d.h. sie beziehen sich auf den gleichen Zeitpunkt bzw. auf das gleiche Zeitintervall (z.B. Jahr, Monat usw.). So gewonnene Daten liefern natürlich keinerlei Informationen bezüglich der *zeitlichen Veränderungen* von Variablen. Dazu sind *Längsschnitt-* (oder *Longitudinal-*)-Erhebungen erforderlich.

Ein *Panel* stellt eine bestimmte Form einer Längsschnittuntersuchung dar, bei der in bestimmten zeitlichen Abständen bei *denselben* Untersuchungseinheiten *dieselben* Merkmale bzw. Variablen (mit derselben Operationalisierung) erhoben werden. Damit ist auch schon klar, welche Zielsetzung diese Art des Forschungsdesigns verfolgt, nämlich Informationen zu gewinnen über *Wandlungsprozesse* (z.B. bezüglich Einstellungen, wirtschaftlichen Verhältnissen, demographischen Tatbeständen usw.).

Bei Panel-Untersuchungen können die bisher betrachteten Datenerhebungsinstrumente Beobachtung, Befragung und Experiment eingesetzt werden, weshalb man von einem Beobachtungs-, Befragungs- und Experimental-Panel spricht (vgl. Meyer/Hermanns 1995, S.285). Zweifellos ist aber das *Befragungs-Panel* das praktisch wichtigste, weshalb sich die folgenden Ausführungen auf diesen Panel-Typ beschränken.

Durch Panel-Untersuchungen lassen sich neben *interindividuellen* auch *intraindividuelle* Veränderungen im Zeitablauf verfolgen, was an einem fiktiven Beispiel, das sich bei Meyer/Hermanns 1995, S.283 findet, demonstrieren läßt. Im Juli und August eines Jahres wurden 1000 Personen bezüglich ihrer Wahlbereitschaft befragt ("gehe bzw. gehe nicht zur Wahl"), mit dem folgenden Resultat:

	Juli	August
gehe zur Wahl	870	900
gehe nicht zur Wahl	130	100
Summe	1000	1000

Zu den 870 Befragten, die im Juli angaben, zur Wahl zu gehen, sind im August 30 hinzugekommen, die sich ebenfalls an der Wahl beteiligen wollten. Entsprechend hat die Anzahl der Personen mit keinen Wahlabsichten von Juli auf August um 30 Personen abgenommen. Diese Veränderung wird als *Nettoveränderung* (*net change*) bezeichnet. Die Nettoveränderung (oder interindividuelle Veränderung) ist eine *aggregierte* Größe, d.h. sie läßt nicht erkennen, bei welchen Personen ein Meinungswechsel (intraindividuelle Veränderung) eingetreten ist.

Diese Information liefert aber die Panel-Untersuchung, weil dabei Daten auf individueller Ebene im Zeitablauf erhoben werden. Damit kann jeder der 1000 Personen nach seinen Wahlabsichten im Juli *und* August klassifiziert werden, was z.B. zu folgender Tabelle führt:

Juli \ August	gehe zur Wahl	gehe nicht	
gehe zur Wahl	850	20	870
gehe nicht	50	80	130

Von den 870 Befragten, die im Juli angaben, zur Wahl zu gehen, haben 20 ihre Meinung geändert, dagegen erklären von den 130 potentiellen Nicht-Wählern im Juli nun 50 ihre Bereitschaft im August, sich an der Wahl zu beteiligen. Die Summe der Nebendiagonalhäufigkeiten gibt das Ausmaß der *internen Fluktuation* (des *turnovers*) an, d.h. die Anzahl Personen (=70), die von einer Kategorie in die andere überwechseln.

In der BRD wird z.B. seit 1984 das sogenannte "Sozio-Ökonomische Panel" im jährlichen Abstand erhoben, in dem ca. 6000 Haushalte involviert sind (genauer: alle Haushaltsangehörige, die älter als 16 Jahre sind). Die erhobenen Merkmale beziehen sich auf die Erwerbstätigkeit, demographische Sachverhalte usw., wobei ein kleiner Teil der Themen von "Welle zu Welle" variiert. Weiter sind hier die *Haushaltspanel* der Statistischen Ämter zu nennen als Grundlage für die Berechnung von Preisindizes, Handels-Panel verschiedener Branchen, sowie die Untersuchungen im Bereich der *Konjunkturforschung* (z.B. Konjunkturtest des IFO-Institutes, München oder der KOF, Zürich). Bei letzteren werden in regelmäßigen Abständen Unternehmen schriftlich befragt hinsichtlich ihrer Erwartungen zur konjunkturellen Entwicklung.

Wie alle Datenerhebungsinstrumente weist auch das Panel neben dem großen Vorteil, die Veränderungen von wichtigen Variablen messen zu können, auch einige Nachteile bzw. Probleme auf.

Als besonders problematisch gelten die *Panel-Effekte*. Darunter sind z.B. *Lern-Effekte* der Erhebungseinheiten zu verstehen, die sowohl von der Anzahl der Panel-Erhebungen ("Panel-Wellen") als auch vom zeitlichen Abstand zwischen den einzelnen Erhebungen abhängen. Durch die sukzessiven Erhebungen können Einstellungen und Verhaltensweisen sowohl verändert als auch verfestigt werden. Denkbar ist auch, daß Einstellungen durch die fortlaufenden Befragungen erst entstehen. Bei Langzeit-Panels wie z.B. bei Haushalts- und medizin-soziologischen Panels kann der Panel-Effekt darin bestehen, "daß über eine erhöhte Aufmerksamkeit gegenüber dem Untersuchungsgegenstand eine Bewußtseinsänderung in Verbindung mit einer Verhaltensänderung eintritt, so können z.B. Panel-Haushalte mengen-, preis- oder einkaufsstättenbewußter werden und entsprechend einkaufen bzw. können Teilnehmer an einem medizin-soziologischen Panel gesundheitsbewußter werden und sich entsprechend gesundheitsorientiert verhalten" (Meyer/Hermanns 1995, S.289).

Das praktisch schwerwiegendste Problem stellt jedoch die *Panel-Mortalität* dar. Darunter ist der Ausfall von Erhebungseinheiten zu verstehen, wofür es verschiedene Gründe gibt. Neben natürlichen wie Tod, Krankheit, Mobilität ist auf abnehmendes Interesse und Untersuchungsmüdigkeit hinzuweisen (vgl. Meyer/Hermanns 1995, S.288). Während die natürlichen Ausfälle "zufällig" sind, müssen die anderen wohl als "systematisch" angesehen werden, d.h. sie hängen mit den erhobenen Merkmalen zusammen. Da erfahrungsgemäß die Panel-Mortalität sehr hoch werden kann (berichtet werden bis zu 60% Ausfällen, vgl. dazu die bei Meyer/Hermanns 1995, S.287 zitierte Literatur), empfiehlt sich von vornherein ein möglichst großer Stichprobenumfang. Damit wird zwar das Ausfallproblem nicht gelöst (vgl. die entsprechende Situation bei Querschnittsbefragungen, Kapitel VI.3.6.), aber für eine Datenanalyse verbleibt noch eine genügend große Anzahl von Erhebungseinheiten, die allerdings mit dem "Effekt der positiven Selbstauswahl" (Meyer/Hermanns 1995, S.288) behaftet ist.

Das Problem der "positiven" Auswahl stellt sich nicht erst im Verlauf mehrerer Panel-Wellen, sondern auch schon zu Beginn bei der "Anwerbungsphase", wenn es viele "Anfangsverweigerer" gibt. Daraus ergibt sich die Gefahr einer positiven Auswahl unter den Panel-Teilnehmern, d.h. nur diejenigen werden zu Untersuchungseinheiten, die sich bereit erklären, mitzumachen. Die Art und Weise der Anwerbung von Panel-Teilnehmern ist entscheidend für die Höhe der Verweigerungsquote und damit für den Effekt der positiven Auswahl" (Meyer/Hermanns 1995, S.287).

Bei Langzeit-Panels (etwa länger als 10 Jahre) kann sich auch der Bedeutungsumfang und Bedeutungsinhalt von Begriffen und Fragen verändern, was die langfristige Vergleichbarkeit der Daten in Frage stellen kann.

Zur Kontrolle von Panel-Mortalität und Panel-Effekten wurden mehrere Designs entwickelt. Beim *alternierenden* Panel wird die gesamte Stichprobe aufgeteilt in Subgruppen (P_1,P_2,...), die dann abwechselnd bei den Panel-Wellen zu den Zeitpunkten t_1,t_2,... befragt werden. Bei z.B. drei Subgruppen würde P_1 bei der ersten, vierten, siebten Welle ..., P_2 bei der zweiten, fünften, achten Welle .... und P_3 bei der dritten, sechsten, neunten Welle, ... befragt. Da die Panel-Teilnehmer bei diesem Design nur in größeren Abständen befragt werden, reduziert sich ihre Belastung sowie die Gefahr von Panel-Effekten. Nachteilig bei diesem Design ist der große Gesamt-Stichprobenumfang, die einzelnen Subgruppen müssen relativ groß gewählt werden, damit diese trotz Mortalität noch eine "vertretbare" Größe aufweisen.

Beim *rotierenden* Panel werden wiederum wie beim alternierenden mehrere Subgruppen gebildet, die aber bei der ersten Welle *alle* befragt werden. Bei der zweiten Welle scheidet eine dieser Subgruppen aus und wird ersetzt durch eine neue Gruppe. Bei jeder weiteren Welle wird genauso verfahren, d.h. eine der bisherigen Gruppen wird ersetzt durch eine neue. Sind z.B. fünf Wellen geplant, dann ergibt sich folgendes Design:

G_1	x	x	x	x	x
G_2	x	x	x	x	
G_3	x	x	x		
G_4	x	x			
G_5	x				
G_6		x	x	x	x
G_7			x	x	x
G_8				x	x
G_9					x

Nur Gruppe G_1 nimmt an allen fünf Wellen teil, je zwei Gruppen an vier bzw. drei bzw. zwei Wellen. Die Gruppen G_5 und G_9 werden nur einmal befragt, d.h. bei diesen ist nur eine Querschnitts- aber keine Längsschnittsuntersuchung möglich. Da bei jeder Welle eine neue Gruppe gebildet werden muß, ist dieses Design ziemlich aufwendig.

Beim *geteilten* Panel schließlich wird mit zwei Gruppen gearbeitet, wobei eine alle Wellen durchläuft, die zweite dagegen nach jeder Welle durch eine neue ersetzt wird:

G	x	x	x	x	x	...
Q_1	x					
Q_2		x				
Q_3			x			
Q_4				x		
Q_5					x	
.					.	

Da die neuen Gruppen nur einmal befragt werden, wurde für dieses das Symbol "Q" gewählt, um anzudeuten, daß für diese jeweils nur eine Querschnittsuntersuchung vorliegt. Die Q-Gruppen können als Kontrollgruppen für die Panel-Gruppe G aufgefaßt werden. Auch bei diesem Design muß wie vorher mit einem hohen Aufwand wegen der bei jeder Welle neu erforderlichen Gruppenbildung gerechnet werden (vgl. zu diesen Designs noch Schnell/Hill/Esser 1992, S.259 ff. und zu Panel-Designs allgemein Laatz 1993, S.545 ff.).

Schließlich seien hier noch zwei Varianten des Panels erwähnt, die *Trend-* und die *Kohortenanalyse*.

Bei der Trendanalyse handelt es sich um die *Replikation* einer Erhebung in einem gewissen – manchmal großen – zeitlichen Abstand, wobei die gleichen Fragen wieder gestellt werden, allerdings an *andere* Personen als bei der ersten Befragung. Deshalb spricht man hier auch von einem "unechten" Panel.

Bekannte Trendanalysen in der BRD sind die vom "Institut für Demoskopie, Allensbach" und dem "Zentralarchiv für empirische Sozialforschung, Köln" (ALLBUS) durchgeführten Studien. Bei der erstgenannten wurden im Jahre 1953 ca. 3000 Personen interviewt und bei der Replikation im Jahre 1979 ca. 2000 Personen und zwar zu Themen wie "Politik", "Religion" usw. (vgl. *Noelle-Neumann/Piel 1983*), wobei die ursprüngliche Frageformulierung weitgehend unverändert repliziert wurde. In kürzeren Zeitabständen wird der ALLBUS wiederholt und zwar alle zwei Jahre seit 1980. Auch hier steht die Entwicklung von Einstellungen und Verhaltensweisen der Bevölkerung der BRD im Zentrum, wobei neben einem "festen Kern" von Fragen zusätzlich Fragen zu "aktuellen" Themenkreisen berücksichtigt werden. Als sogenannte "Mehrthemen-Befragung" werden verschiedene Themen wie z.B. Politik, Arbeit usw. angesprochen. Die Stichprobe umfaßt ca. 3000 Personen, die jeweils nach dem gleichen Auswahlverfahren bestimmt werden.

Als *Kohorte* wird allgemein eine Menge von Fällen bezeichnet, die durch ein bestimmtes Ereignis, das alle Elemente dieser Menge betrifft, definiert ist. Das *kohortendefinierende* Ereignis kann z.B. bei Personen die Geburt sein (eine *Geburtsjahrsgangskohorte* umfaßt alle Personen, die im gleichen Jahr geboren wurden, eine *Eheschliessungskohorte* alle Personen, die im gleichen Jahr geheiratet haben usw.), bei Firmen das Gründungsjahr usw. Betrachtet man die Entwicklung einer Kohorte im Zeitablauf bzw. interessierender Variablen der Kohortenmitglieder (z.B. die Geburtsjahrgangskohorte von 1950 in den Jahren 1955, 1960 usw.), dann spricht man von einem *Intra-Kohorten*-Vergleich, werden dagegen *verschiedene* Kohorten miteinander verglichen, liegt ein *Inter-Kohorten*-Vergleich vor. Für detailliertere Ausführungen zur Kohortenanalyse vgl. z.B. Laatz 1993, S.540-544.

VII.3. Einzelfall-Analyse

Bei diesem Untersuchungsdesign kann es sich sowohl um die Untersuchung eines einzigen Individuums handeln als auch um die Untersuchung einer Menge von Individuen, deren Elemente aber nicht einzeln interessieren, sondern nur als Kollektiv, wie z.B. bei einer Analyse der Struktur einer Organisation (etwa eines Vereins, Verbandes, einer Firma o.ä.). Einzelfall-

Studien, die sich auf Personen beziehen, sind vor allem in der Psychologie und der Medizin anzutreffen.

Einzelfall-Studien können bei selten auftretenden Ereignissen angezeigt sein (z.B. welche Verhaltensänderungen sind bei den Mitarbeitern einer Firma zu beobachten, wenn von fester auf gleitende Arbeitszeit umgestellt wird?) oder wenn es gar keine andere Möglichkeit gibt, weil die Untersuchungseinheit "einmalig" im wahrsten Sinne des Wortes ist (z.B. gibt es nur *ein* Europäisches Parlament, *eine* UN usw.). Der Grund, warum man sich auch bei mehreren vergleichbaren Untersuchungseinheiten – was etwa auf die erwähnte Umstellung der Arbeitszeitregelung zutreffen dürfte – nur auf eine beschränkt, kann in knappen Forschungsgeldern liegen, aber auch darin, daß man eine möglichst detaillierte und möglichst sorgfältige Studie anfertigen möchte. Letzteres z.B. dann, wenn über die interessierende(n) Forschungsfrage(n) noch nichts oder nur rudimentäres bekannt ist. Das Ziel einer Einzelfall-Studie ist dann nicht (oder nur in sehr bescheidenem Umfang) in der Überprüfung von Hypothesen zu sehen, sondern vielmehr in einer Deskription und/oder in einer *Generierung von Hypothesen.* Häufig werden dabei auch nicht-oder wenig standardisierte Erhebungsmethoden, wie z.B. Leitfadengespräche, narrative Interviews, teilnehmende Beobachtung usw. eingesetzt.

Einzelfall-Analysen sind auch beim Experiment bekannt, d.h. es wird mit nur einer Vpn experimentiert. Um ausreichend Daten zu gewinnen, sind derartige Experimente natürlich nur als Längsschnitt-Untersuchungen sinnvoll. Bei den so gewonnenen Daten spielen "Autokorrelationen", d.h. Korrelationen der Beobachtungswerte längs der "Zeitachse, eine wesentliche Rolle. Für Einzelfall-Experimente, die in Psychologie und Medizin von Bedeutung sind wurden spezielle Versuchspläne entwickelt, die teilweise auch spezielle Datenauswertungsinstrumente erfordern, wie z.B. Randomisierungstests. Für Einzelheiten sei auf Reinecker 1995 verwiesen.

VII.4. Sekundär-Analysen

Die bisher besprochenen Designs können als *Primär-Analysen* bezeichnet werden, weil die Datenerhebung wesentlicher Bestandteil des Forschungsprojektes ist. Im Gegensatz dazu werden bei *Sekundär-Analysen* keine

Daten erhoben, vielmehr wird auf bereits existierende Datenbestände zurückgegriffen. Dies ist z.B. vielfach bei der empirischen Wirtschaftsforschung der Fall. Daten für das Bruttosozialprodukt, das Bruttoinlandsprodukt, Preisindizes, Auftragseingänge in der Industrie usw. werden in der Regel von nationalen Statistischen Ämtern erhoben und publiziert (darauf wurde schon in Kapitel II.2. hingewiesen) und nicht vom Forscher selber.

Mit einer Verwendung von Sekundär-Daten sind sowohl spezifische Vor- als auch Nachteile verbunden.

Vorteilhaft ist zweifellos die mit Sekundär-Daten verbundene erhebliche Kosteneinsparung. Sekundär-Daten sind relativ billig und aufgrund der zunehmenden internationalen Vernetzung der Kommunikationsmittel immer schneller verfügbar. Große Datenbestände sind z.B. bei der UN, dem Bureau of the Census (Washington D.C.), der Eurostat (Luxemburg), den nationalen Statistischen Ämtern, dem Zentralarchiv für empirische Sozialforschung (Köln) usw. – nicht selten ungenutzt – gespeichert. Bevor man eine eigene Datenerhebung durchführt, sollte man sich überlegen, ob sich nicht ein Versuch lohnte, diese Quellen "anzuzapfen", was technisch immer einfacher und komfortabler wird.

Sekundär-Daten sind allerdings im allgemeinen für andere Zwecke als dem durchzuführenden empirischen Projekt erhoben worden, was ihren Nutzen und ihre Verwendbarkeit einschränken bzw. – im Extremfall – sogar hinfällig machen kann. Sowohl Zielgrundgesamtheit als auch Auswahl der Erhebungs- bzw. Untersuchungseinheiten, sowie Begriffsdefinitionen und Operationalisierungen, können mehr oder weniger von dem abweichen, was in einem konkreten Projekt als angezeigt und notwendig erkannt wird. Möglich ist auch, daß Sekundär-Daten veraltet sind für die Zwecke eines aktuellen Projektes.

Für eine Überprüfung der Brauchbarkeit von Sekundär-Daten für ein konkretes empirisches Projekt sollte man etwa folgende Punkte – ohne Anspruch auf Vollständigkeit – kritisch überprüfen bzw. im Auge behalten:

- Welche Ziel- bzw. Erhebungsgrundgesamtheit wurde der Datenerhebung zugrundegelegt?
- Wurden die Daten durch eine Stichprobe oder durch eine Vollerhebung gewonnen?
- Wenn durch eine Stichprobe, welche Art von Stichprobe (nicht-zufällige, einfache-, geschichtete-, mehrstufige-, Zufallsstichprobe, Quoten-Stichprobe) wurde realisiert?

- Welche Begriffsdefinitionen liegen den Sekundär-Daten zugrunde? Sind diese kompatibel mit den in der geplanten Studie vorgesehenen Definitionen? Welche evtl. Diskrepanzen sind noch tolerierbar?
- Welche Operationalisierungen liegen den Sekundärdaten zugrunde? Sind diese kompatibel mit denjenigen der geplanten Studie und welche Diskrepanzen können gegebenenfalls noch akzeptiert werden?
- Wann wurden die Sekundär-Daten erhoben? Sind sie noch aktuell? Sind zwischenzeitlich Ereignisse eingetreten, welche ihre Aktualität in Frage stellen?
- Für welchen Zweck wurden die Daten erhoben? Daten, die für einen bestimmten Zweck erhoben wurden, können sich für andere Zwecke als gänzlich unbrauchbar oder nur als sehr eingeschränkt brauchbar erweisen.
- Wer hat die Daten erhoben? Wie zuverlässig bzw. seriös ist der "Daten-Produzent"?

VIII. Grundzüge der multivariaten Datenanalyse

VIII.1. Vorbemerkungen

Nach der Datenerhebung ist bei jedem empirischen Forschungsprojekt die Aufgabe der *Datenanalyse* oder *Datenauswertung* zu lösen. Dafür stellt die Statistik im allgemeinen ein großes Arsenal an Instrumenten zur Verfügung, deren "Spannweite" von einfachen deskriptiven Maßzahlen, wie z.B. Mittelwerten, Streuungsmaßen, Korrelationskoeffizienten usw., bis hin zu komplizierten multivariaten Datenanalysemodellen reicht. Welche Analyseverfahren eingesetzt werden können, hängt von verschiedenen Umständen ab, so vom Skalenniveau der Variablen, von der "Fallzahl" (d.h. vom Stichprobenumfang), von der verfügbaren Software und natürlich auch von der Vertrautheit des Forschers mit den vielfältigen Möglichkeiten der modernen Datenanalyse. Auf die leider immer noch gängige Praxis, sich erst nach der Datenerhebung um die Auswertung zu kümmern bzw. diese dem Statistiker zuzuschieben, wurde schon in Kapitel II.1. hingewiesen. Bei Begriffsdefinitionen, Indikatorenwahl, Operationalisierung, Auswahl der Merkmalsträger, sollte schon die Datenanalyse mitbedacht werden (vgl. dazu die Ausführungen in Kapitel II.5.), insbesondere was das Skalenniveau der letztlich resultierenden Variablen und den Stichprobenumfang betrifft.

Hier soll sich die Darstellung auf Grundzüge der *multivariaten* Datenanalyse beschränken, wobei Kenntnisse in deskriptiver und Inferenz-Statistik vorausgesetzt werden.

Die Resultate einer Datenerhebung lassen sich konzentriert und "computergerecht" in Form einer Matrix darstellen, die als *Datenmatrix* bezeichnet wird. In dieser werden die *Variablen* in den *Spalten* und die *Merkmalsträger* ("Fälle") in den *Zeilen* dargestellt:

$$\mathbf{X} := \begin{pmatrix} X_{11} & X_{12} & \dots & X_{1p} \\ X_{21} & X_{22} & \dots & X_{2p} \\ . & . & \dots & . \\ . & . & \dots & . \\ . & . & \dots & . \\ X_{n1} & X_{n2} & \dots & X_{np} \end{pmatrix}$$

x_{ij} bezeichnet die Merkmalsausprägung des Merkmalsträgers i (i=1,2,...,n) für die Variable j (j=1,2,...,p). Die i-te Zeile dieser Matrix enthält somit die Daten des i-ten Merkmalsträgers für alle Merkmale oder Variablen. Häufig ist es bequem, diese zu einem *Zeilenvektor*:

$$\mathbf{x}_i' := (X_{i1}, X_{i2}, \dots, X_{ip})$$

zusammenzufassen. Entsprechend enthält die j-te Spalte die Werte der Variablen X_j für alle Merkmalsträger. Sie lassen sich analog zu einem *Spaltenvektor* zusammenfassen:

$$\mathbf{x}_j = \begin{pmatrix} X_{1j} \\ X_{2j} \\ . \\ . \\ . \\ X_{nj} \end{pmatrix}$$

Die Ausführungen zur Regressionsanalyse beziehen sich auf das sogenannte klassische Regressionsmodell, das vor allem für Querschnittsdaten geeignet ist. Modelle mit autokorrelierten Störtermen, wie sie in erster Linie für Zeitreihendaten wichtig sind, bleiben außer Betracht. Bei der Varianz- und Kovarianzanalyse wird von nur *einer* unabhängigen Variablen ausgegangen, multivariate Erweiterungen werden nicht berücksichtigt. Außerdem werden *feste Faktorstufen* postuliert, auf Modelle mit *zufälligen Effekten* wird nur kurz hingewiesen. Bei der Faktorenanalyse wird nur die *explorative*, nicht aber die *konfirmatorische* Faktorenanalyse behandelt – auf letztere wird nur kurz verwiesen – sowie die beiden in der Praxis wohl am häufigsten eingesetzten Schätzverfahren für das (explorative) Modell gemeinsamer Faktoren, die *Hauptkomponenten-* und die *Hauptfaktoren-Methode*. *Maximum-Likelihood-Methoden* bleiben unberücksichtigt. Die Ausführungen zur *Diskriminanzanalyse* behandeln im wesentlichen die klassischen Ansätze, nicht aber *logistische* oder *nicht-parametrische* Verfahren. Auch bei den

Ausführungen zur *Clusteranalyse* stehen die in der Praxis der empirischen Forschung am häufigsten eingesetzten Prozeduren im Vordergrund.

VIII.2. Regressionsanalyse

VIII.2.1. Grundlagen

Bei der *Regressionsanalyse* geht es um die Erklärung der Abhängigkeit einer Variablen Y von einer oder mehreren Variablen $X_1,X_2,\ldots,X_p$, d.h. es wird eine Beziehung $Y=f(X_1,X_2,\ldots,X_p)$ postuliert, wobei aber allgemein davon ausgegangen wird, daß Y nicht "vollständig" durch die Variablen X_i, $i=1,2,\ldots,p$ erklärt werden kann, vielmehr ein "unerklärter Rest" verbleibt, der durch eine Zufallsvariable ε modelliert wird, so daß geschrieben werden kann:

$$Y = f(X_1, X_2, \ldots, X_p) + \varepsilon$$

Im praktisch wichtigsten Fall wird zwischen Y und $X_1,X_2,\ldots,X_p$ ein *linearer* Zusammenhang postuliert:

$$Y = \beta_0 + \beta_1 X_1 + \beta_2 X_2 + \ldots + \beta_p X_p + \varepsilon$$

Y wird als *abhängige* (*endogene, Ziel-* bzw. *Kriteriums-*) Variable oder als *Regressand*, die $X_1,X_2,\ldots,X_p$ werden als *unabhängige* (*exogene*) Variablen oder als *Regressoren* und die Koeffizienten $\beta_0,\beta_1,\ldots,\beta_p$ als *Regressionskoeffizienten* bezeichnet. Bei diesen ist β_0 ("Regressionskonstante") in der Regel von geringem Interesse, im Gegensatz zu den Koeffizienten $\beta_1,\beta_2,\ldots,\beta_p$, die den Einfluß der Variablen $X_1,X_2,\ldots,X_p$ auf Y messen. Nimmt man der Einfachheit halber einmal an, daß die Regressoren kontinuierlich und nicht diskret sind, dann ergibt die partielle Ableitung nach X_j direkt:

$$\frac{\partial Y}{\partial X_j} = \beta_j$$

d.h. β_j informiert über die Auswirkung einer Änderung von Y wenn sich X_j ändert, aber alle anderen Regressoren unverändert bleiben. Dies kann man auch einsehen, wenn man die Annahme kontinuierlicher Regressoren fallen läßt. Aus:

$$Y + \Delta Y = \beta_0 + \beta_1 X_1 + \ldots + \beta_j(X_j + \Delta X_j) + \ldots + \beta_p X_p$$

folgt nach Subtraktion von Y:

$$\Delta Y = \beta_j \Delta X_j$$

Die Regressionskoeffizienten messen somit die Veränderung der endogenen Variablen Y, wenn ein einzelner Regressor *partiell* variiert.

Die Regressionskoeffizienten sind im allgemeinen unbekannt und müssen mit Hilfe der vorhandenen Daten geschätzt werden (vgl. dazu die folgenden Ausführungen unter VIII.2.3.). Es sei hier gleich darauf hingewiesen, daß man aus einem Vergleich der Größenordnungen der geschätzten Koeffizienten nicht unbedingt auf die Stärke des Einflusses von Regressoren auf die abhängige Variable schließen kann. Wenn also z.B. der Koeffizient β_3 im Vergleich zum Koeffizienten β_4 (absolut) wesentlich größer ist, dann kann daraus nicht unmittelbar geschlossen werden, daß der Regressor X_3 einen stärkeren Einfluß auf Y hat als der Regressor X_4. Die relative Größe eines (geschätzten) Koeffizienten hängt auch von den relativen Größenordnungen der Regressoren ab, sowie von den verwendeten Maßeinheiten (weist z.B. ein Regressor die Dimension "Franken" auf und würde man zu "Rappen" übergehen, dann würde der zugehörige geschätzte Regressionskoeffizient um das 100-fache verkleinert). Direkt vergleichbare Regressionskoeffizienten erhält man im sogenannten *standardisierten* Regressionsmodell, bei dem sowohl die abhängige Variable als auch alle Regressoren *standardisiert* sind, d.h. den Mittelwert Null und die Standardabweichung Eins aufweisen:

$$Y_{i,s} := \frac{Y_i - \bar{Y}}{s_Y}, \quad X_{ji,s} := \frac{X_{ji} - \bar{X}_j}{s_X}, \quad j = 1,2,\ldots,p$$

Dabei bezeichnen $\bar{Y}$ bzw. $\bar{X}_j$ die Mittelwerte und s_Y bzw. s_X die Standardabweichungen von Y bzw. X_j. Standardisierte Regressionsmodelle enthalten keine Regressionskonstante. Die geschätzten Koeffizienten eines solchen Modells werden als *beta-Koeffizienten* bezeichnet.

Für $\boldsymbol{\varepsilon}$ sind die Bezeichnungen *Störvariable* oder *latente Variable* üblich, letzteres deswegen, weil diese Variable nicht direkt beobachtet werden kann, d.h. für sie liegen keine Daten vor.

Für p=1 spricht man von einer linearen *Einfachregression*, für p>1 dagegen von einer *multiplen* Regression, was nicht zu verwechseln ist mit einer *multivariaten* Regression, die mehr als eine abhängige Variable aufweist und hier nicht betrachtet werden soll.

Liegen für Y und $X_1, X_2, \ldots, X_p$ jeweils n Beobachtungen vor, dann kann geschrieben werden:

$$Y_i = \beta_0 + \beta_1 X_{1i} + \beta_2 X_{2i} + \ldots + \beta_p X_{pi} + \varepsilon_i \quad , \; i = 1,2,\ldots n$$

Dieses Gleichungssystem läßt sich in matrizieller Form einfacher schreiben und handhaben. Mit den Vektoren:

$$\mathbf{y} := \begin{pmatrix} Y_1 \\ Y_2 \\ \cdot \\ \cdot \\ \cdot \\ Y_n \end{pmatrix} \qquad \boldsymbol{\beta} := \begin{pmatrix} \beta_0 \\ \beta_1 \\ \cdot \\ \cdot \\ \cdot \\ \beta_p \end{pmatrix} \qquad \boldsymbol{\varepsilon} := \begin{pmatrix} \varepsilon_1 \\ \varepsilon_2 \\ \cdot \\ \cdot \\ \cdot \\ \varepsilon_n \end{pmatrix}$$

und der Matrix:

$$\mathbf{X} := \begin{pmatrix} 1 & X_{11} & X_{12} & \ldots & X_{1p} \\ 1 & X_{21} & X_{22} & \ldots & X_{2p} \\ \cdot & \cdot & \cdot & \ldots. & \cdot \\ \cdot & \cdot & \cdot & \ldots. & \cdot \\ \cdot & \cdot & \cdot & \ldots. & \cdot \\ 1 & X_{n1} & X_{n2} & \ldots & X_{np} \end{pmatrix}$$

läßt sich kurz schreiben:

$$\mathbf{y} = \mathbf{X}\boldsymbol{\beta} + \boldsymbol{\varepsilon}$$

VIII.2.2. Das klassische lineare Regressionsmodell

Es existiert eine Vielzahl von Regressionsmodellen, die sich hinsichtlich *Skalenniveau* der involvierten Variablen, ihrer *stochastischen Spezifikation* sowie der gewählten *Funktionalform* unterscheiden. Hier wollen wir uns auf das sogenannte *klassische lineare* Regressionsmodell beschränken. Für dieses Modell werden folgende Annahmen getroffen:

- **y** ist ein (beobachtbarer) Vektor von Zufallsvariablen (ein Zufallsvektor), der *metrisch* skaliert ist.
- **X** enthält (beobachtbare) *deterministische* Variablen, die *metrisch* oder *nominalskaliert* sind.
- **β** ist ein fester, aber unbekannter Koeffiztienten-Vektor

- $\boldsymbol{\varepsilon}$ ist ein (nicht beobachtbarer) Vektor von Zufallsvariablen, für dessen Komponenten gelten soll:

$$E(\varepsilon_i) = 0\,, \quad i=1,2,\ldots,n$$

$$Var(\varepsilon_i) = \sigma^2\,, \quad i=1,2,\ldots,n$$

$$Cov(\varepsilon_i,\varepsilon_j) = 0 \text{ für } i\neq j \quad i,j=1,2,\ldots,n$$

Diese drei Eigenschaften lassen sich kürzer folgendermaßen darstellen:

$$E(\boldsymbol{\varepsilon}) = \mathbf{0}, \quad Cov(\boldsymbol{\varepsilon}) = \sigma^2\mathbf{I}$$

wobei $\mathbf{0}$ ein $(n\times 1)$-Spaltennullvektor, $\mathbf{I}$ die $(n\times n)$-Einheitsmatrix und $Cov(\boldsymbol{\varepsilon})$ die *Varianz-Kovarianz-Matrix* der latenten Variablen $\boldsymbol{\varepsilon}$ bezeichnet. Allgemein und ausführlich geschrieben lautet diese Matrix:

$$Cov(\boldsymbol{\varepsilon}) = \begin{pmatrix} Var(\varepsilon_1) & Cov(\varepsilon_1,\varepsilon_2) & \ldots & Cov(\varepsilon_1,\varepsilon_n) \\ Cov(\varepsilon_2,\varepsilon_1) & Var(\varepsilon_2) & \ldots & Cov(\varepsilon_2,\varepsilon_n) \\ \cdot & \cdot & \ldots & \cdot \\ \cdot & \cdot & \ldots & \cdot \\ \cdot & \cdot & \ldots & \cdot \\ Cov(\varepsilon_n,\varepsilon_1) & Cov(\varepsilon_n,\varepsilon_2) & \ldots & Var(\varepsilon_n) \end{pmatrix}$$

Offensichtlich ist $Cov(\boldsymbol{\varepsilon})$ eine *symmetrische* Matrix. Da annahmegemäß sämtliche Kovarianzen zwischen den latenten Variablen gleich Null sind und die Varianzen für alle ε_i, $i=1,2,\ldots,n$ gleich sind, reduziert sich im Falle des klassischen Regressionsmodelles diese Matrix auf eine *Diagonalmatrix* mit den Elementen σ^2.

Daß die Kovarianzen zwischen den latenten Variablen gleich Null sind (und damit auch die entsprechenden Korrelationen, denn die Korrelation ρ_{ij} zwischen ε_i und ε_j ist gegeben durch $Cov(\varepsilon_i,\varepsilon_j)/\sigma_i\sigma_j$) hat zur Konsequenz, daß auch die Beobachtungswerte der abhängigen Variablen Y als (bedingt) unkorreliert vorausgesetzt werden. Deshalb eignet sich dieses Modell vor allem für die Analyse von Querschnittsdaten, wie sie in der Regel bei Befragungen auftreten, weniger für Längsschnitt- oder Zeitreihendaten, die im allgemeinen korreliert sind (Zeitreihendaten können aber auch bei Befragungen vorliegen, z.B. bei Paneldaten, vgl. dazu Abschnitt VII.2.).

Für Überprüfung gewisser Hypothesen mit Hilfe von Signifikanztests ist für $\boldsymbol{\varepsilon}$ zusätzlich eine Verteilungsannahme notwendig. Im klassischen Modell wird postuliert:

$$\boldsymbol{\varepsilon} \sim N(\mathbf{0},\sigma^2\mathbf{I})$$

d.h. $\boldsymbol{\varepsilon}$ gehorcht einer *n-dimensionalen* (oder *multivariaten*) *Normalverteilung*.

Befinden sich unter den Regressoren auch nominalskalierte (oder "qualitative") Variablen, so können diese in der Matrix **X** durch sogenannte *Dummy-Variablen* berücksichtigt werden. Sei z.B. die *dichotome* Variable "Geschlecht" gegeben, dann kann eine Dummy-Variable D dadurch definiert werden, daß diese den Wert "1" annimmt, falls die Ausprägung "männlich" vorliegt, den Wert "0" dagegen bei der Ausprägung "weiblich". Die entsprechende Spalte in der Matrix **X** besteht dann aus Einsen und Nullen, je nachdem, ob ein Merkmalsträger männlich oder weiblich ist. Diese Vorgehensweise wird als *Dummy-Kodierung* bezeichnet. Es sei hier angemerkt, daß die Matrix **X** in der ersten Spalte stets eine Dummy-Variable enthält, wenn eine Regressionskonstante berücksichtigt wird, die für alle Merkmalsträger (oder Fälle) den Wert "1" annimmt.

Dummy-Kodierungen sind auch für *mehrkategoriale* (*polychotome*) qualitative Variablen möglich. Nehmen wir beispielsweise an, es solle eine "geographische" Variable R als Regressor berücksichtigt werden, welche die Merkmalsträger nach ihrer Zugehörigkeit zu einer von vier geographischen Regionen R_1,R_2,R_3,R_4 klassifiziert. Dann könnte man vier Dummy-Variablen D_1,D_2,D_3,D_4 bilden mit jeweils vier Ausprägungen, dem Wert "1", wenn der betreffende Merkmalsträger aus R_1 bzw. R_2 bzw. R_3 bzw. R_4 stammt, andernfalls dem Wert "0". Das führt zu den folgenden vier Möglichkeiten:

$$\begin{matrix} 1 & 0 & 0 & 0 \\ 0 & 1 & 0 & 0 \\ 0 & 0 & 1 & 0 \\ 0 & 0 & 0 & 1 \end{matrix}$$

Die erste Zeile drückt aus, daß der Merkmalsträger aus R_1 stammt und nicht aus R_2, nicht aus R_3 und nicht aus R_4. Analog sind die anderen Zeilen zu interpretieren. Allerdings führt diese Dummy-Kodierung zu einem speziellen Problem. Nehmen wir beispielsweise an, es sei n=10 und es würden der Einfachheit halber keine weiteren Regressoren mehr berücksichtigt. Dann könnte die Matrix **X** z.B. folgendermaßen aussehen:

$$\mathbf{X} = \begin{pmatrix} 1 & 1 & 0 & 0 & 0 \\ 1 & 0 & 1 & 0 & 0 \\ 1 & 0 & 0 & 1 & 0 \\ 1 & 0 & 1 & 0 & 0 \\ 1 & 1 & 0 & 0 & 0 \\ 1 & 0 & 1 & 0 & 0 \\ 1 & 0 & 0 & 1 & 0 \\ 1 & 1 & 0 & 0 & 0 \\ 1 & 0 & 0 & 0 & 1 \\ 1 & 0 & 0 & 0 & 1 \end{pmatrix}$$

Wie man leicht sieht, ergibt die Summe der Spalten 2-5 die erste Spalte, was gleichbedeutend damit ist, daß die 5 Spalten dieser Matrix nicht linear unabhängig sind (daran würde auch eine Berücksichtigung weiterer metrischer Variablen nichts ändern). Wie wir im nächsten Abschnitt sehen werden, führt dieser Sachverhalt dazu, daß die üblichen Kleinst-Quadrate-Schätzer für $\boldsymbol{\beta}$ nicht existieren. Deshalb muß für polychotome qualitative Variablen eine etwas andere Dummy-Kodierung gewählt werden, die darin besteht, daß bei K Kategorien nur K-1 Dummy-Variablen mit K-1 Ausprägungen (Einsen bzw. Nullen) anstelle von K Dummy-Variablen mit K Ausprägungen gebildet werden. Für das obige Beispiel ergäbe sich dafür folgendes Muster:

$$\begin{matrix} 1 & 0 & 0 \\ 0 & 1 & 0 \\ 0 & 0 & 1 \\ 0 & 0 & 0 \end{matrix}$$

Dabei wird die Kategorie K nicht explizit berücksichtigt, die Sequenz 0 0 0 indiziert, daß der Merkmalsträger mit dieser Kodierung weder zu R_1 noch zu R_2 noch zu R_3, sondern zu R_4 gehört. Mit dieser Dummy-Kodierung weist die obige Matrix nur 4 Spalten auf und die beiden letzten Zeilen, die für die Merkmalsträger 9 und 10 aus R_4 stehen, lauten nun 1 0 0 0, 1 0 0 0. Im Gegensatz zur vorherigen Kodierung ergibt die Summe der Spalten 2-4 nicht mehr die erste Spalte, d.h. die Spalten dieser Matrix sind jetzt *linear unabhängig.*

Wichtige Fragestellungen im Rahmen einer Regressionsanalyse sind z.B.:

- In welchem Ausmaß wird die abhängige Variable Y durch die Variablen $X_1,X_2,\ldots,X_p$ "erklärt"?
- Haben alle Variablen $X_1,X_2,\ldots,X_p$ einen "signifikanten" Einfluß auf Y ?
- Welche Variablen aus einer *vorgegebenen* Menge von Variablen sollen als Regressoren verwendet werden? (Problem der Variablen-Selektion).

Um diese und ähnliche Fragen beantworten zu können, ist eine Schätzung der Regressionsparameter $\beta_0, \beta_1, \beta_2, \dots, \beta_p$ und σ^2 erforderlich.

VIII.2.3. Parameterschätzung im klassischen linearen Regressionsmodell

Sei $\hat{\boldsymbol{\beta}}$ ein Schätzer für $\boldsymbol{\beta}$. Dann kann geschrieben werden:

$$\mathbf{y} = \mathbf{X}\hat{\boldsymbol{\beta}} + \hat{\boldsymbol{\varepsilon}}$$

$\hat{\boldsymbol{\varepsilon}}$ wird als *Residuenvektor* bezeichnet. Nach dem *Kleinst-Quadrate*-Schätzprinzip wird $\hat{\boldsymbol{\beta}}$ so bestimmt, daß die Summe der Residuenquadrate *minimal* wird, d.h. daß gilt:

$$\hat{\boldsymbol{\varepsilon}}'\hat{\boldsymbol{\varepsilon}} = \sum_{i=1}^{n} \hat{\varepsilon}_i^2 = (\mathbf{y} - \mathbf{X}\hat{\boldsymbol{\beta}})'(\mathbf{y} - \mathbf{X}\hat{\boldsymbol{\beta}}) = \text{Min}$$

Diese Optimierungsaufgabe führt auf die sogenannten *Normalgleichungen:*

$$(\mathbf{X}'\mathbf{X})\hat{\boldsymbol{\beta}} = \mathbf{X}'\mathbf{y}$$

mit der Lösung:

$$\hat{\boldsymbol{\beta}} = (\mathbf{X}'\mathbf{X})^{-1}\mathbf{X}'\mathbf{y}$$

falls die inverse Matrix $(\mathbf{X}'\mathbf{X})^{-1}$ existiert, was der Fall ist, wenn $\text{Rg}(\mathbf{X})=p+1$ ist, d.h. wenn diese Matrix den vollen Spaltenrang besitzt, was dann der Fall ist, wenn die Spalten von $\mathbf{X}$ *linear unabhängig* sind, was z.B. bei der oben betrachteten ersten Kodiermethode für polychotome Merkmale nicht gegeben war. Notwendig für vollen Spaltenrang ist, daß gilt $n \geq p+1$, d.h. die Anzahl der Beobachtungen muß mindestens so groß sein wie die Anzahl der zu schätzenden Regressionskoeffizienten.

Eine erwartungstreue Schätzfunktion für die Varianz σ^2 der latenten Variablen knüpft an die Residuenquadratsumme an:

$$\hat{\sigma}^2 = \frac{\hat{\boldsymbol{\varepsilon}}'\hat{\boldsymbol{\varepsilon}}}{n-p-1} \quad , \quad E(\hat{\sigma}^2) = \sigma^2$$

$\hat{\boldsymbol{\beta}}$ ist eine erwartungstreue Schätzfunktion, d.h. es ist $E(\hat{\boldsymbol{\beta}})=\boldsymbol{\beta}$ mit der Varianz-Kovarianz-Matrix:

$$\mathrm{Cov}(\hat{\boldsymbol{\beta}}) = \sigma^2(\mathbf{X}'\mathbf{X})^{-1}$$

Auf der Hauptdiagonalen dieser (symmetrischen) Matrix stehen die Varianzen der einzelnen $\hat{\beta}_j$ und auf den Nebendiagonalplätzen die Kovarianzen dieser Koeffizientenschätzer.

Daß hier Varianzen (und Kovarianzen) auftreten, führt nicht selten zu Konfusionen, ergeben sich doch aus den Normalgleichungen *feste* numerische Werte für die gesuchten Koeffizienten. Um Mißverständnisse zu vermeiden, empfiehlt sich eine strikte Unterscheidung danach, ob in der *Modellebene* oder in der *Datenebene* argumentiert wird. In der *Modellebene* folgt aus $\mathbf{y}=\mathbf{X}\boldsymbol{\beta}+\boldsymbol{\varepsilon}$, daß $\mathbf{y}$ ein *Zufallsvektor* ist, weil $\boldsymbol{\varepsilon}$ als Zufallsvektor definiert ist und $\mathbf{y}$ linear von $\boldsymbol{\varepsilon}$ abhängt. Deshalb ist in dieser Betrachtungsweise auch $\hat{\boldsymbol{\beta}}$ als lineare Funktion von $\mathbf{y}$ ein Zufallsvektor, dessen Elemente (die einzelnen $\hat{\beta}_j$) Zufallsvariablen sind, für die Erwartungswerte und Varianzen existieren. Letztere stehen in der Hauptdiagonalen der Matrix $\mathrm{Cov}(\hat{\boldsymbol{\beta}})$. Daß die Koeffizientenschätzer korreliert sind, überlegt man sich leicht am einfachsten Fall mit p=1. Argumentiert man dagegen in der *Datenebene*, dann ist $\mathbf{y}$ ein Vektor, dessen Elemente *Zahlen* sind (die Ausprägungen der abhängigen Variablen bei den n Merkmalsträgern). Dann ist auch $\hat{\boldsymbol{\beta}}$ ein Zahlenvektor, der die konkreten numerischen Werte der Regressionskoeffizienten enthält. Je nach Betrachtungsebene sind somit die verwendeten Symbole als Zufallsvariablen oder als numerische Größen zu interpretieren.

$\hat{\boldsymbol{\beta}}$ hat die sogenannte BLUE-Eigenschaft, wobei BLUE "**B**est **L**inear **U**nbiased **E**stimate" bedeutet. Diese Eigenschaft besagt, daß die Kleinst-Quadrate-Schätzfunktion (auch OLS-, d.h. **O**rdinary **L**east **S**quares-Schätzfunktion, genannt) $\hat{\boldsymbol{\beta}}$ unter allen linearen und erwartungstreuen Schätzfunktionen *minimale Varianz* besitzt, d.h. für alle Schätzfunktionen:

$$\tilde{\boldsymbol{\beta}} = \mathbf{A}\mathbf{y} \quad \text{mit} \quad E(\tilde{\boldsymbol{\beta}}) = \boldsymbol{\beta}$$

gilt:

$$\mathrm{Var}(\hat{\beta}_j) \leq \mathrm{Var}(\tilde{\beta}_j), \quad j=0,1,2,\ldots,p$$

VIII.2.4. Gütemaße und Signifikanztests

Zur Beurteilung der Güte eines geschätzten Regressionsmodelles existiert eine Vielzahl von Gütemaßen. Hier soll nur das sogenannte *Bestimmtheitsmaß* besprochen werden, das auf folgender Zerlegung beruht:

$$\sum_{i=1}^{n}(Y_i-\bar{Y})^2 = \sum_{i=1}^{n}(\hat{Y}_i-\bar{Y})^2 + \sum_{i=1}^{n}\hat{\varepsilon}_i^2$$

mit:

$$\bar{Y} = \frac{1}{n}\sum_{i=1}^{n}Y_i\,, \qquad \hat{Y}_i = \hat{\beta}_0 + \hat{\beta}_1 X_{1i} + \hat{\beta}_2 X_{2i} + \ldots + \hat{\beta}_p X_{pi}$$

Die Quadratsumme links wird als "Gesamtstreuung" bezeichnet und die beiden rechten Quadratsummen als "erklärte Streuung" (d.h. erklärt durch die Regressoren) bzw. als "Reststreuung" (oder nicht erklärte Streuung). Je größer die "erklärte Streuung" ist, umso geringer ist die "Reststreuung", d.h. umso "besser" wird die abhängige Variable Y von den Regressoren "erklärt". Ein naheliegendes Gütemaß ist deshalb das *Bestimmtheitsmaß* R^2, das folgendermaßen definiert ist:

$$R^2 := \frac{\text{Erklärte Streuung}}{\text{Gesamtstreuung}} = 1 - \frac{\sum_{i=1}^{n}\hat{\varepsilon}_i^2}{\sum_{i=1}^{n}(Y_i - \bar{Y})^2}$$

Offensichtlich ist $0 \leq R^2 \leq 1$. Ist z.B. $R^2 = 0.90$, dann bedeutet das, daß 90 % der Varianz von Y durch die Regressoren erklärt wird.

Dieses Maß hat allerdings den Nachteil, daß es mit zunehmender Anzahl von Regressoren *automatisch* größer wird. Deshalb verwendet man in der Praxis ein *modifiziertes* Bestimmtheitsmaß, das diesen Nachteil nicht aufweist, also auch mit wachsender Anzahl von Regressoren abnehmen kann. Dieses wird als *adjustiertes Bestimmtheitsmaß* bezeichnet und folgendermaßen berechnet:

$$R^2_{adj} := 1 - \frac{n-1}{n-p-1}(1 - R^2)$$

Ein Signifikanztest, der die *Globalhypothese*:

$$H_0: \beta_1 = \beta_2 = \ldots = \beta_p = 0$$

gegenüber der *Alternativhypothese*:

$$H_1: \beta_j \neq 0 \text{ für mindestens ein } j \in (1,2, \ldots , p)$$

überprüft, ist durch die Test-Statistik:

$$\frac{R^2}{1 - R^2} \frac{n - p - 1}{p}$$

gegeben. Unter der Gültigkeit von H_0 ist sie F(p, n-p-1)-verteilt und H_0 kann abgelehnt werden, wenn der Wert der Test-Statistik größer ist als F(p,n-p-1,1-α), wobei α das Signifikanzniveau des Tests bezeichnet, der auch als *goodness-of-fit-Test* bezeichnet wird. Die F-Statistik wird bei praktische allen Software-Paketen zusammen mit den oben erklärten Quadratsummen sowie den entsprechenden Freiheitsgraden in einer sogenannten ANOVA- (Analysis of Variance-) Tabelle dargestellt.

Interessanter als dieser Globaltest sind in der Praxis jedoch in der Regel Tests, mit Hilfe derer man prüfen kann, ob der j-te Regressor X_j einen statistisch signifikanten Einfluß auf die abhängige Variable Y hat. Die Null- bzw. Alternativhypothese lautet dabei:

$$H_0: \beta_j = 0, \qquad H_1: \beta_j \neq 0$$

und die Test-Statistik ist:

$$\frac{\hat{\beta}_j}{\hat{\sigma}\sqrt{a_{jj}}}$$

wobei a_{jj} das j-te Diagonalelement der Matrix $(\mathbf{X}'\mathbf{X})^{-1}$ und $\hat{\sigma}$ die geschätzte Standardabweichung der latenten Variablen bezeichnet. Unter Gültigkeit der Nullhypothese ist diese Test-Statistik t(n-p-1)-verteilt. Alternativ kann auch (wie in manchen Programm-Paketen) das Quadrat dieser Test-Statistik verwendet werden, was zu einer F(1, n-p-1)-Verteilung führt. H_0 kann abgelehnt werden, wenn der Wert der Test-Statistik (absolut) größer ist als t(n-p-1; 1-α/2) bzw. als F(1,n-p-1; 1-α/2), wobei α wiederum das (gewählte) Signifikanzniveau des Tests bezeichnet.

VIII.2.5. Zur Variablen-Selektion

Welche Regressoren in ein Regressionsmodell aufzunehmen sind, sollte in erster Linie nach substanzwissenschaftlichen Überlegungen entschieden werden, d.h. gemäß den Vorgaben von Theorien bzw. Hypothesen, deren Überprüfung Gegenstand einer empirischen Untersuchung sind. In der Praxis kann jedoch häufig nicht von diesem Idealfall ausgegangen werden. Nicht selten hat es der empirische Forscher mit Theorien bzw. Hypothesen zu tun, die eine eindeutige Entscheidung, welche Variablen als Regressoren berücksichtigt werden sollen, nicht zulassen. Sind nun Daten für mehrere Variablen verfügbar, die als potentielle Regressoren in Frage kommen, dann stellt sich das Problem, die "geeignetsten" auszuwählen. Dafür wurden in der Statistik mehrere Routinen entwickelt, die auch in den meisten Software-Paketen zur Verfügung stehen. Die bekanntesten sind "forward selection", "backward selection" und "stepwise selection". Auf Details dieser Auswahlprozeduren soll hier nicht eingegangen werden (vgl. dazu z.B. Jobson 1991, S. 255 ff.). Zur knappen Charakterisierung sei lediglich angemerkt, daß bei der "forward selection" diejenige Variable als erste in die Regression aufgenommen wird, welche die größte Korrelation mit der abhängigen Variablen aufweist. Über eine Aufnahme weiterer Variablen wird ebenfalls mit Hilfe spezieller Korrelationen entschieden. Dagegen werden bei der "backward selection" zunächst alle Variablen berücksichtigt und "überflüssige" schrittweise auf der Basis von Signifikanztests eliminiert. Bei der "stepwise selection", die in der Praxis wohl am meisten verwendet wird, handelt es sich um eine Variante der "forward"-Prozedur, wobei allerdings im Gegensatz zu jener bereits aufgenommene Variablen in späteren Schritten wieder eliminiert werden können.

Es sei hier jedoch mit Nachdruck vermerkt, daß diese Selektionsprozeduren nur mit großer Vorsicht verwendet werden sollten, es gibt es keine Garantie dafür, daß das "beste" Modell auf diesem Weg gefunden wird. Über "stepwise", das auch im SYSTAT-Paket verfügbar ist, ist im zugehörigen Handbuch zu lesen: "Stepwise regression is probably the most abused computerized statistical technique ever devised" (Wilkinson 1990, S.185). Insbesondere ist es unzulässig, ein so selektiertes Modell mit Hilfe der nach Beendigung der Selektionsprozedur ausgegebenen Gütemaße und Signifikanztests zu evaluieren. Eine unbedenkliche Evaluierung wäre nur mit "neuen" Daten möglich, d.h. mit Daten, die nicht zur Selektion der Regressoren verwendet wurden. Diese Evaluationsstrategie wird als *Kreuzvalidierung* bezeichnet. Dabei muß es sich nicht unbedingt um echte neue Daten handeln. Ist die zur Verfügung stehende Stichprobe relativ groß, dann kann man zufällig etwa zwei gleich große Teilstichproben bilden, was mit praktisch jedem PC-Programm einfach zu machen ist, und verwendet die eine zur *Modellentwicklung* und die andere zur *Modellevaluation.*

VIII.2.6. Beispiel

Bei 15 zufällig ausgewählten Absatzgebieten einer Firma wurden in einem bestimmten Zeitraum die Absatzmenge (Stückzahlen) eines Produktes sowie die Ausgaben für Vertreter und Werbung erhoben. Es ergaben sich folgende Daten:

Menge	Preis	Vertreter	Werbung
2217.000	9.000	1990.000	98.000
1715.000	10.500	555.000	95.000
1747.000	10.600	990.000	100.000
1567.000	11.700	810.000	103.000
1000.000	13.700	720.000	102.000
1989.000	10.200	1470.000	103.000
1840.000	8.000	810.000	101.000
1912.000	7.900	1260.000	102.000
1810.000	10.100	1189.000	107.000
1670.000	12.400	1389.000	106.000
1720.000	11.900	1390.000	105.000
1739.000	12.700	1400.000	106.000
1800.000	12.200	1450.000	102.000
1850.000	12.000	1500.000	101.000
1900.000	11.400	1560.000	85.000

Der (gekürzte) SYSTAT-Output für eine Regressionsanalyse mit "Menge" als abhängiger Variable, "Preis", "Vertreter" und "Werbung" als Regressoren lautet:

```
DEP VAR: MENGE N:15 MULTIPLE R: 0.910 SQUARED MULTIPLE R: 0.827 ADJUSTED
SQUARED MULTIPLE R: 0.780 STANDARD ERROR OF ESTIMATE: 122.0627

VARIABLE COEFFICIENT STD ERROR  STD COEFF      T       P(2TAIL)
CONSTANT  2708.1664  637.6980   0.0000     4.2468     0.0014
PREIS      -92.8003   19.3739  -0.6059    -4.7900     0.0006
VERTRET      0.4247    0.0850   0.6277     4.9969     0.0004
WERBUNG     -4.4519    6.0568  -0.0931    -0.7350     0.4777
```

ANALYSIS OF VARIANCE

SOURCE	SUM-OF-SQUARES	DF	MEAN-SQUARE	F-RATIO	P
REGRESSION	785500.5571	3	261833.5190	17.5735	0.0002
RESIDUAL	163892.3762	11	14899.3069		

Die geschätzte Regressionsgleichung lautet somit:

$$\hat{Y} = 2708.1664 - 92.8003X_1 + 0.4247X_2 - 4.4519X_3$$

mit X_1 : "Preis", X_2 : "Vertreter", X_3 : "Werbung".

"SQUARED MULTIPLE R" (=0.827) ist das Bestimmtheitsmaß R^2 (die Wurzel daraus (=0.91), als MULTIPLE R bezeichnet, ist gleich der Korrelation zwischen Y und der Linearkombination der drei Regressoren) und "ADJUSTED SQUARED MULTIPLE R" (=0.78) das adjustierte Bestimmheitsmaß R_{adj}^2. Danach wird 78% der Varianz der Variablen "Menge" durch die drei Regressoren erklärt.

Die dritte Spalte "STD ERROR" enthält die geschätzten Standardabweichungen der geschätzten Koeffizienten, d.h. die Wurzeln aus den Diagonalelementen der obigen Matrix $\text{Cov}(\hat{\boldsymbol{\beta}})=\sigma(\mathbf{X}'\mathbf{X})^{-1}$, wobei die unbekannte Standardabweichung σ durch ihre Schätzung "STANDARD ERROR OF ESTIMATE" 122.0627 ersetzt wird. In der vierten Spalte "STD COEFF" sind die beta-Koeffizienten zu finden. Die mit "T" überschriebene Spalte zeigt die Werte des oben erwähnten t-Tests für die einzelnen Koeffizienten an. Die letzte Spalte schließlich zeigt die jeweiligen sogenannten "empirischen Signifikanzniveaus" für diese Tests.

Zur Erläuterung dieser Werte sei an die traditionelle Vorgehensweise beim Signifikanztest erinnert. Bekanntlich unterscheidet man bei Signifikanztests zwei Bereiche, einen *Ablehnungsbereich* und einen *Nicht-Ablehnungsbereich*. Fällt der Testwert einer Testfunktion in den Ablehnungsbereich, dann kann die Nullhypothese verworfen werden, im anderen Fall nicht. Bei einem t-Test mit einer gegebenen Anzahl von Freiheitsgraden und einem vorgegebenen Signifikanzniveau (oder Irrtumswahrscheinlichkeit) wird der für eine Entscheidung über Ablehnung oder Nicht-Ablehnung der Nullhypothese erforderliche "kritische Wert" (welcher den Übergang vom Nicht-Ablehnungs- zum Ablehnungsbereich markiert) aus einer Tabelle abgelesen. Ist der Testwert größer als dieser Tabellenwert, kann die Nullhypothese abgelehnt werden, sonst nicht. Im vorliegenden Fall lautet die Nullhypothese z.B. für den Koeffizienten des Regressors "Vertreter": $\beta_2=0$. Zur Überprüfung dieser Hypothese, müßte also der zugehörige t-Wert 4.9969 mit dem Tabellenwert der t-Verteilung mit n-p-1=15-3-1= 11 Freiheitsgraden und einem Signifikanzniveau von z.B. 0.01 verglichen werden. Dieser beträgt 3.1058 bei einem zweiseitigen Test. Mit den unter der Spalte "P(2TAIL)" ausgegebenen Wahrscheinlichkeiten erübrigt sich jedoch das Aufschlagen einer Tabelle. 0.0002 ist die Wahrscheinlichkeit, daß der t-Test einen Wert liefert, der gleich oder größer ist als 4.9969 (einseitiger Test), d.h. der t-Wert 4.9969 liegt im Ablehnungsbereich und die Nullhypothese kann verworfen werden. Man braucht also lediglich das empirische mit dem gewählten Signifikanzniveau zu vergleichen, um eine Entscheidung treffen zu können: ist das empirische *kleiner* als das gewählte, kann die Nullhypothese verworfen werden, im umgekehrten Fall nicht. Danach haben die beiden Regressoren "Preis" und "Vertreter" einen statistisch signifikanten Einfluß auf die abgesetzte Menge, jedoch nicht der Regressor "Werbung" (bei irgendeinem "vernünftigen" Signifikanzniveau von z.B. 0.01,0.05,0.1). Die Bezeichnung "2TAIL" verweist darauf, daß ein *zweiseitiger* Test durchgeführt wird, denn die Alternativhypothese H_1: $\beta_j \neq 0$ ist gleichbedeutend mit $\beta_j > 0$ *oder* $\beta_j < 0$. Für einen einseitigen Test (also $\beta_j > 0$ bzw. $\beta_j < 0$) muß P(2TAIL)/2 mit dem gewählten Signifikanzniveau verglichen werden.

Eliminiert man den nicht-signifikanten Regressor "Werbung" aus der Regression, erhält man folgende geschätzte Regressionsgleichung

$$\hat{Y} = 2274.2816 - 94.6707X_1 + 0.4283X_2$$

mit einem adjustierten Bestimmtheitsmaß von 0.789. Wiederum zeigt sich, daß "Preis" und "Vertreter" einen signifikanten Einfluß auf die abhängige Variable haben.

Die mit "Analysis of Variance" überschriebene Tabelle enthält die schon oben erwähnte Streuungszerlegung. Dabei beträgt die "erklärte Streuung" 785500.5571 und die "Reststreuung" 163892.3762 . Wie der P-Wert beim F-Test anzeigt, kann die Globalhypothese $\boldsymbol{\beta}=\mathbf{0}$ abgelehnt werden.

Bei der Interpretation einer geschätzten Regression ist auch zu prüfen, ob die Vorzeichen (sachlich) sinnvoll sind. Erwartungsgemäß ist der Koeffizient von "Preis" negativ (d.h. "Menge" und "Preis" sind negativ korreliert), während der Koeffizient bei "Vertreter" (sinnvollerweise) positiv ist. Störend ist auf den ersten Blick, daß der Koeffizient von "Werbung" negativ ist. Da er sich aber nicht als signifikant von Null verschieden erweist, ist das als zufällig anzusehen.

In Abschnitt V.4.5. wurde das Problem des bei einer empirischen Untersuchung zu wählenden Stichprobenumfangs diskutiert und darauf hingewiesen, daß es dafür keine einfachen und allgemein verbindlichen Regeln gibt und sich nur für wohldefinierte Fragestellungen bzw. Zielsetzung etwas über einen "optimalen" Stichprobenumfang sagen läßt. Es wurde auch darauf verwiesen, daß der zu planende Stichprobenumfang nicht zuletzt von dem bzw. den schließlich einzusetzenden Datenanalyseinstrument(en) abhängt. Was läßt sich nun in dieser Hinsicht für die Regressionsanalyse sagen?

Hätte man statt der obigen 15 Fälle eine andere Stichprobe des selben Umfangs gezogen, dann wäre natürlich zu wünschen, daß sich die geschätzten Koeffizienten, die mit diesen Daten erzielt werden, nur unwesentlich von den obigen unterscheiden. Mit anderen Worten, eine möglichst hohe *Stabilität der Koeffizientenschätzung* sowie des *Bestimmheitsmaßes* bei *Replikationsstudien* ist eine naheliegende Zielsetzung bei einer Regressionsanalyse (und nicht nur bei dieser, ähnliches gilt auch für alle weiteren zu diskutierenden Datenanalyseinstrumente). Es leuchtet unmittelbar ein, daß diese Stabilität wohl umso eher gewährleistet ist, je größer der Stichprobenumfang n ist und je weniger Koeffizienten geschätzt werden müssen, d.h. entscheidend ist das Verhältnis n/p. In der Literatur findet sich als Faustregel, daß pro Regressor etwa 15 Fälle zu veranschlagen sind (vgl. dazu Stevens 1986, S.81). Dabei wird allerdings ein theoretisches (unbekanntes) Bestimmtheitsmaß von nur 0.50 zugrundegelegt. Kann man mit größeren Bestimmtheitsmaßen rechnen, dann kann mit wesentlich geringeren Stichprobenumfängen gerechnet werden, wie aus den bei Stevens 1986, S.82 f. publizierten Tabellen hervorgeht.

Man kann die Zuverlässigkeit einer Regressionsschätzung auch durch eine *Kreuzvalidierung* abschätzen, wie sie schon oben beschrieben wurde. Dafür muß allerdings vorausgesetzt werden, daß eine relativ große Stichprobe vorliegt. Liegt eine stabile Regressionsbeziehung vor, dann dürfen die geschätzten Koeffizienten in beiden Teilstichproben nicht sehr verschieden voneinander sein und die Korrelation zwischen den $\hat{Y}$-Werten beider Teilstichproben muß groß sein (für ein Beispiel vgl. Stevens, 1989, S.78 ff.).

VIII.2.7. Abschließende Bemerkungen

Abschließend sei darauf hingewiesen, daß es außer den oben betrachteten Gütemassen noch andere gibt, die zur Entscheidung herangezogen werden können ob eine Regressionsanalyse als "problemlos" bzw. als "gelungen" zu bezeichnen ist. Diese Kriterien beziehen sich im wesentlichen auf die "Datenqualität". Nicht selten sind sich Daten "verschmutzt", d.h. sie enthalten "Ausreißer" (etwa extrem große oder kleine Werte) oder einzelne Datenpunkte, welche die Koeffizientenschätzungen stark beeinflussen. Im multivariaten Zusammenhang ist es oft nicht möglich, derartige Beobachtungswerte ohne spezielle Diagnoseinstrumente wie *leverage, studentisierte Residuen, Cook's D* usw. zu entdecken. Dazu sei z.B. auf Jobson 1991, S.149 ff. verwiesen.

VIII.3. Varianzanalyse

VIII.3.1. Grundlagen

Wie in den Ausführungen zu statistischen Designs im Rahmen von Experimenten dargelegt wurde (vgl. Abschnitt VII.1.4.3.), spielen für diese varianz- und kovarianzanalytische Datenauswertungen eine dominierende Rolle. Aus der Vielfalt der möglichen varianz- und kovarianzanalytischen Versuchspläne sollen hier lediglich die *ein-* und *zweifaktorielle Varianzanalyse* sowie das Modell eines einfaktoriellen Versuchsplanes mit einer *Kovariablen* behandelt werden.

Bei der einfaktoriellen Varianzanalyse handelt es sich um eine Verallgemeinerung eines einfachen Testproblems: gegeben seien zwei Grundgesamtheiten, die bezüglich einer interessierenden Variablen $N(\mu_1,\sigma^2)$ bzw. $N(\mu_2,\sigma^2)$-verteilt sind. Die Hypothese H_0: $\mu_1=\mu_2$ gegenüber der Alternativhypothese H_1: $\mu_1\neq\mu_2$ wird bekanntlich mit Hilfe eines t-Tests überprüft. Dieses Testproblem läßt sich unmittelbar auf mehr als zwei Grundgesamtheiten verallgemeinern. Man kann nun diese Grundgesamtheiten als *Faktor* interpretieren, der in zwei bzw. mehr *Stufen* vorliegt. Für jede Stufe liegt eine Stichprobe von Beobachtungswerten vor und zwar soll der Einfachheit halber unterstellt werden, daß der Stichprobenumfang pro Faktor gleich ist. Wird diese Voraussetzung fallen gelassen, dann werden die nachfolgenden Ausdrücke etwas komplizierter, die grundsätzlichen Überlegungen bleiben aber die gleichen. Allerdings sprechen auch statistische Überlegungen, die mit den Voraussetzungen der Varianzanalyse zusammenhängen, für gleiche oder mindestens annähernd gleiche Stichprobenumfänge. Darauf wird noch zurückzukommen sein.

VIII.3.2. Einfaktorielle Varianzanalyse

Wir nehmen an, daß I Faktorstufen vorliegen mit J Beobachtungen pro Faktorstufe und daß gilt

$$Y_{ij} \sim N(\mu_i;\ \sigma^2),\ i=1,2,\ldots,I;\quad j=1,2,,\ldots,J$$

wobei die Y_{ij} als stochastisch unabhängig vorausgesetzt werden. Alternativ kann dafür geschrieben werden:

$$Y_{ij}=\mu_i+\varepsilon_{ij},\ i=1,2,\ldots,I;\qquad j=1,2,\ldots,J,\ \varepsilon_{ij}\sim N(0;\sigma^2)$$

wobei die ε_{ij} stochastisch unabhängig sein sollen. Mit den Vektoren:

$$\mathbf{y}:=\begin{pmatrix} Y_{11}\\ Y_{12}\\ \cdot\\ Y_{1J}\\ \cdot\\ \cdot\\ \cdot\\ Y_{I1}\\ Y_{I2}\\ \cdot\\ Y_{IJ}\end{pmatrix},\quad \boldsymbol{\mu}:=\begin{pmatrix}\mu_1\\ \mu_2\\ \cdot\\ \cdot\\ \cdot\\ \mu_I\end{pmatrix},\quad \boldsymbol{\varepsilon}:=\begin{pmatrix}\varepsilon_{11}\\ \varepsilon_{12}\\ \cdot\\ \varepsilon_{1J}\\ \cdot\\ \cdot\\ \cdot\\ \varepsilon_{I1}\\ \varepsilon_{I2}\\ \cdot\\ \varepsilon_{IJ}\end{pmatrix}$$

und der Matrix:

$$\mathbf{X} := \begin{pmatrix} 1 & 0 & \dots & 0 \\ 1 & 0 & \dots & 0 \\ . & . & \dots & . \\ 1 & 0 & \dots & 0 \\ . & . & \dots & . \\ 0 & 0 & \dots & 1 \\ 0 & 0 & \dots & 1 \\ . & . & \dots & . \\ 0 & 0 & \dots & 1 \end{pmatrix}$$

die als *Design-Matrix* bezeichnet wird und deren Spalten linear unabhängig sind, ergibt sich:

$$\mathbf{y} = \mathbf{X}\boldsymbol{\mu} + \boldsymbol{\varepsilon}\,, \quad \boldsymbol{\varepsilon} \sim N(\mathbf{0};\, \sigma^2\mathbf{I})$$

(vgl. dazu z.B. Fahrmeier/Hamerle 1984, S.156). Damit läßt sich das einfaktorielle Modell der Varianzanalyse in Form eines Regressionsmodelles darstellen, wobei die Matrix **X** nur aus Nullen und Einsen besteht, d.h. dieses Regressionsmodell enthält als Regressoren *ausschließlich* nominalskalierte Variablen, die abhängige Variable ist aber metrisch skaliert. Damit können die beim Regressionsmodell diskutierten Schätz- und Testprozeduren auch hier verwendet werden. Dies gilt auch allgemein für komplexere varianz- und kovarianzanalytische Designs.

Der allgemeinste Hypothesentest bei einer einfaktoriellen Varianzanalyse lautet:

$$H_0\colon\ \mu_1 = \mu_2 = \dots = \mu_I$$
$$H_1\colon\ \mu_i \neq \mu_j \text{ für mindestens ein Paar } i,j$$

d.h. H_0 postuliert, daß sich die verschiedenen Stufen des Faktors hinsichtlich ihres Einflusses auf die abhängige Variable nicht unterscheiden, während H_1 postuliert, daß es mindestens zwei Faktorstufen gibt, für die sich die Erwartungswerte der abhängigen Variablen unterscheiden.

Traditionellerweise werden für diesen Test folgende Quadratsummen gebildet:

a) *Gesamtvariation (Total Sum of Squares)*:

$$SS_T := \sum_{i=1}^{I}\sum_{j=1}^{J}(Y_{ij} - \bar{Y}_{++})^2\,, \quad \bar{Y}_{++} = \frac{1}{IJ}\sum_{i=1}^{I}\sum_{j=1}^{J} Y_{ij} \quad (\textit{Gesamtmittel})$$

b) *Variation zwischen den Gruppen (Sum of Squares between the groups):*

$$SS_B = J\sum_{i=1}^{I}(\bar{Y}_{i+} - \bar{Y}_{++})^2\,, \quad \bar{Y}_{i+} = \frac{1}{J}\sum_{j=1}^{J} Y_{ij} \quad (\textit{Gruppenmittel})$$

c) *Variation innerhalb der Gruppen (Sum of Squares within the groups)*:

$$SS_W: = \sum_{i=1}^{I}\sum_{j=1}^{J}(Y_{ij} - \bar{Y}_{i+})^2$$

wobei gilt: $SS_T=SS_B+SS_W$. Wenn nun die Nullhypothese gilt, dann ist $SS_B/\sigma^2\sim\chi^2(I\text{-}1)$-verteilt und unabhängig von der Gültigkeit von H_0 ist $SS_W/\sigma^2\sim\chi^2(I(J\text{-}1))$-verteilt. Beide Statistiken sind voneinander stochastisch unabhängig. Der Quotient:

$$F: = \frac{SS_B/I-1}{SS_W/I(J-1)}$$

ist deshalb $F(I\text{-}1;I(J\text{-}1))$-verteilt, wenn H_0 zutrifft. Große Werte von SS_B sprechen eher für eine Ablehnung der Nullhypothese, kleine eher für ihre Beibehaltung. H_0 kann abgelehnt werden, wenn $F>F(I\text{-}1;I(J\text{-}1),1\text{-}\alpha)$ ist.

Die obigen Quadratsummen werden üblicherweise wie oben bei der Regressionsanalyse in einer ANOVA-Tabelle dargestellt:

ANOVA - Tabelle (Einfaktorielle Varianzanalyse)			
	Summe der Abweichungsquadrate	Freiheitsgrade	F-Statistik
SS_B	$J\sum_{i=1}^{I}(\bar{Y}_{i+}-\bar{Y}_{++})^2$	I-1	$\frac{SS_B/I-1}{SS_W/I(J-1)}$
SS_W	$\sum_{i=1}^{I}\sum_{j=1}^{J}(Y_{ij}-\bar{Y}_{i+})^2$	I(J-1)	
SS_T	$\sum_{i=1}^{I}\sum_{j=1}^{J}(Y_{ij}-\bar{Y}_{++})^2$	IJ-1	

In der Praxis ist es nicht notwendig, die obigen Quadratsummen und den F-Test explizit auszurechnen, denn sie fallen automatisch an, wenn man die einfaktorielle Varianzanalyse, wie dargestellt wurde, als spezielles Regressionsmodell auffaßt und in der üblichen Weise Parameterschätzungen durchführt.

VIII.3.2.1. Beispiel

Es soll die Auswirkung von vier verschiedenen Unterrichtsmethoden auf den Lernerfolg überprüft werden. Letzter wird durch die in einem Abschlußtest erzielten Punkte gemessen. 32 Schüler werden durch Randomisierung auf vier Gruppen aufgeteilt, so daß jede Gruppe 8 Teilnehmer aufweist. Jede Gruppe wird nach einer anderen Methode unterrichtet. Es ergaben sich folgende Resultate (vgl. Fahrmeier/Hamerle 1984, S.158):

Unterrichtsmethode			
I	II	III	IV
16	16	2	5
18	12	10	8
20	10	9	8
15	14	10	11
20	18	11	1
15	15	9	9
23	12	10	5
19	13	9	9

Mit SYSTAT ergibt sich dafür folgender Output:

```
LEVELS ENCOUNTERED DURING PROCESSING ARE:
METHODE
        1.000          2.000           3.000          4.000

DEP VAR:PUNKTE   N:32   MULTIPLE R:0.856   SQUARED MULTIPLE R:0.733

                              ANALYSIS OF VARIANCE

SOURCE    SUM-OF-SQUARES  DF  MEAN-SQUARE    F-RATIO     P
METHODE     621.375        3   207.125        25.605   0.000
ERROR       226.500       28     8.089
```

Hier ist SS_B=621.375, SS_W=226.5, SS_T=621.375+226.5=847.875. Der Wert für den F-Test ergibt sich aus 621.375:3/226.5:28=207.125/8.089=25.605.

Offensichtlich kann die Nullhypothese, daß sich die 4 Unterrichtsmethoden bezüglich ihrer Effizienz (gemessen an der erzielten Punkt-Zahl) nicht unterscheiden, abgelehnt werden.

VIII.3.2.2. Multiple Vergleiche und lineare Kontraste

Wie bei der Regressionsanalyse handelt es sich bei dem eben besprochenen Test um einen Globaltest, der nichts darüber aussagt, wieviele und gegebenenfalls welche der I Faktorstufen sich hinsichtlich ihres Einflusses auf die abhängige Variable unterscheiden. Sind keine Hypothesen vorgegeben, dann könnte man auf die Idee kommen, Paarvergleiche auf dem Niveau α mit Hilfe von t-Tests vorzunehmen, d.h jede der $I(I-1)/2$ möglichen paarweisen Mittelwertdifferenzen auf Signifikanz zu prüfen. Eine derartige Prozedur wäre jedoch bedenklich: obwohl jeder einzelne Test auf dem Signifikanzniveau α (*Fehlerrate pro Vergleich*) durchgeführt wird, wäre der Fehler 1. Art für *alle Tests zusammen* (*Fehlerrate pro Experiment*) wesentlich größer als α. Die Wahrscheinlichkeit, daß man bei Gültigkeit der globalen Nullhypothese mindestens eine signifikante Mittelwertdifferenz findet, ist (bei voneinander unabhängigen Tests) $1-(1-\alpha)^d$ mit $d=I(I-1)/2$. Beispielsweise erhält man bei $I=4$ und $\alpha=0.05$ für die Fehlerrate pro Experiment den Wert $1-(1-0.05)^6=0.265$. Je mehr Vergleiche an den selben Daten vorgenommen werden, umso größer ist die Wahrscheinlichkeit, daß ein Vergleich trotz Gültigkeit der Nullhypothese irrtümlicherweise als signifikant ausgewiesen wird (vgl. Fahrmeier/Hamerle 1984, S.165). Deshalb sind Tests notwendig, die unabhängig von der Anzahl der durchgeführten Vergleiche die Fehlerrate pro Experiment *konstant* halten. Dies leisten *multiple Vergleiche* bzw. *simultane Konfidenzintervalle*.

Multiple Vergleiche (und damit auch Paarvergleiche) sind Spezialfälle der sogenannten *linearen Kontraste*. Darunter ist eine *Linearkombination von Mittelwerten* zu verstehen:

$$L := \sum_{i=1}^{I} \lambda_i \mu_{y_i} = c \quad \text{mit} \quad \sum_{i=1}^{I} \lambda_i = 0$$

Beispielsweise erhält man daraus für $\lambda_1=1$, $\lambda_2=-1$, $\lambda_3=\ldots=\lambda_I=0$ und $c=0$ den Ausdruck $\mu_1-\mu_2=0$, d.h. den Paarvergleich zwischen den Faktorstufen 1 und 2. Nach Scheffé (1959) ist die obige F-Statistik genau dann signifikant, wenn mindestens eines der Intervalle:

$$\sum_{i=1}^{I} \lambda_i \bar{Y}_{i+} \pm [(I-1)F(I-1;I(J-1);1-\alpha)]^{1/2} \left[\frac{RSS \sum_{i=1}^{I} \lambda_i^2}{IJ(J-1)} \right]^{1/2}$$

nicht den Wert Null enthält, d.h. also, wenn mindestens ein Kontrast von Null verschieden ist (vgl. Fahrmeier/Hamerle 1984, S.166). RSS (Residual Sum of Squares) ist identisch mit dem obigen SS_W.

Beschränkt man multiple Vergleiche lediglich auf Paarvergleiche, dann liefert die *Test-Methode nach Tukey* in der Regel *kürzere* Konfidenzintervalle. Die I(I-1)/2 *simultanen* Konfidenzintervalle lauten hier:

$$\bar{Y}_i - \bar{Y}_j \pm q(I;I(J-1);1-\alpha) \left[\frac{RSS}{IJ(J-1)} \right]^{1/2}$$

wobei q(I; I(J-1); 1-α) das (1-α)-Quantil der "studentisierten Spannweite" ist (grob gesagt, handelt es sich dabei um die Verteilung der Spannweite von I unabhängigen N(0;1)-verteilten Zufallsvariablen). Der Tukey-Test setzt voraus, daß die Anzahl der Beobachtungswerte pro Faktorstufe gleich ist. Ist das nicht der Fall, dann können von Tukey und anderen Autoren vorgeschlagene Modifikationen des ursprünglichen Tukey-Tests verwendet werden (vgl. dazu Jobson 1991, S.412).

Mit SYSTAT erhält man für den Scheffé-Test und den Tukey-Test für das obige Beispiel folgenden Output:

```
POST HOC TEST OF PUNKTE
MATRIX OF PAIRWISE MEAN DIFFERENCES:
            1         2          3          4
     1    0.000
     2   -4.500     0.000
     3   -9.500    -5.000      0.000
     4  -11.250    -6.750     -1.750     0.000

SCHEFFE TEST
MATRIX OF PAIRWISE COMPARISON PROBABILITIES:
               1          2          3            4
     1       1.000
     2       0.033      1.000
     3       0.000      0.015      1.000
     4       0.000      0.001      0.682        1.000

TUKEY HSD MULTIPLE COMPARISONS
MATRIX OF PAIRWISE COMPARISON PROBABILITIES:
                  1          2          3         4
     1          1.000
     2          0.019      1.000
     3          0.000      0.008      1.000
     4          0.000      0.000      0.613     1.000
```

Bei beiden Tests wird zuerst die Matrix der Differenzen der geschätzten Mittelwerte für die einzelnen Faktorstufen ausgegeben, z.B. beträgt diese Differenz -4.5 zwischen Stufe 1 und Stufe 2, -9.5 zwischen Stufe 1 und Stufe 3 usw. Die MATRIX OF PAIRWISE COMPARISON PROBABILITIES enthält jeweils die empirischen Signifikanzniveaus für diese Differenzen. Beispielsweise beträgt beim Tukey-Test die Wahrscheinlichkeit, daß die Mittelwertdifferenz zwischen Stufe 2 und Stufe 3 einen Wert annimmt, der (absolut) gleich oder größer ist als 5.0 nur 0.008. Gemäß diesen Matrizen ist bei beiden Tests von signifikanten Unterschieden zwischen den Stufen 1 und 2, 1 und 3, 1 und 4, 2 und 3, 2 und 4, jedoch nicht zwischen 3 und 4 auszugehen (bei $\alpha=0.05$). Wie ein Vergleich der beiden Matrizen zeigt, sind die empirischen Signifikanzniveaus beim Scheffé-Test größer als beim Tukey-Test, was damit zusammenhängt, daß die entsprechenden Konfidenzintervalle bei Scheffé in der Regel breiter sind als bei Tukey, wie oben schon erwähnt wurde. Der Scheffé-Test ist also *konservativer* als der Tukey-Test, d.h. er hält im allgemeinen länger an der Nullhypothese fest als jener.

Abschließend sei noch einmal an die Voraussetzungen der einfaktoriellen Varianzanalyse erinnert. Neben der Normalverteilung wird postuliert, daß die Beobachtungswerte in den einzelnen Faktorstufen aus Grundgesamtheiten mit *gleicher Varianz* entstammen. Ungleiche Varianzen können einen beträchtlichen Einfluß auf den F-Test haben, insbesondere dann, wenn die Stichprobenumfänge in den einzelnen Stufen verschieden sind. Deshalb empfiehlt sich eine möglichst gleiche Anzahl von Beobachtungswerten für die einzelnen Faktorstufen.

Zur Überprüfung dieser *Varianz-Homogenität* stehen verschiedene Tests zur Verfügung. Für Einzelheiten sei z.B. auf Jobson 1991, S.426 ff. verwiesen. Die Varianzanalyse gilt als *robust* gegenüber Verletzungen der Normalverteilungsannahme. Sie ist jedoch nicht robust (genau so wenig wie die Regressionsanalyse) gegenüber *Ausreißern*, d.h. Beobachtungswerten, die von den übrigen größenordnungsmäßig stark abweichen bzw. einen dominierenden Einfluß auf Parameterschätzungen und Signifikanztests haben können. Zur Entdeckung von Ausreißern bzw. zur Bestimmung ihres Einflusses auf die Analyseresultate stehen im Rahmen der Regressionsanalyse verschieden Instrumente zur Verfügung, die hier nicht behandelt werden können, vgl. dazu z.B. Jobson 1991, S.56 ff. . Schließlich sei noch auf die Möglichkeit der *nicht-parametrischen* einfaktoriellen Varianzanalyse hingewiesen, etwa nach Kruskal-Wallis, Friedman oder van der Waerden, bei der weder

Normalverteilung noch Varianzhomogenität postuliert werden muß (vgl. Jobson 1991, S.425-426).

VIII.3.2.3. Effektkodierung

Anstelle der obigen Design-Matrix **X** kann auch eine andere verwendet werden, bei der anstatt einer Dummy-Kodierung die sogenannte *Effektkodierung* benützt wird. Auf diese führt eine alternative Darstellung des Modells der einfaktoriellen Varianzanalyse. Die Effektkodierung ist vor allem für *mehrfaktorielle* Designs von Bedeutung. Mit dem Gesamtmittel

$$\mu_0 := \frac{1}{I}\sum_{i=1}^{I} \mu_i$$

und mit

$$\mu_i = \mu_0 + (\mu_i - \mu_0) = \mu_0 + \alpha_i, \quad \alpha_i := \mu_i - \mu_0$$

kann geschrieben werden:

$$Y_{ij} = \mu_0 + \alpha_i + \varepsilon_{ij}, \quad \text{mit} \sum_{i=1}^{I} \alpha_i = 0$$

α_i wird als *Effekt der Faktorstufe i* bezeichnet. Will man diese Formulierung der einfaktoriellen Varianzanalyse als Regressionsmodell schreiben, dann muß wegen der Konstanten μ_0 die Design-Matrix **X** eine Spalte mit Einsen enthalten. Würde man die bisherige Dummy-Kodierung weiter verwenden, dann hätte **X** nicht mehr den vollen Spaltenrang (vgl. dazu die Ausführungen in VIII.2.2.). Ein solcher läßt sich sicherstellen, wenn die *Reparametrisierungsbedingung* $\Sigma\alpha_i=0$ berücksichtigt wird, etwa in der Form:

$$\alpha_I = -\alpha_1 - \alpha_2 - \ldots - \alpha_{I-1}$$

Mit dem Vektor $\boldsymbol{\mu} := (\mu_0, \alpha_1, \alpha_2, \ldots, \alpha_{I-1})'$ und der Matrix

$$\mathbf{X} := \begin{pmatrix} 1 & 1 & 0 & \dots & 0 \\ 1 & 1 & 0 & \dots & 0 \\ . & . & . & \dots & . \\ . & . & . & \dots & . \\ . & . & . & \dots & . \\ 1 & 1 & 0 & \dots & 0 \\ 1 & 0 & 1 & \dots & 0 \\ 1 & 0 & 1 & \dots & 0 \\ . & . & . & \dots & . \\ . & . & . & \dots & . \\ . & . & . & \dots & . \\ 1 & 0 & 1 & \dots & 0 \\ . & . & \dots & . & . \\ . & . & \dots & . & . \\ . & . & \dots & . & . \\ 1 & 0 & 0 & \dots & 1 \\ 1 & 0 & 0 & \dots & 1 \\ . & . & . & \dots & . \\ . & . & . & \dots & . \\ . & . & . & \dots & . \\ 1 & 0 & 0 & \dots & 1 \\ 1 & -1 & -1 & \dots & -1 \\ 1 & -1 & -1 & \dots & -1 \\ . & . & . & \dots & . \\ . & . & . & \dots & . \\ . & . & . & \dots & . \\ 1 & -1 & -1 & \dots & -1 \end{pmatrix}$$

können die Parameter $\mu_0, \alpha_1, \alpha_2, \dots, \alpha_{I-1}$ des Regressionsmodelles $\mathbf{y} = \mathbf{X}\boldsymbol{\mu} + \boldsymbol{\varepsilon}$ geschätzt werden.

Wie aus dieser Design-Matrix hervorgeht, wird bei der Effektkodierung die Zugehörigkeit zur letzten Kategorie I mit -1 kodiert. Die letzte Faktorstufe dient somit als *Referenzkategorie*. Statt der letzten könnte natürlich auch irgendeine andere Faktorstufe als Referenzkategorie gewählt werden. In den meisten Programmpaketen, so auch bei SYSTAT, ist dafür jedoch die letzte Stufe vorgesehen.

Für die Kleinst-Quadrate-Schätzer dieses Modelles ergibt sich:

$$\hat{\mu}_0 = \overline{Y}_{++}\,, \quad \hat{\alpha}_i = \overline{Y}_{i+} - \overline{Y}_{++}\,, \quad i = 1,2,\dots,I-1$$

Für das obige Beispiel erhält man die geschätzten Parameter $\hat{\mu}_0 = 11.938$, $\hat{\alpha}_1 = 6.313$, $\hat{\alpha}_2 = 1.813$, $\hat{\alpha}_3 = -3.188$ und damit $\hat{\alpha}_4 = -(6.3131 + 1.813 - 3.188) = -4.938$. Äquivalent zur obigen globalen Nullhypothese $\mu_1 = \mu_2 = \dots = \mu_I$ ist hier die Hypothese: $\alpha_1 = \alpha_2 = \dots = \alpha_{I-1}$, zu deren Überprüfung wieder der obige F-Test verwendet werden kann.

VIII.3.3. Zweifaktorielle Varianzanalyse

Bei der *zweifaktoriellen Varianzanalyse* wird der Einfluß zweier Faktoren, die hier mit A und B bezeichnet seien, auf eine abhängige (metrisch skalierte) Variable Y untersucht. Für Faktor A seien I und für Faktor B J Faktorstufen gegeben. Für alle Faktorstufenkombinationen sollen jeweils K Beobachtungen gegeben sein. Ein derartiges Design wird auch als "(I×J)-Versuchsplan mit K Meßwerten pro Zelle" bezeichnet. Dafür kann folgendes Modell angesetzt werden:

$$Y_{ijk} = \mu_{ij} + \varepsilon_{ijk}, \quad \varepsilon_{ijk} \sim N(0;\sigma^2), \quad \begin{array}{l} i = 1,2,\dots,I \\ j = 1,2,\dots,J \\ k = 1,2,\dots K \end{array}$$

μ_{ij} ist der theoretische Mittelwert der Zelle (i,j). Da man hauptsächlich an den Wirkungen der einzelnen Faktorstufen interessiert ist, wird im folgenden für die Design-Matrix **X** die Effektkodierung benützt. Dazu werden folgende (theoretische) Mittelwerte definiert:

$$\mu_{i+} := \frac{1}{J}\sum_{j=1}^{J}\mu_{ij}, \quad \mu_{+j} := \frac{1}{I}\sum_{i=1}^{I}\mu_{ij}, \quad \mu_0 := \frac{1}{IJ}\sum_{i=1}^{I}\sum_{j=1}^{J}\mu_{ij}$$

μ_{i+} wird als i-tes *Zeilenmittel*, μ_{+j} als j-tes *Spaltenmittel* und μ_0 als *Gesamtmittel* bezeichnet. In der folgenden Tabelle sind alle Mittelwerte übersichtlich dargestellt:

	1	2	...	j	...	J	
1	μ_{11}	μ_{12}	...	μ_{1j}	...	μ_{1J}	μ_{1+}
2	μ_{21}	μ_{22}	...	μ_{2j}	...	μ_{2J}	μ_{2+}
.	.	.	.	.	.	.	.
i	μ_{i1}	μ_{i2}	...	μ_{ij}	...	μ_{iJ}	μ_{i+}
.	.	.	.	.	.	.	.
I	μ_{I1}	μ_{I2}	...	μ_{Ij}	...	μ_{IJ}	μ_{I+}
	μ_{+1}	μ_{+2}	...	μ_{+j}	...	μ_{+J}	μ_0

Aus der Identität

$$\mu_{ij} = \mu_0 + (\mu_{i+} - \mu_0) + (\mu_{+j} - \mu_0) + (\mu_{ij} - \mu_{i+} - \mu_{+j} + \mu_0)$$

folgt

$$\mu_{ij} = \mu_0 + \alpha_i + \beta_j + (\alpha\beta)_{ij}$$

mit:

$$\alpha_i := \mu_{i+} - \mu_0 \,, \quad \beta_j := \mu_{+j} - \mu_0 \,, \quad (\alpha\beta)_{ij} := \mu_{ij} - \mu_{i+} - \mu_{+j} + \mu_0$$

Damit kann für das zweifaktorielle Modell geschrieben werden:

$$Y_{ijk} = \mu_0 + \alpha_i + \beta_j + (\alpha\beta)_{ij} + \varepsilon_{ijk} \,, \quad \varepsilon_{ijk} \sim N(0;\sigma^2)$$

mit:

$$\sum_{i=1}^{I} \alpha_i = 0 \,, \quad \sum_{j=1}^{J} \beta_j = 0 \,, \quad \sum_{i=1}^{I} (\alpha\beta)_{ij} = \sum_{j=1}^{J} (\alpha\beta)_{ij} = 0$$

α_i bzw. β_j sind die Effekte der Faktorstufen i bzw. j von Faktor A bzw. Faktor B. Diese werden als *Haupteffekte* bezeichnet. $(\alpha\beta)_{ij}$ ist der *Interaktions-* oder *Wechselwirkungseffekt*, der dadurch erzeugt werden kann, daß Stufe i von Faktor A und Stufe j von Faktor B zusammenwirken, vgl. dazu die Ausführungen in Abschnitt VII.1.4.3.

Die Auswirkungen eines Interaktionseffektes kann man sich leicht an Hand der folgenden beiden Abbildungen klarmachen, wobei I=3 und J=2 unterstellt wird. Auf der Abszisse sind die drei Stufen von Faktor A (A_1, A_2, A_3) markiert und auf der Ordinate die (theoretischen) Mittelwerte $\mu_{11}, \mu_{21}, \mu_{31}$ bzw. $\mu_{12}, \mu_{22}, \mu_{32}$ (verbunden durch einen Polygonzug), wenn J=1 bzw. J=2 ist, also Stufe 1 bzw. Stufe 2 des Faktors B, vorliegt. In Abb. 8.1 sind die beiden *Profile* parallel, d.h. für jede der 3 Stufen von Faktor A sind diese Mittelwerte gleichmäßig größer, wenn Stufe 1 von Faktor B vorliegt. In diesem Fall liegt zwischen den beiden Faktoren *keine* Interaktion vor. In Abb. 8.2 ist dies nicht der Fall. Für die Stufen 1 und 2 von Faktor A sind die Mittelwerte zwar auch noch größer, wenn Stufe 1 von Faktor B gegeben ist, aber der Unterschied ist für die beiden Stufen nicht mehr gleich, bei Stufe 2 ist er wesentlich größer als bei Stufe 1. Außerdem kehren sich die Beziehungen um bei Stufe 3 von A: jetzt ist der Mittelwert kleiner, wenn Stufe 1 von Faktor B vorliegt. Die Profile verlaufen jetzt nicht mehr parallel zueinander:

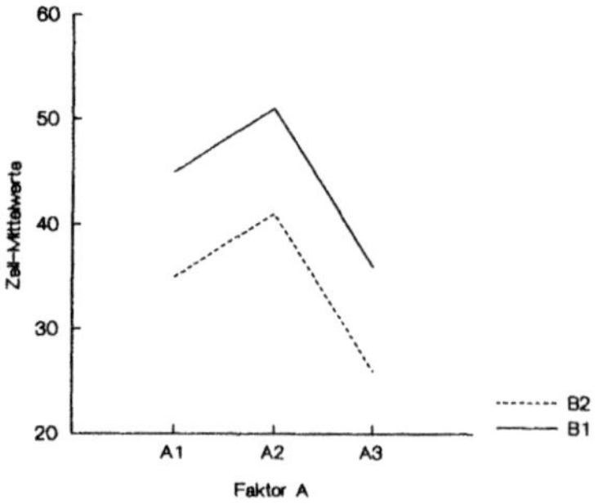

Abb. 8.1

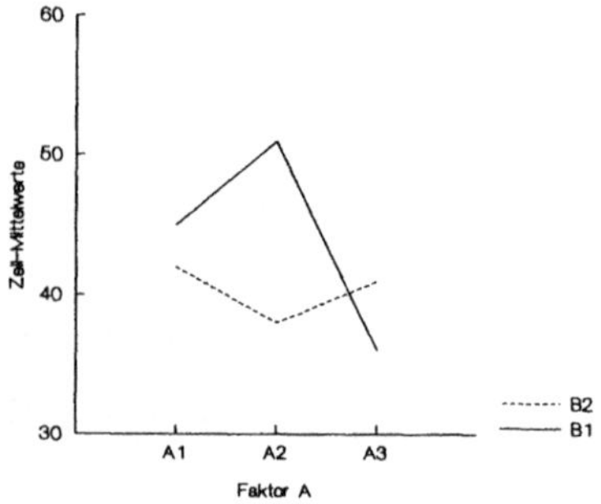

Abb. 8.2

Auf Stichprobenebene wird man im allgemeinen natürlich auch dann keine *exakt* parallelen Profile (der *geschätzten* Mittelwerte) erwarten dürfen, wenn keine Interaktion zwischen A und B vorliegt. An Hand eines Signifikanztests kann aber überprüft werden, ob die Hypothese, daß die Profile in der Grundgesamtheit parallel verlaufen, d.h. daß $(\alpha\beta)_{ij}=0$ ist für $i=1,2,...I$ und für $j=1,2,...,J$ akzeptiert werden kann oder nicht.

Insgesamt sind insbesondere die drei Hypothesen interessant:

$$H_{\alpha\beta}: \quad (\alpha\beta)_{ij} = 0, \quad \forall\, i, \forall\, j$$
$$H_{\alpha}: \quad \alpha_i = 0, \quad \forall\, i$$
$$H_{\beta}: \quad \beta_j = 0, \quad \forall\, j$$

$H_{\alpha\beta}$ bezeichnet die Hypothese, daß kein Interaktionseffekt vorliegt, H_α bzw. H_β die Hypothese, daß Faktor A bzw. Faktor B unwirksam ist. Wie bei der einfaktoriellen Varianzanalyse läßt sich die Gesamtstreuung:

$$SS_T := \sum_{i=1}^{I}\sum_{j=1}^{J}\sum_{k=1}^{K}(Y_{ijk} - \bar{Y}_{+++})^2\,, \quad \bar{Y}_{+++} = \frac{1}{IJK}\sum_{i=1}^{I}\sum_{j=1}^{J}\sum_{k=1}^{K} Y_{ijk}$$

wieder additiv zerlegen in Quadratsummen, die (abgesehen von einer Residuenquadratsumme RSS) den beiden Haupteffekten A und B (SS_A bzw. SS_B) sowie dem Interaktionseffekt (SS_{AB}) zuzurechnen sind. Die Test-Statistiken für die beiden Haupteffekte und den Interaktionseffekt sind wiederum F-verteilt. Die nachfolgende ANOVA-Tabelle enthält diese Quadratsummen sowie die zugehörigen Freiheitsgrade (FG) und F-Tests:

ANOVA-Tabelle (zweifaktorielle Varianzanalyse)

	Summe der Abweichungsquadrate	FG	Teststatistik
Effekt A (SS_A):	$JK\sum_{i=1}^{I}(\bar{Y}_{i++}-\bar{Y}_{+++})^2$	I-1	$\frac{SS_A/I-1}{RSS/IJ(K-1)}$
Effekt B (SS_B):	$IK\sum_{j=1}^{J}(\bar{Y}_{+j+}-\bar{Y}_{+++})^2$	J-1	$\frac{SS_B/J-1}{RSS/IJ(K-1)}$
Interaktionseffekt (SS_{AB}):	$K\sum_{i=1}\sum_{j=1}(\bar{Y}_{ij+}-\bar{Y}_{i++}-\bar{Y}_{+j+}+\bar{Y}_{+++})^2$	(I-1)(J-1)	$\frac{SS_{AB}/(I-1)(J-1)}{RSS/IJ(K-1)}$
Residualstreuung (RSS):	$\sum_{i=1}^{I}\sum_{j=1}^{J}\sum_{k=1}^{K}(Y_{ijk}-\bar{Y}_{ij+})^2$	IJ(K-1)	
SS_T:	$\sum_{i=1}^{I}\sum_{j=1}^{J}\sum_{k=1}^{K}(Y_{ijk}-\bar{Y}_{+++})^2$		

Dabei $\bar{Y}_{+++}$ ist ein Schätzer für das Gesamtmittel μ_0 und

$$\bar{Y}_{i++} := \frac{1}{JK}\sum_{j=1}^{J}\sum_{k=1}^{K}Y_{ijk}, \quad \bar{Y}_{+j+} := \frac{1}{IK}\sum_{i=1}^{I}\sum_{k=1}^{K}Y_{ijk}, \quad \bar{Y}_{ij+} := \frac{1}{K}\sum_{k=1}^{K}Y_{ijk}$$

sind Schätzer für das *Zeilenmittel* μ_{i+} bzw. das *Spaltenmittel* μ_{+j} bzw. das *Zellenmittel* μ_{ij}.

Die Kleinst-Quadrate-Schätzer für die Effekte der beiden Faktoren A und B sowie des Interaktionseffektes mit Effekt-Kodierung lauten:

$$\hat{\alpha}_i = \bar{Y}_{i++} - \bar{Y}_{+++}$$
$$\hat{\beta}_j = \bar{Y}_{+j+} - \bar{Y}_{+++}$$
$$(\alpha^\wedge\beta)_{ij} = \bar{Y}_{ij+} - \bar{Y}_{i++} - \bar{Y}_{+j+} + \bar{Y}_{+++}$$
$$(i=1,2,\ldots,I-1;\ j=1,2,\ldots,J-1)$$

VIII.3.4. Beispiel

Bei einem "Marketing-Experiment" werde die Wirkung einer unterschiedlichen Preispolitik (Niedrig-, Normal-, Hochpreis) und verschiedener Werbemedien (Postwurfsendungen, Anzeigen) auf die abgesetzte Menge eines Produktes während 10 zufällig ausgewählten Tagen überprüft, d.h. bei sechs Testmärkten werden unterschiedliche Kombinationen von Preisgestaltung und Werbemedium eingesetzt. "Niedrigpreis" ("Hochpreis") bedeutet, daß das Produkt billiger (teuerer) als ein vergleichbares Konkurrenzprodukt angeboten wird. Das Experiment ergab folgende Daten (vgl. Schuchard-Ficher et al. 1980, S.30):

	Postwurfsendung	Anzeigen
Niedrigpreis:	68,65,63,59,67,64,66,59,64,63	59,57,54,56,53,51,52,55,54,52
Normalpreis:	59,50,51,48,53,49,50,52,53,50	51,45,46,48,49,50,47,46,45,47
Hochpreis:	40,39,35,36,37,35,34,38,39,36	47,39,40,46,45,49,44,48,47,44

Mit SYSTAT ergibt sich folgender Output:

```
LEVELS ENCOUNTERED DURING PROCESSING ARE:
PREISPOL          1.000         2.000         3.000
WERBUNG           1.000         2.000
DEP VAR: ABSATZ  N:60  MULTIPLE R: 0.955  SQUARED MULTIPLE R: 0.913
                                       -1
ESTIMATES OF EFFECTS  B = (X'X)   X'Y

                                 ABSATZ
CONSTANT                         49.800
PREISPOL           1.000          9.250
PREISPOL           2.000         -0.350
WERBUNG            1.000          0.933

PREISPOL           1.000
WERBUNG            1.000          3.817

PREISPOL           2.000
WERBUNG            1.000          1.117

               ANALYSIS OF VARIANCE
SOURCE   SUM-OF-SQUARES DF  MEAN-SQUARE  F-RATIO    P
PREISPOL   3297.900      2   1648.950    224.630   0.000
WERBUNG      52.267      1     52.267      7.120   0.010
```

```
PREISPOL
*WERBUNG      803.033     2     401.517      54.697   0.000
ERROR         396.400    54       7.341

LEAST SQUARES MEANS.
                         MEAN       SD        (N)
PREISPOL = 1.000      59.050     5.568        20
PREISPOL = 2.000      49.450     3.316        20
PREISPOL = 3.000      40.900     4.887        20
WERBUNG  = 1.000      50.733    11.495        30
WERBUNG  = 2.000      48.867     4.790        30

PREISPOL = 1.000
WERBUNG  = 1.000      63.800     3.011        10

PREISPOL = 1.000
WERBUNG  = 2.000      54.300     2.497        10

PREISPOL = 2.000
WERBUNG  = 1.000      51.500     3.100        10

PREISPOL = 2.000
WERBUNG  = 2.000      47.400     2.066        10

PREISPOL = 3.000
WERBUNG  = 1.000      36.900     2.025        10

PREISPOL = 3.000
WERBUNG  = 2.000      44.900     3.281        10
```

Gemäß diesem Output sind für die einzelnen Kategorien $\hat{\alpha}_1=9.25$, $\hat{\alpha}_2=-0.35$, $\hat{\beta}_1=0.933$ und $\hat{\alpha}_3=-(\hat{\alpha}_1+\hat{\alpha}_2)=-(9.25-0.35)=-0.89$, $\hat{\beta}_2=-\hat{\beta}_1=-0.933$. Die geschätzten Interaktionseffekte sind $(\widehat{\alpha\beta})_{11}=3.817$ und $(\widehat{\alpha\beta})_{21}=1.117$ und somit $(\widehat{\alpha\beta})_{31}=-[(\widehat{\alpha\beta})_{11}+(\widehat{\alpha\beta})_{21}]=-(3.817+1.117)=-4.934$ und $(\widehat{\alpha\beta})_{12}=-3.817$, sowie
$(\widehat{\alpha\beta})_{22}=-1.117$ und $(\widehat{\alpha\beta})_{32}=+4.934$.

Unter "LEAST SQUARES MEANS" werden die (geschätzten) Zeilen- und Spaltenmittel ($\hat{\mu}_{1+}=59.05$, $\hat{\mu}_{2+}=49.45$ und $\hat{\mu}_{3+}=40.9$ bzw. $\hat{\mu}_{+1}=50.733$ und $\hat{\mu}_{+2}=48.867$) der beiden Faktoren mit den zugehörigen Standardabweichungen (5.568, 3.316 usw.) ausgegeben sowie die (geschätzten) Zellenmittel aller 6 Faktorstufenkombinationen ($\hat{\mu}_{11}=63.8$, $\hat{\mu}_{12}=54.3$ usw.), ebenfalls mit ihren Standardabweichungen (3.011, 2.497 usw.).

Wie die empirischen Signifikanzniveaus der F-Tests zeigen, sind sowohl die beiden Haupteffekte als auch der Interaktionseffekt signifikant. Wenn ein signifikanter Interaktionseffekt vorliegt, dürfen die Haupteffekte nicht isoliert interpretiert werden, da sie nicht rein additiv auf die abhängige Variable wirken. Ohne Berücksichtigung des Interaktionseffektes würde man schließen, daß "Postwurfsendung" einen positiven Effekt auf den Absatz hat (im Gegensatz zur Werbung mittels Anzeigen) und zwar unabhängig davon, welche Preisstrategie verfolgt wird. Wie die geschätzten Interaktionskoeffizienten jedoch zeigen, trifft dies jedoch nur für "Niedrigpreis" und "Normalpreis" zu, nicht aber für "Hochpreis" (vgl. dazu auch Fahrmeier/Hamerle 1984, S.177 f.).

Obwohl beide Haupteffekte signifikant sind, darf daraus nicht automatisch geschlossen werden, daß ihr Einfluß auf die abhängige Variable von gleicher Bedeutung wäre. Wie aus obiger Analysis-of-Variance-Tabelle hervorgeht, entfallen auf den Faktor A (Preispolitik) ca. 72%, auf den Faktor B (Werbung) aber lediglich ca. 1% der Gesamtvariation von 4549.6 (=3297.9 +52.267+803.033+396.4) der abhängigen Variablen "Absatz". Somit ist Faktor A der praktisch wesentlich bedeutsamere. Dieses Beispiel zeigt, daß statistische Signifikanz (im Sinne eines Signifikanztests) nicht gleichbedeutend sein muß mit *praktischer Relevanz.*

VIII.3.5. Orthogonale und nicht-orthogonale Designs

Die oben bei der zweifaktoriellen Varianzanalyse verwendete Design-Matrix **X** mit Effektkodierung und einer gleichen Anzahl von Meßwerten/Zelle weist eine spezielle Eigenschaft auf, die bestimmte Konsequenzen für die Schätzung der Modellparameter, für Signifikanztests und für die Zerlegung der Gesamtstreuung der abhängigen Variablen impliziert. Die Matrix **X** läßt sich in Teilmatrizen zerlegen mit jeweils IJK-Zeilen, wobei die Spalten der verschiedenen Teilmatrizen **orthogonal** sind. Sei beispielsweise I=3, J=2 und K=2, dann lautet die Matrix **X**, wenn ein Interaktionsterm berücksichtigt wird:

$$\mathbf{X} = \left(\begin{array}{c|cc|c|cc}
1 & 1 & 0 & 1 & 1 & 0 \\
1 & 1 & 0 & 1 & 1 & 0 \\
1 & 1 & 0 & -1 & -1 & 0 \\
1 & 1 & 0 & -1 & -1 & 0 \\
1 & 0 & 1 & 1 & 0 & 1 \\
1 & 0 & 1 & 1 & 0 & 1 \\
1 & 0 & 1 & -1 & 0 & -1 \\
1 & 0 & 1 & -1 & 0 & -1 \\
1 & -1 & -1 & 1 & -1 & -1 \\
1 & -1 & -1 & 1 & -1 & -1 \\
1 & -1 & -1 & -1 & 1 & 1 \\
1 & -1 & -1 & -1 & 1 & 1
\end{array}\right)$$

Diese läßt sich, wie durch Trennstriche angedeutet, in vier 12-zeilige Teilmatrizen $\mathbf{X}_\mu$, $\mathbf{X}_\alpha$, $\mathbf{X}_\beta$, $\mathbf{X}_{\alpha\beta}$ zerlegen, wobei $\mathbf{X}_\mu$ einspaltig ist, $\mathbf{X}_\alpha$ zwei Spalten für die Kodierung der drei Stufen von Faktor A und $\mathbf{X}_\beta$ eine Spalte für die Kodierung der beiden Stufen des Faktors B enthält. $\mathbf{X}_{\alpha\beta}$ ist die zweispaltige Kodiermatrix für die Interaktionsterme $(\alpha\beta)_{ij}$, die sich durch (elementweise) Multiplikation der 1. bzw. 2. Spalte von $\mathbf{X}_\alpha$ mit $\mathbf{X}_\beta$ ergibt. Bezeichne $\mathbf{x}_{\alpha(1)}$ die erste Spalte von $\mathbf{X}_\alpha$ und $\mathbf{x}_\beta$ die Spalte von $\mathbf{X}_\beta$, dann gilt $\mathbf{x}_{\alpha(1)}{}'\mathbf{x}_\beta=0$, d.h. das Skalarprodukt dieser Spalten ist gleich Null, oder anders ausgedrückt, sie sind orthogonal. Wie man leicht nachrechnet, gilt das auch für alle anderen Spalten der vier Teilmatrizen.

Diese Orthogonalitätseigenschaft gilt generell für Design-Matrizen $\mathbf{X}$ mit Effektkodierung und gleicher Anzahl von Meßwerten/Zelle. Man spricht in diesem Fall von einem *balancierten* Design. Das entsprechende Regressionsmodell kann in der Form

$$\mathbf{y} = (\mathbf{X}_\mu, \mathbf{X}_\alpha, \mathbf{X}_\beta, \mathbf{X}_{\alpha\beta}) \begin{pmatrix} \mu \\ \boldsymbol{\alpha} \\ \boldsymbol{\beta} \\ (\boldsymbol{\alpha\beta}) \end{pmatrix} + \boldsymbol{\varepsilon}$$

geschrieben werden, wofür man die Kleinst-Quadrate-Schätzer erhält:

$$\begin{aligned} \hat{\mu} &= \bar{Y}_{+++} = \frac{1}{IJK}\sum_{i=1}^{I}\sum_{j=1}^{J}\sum_{k=1}^{K} Y_{ijk} \\ \hat{\boldsymbol{\alpha}} &= (\mathbf{X}_\alpha'\mathbf{X}_\alpha)^{-1}\,\mathbf{X}_\alpha'\,\mathbf{y} \\ \hat{\boldsymbol{\beta}} &= (\mathbf{X}_\beta'\mathbf{X}_\beta)^{-1}\,\mathbf{X}_\beta'\,\mathbf{y} \\ (\boldsymbol{\alpha}\hat{\ }\boldsymbol{\beta}) &= (\mathbf{X}_{(\alpha\beta)}'\mathbf{X}_{(\alpha\beta)})^{-1}\,\mathbf{X}_{(\alpha\beta)}'\,\mathbf{y} \end{aligned}$$

Eine Konsequenz der genannten Orthogonalität ist die Unkorreliertheit der Parameterschätzer, d.h. die Schätzwerte für die Effekte z.B. des Faktors A können isoliert, d.h. mit der Teilmatrix $\mathbf{X}_\alpha$ allein, geschätzt werden. Sie ändern sich nicht, wenn zusätzlich der Haupteffekt B und/oder der Interaktionseffekt miteinbezogen wird. Für die anderen Effekte gilt vice versa das gleiche (vgl. Fahrmeier/Hamerle 1984, S.174). Diese Eigenschaft geht verloren, wenn die Anzahl der Meßwerte/Zelle unterschiedlich ist, d.h. wenn ein *unbalanciertes* Design vorliegt. Dabei läßt sich auch die Gesamtstreuung der abhängigen Variablen nicht mehr additiv zerlegen und die Interpretation der Signifikanztests für die einzelnen Effekte erweist sich als schwierig (vgl. dazu z.B. Speed/Hocking/Hackney 1978). Unbalancierte Designs sollen hier außer Betracht bleiben. Dazu sei auf Searle 1971 verwiesen.

VIII.3.6. Kovarianzanalyse

Im Gegensatz zur Varianzanalyse erlaubt die *Kovarianzanalyse* neben einer Berücksichtigung von "qualitativen" auch die Einbeziehung von "quantitativen", d.h. metrisch skalierten Faktoren, die als *Kovariablen* bezeichnet werden. Mit der Einbeziehung von Kovariablen wird versucht, die Präzision eines Experimentes zu steigern, d.h. die Wirkung der qualitativen Faktoren, an denen man in erster Linie interessiert ist, möglichst "in nuce" darzustellen, was gleichbedeutend damit ist, die abhängige Variable um den Einfluß sonstiger Variablen zu "bereinigen".

Im einfachsten Fall eines einfaktoriellen Designs mit *einer* Kovariablen X kann geschrieben werden:

$$Y_{ij} = \mu_i + \gamma X_{ij} + \varepsilon_{ij}\,, \quad i = 1,2,...,I\,;\; j = 1,2,...J$$

d.h. es wird davon ausgegangen, daß der Regressionsparameter γ, der den Einfluß von X auf Y mißt, für alle Faktorstufen gleich ist (*Homogenitätshypothese*). Eine Interaktion zwischen dem Faktor und der Kovariablen ist somit ausgeschlossen. Die Parameterschätzung dieses Modells erfolgt im allgemeinen in einer zweistufigen Prozedur. In einer ersten Stufe wird der Parameter der Regression

$$Y_{ij} = \gamma_0 + \gamma X_{ij} + v_{ij}$$

geschätzt und die abhängige Variable um den Einfluß der Kovariablen "bereinigt", d.h. es wird gebildet:

$$\tilde{Y}_{ij} := Y_{ij} - \hat{\gamma} X_{ij}$$

Mit der so bereinigten abhängigen Variablen wird dann die einfaktorielle Varianzanalyse in der üblichen Weise durchgeführt. Notwendig ist dabei eine vorgängige Überprüfung der Homogenitätshypothese. Diese Prozedur läßt sich auf mehrere Kovariablen erweitern.

VIII.3.6.1. Beispiel

Dazu sei auf das Beispiel in VIII.3.2.1. zurückgegriffen und angenommen, daß als Kovariable das Alter der Schüler berücksichtigt werde, was zu folgender Datenmatrix führe:

Unterrichtsmethode und Alter (X)

I	X	II	X	III	X	IV	X
16	12	16	11	2	9	5	8
18	14	12	10	10	11	8	11
20	15	10	11	9	11	8	10
15	12	14	12	10	13	11	11
20	16	18	14	11	11	1	7
15	12	15	12	9	9	9	12
23	16	12	13	10	11	5	11
19	11	13	11	9	10	9	10

Mit SYSTAT erhält man zunächst:

```
                ANALYSIS OF VARIANCE

SOURCE   SUM-OF-SQUARES  DF   MEAN-SQUARE   F-RATIO    P
METHODE      12.426       3    4.142         0.834     0.488
ALTER        93.185       1   93.185        18.772     0.000
ALTER
*METHODE      1.927       3    0.642          0.129    0.942
ERROR       119.136      24    4.964
```

Daraus folgt, daß eine Interaktion zwischen "Methode" und "Alter" ausgeschlossen werden kann, d.h. die Homogenitätshypothese kann nicht abgelehnt werden.

Für die Kovarianzanalyse ergibt sich:

```
LEVELS ENCOUNTERED DURING PROCESSING ARE:
METHODE
        1.000        2.000        3.000        4.000

DEP VAR:PUNKTE  N:32  MULTIPLE R: 0.926  SQUARED MULTIPLE R: 0.857
                                      -1
ESTIMATES OF EFFECTS  B = (X'X)   X'Y
```

		PUNKTE
CONSTANT		-2.002
METHODE	1.000	3.844
METHODE	2.000	1.471
METHODE	3.000	-2.162
ALTER		1.215

ANALYSIS OF VARIANCE

SOURCE	SUM-OF-SQUARES	DF	MEAN-SQUARE	F-RATIO	P
METHODE	144.679	3	48.226	10.756	0.000
ALTER	105.437	1	105.437	23.515	0.000
ERROR	121.063	27	4.484		

Für die Variable "Alter" zeigt sich ein signifikanter, positiver Einfluß auf die erreichte Punktzahl und das Bestimmtheitsmaß steigt (gegenüber der Varianzanalyse) von 0.733 auf 0.857, weil ein Teil der Punkte-Variabilität, der nicht auf die vier unterschiedlichen Methoden zurückgeführt werden konnte, nun von der Kovariablen "erklärt" wird.

VIII.3.6.2. Abschliessende Bemerkungen

Bei den oben betrachteten varianzanalytischen Modellen wurde (stillschweigend) davon ausgegangen, daß die Faktorstufen *fest* vorgegeben sind, also ein Versuchsplan mit *festen Effekten* vorlag. Denkbar sind jedoch auch Versuchspläne, bei denen die Faktorstufen eine *Zufallsauswahl* aus einer Gesamtheit möglicher Faktorstufen darstellen. In diesem Fall liegt ein Versuchsplan mit *zufälligen Effekten* vor. Im einfachsten Fall eines balancierten einfaktoriellen Designs mit zufälligen Effekten lautet die Modellgleichung (vgl. dazu Fahrmeier/Hamerle 1984, S.192 ff.):

$$Y_{ij} = \mu_0 + a_i + \varepsilon_{ij}\,, \quad a_i \sim N(0,\sigma_a^2)$$

wobei die a_i als stochastisch unabhängige und identisch verteilte Zufallsvariablen aufgefaßt werden, die zur Konstruktion von Konfidenzintervallen und Tests üblicherweise als normalverteilt angenommen werden. Außerdem wird stochastische Unabhängigkeit der a_i von den ε_{ij} vorausgesetzt. Damit erhält man $Var(Y_{ij}) = \sigma_a^2 + \sigma_\varepsilon^2$. Die beiden Varianzen werden als *Varianzkomponenten* bezeichnet. Ausführlichere Darstellungen varianzanalytischer Modelle mit zufälligen Effekten sind auch bei Jobson 1991, S.505 ff. zu finden.

VIII.4. Hauptkomponenten- und Faktorenanalyse

VIII.4.1. Hauptkomponentenanalyse

Bei der *Hauptkomponentenanalyse* interessiert man sich hauptsächlich für die *Varianzstruktur* von p Variablen $X_1, X_2, \ldots, X_p$. *Eine* Zielsetzung der Hauptkomponentenanalyse ist in einer möglichen *Datenreduktion* zu sehen, die sich dann erzielen läßt, wenn die gesamte Varianz der p Variablen $X_1, X_2, \ldots, X_p$ durch relativ wenige Hauptkomponenten "hinreichend gut" approximiert werden kann. Andere Zielsetzungen sind die Interpretation der zwischen den p Variablen bzw. zwischen den zugehörigen Merkmalsträgern bestehenden Beziehungen. Hier soll die Hauptkomponentenanalyse nur insoweit behandelt werden, daß die Verwandtschaft, aber auch die grundsätzlichen Unterschiede zur Faktorenanalyse, deutlich werden.

Ausgangspunkt der folgenden Darlegungen seien die p Variablen $X_1, X_2, \ldots, X_p$, die als Zufallsvariablen aufgefaßt und zum Zufallsvektor $\mathbf{x}' = (X_1, X_2, \ldots, X_p)$ zusammengefaßt seien mit der Varianz-Kovarianz-Matrix:

$$\mathrm{Cov}(\mathbf{x}) = \mathbf{\Sigma} := \begin{pmatrix} \mathrm{Var}(X_1) & \mathrm{Cov}(X_1,X_2) & \ldots & \mathrm{Cov}(X_1,X_p) \\ \mathrm{Cov}(X_2,X_1) & \mathrm{Var}(X_2) & \ldots & \mathrm{Cov}(X_2,X_p) \\ \cdot & \cdot & \ldots & \cdot \\ \cdot & \cdot & \ldots & \cdot \\ \cdot & \cdot & \ldots & \cdot \\ \mathrm{Cov}(X_p,X_1) & \mathrm{Cov}(X_p,X_2) & \ldots & \mathrm{Var}(X_p) \end{pmatrix}$$

mit:

$$\mathrm{Var}(X_i) := E(X_i - \mu_i)^2, \quad \mu_i := E(X_i)$$
$$\mathrm{Cov}(X_i, X_j) := E[(X_i - \mu_i)(X_j - \mu_j)]$$

Hauptkomponenten sind definiert als *Linearkombinationen* der Variablen $X_1, X_2, \ldots, X_p$, wobei bei p Variablen *maximal* p Hauptkomponenten gebildet werden können (für eine Datenreduktion wird man natürlich eine wesentlich kleinere Anzahl von Hauptkomponenten wählen):

$$\begin{aligned} Y_1 &= l_{11}X_1 + l_{12}X_2 + \ldots + l_{1p}X_p \\ Y_2 &= l_{21}X_1 + l_{22}X_2 + \ldots + l_{2p}X_p \\ &\vdots \\ Y_p &= l_{p1}X_1 + l_{p2}X_2 + \ldots + l_{pp}X_p \end{aligned}$$

Diese sind dann gegeben, wenn die Koeffizientenvektoren $\mathbf{l}_1' := (l_{i1}, l_{i2}, \ldots, l_{ip})$ festliegen. Die Varianzen und Kovarianzen dieser Hauptkomponenten sind:

$$\begin{aligned} Var(Y_i) &= \mathbf{l}_i'\mathbf{\Sigma}\mathbf{l}_i, \qquad i = 1,2,\ldots,p \\ Cov(Y_i, Y_j) &= \mathbf{l}_i'\mathbf{\Sigma}\mathbf{l}_j, \qquad i \neq j = 1,2,\ldots,p \end{aligned}$$

Die Hauptkomponenten $Y_1, Y_2, \ldots, Y_p$ werden nun so bestimmt, daß ihre jeweilige *Varianz maximal* ist und daß sie *paarweise unkorreliert* sind. Der Koeffizientenvektor $\mathbf{l}_1'$ der ersten Hauptkomponente Y_1 wird also so bestimmt, daß seine Varianz $\mathbf{l}_1'\mathbf{\Sigma}\,\mathbf{l}_1$ maximal wird. Da aber diese beliebig groß gemacht werden kann durch Multiplikation von $\mathbf{l}_1'$ mit einer Konstanten, erweist es sich als zweckmäßig, diese Unbestimmtheit durch die *Normierung* $\mathbf{l}_1'\mathbf{l}_1 = 1$ zu beseitigen, d.h. der Vektor $\mathbf{l}_1'$ wird auf die Länge Eins normiert. Entsprechend wird auch bei allen anderen Hauptkomponenten vorgegangen. Bei der Bestimmung der zweiten Hauptkomponente muß außer der Varianzmaximierung und der Normierung noch die Unkorreliertheit mit der ersten Hauptkomponente beachtet werden, d.h. $\mathbf{l}_2'$ muß so bestimmt werden, daß Y_2 und Y_1 unkorreliert sind. Insgesamt lassen sich somit folgende Konstruktionsschritte unterscheiden:

$$\begin{aligned} &Y_1\text{:} \quad Var(\mathbf{l}_1'\mathbf{x}) = \max., \quad \mathbf{l}_1'\mathbf{l}_1 = 1 \\ &Y_2\text{:} \quad Var(\mathbf{l}_2'\mathbf{x}) = \max., \quad \mathbf{l}_2'\mathbf{l}_2 = 1, \; Cov(\mathbf{l}_1'\mathbf{x}, \mathbf{l}_2'\mathbf{x}) = 0 \\ &\vdots \\ \text{allgemein:}\quad &Y_i\text{:} \quad Var(\mathbf{l}_i'\mathbf{x}) = \max., \quad \mathbf{l}_i'\mathbf{l}_i = 1, \; Cov(\mathbf{l}_i'\mathbf{x}, \mathbf{l}_j'\mathbf{x}) = 0, \quad j<i \end{aligned}$$

Es läßt sich nun zeigen, daß die i-te Hauptkomponente gegeben ist durch

$$Y_i = \mathbf{e}_i'\mathbf{x} = e_{i1}X_1 + e_{i2}X_2 + \ldots + e_{ip}X_p, \quad i = 1,2,\ldots,p$$

wobei $\mathbf{e}_i' = (e_{i1}, e_{i2}, \ldots, e_{ip})$ der i-te Eigenvektor der Varianz-Kovarianz-Matrix $\mathbf{\Sigma}$ ist (diese $(p \times p)$-Matrix hat die p Eigenvektoren $\mathbf{e}_1, \mathbf{e}_2, \ldots, \mathbf{e}_p$ mit den zugehörigen Eigenwerten $\lambda_1>\lambda_2>...>\lambda_p$), d.h. es ist $\mathbf{l}_i'=\mathbf{e}_i'$ und somit sind die Komponenten der Vektoren $\mathbf{e}_i'$ die gesuchten Koeffizienten der Hauptko mponenten. Es ist

$$\mathrm{Var}(Y_i)=\mathbf{e}_i'\boldsymbol{\Sigma}\mathbf{e}_i=\lambda_i, \qquad i=1,2,...,p$$

d.h. die auf die i-te Hauptkomponenten entfallende Varianz ist gleich dem i-ten Eigenwert von $\boldsymbol{\Sigma}$. Weiterhin ist

$$\sum_{i=1}^{p}\mathrm{Var}(X_i)=\sum_{i=1}^{p}\lambda_i=\sum_{i=1}^{p}\mathrm{Var}(Y_i)$$

d.h. die Summe der Varianzen der p Hauptkomponenten ist gleich der Summe der Eigenwerte von $\boldsymbol{\Sigma}$ bzw. gleich der Summe der Varianzen der p Variablen $X_1,X_2,...,X_p$. Der Varianzanteil (in Prozent), der auf die i-te Hauptkomponente entfällt, beträgt $\lambda_i/\Sigma\lambda_j$ 100%.

Wenn gemäß dem erwähnten Konstruktionsprinzip die Varianz der einzelnen Hauptkomponenten jeweils maximal ist, dann heißt das, daß auf die zweite Hauptkomponente der größte Anteil der "Rest-Varianz" entfällt, d.h. der Varianz, die nach Bestimmung der ersten Hauptkomponente verbleibt, also $\Sigma\mathrm{Var}(X_i)-\lambda_1$. Entsprechend entfällt auf die dritte Hauptkomponente der größte Anteil der "Rest-Varianz" $\Sigma\mathrm{Var}(X_i)-\lambda_1-\lambda_2$ usw. Wenn z.B. auf die ersten drei Hauptkomponenten 90% der Gesamtvarianz $\Sigma\mathrm{Var}(X_i)$ entfällt, dann können die ursprünglichen p Variablen $X_1,X_2,...,X_p$ ohne großen Informationsverlust durch diese Hauptkomponenten ersetzt werden, womit eine *Datenreduktion* möglich wird.

Betrachten wir ein aus didaktischen Gründen ganz einfaches Beispiel mit p=3 und der Varianz-Kovarianz-Matrix:

$$\boldsymbol{\Sigma}=\begin{pmatrix} 1 & -2 & 0 \\ -2 & 5 & 0 \\ 0 & 0 & 2 \end{pmatrix}$$

Die Eigenwerte und Eigenvektoren dieser genannten Matrix sind $\lambda_1=5.83$, $\lambda_2=2.0$, $\lambda_3=0.17$ bzw. $\mathbf{e}_1'=(0.383,-0.924,0)$, $\mathbf{e}_2'=(0,0,1)$ und $\mathbf{e}_3'=(0.924, -0.383,0)$.

Die Hauptkomponenten lauten deshalb:

$$Y_1=\mathbf{e}_1'\mathbf{x}=0.383X_1-0.942X_2$$

$$Y_2=\mathbf{e}_2'\mathbf{x}=X_3$$

$$Y_3=\mathbf{e}_3'\mathbf{x}=0.924X_1+0.383X_2$$

Beispielsweise ist:

$$\mathrm{Var}(Y_1) = \mathrm{Var}(0.383X_1 - 0.924X_2) = (0.383)^2\mathrm{Var}(X_1) + (-0.924)^2\mathrm{Var}(X_2)$$
$$+ 2(0.383)(-0.924)\mathrm{Cov}(X_1,X_2) = 0.147\cdot 1 + 0.854\cdot 5 - 0.708\cdot(-2) = 5.83 = \lambda_1$$

und:

$$\begin{aligned}\mathrm{Cov}(Y_1,Y_2) &= \mathrm{Cov}(0.383X_1 - 0.924X_2, X_3)\\ &= 0.383\mathrm{Cov}(X_1,X_3) - 0.924\mathrm{Cov}(X_2,X_3)\\ &= 0.383\cdot 0 - 0.924\cdot 0 = 0\end{aligned}$$

Außerdem ist:

$$\sum_{i=1}^{3} \mathrm{Var}(X_i) = 1 + 5 + 2 = 5.83 + 2 + 0.17 = \sum_{i=1}^{3} \lambda_i = 8$$

Auf die erste Hauptkomponente entfallen 5.83/8·100% ≈ 73%, auf die zweite 25% und auf die dritte ≈ 2% der Gesamtvarianz aller drei Variablen. Daß die zweite Hauptkomponente identisch ist mit der Variablen X_3 ist nicht überraschend, denn gemäß der Varianz-Kovarianz-Matrix $\mathbf{\Sigma}$ sind die Kovarianzen von X_3 mit X_1 und X_2 gleich Null, d.h. X_3 ist mit den beiden anderen Variablen unkorreliert.

Im nächsten Beispiel seien nur zwei Variablen unterstellt mit der Varianz-Kovarianz-Matrix

$$\mathbf{\Sigma} = \begin{pmatrix} 1 & 4 \\ 4 & 100 \end{pmatrix}$$

mit den Eigenwerten und Eigenvektoren

$$\lambda_1 = 100.16, \quad \mathbf{e}_1' = (0.04, 0.999)$$
$$\lambda_2 = 0.84, \quad \mathbf{e}_2' = (0.999, -0.04)$$

und den beiden Hauptkomponenten:

$$Y_1 = 0.040X_1 + 0.999X_2$$
$$Y_2 = 0.999X_1 - 0.040X_2$$

Wie man den Eigenwerten entnehmen kann, entfällt 100.16/101·100% = 99.2% der Gesamtvarianz auf die erste Hauptkomponente, was auf die sehr unterschiedlichen Varianzen der beiden Variablen zurückzuführen ist (Verhältnis 1:100), d.h. die Variable X_2 dominiert auf Grund ihrer (relativ) großen Varianz die erste Hauptkomponente fast vollständig (zu beiden Beispielen vgl. Johnson/Wichern 1988, S.344, 347).

Allgemein läßt sich sagen, daß Hauptkomponenten sensitiv sind gegenüber unterschiedlichen Varianzverhältnissen, die zwischen den der Analyse zugrundeliegenden Variablen gegeben sein können. Es sei gleich hinzugefügt, daß dies auch für die Faktorenanalyse zutrifft. Varianzen sind aber u.U. manipulierbar. Ist die Dimension einer Variablen z.B. "Geldeinheiten", dann kann durch Änderung der Einheit auch die Varianz verändert werden, beispielsweise wird sie beim Übergang von "SFR" in "Rappen" mit dem Faktor 100^2 multipliziert. Um die möglicherweise stark unterschiedlichen Varianzverhältnisse, die auch durch nicht vergleichbare Maßeinheiten bedingt sein können, auszugleichen, wird die Hauptkomponentenanalyse (ebenso wie die Faktorenanalyse) deshalb häufig auf der Basis der Korrelations- anstelle der Kovarianz-Matrix durchgeführt. Für das eben betrachtete Beispiel lautet diese

$$\boldsymbol{\rho} = \begin{pmatrix} 1 & 0.4 \\ 0.4 & 1 \end{pmatrix}$$

wofür sich die Eigenwerte bzw. Eigenvektoren und Hauptkomponenten ergeben:

$$\lambda_1 = 1.4, \quad \mathbf{e}_1' = (0.707, 0.707)$$
$$\lambda_2 = 0.6, \quad \mathbf{e}_2' = (0.707, -0.707)$$
$$Y_1^* = 0.707 Z_1 + 0.707 Z_2$$
$$Y_2^* = 0.707 Z_1 - 0.707 Z_2$$

Die beiden Hauptkomponenten sind jetzt nicht mehr Linearkombinationen der ursprünglichen Variablen X_1 und X_2, sondern Linearkombinationen ihrer *Standardisierungen* Z_1 und Z_2. Auf die beiden Hauptkomponenten entfallen nun 1.4/2·100% = 70% bzw. 0.6/2·100% = 30% der Gesamtvarianz, die jetzt 2 beträgt, da die Varianz von Z_1 und Z_2 jeweils gleich Eins ist.

Standardisierte Variable sind allgemein definiert durch:

$$Z_i := \frac{X_i - \mu_i}{\sqrt{Var(X_i)}}, \quad i = 1, 2, \ldots, p$$

mit $E(Z_i)=0$, $Var(Z_i)=1$ (vgl. dazu auch die Ausführungen unter VIII.2.1.) und die Varianz-Kovarianz-Matrix des Zufallsvektors $\mathbf{z}'=(Z_1,Z_2,\ldots,Z_p)$ ist gleich der Korrelationsmatrix der ursprünglichen Variablen $X_1,X_2,\ldots,X_p$:

$$\mathrm{Cov}(\mathbf{z}) = \boldsymbol{\rho} := \begin{pmatrix} 1 & \rho_{12} & \rho_{13} & \cdots & \rho_{1p} \\ \rho_{21} & 1 & \rho_{23} & \cdots & \rho_{2p} \\ \cdot & \cdot & \cdot & \cdots & \cdot \\ \cdot & \cdot & \cdot & \cdots & \cdot \\ \cdot & \cdot & \cdot & \cdots & \cdot \\ \rho_{p1} & \rho_{p2} & \rho_{p3} & \cdots & 1 \end{pmatrix}, \quad \boldsymbol{\rho} = \boldsymbol{\rho}'$$

wobei ρ_{ij} die Korrelation zwischen X_1 und X_2 bezeichnet. Die zugehörigen Hauptkomponenten lauten jetzt:

$$Y_i^* = e_{i1}^* Z_1 + e_{i2}^* Z_2 + \ldots + e_{ip}^* Z_p, \quad i = 1, 2, \ldots, p$$

wobei $\mathbf{e}_i^{*\prime} = (e_{i1}^*, e_{i2}^*, \ldots, e_{ip}^*)$ der i-te Eigenvektor der Korrelationsmatrix $\boldsymbol{\rho}$ ist. Hier ist:

$$\sum_{i=1}^{p} \mathrm{Var}(Y_i^*) = \sum_{i=1}^{p} \mathrm{Var}(Z_i) = p$$

Auf die i-te Hauptkomponente entfällt $\lambda_i^*/p \cdot 100\%$ der Gesamtvarianz p der standardisierten Variablen $Z_1, Z_2, \ldots, Z_3$, wobei λ_i^* der i-te Eigenwert der Korrelationsmatrix $\boldsymbol{\rho}$ ist. Im allgemeinen ist $\lambda_i^* \neq \lambda_i$, $\mathbf{e}_i^* \neq \mathbf{e}_i$ und deshalb $Y_i^* \neq Y_i$, d.h. die Hauptkomponenten, die alternativ auf der Basis von $\boldsymbol{\Sigma}$ und $\boldsymbol{\rho}$ bestimmt werden, sind *voneinander verschieden*. Es ist aber nicht möglich, sie durch gewisse mathematische Operationen ineinander überzuführen, da der Übergang von den ursprünglichen Variablen zu den standardisierten eine nicht-lineare Operation darstellt.

Bei der bisherigen Darstellung wurde davon ausgegangen, daß die Matrix $\boldsymbol{\Sigma}$ bzw. die Matrix $\boldsymbol{\rho}$ bekannt ist, was in der Praxis jedoch nicht der Fall ist. Wenn für die Variablen $X_1, X_2, \ldots, X_p$ je eine Stichprobe im Umfang n vorliegt, dann kann eine *Stichproben-Varianz-Kovarianz-Matrix*

$$\mathbf{S} := \begin{pmatrix} S_{11} & S_{12} & \cdots & S_{1p} \\ S_{21} & S_{22} & \cdots & S_{2p} \\ \cdot & \cdot & \cdots & \cdot \\ \cdot & \cdot & \cdots & \cdot \\ \cdot & \cdot & \cdots & \cdot \\ S_{p1} & S_{p2} & \cdots & S_{pp} \end{pmatrix}$$

mit:

$$S_{ik} := \frac{1}{n-1} \sum_{j=1}^{n} (X_{ij} - \bar{X}_i)(X_{kj} - \bar{X}_k), \quad \bar{X}_i := \frac{1}{n} \sum_{j=1}^{n} X_{ij}, \quad \bar{X}_k := \frac{1}{n} \sum_{j=1}^{n} X_{kj}$$

bzw. *Stichproben-Korrelations-Matrix*

$$\mathbf{R} := \begin{pmatrix} 1 & r_{12} & r_{13} & \cdots & r_{1p} \\ r_{21} & 1 & r_{23} & \cdots & r_{2p} \\ . & . & . & \cdots & . \\ . & . & . & \cdots & . \\ . & . & . & \cdots & . \\ r_{p1} & r_{p2} & r_{p3} & \cdots & 1 \end{pmatrix}$$

mit:

$$r_{ik} := \frac{\sum_{j=1}^{n} (X_{ij} - \bar{X}_i)(X_{kj} - \bar{X}_k)}{(n-1)\sqrt{S_{ii}}\sqrt{S_{kk}}} = \frac{S_{ik}}{\sqrt{S_{ii}}\sqrt{S_{kk}}}$$

verwendet und deren Eigenwerte bzw. Eigenvektoren berechnet werden, was zu den Eigenwerten bzw. Eigenvektoren $(\hat{\lambda}_1,\hat{e}_1),\ldots,(\hat{\lambda}_p,\hat{e}_p)$ bzw. $(\hat{\lambda}_1^*,\hat{e}_1^*),\ldots,(\hat{\lambda}_p^*,\hat{e}_p^*)$ und den geschätzten Hauptkomponenten $\hat{Y}_1,\ldots,\hat{Y}_p$ bzw. $\hat{Y}_1^*,\ldots,\hat{Y}_p^*$ führt, je nachdem, ob von **S** oder von **R** ausgegangen wird.

Abschließend sei noch kurz auf das *Interpretationsproblem* bei der Hauptkomponentenanalyse eingegangen. Während die Bedeutung der einer Hauptkomponentenanalyse zugrundeliegenden Variablen klar ist, kann im allgemeinen nicht davon ausgegangen werden, daß man Hauptkomponenten immer in einer substanzwissenschaftlich sinnvollen Weise interpretieren kann. Das kann der Fall sein, ist es aber häufig nicht. Damit ist eine Hauptkomponentenanalyse aber noch nicht als gescheitert bzw. als nutzlos anzusehen. Durch Positionierung der Merkmalsträger in einem niedrig dimensionierten Raum, der von den Hauptkomponenten aufgespannt wird (wobei man zweckmäßigerweise maximal drei Hauptkomponenten berücksichtigt), kann man häufig diejenigen Merkmalsträger erkennen, die sich ähnlich sind oder solche entdecken, die sich von den übrigen stark unterscheiden ("Ausreißer"). Das soll am folgenden Beispiel deutlich werden. Über sonstige Anwendungen der Hauptkomponentenanalyse im Rahmen der Datenanalyse sei auf Jolliffe 1986 verwiesen.

VIII.4.1.1. Beispiel

Die folgende Tabelle enthält Daten von zwölf amerikanischen Städten, die der Einfachheit halber mit A,B,...,L bezeichnet werden sollen. X_2-X_7 sind Variablen, welche sich auf die Luftverschmutzung beziehen, während X_1 ("total mortality rate"), X_8 ("population density per square mile × 0.1), X_9 ("percent of whites in population") und X_{10} ("percent of families with income above poverty level") demographische Variablen sind (Quelle: Jobson 1991, S.702).

Stadt	X_1	X_2	X_3	X_4	X_5	X_6	X_7	X_8	X_9	X_{10}
A	1190	155	229	340	63	147	253	1357.2	93.1	87.3
B	841	2	61	188	54	126	229	25.4	95.8	86.9
C	921	65	134	236	49	150	299	150.2	94.4	90.4
D	869	18	27	128	22	122	754	28.6	69.0	73.7
E	1112	42	163	337	55	141	252	174.5	97.3	88.5
F	938	137	205	308	32	91	182	103.3	94.7	90.7
G	1000	75	166	328	88	182	296	167.5	85.2	89.4
H	689	40	46	58	10	78	157	20.9	87.2	75.2
I	938	1	47	179	32	69	141	26.2	95.2	88.8
J	823	47	67	248	29	129	284	25.3	67.7	74.6
K	823	31	46	158	28	66	142	15.2	70.2	67.8
L	780	15	283	940	55	225	958	27.9	94.2	78.6

Da diese Variablen sehr unterschiedliche Varianzen aufweisen – von ca. 65 für X_{10} bis ca. 142 059 für X_8 – empfiehlt es sich, für eine Hauptkomponentenanalyse von der Korrelationsmatrix auszugehen.

Die zehn Eigenwerte der (geschätzten) Korrelationsmatrix sind: 4.491, 2.605, 1.256, 0.713, 0.383, 0.265, 0.205, 0.045, 0.037, 0.0002. Danach entfallen auf die ersten drei Hauptkomponenten (4.491 + 2.605 + 1.256)/ $10 \cdot 100\% \approx 84\%$ der Gesamtvarianz aller zehn Variablen, weshalb man sich auf drei Hauptkomponenten beschränken kann. Diese sind:

$$\hat{Y}_1 = 0.333Z_1 + 0.269Z_2 + 0.423Z_3 + 0.297Z_4 + 0.385Z_5 + 0.331Z_6 + 0.089Z_7 + 0.293Z_8 + 0.301Z_9 + 0.328Z_{10}$$

$$\hat{Y}_2 = 0.312Z_1 + 0.313Z_2 - 0.150Z_3 - 0.434Z_4 - 0.033Z_5 - 0.388Z_6 - 0.545Z_7 + 0.262Z_8 + 0.114Z_9 + 0.252Z_{10}$$

$$\hat{Y}_3 = 0.140Z_1 + 0.418Z_2 + 0.087Z_3 - 0.002Z_4 - 0.102Z_5 + 0.042Z_6 + 0.167Z_7 + 0.471Z_8 - 0.564Z_9 - 0.467Z_{10}$$

Eine substanzwissenschaftliche Interpretation dieser Hauptkomponenten scheint nicht ohne weiteres möglich zu sein. Beschränkt man sich zunächst auf die beiden ersten Hauptkomponenten, die ca. 71% der Gesamtvarianz auf sich vereinen, dann ergibt sich für die Positionierung der 12 Städte im zweidimensionalen Hauptkomponentenraum folgendes Bild:

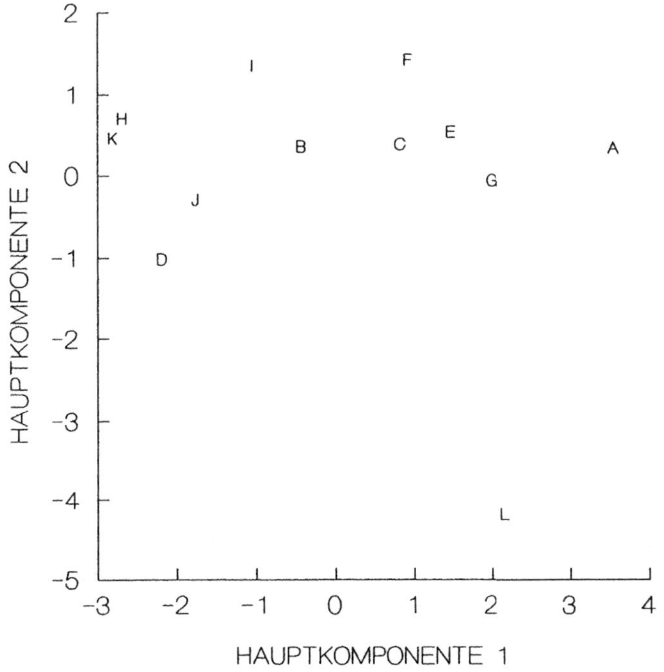

Offensichtlich ist die Stadt L klar als Ausreißer erkennbar. K und H sind einander sehr ähnlich, aber scheinen sich sehr von z.B. A zu unterscheiden usw. Berücksichtigt man jedoch zusätzlich die dritte Hauptkomponente, dann wird aus der folgenden dreidimensionalen Darstellung ersichtlich, daß auch Stadt A eindeutig als Ausreißer identifizierbar ist:

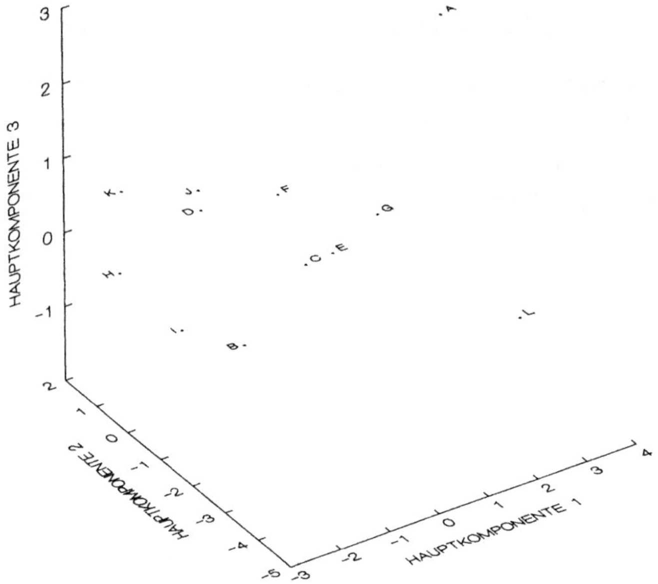

VIII.4.2. Faktorenanalyse

Die *Faktorenanalyse* ist in gewisser Hinsicht verwandt mit der Hauptkomponentenanalyse, sie weist aber gegenüber jener spezifische Besonderheiten auf, die auf eine unterschiedliche "Modellphilosophie" zurückzuführen ist. Während bei der Hauptkomponentenanalyse Varianzaspekte im Vordergrund stehen, konzentriert sich die Faktorenanalyse vor allem auf die Kovarianz- bzw. Korrelationsstruktur von Variablen. Unterstellt wird dabei eine im allgemeinen kleine Anzahl von nicht direkt beobachtbaren Variablen, die als *gemeinsame Faktoren* bezeichnet werden und von denen man annimmt, daß sie die Kovarianz- bzw. Korrelationsstruktur der vorliegenden Variablen (weitgehend) erklären. Die Faktorenanalyse kann als eine statistische Prozedur angesehen werden, die versucht, Variablen so zu gruppieren, daß Variablen, die untereinander stark korrelieren, je in der selben Gruppe sind, während sich Variablen, die nur schwach oder gar nicht miteinander korrelieren, in verschiedenen Klassen befinden. Eine derartige Klassifikation legt die Annahme nahe, daß jede Gruppe von Variablen ein jeweils zugrundeliegendes Konstrukt (oder einen Faktor) repräsentiert, das (bzw. der) die beobachteten Korrelationen der Variablen "erzeugt" hat.

VIII.4.2.1. Das orthogonale Faktorenmodell

Wie schon bei der Hauptkomponentenanalyse oben wird von einem Zufallsvektor $\mathbf{x}'=(X_1,X_2,\ldots,X_p)$ mit der Varianz-Kovarianzmatrix $\boldsymbol{\Sigma}$ und dem Erwartungswertvektor $\boldsymbol{\mu}'=(\mu_1,\mu_2,\ldots,\mu_p)$ ausgegangen. Das Faktoren-Modell postuliert nun einen linearen Zusammenhang zwischen den p (beobachtbaren) Variablen $X_1,X_2,\ldots,X_p$ und den m nicht beobachtbaren Variablen $F_1,F_2,\ldots,F_m$ mit $m<p$, die als (gemeinsame) *Faktoren* bezeichnet werden und ebenfalls als Zufallsvariable aufgefaßt werden. Ausführlich geschrieben lautet das Modell:

$$\begin{array}{ccccccccccccc}
X_1 & = & \mu_1 & + & l_{11}F_1 & + & l_{12}F_2 & + & \ldots & + & l_{1m}F_m & + & \varepsilon_1 \\
X_2 & = & \mu_2 & + & l_{21}F_1 & + & l_{22}F_2 & + & \ldots & + & l_{2m}F_m & + & \varepsilon_2 \\
\cdot & & \cdot & & \cdot & & \cdot & & \ldots & & & & \cdot \\
\cdot & & \cdot & & \cdot & & \cdot & & \ldots & & & & \cdot \\
\cdot & & \cdot & & \cdot & & \cdot & & \ldots & & & & \cdot \\
X_p & = & \mu_p & + & l_{p1}F_1 & + & l_{p2}F_2 & + & \ldots & + & l_{pm}F_m & + & \varepsilon_p
\end{array}$$

Da die m Faktoren eine Variable nicht unbedingt vollständig "erklären", ist im Modell analog zur Regressionsanalyse ein "unerklärter Rest" zu berücksichtigen, der durch die Variablen $\varepsilon_1,\varepsilon_2,\ldots,\varepsilon_p$ modelliert wird, die ebenfalls den Status von Zufallsvariablen aufweisen. Sie werden als *spezifische Faktoren* bezeichnet. Mit

$$\mathbf{L} := \begin{pmatrix} l_{11} & l_{12} & \cdots & l_{1m} \\ l_{21} & l_{22} & \cdots & l_{2m} \\ \cdot & \cdot & \cdots & \cdot \\ \cdot & \cdot & \cdots & \cdot \\ \cdot & \cdot & \cdots & \cdot \\ l_{p1} & l_{p2} & \cdots & l_{pm} \end{pmatrix}, \quad \mathbf{F} := \begin{pmatrix} F_1 \\ F_2 \\ \cdot \\ \cdot \\ \cdot \\ F_m \end{pmatrix}, \quad \boldsymbol{\varepsilon} := \begin{pmatrix} \varepsilon_1 \\ \varepsilon_2 \\ \cdot \\ \cdot \\ \cdot \\ \varepsilon_p \end{pmatrix}$$

kann geschrieben werden:

$$\mathbf{x} - \boldsymbol{\mu} = \mathbf{LF} + \boldsymbol{\varepsilon}$$

Der Koeffizient l_{ij} wird als *Ladung* der Variablen i auf dem Faktor j bezeichnet.

Wie der letzte Ausdruck zeigt, werden die p (beobachtbaren) "Abweichungen" $X_1-\mu_1, X_2-\mu_2, \ldots, X_p-\mu_p$ als abhängig betrachtet von den p+m nicht beobachtbaren Zufallsvariablen $F_1, F_2, \ldots, F_m$, $\varepsilon_1, \varepsilon_2, \ldots, \varepsilon_p$. Da mehr nicht beobachtbare als beobachtbare Größen vorliegen – ein sonst in der Statistik ungewöhnlicher Fall, welcher der Faktorenanalyse u.a. den Ruf eines "schwarzen Schafes" der Statistik eingebracht hat – kann mit diesem Modell ohne zusätzliche Annahmen nicht gearbeitet werden. Postuliert man solche bezüglich der Vektoren **F** und **ε**, dann ergibt sich für dieses Modell eine Kovarianzstruktur, die einer empirischen Analyse zugänglich ist. Im einzelnen werden folgende Annahmen getroffen:

$$\text{a) } E(\mathbf{F}) = \mathbf{0}, \quad \text{b) } E(\boldsymbol{\varepsilon}) = \mathbf{0}, \quad \text{c) } E(\mathbf{FF}') = \mathbf{I}$$

$$\text{d) } Cov(\boldsymbol{\varepsilon}) = E(\boldsymbol{\varepsilon\varepsilon}') = \boldsymbol{\Psi} = \begin{pmatrix} \psi_1 & 0 & \ldots & 0 \\ 0 & \psi_2 & \ldots & 0 \\ . & . & \ldots & . \\ . & . & \ldots & . \\ . & . & \ldots & . \\ 0 & 0 & \ldots & \psi_p \end{pmatrix}$$

$$\text{e) } Cov(\boldsymbol{\varepsilon}, \mathbf{F}) = E(\boldsymbol{\varepsilon}\mathbf{F}') = \mathbf{0}$$

Die Annahmen a) und b) sind unvermeidlich, da $E(\mathbf{x}-\boldsymbol{\mu})=\mathbf{0}$ ist. Gemäß c) werden die m Faktoren als *unkorreliert* mit Varianz Eins vorausgesetzt. Die selbe Voraussetzung wird gemäß d) für die spezifischen Faktoren getroffen, was insofern sinnvoll ist, als diese im Gegensatz zu den gemeinsamen Faktoren als *variablenspezifisch* postuliert sind. Wäre z.B. ε_1 mit ε_2 korreliert, dann würde X_2 auch von ε_1 abhängen, was aber im Widerspruch zur Modellvorstellung spezifischer Faktoren stehen würde. Die gemäß e) vorausgesetzte Unkorreliertheit von gemeinsamen und spezifischen Faktoren entspricht der Annahme der Unkorreliertheit von Störvariable und Regressoren beim klassischen Regressionsmodell.

Mit diesen Annahmen folgt aus obigem Modell:

$$\begin{aligned} \boldsymbol{\Sigma}: &= E(\mathbf{x} - \boldsymbol{\mu})(\mathbf{x} - \boldsymbol{\mu})' = E(\mathbf{LF} + \boldsymbol{\varepsilon})(\mathbf{LF} + \boldsymbol{\varepsilon})' \\ &= \mathbf{LF}(\mathbf{LF})' + E(\boldsymbol{\varepsilon})(\mathbf{LF}) + \mathbf{LF}\, E(\boldsymbol{\varepsilon}') + E(\boldsymbol{\varepsilon\varepsilon}') \\ &= \mathbf{LL}' + \boldsymbol{\Psi} \end{aligned}$$

sowie

$$E[(\mathbf{x}-\boldsymbol{\mu})\mathbf{F}'] = E[(\mathbf{LF}+\boldsymbol{\varepsilon})\mathbf{F}'] = \mathbf{LFF}' + E(\boldsymbol{\varepsilon}\mathbf{F}') = \mathbf{L}$$

d.h. die Varianz-Kovarianzmatrix $\mathbf{\Sigma}$ kann additiv in zwei Matrizen zerlegt werden, wovon die erste mit Hilfe der *Ladungsmatrix* $\mathbf{L}$ gebildet wird und die zweite die (diagonale) Varianz-Kovarianzmatrix der spezifischen Faktoren ist. Aus der zweiten Beziehung folgt, daß die Elemente der Ladungsmatrix $\mathbf{L}$ identisch sind mit den Kovarianzen zwischen den Variablen und den (gemeinsamen) Faktoren, d.h. $L_{ij}=Cov(X_i,F_j)$. Aus der Zerlegung der Matrix $\mathbf{\Sigma}$ folgt für die Varianz der Variablen X_i:

$$Var(X_i) = l_{i1}^2 + l_{i2}^2 + \dots + l_{im}^2 + \psi_i$$

Derjenige Anteil an $Var(X_i)$, der durch die m Faktoren erklärt werden kann, wird als *Kommunalität* h_i^2 bezeichnet. Es ist also:

$$h_i^2 := l_{i1}^2 + l_{i2}^2 + \dots + l_{im}^2 \,, \quad Var(X_i) = h_i^2 + \psi_i \,, \quad i = 1, 2, \dots p$$

Nehmen wir beispielsweise an, die Varianz-Kovarianzmatrix der vier Variablen X_1,X_2,X_3,X_4 laute:

$$\mathbf{\Sigma} = \begin{pmatrix} 19 & 26 & -1 & 13 \\ 26 & 45 & 0 & 22 \\ -1 & 0 & 14 & 13 \\ 13 & 22 & 13 & 35 \end{pmatrix}$$

Mit

$$\mathbf{L} = \begin{pmatrix} l_{11} & l_{12} \\ l_{21} & l_{22} \\ l_{31} & l_{32} \\ l_{41} & l_{42} \end{pmatrix} = \begin{pmatrix} 4 & 1 \\ 6 & 2 \\ -1 & 3 \\ 2 & 5 \end{pmatrix} , \quad \mathbf{\Psi} = \begin{pmatrix} \psi_1 & 0 & 0 & 0 \\ 0 & \psi_2 & 0 & 0 \\ 0 & 0 & \psi_3 & 0 \\ 0 & 0 & 0 & \psi_4 \end{pmatrix} = \begin{pmatrix} 2 & 0 & 0 & 0 \\ 0 & 5 & 0 & 0 \\ 0 & 0 & 3 & 0 \\ 0 & 0 & 0 & 6 \end{pmatrix}$$

läßt sich schreiben

$$\begin{pmatrix} 19 & 26 & -1 & 13 \\ 26 & 45 & 0 & 22 \\ -1 & 0 & 14 & 13 \\ 13 & 22 & 13 & 35 \end{pmatrix} = \begin{pmatrix} 4 & 1 \\ 6 & 2 \\ -1 & 3 \\ 2 & 5 \end{pmatrix} \begin{pmatrix} 4 & 6 & -1 & 2 \\ 1 & 2 & 3 & 5 \end{pmatrix} + \begin{pmatrix} 2 & 0 & 0 & 0 \\ 0 & 5 & 0 & 0 \\ 0 & 0 & 4 & 0 \\ 0 & 0 & 0 & 6 \end{pmatrix}$$

$$= \begin{pmatrix} 17 & 26 & -1 & 13 \\ 26 & 40 & 0 & 22 \\ -1 & 0 & 10 & 13 \\ 13 & 22 & 13 & 29 \end{pmatrix} + \begin{pmatrix} 2 & 0 & 0 & 0 \\ 0 & 5 & 0 & 0 \\ 0 & 0 & 4 & 0 \\ 0 & 0 & 0 & 6 \end{pmatrix}$$

d.h. $\mathbf{\Sigma} = \mathbf{LL}' + \mathbf{\Psi}$. Die Kommunalität von X_1 ist $h_1^2=l_{11}^2+l_{12}^2=4^2+1^2=17$ und die spezifische Varianz beträgt 2, d.h. von den beiden Faktoren F_1 und F_2 werden 17/19*100% ≈ 89% der Varianz von X_1 erklärt. Für die drei anderen Variablen beträgt die Kommunalität 40, 10 und 29, d.h. ca. 89%, 71% und 83% der jeweiligen Variablenvarianz kann auf die beiden Faktoren zurückgeführt werden.

Aus den genau gleichen Gründen wie bei der Hauptkomponentenanalyse wird die Faktorenanalyse meistens mit standardisierten Variablen durchgeführt, d.h. an Stelle der Kovarianzmatrix $\boldsymbol{\Sigma}$ wird die Korrelationsmatrix $\boldsymbol{\rho}$ "faktorisiert". Das Faktorenmodell lautet hier:

$$\mathbf{x} = \mathbf{LF} + \boldsymbol{\varepsilon} \quad \text{mit}$$
$$\boldsymbol{\rho} = \mathbf{LL}' + \boldsymbol{\Psi}$$

da $\boldsymbol{\mu}=\mathbf{0}$ ist. Auch hier ist in Analogie zur Hauptkomponentenanalyse zu beachten, daß **L**, **F** und $\boldsymbol{\varepsilon}$ in beiden Modellen unterschiedlich sind und nicht durch eine Transformation ineinander überführt werden können. Wie dort müßte man eigentlich zur Vermeidung von Mißverständnissen in beiden Versionen verschiedene Symbole verwenden, worauf aber aus Gründen der Einfachheit hier verzichtet werden soll.

Falls eine Faktorenanalyse auf einer Korrelationsmatrix basiert, ist die Ladung l_{ij} gleich der Korrelation zwischen der Variablen X_1 und dem Faktor F_j.

Im Faktormodell wird postuliert, daß die p+p(p-1)/2=p(p+1)/2 Varianzen und Kovarianzen (bzw. Korrelationen) von $\mathbf{x}'$ durch die p·m Faktorladungen l_{ij} und den p spezifischen Varianzen ψ_i *reproduziert* werden können. Für m=p kann $\boldsymbol{\Sigma}$ (bzw. $\boldsymbol{\rho}$) *exakt* durch $\mathbf{LL'}$ reproduziert werden, d.h. $\boldsymbol{\psi}$ ist in diesem Fall – der allerdings praktisch uninteressant ist – eine Nullmatrix. Nur wenn m wesentlich kleiner ist als p bietet sich die Möglichkeit einer eventuell relativ einfachen Erklärung von $\boldsymbol{\Sigma}$ (bzw. von $\boldsymbol{\rho}$) durch weniger als p(p+1)/2 Parameter. Beispielsweise enthält bei p=20 Variablen die Kovarianzmatrix $\boldsymbol{\Sigma}$ 210 Parameter. Wenn etwa angenommen werden kann, daß für m=3 ein "befriedigendes" Faktorenmodell gegeben sei (was darunter zu verstehen ist, wird noch weiter unten aufgeführt), dann kann $\boldsymbol{\Sigma}$ durch p(m+1)=80 Parameter l_{ij} und ψ_i ("hinreichend gut") reproduziert werden.

VIII.4.2.2. Nicht-Eindeutigkeit der Faktorladungsmatrix L

Die Zerlegung $\boldsymbol{\Sigma}=\mathbf{LL}'+\boldsymbol{\Psi}$ bzw. $\boldsymbol{\rho}=\mathbf{LL}'+\boldsymbol{\Psi}$ ist nicht eindeutig. Sei $\mathbf{T}$ eine *orthogonale* Matrix, d.h. eine Matrix, für die gilt $\mathbf{T}\,\mathbf{T}' = \mathbf{T}'\mathbf{T} = \mathbf{I}$, dann folgt aus $\tilde{\mathbf{L}}:=\mathbf{LT}$ die Beziehung $\tilde{\mathbf{L}}\tilde{\mathbf{L}}'=\mathbf{LT}\,\mathbf{T}'\mathbf{L}'=\mathbf{LL}'$, d.h. die Matrix $\tilde{\mathbf{L}}$ eignet sich für die Zerlegung von $\mathbf{\Sigma}$ (bzw. ρ) genau so gut wie die ursprüngliche Ladungsmatrix **L**. Für das Faktormodell ergibt sich:

$$\begin{aligned} \mathbf{x} - \boldsymbol{\mu} &= \mathbf{LF} + \boldsymbol{\varepsilon} = \mathbf{LTT}'\mathbf{F} + \boldsymbol{\varepsilon} \\ &= \tilde{\mathbf{L}}\tilde{\mathbf{F}} + \boldsymbol{\varepsilon}\,,\ \tilde{\mathbf{F}} := \mathbf{T}'\mathbf{F} \end{aligned}$$

mit

$$E(\tilde{\mathbf{F}}) = \mathbf{T}'E(\mathbf{F}) = \mathbf{0}\,,\ Cov(\tilde{\mathbf{F}}) = \mathbf{T}'Cov(\mathbf{F})\mathbf{T} = \mathbf{T}'\mathbf{T} = \mathbf{I}$$

d.h. für **x** gilt sowohl das Modell mit **L** und **F** als auch das Modell mit $\tilde{\mathbf{L}}$ und $\tilde{\mathbf{F}}$ (für das auf der Korrelationsmatrix beruhende Faktormodell mit $\boldsymbol{\mu}=\mathbf{0}$ gilt natürlich das gleiche). Die Kommunalitäten sind bei beiden Ladungsmatrizen gleich, denn sie sind gleich den Diagonalelementen von $\mathbf{LL}'=\tilde{\mathbf{L}}\tilde{\mathbf{L}}'$. Da es beliebig viele orthogonale Matrizen **T** gibt, können beliebig viele äquivalente Matrizen $\tilde{\mathbf{L}}$ und $\tilde{\mathbf{F}}$ erzeugt werden. Es ist aufgrund der Daten nicht möglich zu entscheiden, welches die "wahren" Matrizen sind. Mit anderen Worten, es liegt ein (eigentlich unlösbares) *Identifikationsproblem* vor. "Gelöst" wird es mit Hilfe der *Faktor-Rotation*, auf die weiter unten einzugehen sein wird.

Als Beispiel betrachten wir die orthogonale Matrix:

$$\mathbf{T}(\alpha) := \begin{pmatrix} \cos\alpha & \sin\alpha \\ -\sin\alpha & \cos\alpha \end{pmatrix}$$

Für jeden beliebigen Winkel α ist $\mathbf{T}\,\mathbf{T}' = \mathbf{I}$. Für z.B. $\alpha=60°$ erhält man die Matrix:

$$\mathbf{T}(\alpha=60°) = \begin{pmatrix} 0.5 & 0.866 \\ -0.866 & 0.5 \end{pmatrix}$$

Mit der Ladungsmatrix aus dem Beispiel des letzten Abschnittes ergibt sich mit dieser Transformationsmatrix:

$$\tilde{\mathbf{L}} = \mathbf{LT} = \begin{pmatrix} 4 & 1 \\ 6 & 2 \\ -1 & 3 \\ 2 & 5 \end{pmatrix} \begin{pmatrix} 0.5 & 0.866 \\ -0.866 & 0.5 \end{pmatrix} = \begin{pmatrix} 1.134 & 3.964 \\ 1.268 & 6.196 \\ -3.098 & 0.634 \\ -3.330 & 4.232 \end{pmatrix}$$

Wie man leicht nachprüft, ergibt das Produkt $\tilde{\mathbf{L}}\tilde{\mathbf{L}}'$ wieder die ursprüngliche Matrix **LL'** (abgesehen von Rundungsfehlern).

VIII.4.2.3. Parameter-Schätzung im Faktoren-Modell

Bei praktischen Anwendungen sind die Faktorladungen l_{ij} und die Varianzen ψ_i der spezifischen Faktoren natürlich unbekannt. Die drei wichtigsten Methoden zu ihrer Bestimmung sind die *Hauptkomponenten-*, die *Hauptfaktoren-* sowie die *Maximum-Likelihood-Methode*. Hier sollen nur die beiden erstgenannten Methoden, die auch in praktisch allen Software-Paketen zu finden sind, behandelt werden.

VIII.4.2.3.1. Die Hauptkomponenten-Methode

Zunächst sei vorausgesetzt, daß die Kovarianzmatrix $\mathbf{\Sigma}$ (bzw. die Korrelationsmatrix $\boldsymbol{\rho}$) bekannt sei. Die Spektralzerlegung von $\mathbf{\Sigma}$ lautet:

$$\mathbf{\Sigma} = \lambda_1 \mathbf{e_1} \mathbf{e_1'} + \lambda_2 \mathbf{e_2} \mathbf{e_2'} + \ldots + \lambda_p \mathbf{e_p} \mathbf{e_p'}$$

wobei $(\lambda_i, \mathbf{e}_i)$ die Eigenwert-Eigenvektor-Paare von $\mathbf{\Sigma}$ sind mit $\lambda_1 \geq \lambda_2 \geq \ldots \geq \lambda_p$. Diese Zerlegung kann auch in der Form

$$\mathbf{\Sigma} = \left(\sqrt{\lambda_1}\mathbf{e_1}, \sqrt{\lambda_2}\mathbf{e_2}, \ldots, \sqrt{\lambda_p}\mathbf{e_p} \right) \begin{pmatrix} \sqrt{\lambda_1}\mathbf{e_1'} \\ \sqrt{\lambda_2}\mathbf{e_2'} \\ \ldots \\ \sqrt{\lambda_p}\mathbf{e_p'} \end{pmatrix}$$

geschrieben werden, d.h. die j-te Spalte der Ladungsmatrix $\mathbf{L}$ ist $\sqrt{\lambda_j}\,\mathbf{e}_j$. Somit ist:

$$\mathbf{\Sigma} = \mathbf{LL'} + \mathbf{0} = \mathbf{LL'}$$

d.h. es ist $\psi_i=0$, weil $m=p$ gesetzt wurde. Da aber nur der Fall $m<p$ interessant ist, läßt sich $\mathbf{\Sigma}$ folgendermaßen approximieren:

$$\mathbf{\Sigma} \approx \left(\sqrt{\lambda_1}\mathbf{e_1}, \sqrt{\lambda_2}\mathbf{e_2}, \ldots, \sqrt{\lambda_m}\mathbf{e_m} \right) \begin{pmatrix} \sqrt{\lambda_1}\mathbf{e_1'} \\ \sqrt{\lambda_2}\mathbf{e_2'} \\ \ldots \\ \sqrt{\lambda_m}\mathbf{e_m'} \end{pmatrix} = \mathbf{LL'}$$

wobei aber jetzt **L** nur m (m<p) Spalten hat. Die ψ_i werden bei dieser Methode einfach als "Restgrößen" betrachtet:

$$\psi_i = \mathrm{Var}(X_i) - \sum_{j=1}^{m} l_{ij}^2, \; i = 1,2,\ldots,p$$

In der Praxis ist natürlich die Kovarianzmatrix **Σ** (bzw. die Korrelationsmatrix **ρ**) nicht bekannt. Deshalb wird **Σ** durch die Stichproben-Varianz-Kovarianzmatrix **S** (bzw. **ρ** durch die Stichproben-Korrelationsmatrix **R**) ersetzt, die beide schon in VIII.4.1. definiert wurden. Damit ergibt sich die *geschätzte* Ladungsmatrix:

$$\hat{\mathbf{L}} = \left(\sqrt{\hat{\lambda}_1}\hat{\mathbf{e}}_1, \sqrt{\hat{\lambda}_2}\hat{\mathbf{e}}_2, \ldots, \sqrt{\hat{\lambda}_m}\hat{\mathbf{e}}_m \right)$$

wobei $(\hat{\lambda}_i, \hat{e}_i)$ die Eigenwerte-Eigenvektoren von **S** (bzw. von **R**) sind. Die *geschätzten* spezifischen Varianzen ergeben sich aus den Diagonalelementen von $\mathbf{S}-\hat{\mathbf{L}}\hat{\mathbf{L}}'$ bzw. $\mathbf{R}-\hat{\mathbf{L}}\hat{\mathbf{L}}'$ d.h. es ist:

$$\hat{\psi}_i = s_{ii} - \sum_{j=1}^{m} \hat{l}_{ij}^2 \quad \text{bzw.} \quad \hat{\psi}_i = 1 - \sum_{j=1}^{m} \hat{l}_{ij}^2, \; i = 1,2,\ldots,p$$

und die *geschätzten* Kommunalitäten sind:

$$\hat{h}_i^2 = \hat{l}_{i1}^2 + \hat{l}_{i2}^2 + \ldots + \hat{l}_{im}^2, \; i = 1,2,\ldots,p$$

Der Anteil (in Prozent) an der Gesamtvarianz aller p Variablen, der auf den j-ten Faktor entfällt, beträgt:

$$\frac{\hat{\lambda}_j}{s_{11} + s_{22} + \ldots + s_{pp}} \cdot 100\% \quad \text{bzw.} \quad \frac{\hat{\lambda}_j}{p} \cdot 100\%$$

Bei der praktischen Durchführung einer Faktorenanalyse muß m, also die Anzahl der zu "extrahierenden" Faktoren, festgelegt werden. Dafür existieren mehrere Kriterien. Man kann sich z.B. am obigen Anteil an der Gesamtvarianz orientieren, indem man so viele Faktoren extrahiert, daß ein vorgegebener Prozentsatz (z.B. 90%) der Gesamtvarianz durch die extrahierten Faktoren erklärt wird. Beim *Eigenwertkriterium*, das verwendet werden kann, wenn von der Korrelationsmatrix ausgegangen wird, werden alle Faktoren berücksichtigt, deren zugehörige Eigenwerte **mindestens** gleich Eins sind. Zu erwähnen sind auch *Siginifikanztests*, die zur Bestimmung von m entwickelt wurden. Diese sind allerdings an spezielle Verteilungsvoraussetzungen geknüpft und werden in der Praxis selten verwendet. Bei einer

Festlegung von m müssen aber auch substanzwissenschaftliche Überlegungen bzw. Fragen der **Interpretierbarkeit** der ermittelten Faktoren berücksichtigt werden. Man darf ja nicht vergessen, daß Faktoren lediglich mathematische Konstrukte sind, die im Gegensatz zu den zugrundeliegenden Variablen zunächst inhaltlich völlig unbestimmt sind (vgl. dazu die analogen Ausführungen bei der Hauptkomponentenanalyse in Abschnitt VIII.4.1.). Von einer "erfolgreichen" Faktorenanalyse kann man aber nur dann sprechen, wenn es gelingt, die extrahierten Faktoren sinnvoll zu interpretieren. Das ist aber a priori nicht automatisch gewährleistet. Auf die Interpretationsproblematik wird noch einmal im Zusammenhang mit dem Rotationsproblem zurückzukommen sein.

VIII.4.2.3.2. Die Hauptfaktoren-Methode

Diese Methode sei hier der Kürze halber nur für den praktisch wichtigsten Fall einer Faktorenanalyse auf der Basis der Korrelationsmatrix dargestellt. Aus $\boldsymbol{\rho}=\mathbf{LL}'+\boldsymbol{\Psi}$ folgt $\boldsymbol{\rho}-\boldsymbol{\Psi}=\mathbf{LL}'$, d.h. $\mathbf{L}$ ergibt sich aus der "Faktorisierung" der Matrix $\boldsymbol{\rho}-\boldsymbol{\Psi}$, deren Werte auf der Hauptdiagonalen $1-\psi_1, 1-\psi_2, \ldots, 1-\psi_p$ bzw. da $1-\Psi_i=h_i^2$ ist, $h_1^2, h_2^2, \ldots, h_p^2$ lauten. Es ist also eine Matrix zu faktorisieren, deren Hauptdiagonalelemente gerade die Kommunalitäten sind. Da praktisch von der Stichproben-Korrelationsmatrix $\mathbf{R}$ auszugehen ist, lautet die zu faktorisierende Matrix somit:

$$\mathbf{R}_{red} := \begin{pmatrix} h_1^2 & r_{12} & \cdots & r_{1p} \\ r_{21} & h_2^2 & \cdots & r_{2p} \\ . & . & \cdots & . \\ r_{p1} & r_{p2} & \cdots & h_p^2 \end{pmatrix}$$

Diese Matrix wird als "reduzierte" Stichproben-Korrelationsmatrix bezeichnet. Es ist jedoch nicht möglich diese direkt zu faktorisieren, d.h. ihre Eigenwerte und Eigenvektoren zu bestimmen, denn die auf der Hauptdiagonalen stehenden Kommunalitäten sind unbekannt, da sie ja erst nach Durchführung der Faktorenanalyse bestimmt sind. Dieses zirkuläre Problem wird in der Praxis iterativ "gelöst": ausgehend von Schätzwerten für die unbekannten Kommunalitäten werden in einem ersten Schritt die Eigenwerte und Eigenvektoren berechnet und aus der Summe der jeweiligen Ladungsquadrate für jede Variable die Kommunalität bestimmt. Diese bilden im zweiten Schritt die neue Hauptdiagonale von $\mathbf{R}_{red}$, die nach Faktorisierung neue Kommunalitäten liefert. Dieser Prozeß wird solange wiederholt, bis sich die sukzessiven Kommunalitäten nur noch marginal verändern. Als *Start-Kommunalitäten* werden in den meisten Software-Paketen die Bestimmtheitsmaße der Regressionen der Variablen X_i ($i=1,2, ...,p$) auf die jeweiligen restlichen p-1 Variablen verwendet, da gezeigt werden kann, daß $h_i^2 \geq R_i^2$ ist, wobei R_i^2 das Bestimmtheitsmaß der Regression von X_i auf die Variablen $X_1, X_2, ..., X_{i-1}, X_{i+1}, ..., X_p$, bezeichnet.

Ein Vergleich der beiden Schätzmethoden – Hauptkomponenten-Methode einerseits und Hauptfaktoren-Methode andererseits – fällt zugunsten der Hauptkomponenten-Methode aus. Bei der Hauptfaktoren-Methode ist nicht sichergestellt, daß die Matrix $\mathbf{R}_{red}$ positiv definit ist, im Gegensatz zur Korrelationsmatrix $\mathbf{R}$, die der Hauptkomponenten-Methode zugrunde liegt. Deshalb sind z.B. negative – und damit nicht interpretierbare – Eigenwerte bei der Hauptfaktoren-Methode nicht auszuschließen. In der Praxis führen beide Methoden allerdings häufig zu durchaus vergleichbaren Resultaten, besonders dann, wenn p groß und die Kommunalitäten hoch sind.

In der Praxis stellt sich bei der Anwendung der Faktorenanalyse häufig die Frage nach dem Mindest-Stichprobenumfang, d.h. der Mindestanzahl der "Fälle", um reliable, also replizierbare, Resultate zu erzielen. Verschiedene Untersuchungen weisen darauf hin, daß ein absolutes Minimum von 5 Merkmalsträgern pro Variable nicht unterschritten werden sollte (wobei vorausgesetzt wird, daß die Kommunalitäten hoch sind) bzw. insgesamt nicht weniger als 100 Fälle vorliegen sollten (vgl. Gorsuch 1983, S.332).

VIII.4.2.4. Faktor-Rotation

Wie oben dargelegt wurde, sind Ladungsmatrizen $\mathbf{L}$ nur eindeutig bis auf eine Transformation mit einer orthogonalen Matrix $\mathbf{T}$ (vgl. Kap. VIII.4.2.2.). Dies gilt natürlich auch für *geschätzte* Ladungsmatrizen, unabhängig davon welche Schätzmethode verwendet wird. Wie schon oben erwähnt wurde, liefert eine Faktorenanalyse nur dann verwertbare Resultate, wenn die extrahierten Faktoren interpretierbar sind. Als Grundlage für eine Interpretation eines Faktors j ($j=1,2,...,m$) dient die Größe der Korrelationen der p Variablen mit diesem Faktor, also die (absoluten) Größen der (geschätzten) Faktorladungen $\hat{l}_{ij}$, i=1,2,...,p. (Für alle weiteren Ausführungen soll stets von dem praktisch wichtigsten Fall der Faktorisierung einer Korrelationsmatrix ausgegangen werden). Wenn gewisse der p Variablen beim j-ten Faktor "hohe" Ladungen aufweisen (d.h. "in der Nähe" von +1 bzw. -1 liegen) – man spricht dann davon, daß diese Variablen den Faktor j "hoch laden" – während die restlichen Variablen "niedrige" Ladungen bei diesem Faktor aufweisen (das sind solche, die "in der Nähe" von Null liegen), dann ergibt sich die Möglichkeit einer Interpretation dieses Faktors aus dem "Bedeutungsgehalt" der hoch ladenden Variablen. Die – unvermeidbar unscharfe – Grenze zwischen einer "hohen" und einer "niedrigen" Ladung wird in der Praxis häufig bei 0.5 bzw. -0.5 gezogen.

Die nicht-rotierte Ladungsmatrix $\hat{\mathbf{L}}$ hat jedoch die Eigenschaft, daß (per Konstruktion) praktisch *alle* Variablen auf dem ersten Faktor hoch laden. Mindestens dieser ist somit im allgemeinen kaum interpretierbar. Aber auch eine Interpretation der weiteren Faktoren kann sich als schwierig erweisen, da z.B. gewisse Variablen auf mehreren Faktoren hoch laden können. Man koppelt nun die Nicht-Eindeutigkeit von $\hat{\mathbf{L}}$ mit dem Interpretationsproblem, d.h. man sucht eine solche Transformationsmatrix **T**, die ein Faktorladungsmuster erzeugt, das eine möglichst "einfache" Struktur aufweist. Diese wird als *Einfachstruktur* (*simple structure* nach Thurstone) bezeichnet.

Die Multiplikation von $\hat{\mathbf{L}}$ mit einer Orthogonalmatrix **T** bedeutet geometrisch nichts anderes als eine orthogonale Drehung des Achsenkreuzes – d.h. eine Drehung unter Beibehaltung des rechten Winkels – entgegen dem Uhrzeigersinn.

Die hinter einer Faktor-Rotation stehende Idee läßt sich am besten an Hand eines ganz einfachen Beispiels graphisch darstellen. Nehmen wir an, es sei p=10 und m=2, dann spannen die beiden Faktoren ein rechtwinkliges Koordinatensystem F_1-F_2 in der Ebene auf:

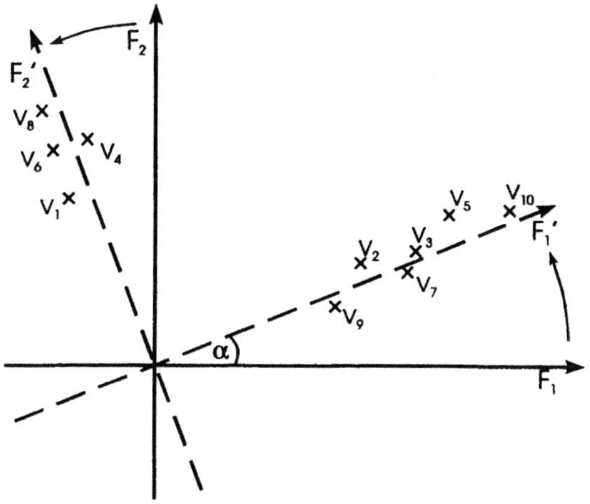

Offensichtlich laden alle 10 Variablen auf *beiden* Faktoren ziemlich hoch, so daß die beiden Faktoren nicht interpretierbar sind. Dreht man jedoch das F_1-F_2-Achsenkreuz unter Beibehaltung des rechten Winkels um den Winkel $\alpha=$?° entgegen dem Uhrzeigersinn – was zum neuen Achsenkreuz F_1'-F_2' führt – dann laden die Variablen $V_2,V_3,V_5,V_7,V_9,V_{10}$ nur auf dem Faktor F_1' hoch, während die Variablen V_1,V_4,V_6,V_8 nur auf dem Faktor F_2' hoch laden. Somit kann versucht werden, den Faktor F_1' aus dem "Bedeutungsgehalt" der Variablen $V_2,V_3,V_5,V_7,V_9,V_{10}$ zu interpretieren, während bei Faktor F_2' dafür die Variablen V_1,V_4,V_6,V_8 herangezogen werden können. Da aufgrund der Daten nicht zwischen den Faktoren F_1 und F_1' bzw. F_2 und F_2' unterschieden werden kann, wird man zweckmäßigerweise diejenige Lösung wählen, die am ehesten interpretierbar ist. Natürlich gibt es im allgemeinen keine Garantie dafür, daß eine rotierte Faktorlösung auch sinnvoll interpretierbar ist.

Zur praktischen Durchführung der Rotation, insbesondere für den Fall $m>2$, sind verschiedene Verfahren bzw. Kriterien entwickelt worden, von denen hier nur das *Varimax-Kriterium* nach Kaiser erwähnt sei, dem wohl die größte praktische Bedeutung zukommt. Dieses Kriterium versucht, die Rotation so durchzuführen, daß sich die Faktorladungen auf einem Faktor möglichst stark unterscheiden, d.h. daß gewisse Ladungen möglichst nahe bei Eins und die restlichen möglichst bei Null liegen, d.h. daß die Varianz der Faktorladungen möglichst groß wird. Aus rechentechnischen Gründen wird allerdings nicht die Varianz der Faktorladungen, sondern die Varianz der quadrierten Faktorladungen maximiert. Außerdem werden dazu *skalierte* Ladungen $\tilde{l}_{ij}:=\hat{l}_{ij}/\hat{h}_i$ verwendet, wobei $\hat{h}_i$ die Wurzel aus der geschätzten

Kommunalität der Variablen i bezeichnet. Durch diese Skalierung wird den Variablen mit kleiner Kommunalität ein größeres Gewicht bei der Bestimmung der Einfachstruktur verliehen als wenn diese unterbliebe. Nach der Rotation werden die Ladungen wieder mit $\hat{h}_i$ multipliziert, um die ursprünglichen Kommunalitäten, die sich ja durch eine Rotation nicht verändern, wieder herzustellen. Die Varimax-Rotation bestimmt also eine orthogonale Rotationsmatrix so, daß der Ausdruck:

$$V := \frac{1}{p}\sum_{j=1}^{m}[\sum_{i=1}^{p}\tilde{l}_{ij}^{4} - \frac{1}{p}\sum_{i=1}^{p}\tilde{l}_{ij}^{2}]$$

maximiert wird. Auf andere Rotationskriterien wie Equimax, Quartimax usw. kann hier nicht eingegangen werden.

VIII.4.2.5. Beispiel

100 Personen beurteilten ein Produkt an Hand von 11 vorgegebenen Rating-Skalen, die als 11 Variablen mit je 100 Ausprägungen betrachtet werden. Die nachfolgend dargestellte Faktorenanalyse beruht auf einer Korrelationsmatrix, die aus Skalenwerten von Rating-Skalen berechnet wurde. Dies ist in den Sozialwissenschaften eine häufig anzutreffende Praxis (vgl. etwa das bei Jobson 1992, S.419 ff. präsentierte Beispiel), obwohl Intervallskalenqualität von Rating-Skalen nicht a priori garantiert ist (vgl. dazu die Ausführungen in IV.3.1.6.). Dieser "großzügigen" Behandlung von Meßwerten auf der Basis von Ratingskalen soll auch hier – trotz aller meßtheoretischen Bedenken – gefolgt werden. Mit SYSTAT erhält man für die Hauptkomponenten-Methode folgenden Output:

MATRIX TO BE FACTORED

	X1	X2	X3	X4	X5	X6	X7	X8
X1	1.000							
X2	0.904	1.000						
X3	0.785	0.883	1.000					
X4	0.807	0.794	0.740	1.000				
X5	0.792	0.760	0.730	0.991	1.000			
X6	0.300	0.279	0.483	0.524	0.561	1.000		
X7	0.397	0.361	0.447	0.590	0.623	0.774	1.000	
X8	0.664	0.670	0.655	0.841	0.837	0.614	0.655	1.000
X9	0.610	0.645	0.666	0.667	0.667	0.574	0.644	0.789
X10	0.927	0.838	0.727	0.847	0.838	0.341	0.444	0.716
X11	-0.115	-0.212	-0.185	-0.181	-0.168	-0.052	-0.142	-0.231

	X9	X10	X11
X9	1.000		
X10	0.578	1.000	
X11	0.006	-0.212	1.000

LATENT ROOTS (EIGENVALUES)

1	2	3	4	5	6	7	8	9
7.120	1.388	0.997	0.468	0.372	0.269	0.174	0.098	0.067

10	11
0.042	0.006

COMPONENT LOADINGS

	1	2
X1	0.872	0.370
X2	0.869	0.396
X3	0.856	0.175
X4	0.940	0.055
X5	0.937	0.003
X6	0.618	-0.681
X7	0.683	-0.603
X8	0.889	-0.174
X9	0.804	-0.255
X10	0.883	0.316
X11	-0.210	-0.199

VARIANCE EXPLAINED BY COMPONENTS

1	2
7.120	1.388

PERCENT OF TOTAL VARIANCE EXPLAINED

1	2
64.723	12.622

ROTATED LOADINGS

	1	2
X1	0.910	0.264
X2	0.924	0.241
X3	0.774	0.404
X4	0.764	0.551
X5	0.729	0.589
X6	0.050	0.918
X7	0.150	0.899
X8	0.580	0.695
X9	0.463	0.705
X10	0.884	0.312
X11	-0.289	0.022

VARIANCE EXPLAINED BY ROTATED COMPONENTS

1	2
4.838	3.670

PERCENT OF TOTAL VARIANCE EXPLAINED

1	2
43.980	33.365

MATRIX OF RESIDUALS

	X1	X2	X3	X4	X5	X6	X7	X8
X1	0.000							
X2	-0.001	0.000						
X3	-0.026	0.070	0.000					
X4	-0.033	-0.045	-0.074	0.000				
X5	-0.027	-0.056	-0.072	0.110	0.000			
X6	0.012	0.011	0.073	-0.020	-0.016	0.000		
X7	0.024	0.005	-0.032	-0.019	-0.016	-0.059	0.000	
X8	-0.047	-0.034	-0.075	0.015	0.004	-0.054	-0.057	0.000
X9	0.003	0.047	0.023	-0.075	-0.085	-0.096	-0.058	0.030
X10	0.040	-0.054	-0.083	0.000	0.010	0.010	0.031	-0.014
X11	0.142	0.049	0.030	0.027	0.030	-0.057	-0.118	-0.078

	X9	X10	X11
X9	0.000		
X10	-0.052	0.000	
X11	0.125	0.037	0.000

"MATRIX TO BE FACTORED" ist die (geschätzte) Korrelationsmatrix der 11 Variablen, die hier mit X_1-X_{11} bezeichnet sind. "LATENT ROOTS (EIGEN-VALUES)" bezeichnet die 11 Eigenwerte dieser Matrix. Legt man das Eigenwertkriterium zugrunde, dann ist m=2 zu wählen, da der dritte Eigenwert (0.997) kleiner als Eins ist. "COMPONENT LOADINGS" enthält die unrotierten Faktorladungen der beiden extrahierten Faktoren, die hier zusammen gerechnet 64.723%+12.622%=77.345% der Varianz aller 11 Variablen auf sich vereinigen. "ROTATED LOADINGS" sind die nach dem Varimax-Kriterium rotierten Faktorladungen. Man beachte dabei, daß 43.98%+33.365%= 77.345% ist, d.h. durch die Rotation wird die gesamte durch die Faktoren "erklärte" Varianz nicht verändert, wohl aber ihre Aufteilung auf die beiden Faktoren. Die "MATRIX OF RESIDUALS" ist gleich der Differenz $\mathbf{R}-\mathfrak{L}\mathfrak{L}'$, die gleich einer Nullmatrix ist für m=p. Da die Elemente der ausgegebenen Residuenmatrix sehr klein sind, kann gesagt werden, daß die beiden extrahierten Faktoren die Korrelationsmatrix sehr gut approximieren. Die beiden nachfolgenden Plots enthalten jeweils eine Darstellung der Ladungen der 11 Variablen im zweidimensionalen Faktorenraum vor und nach Rotation, woraus sich die durch die Rotation bewirkte Ladungsveränderungen erkennen lassen:

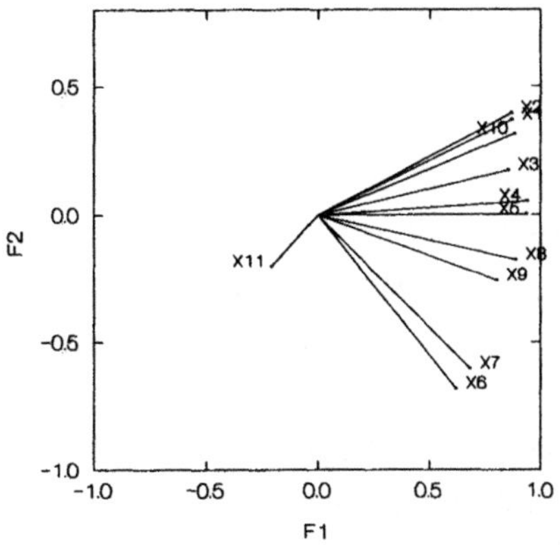

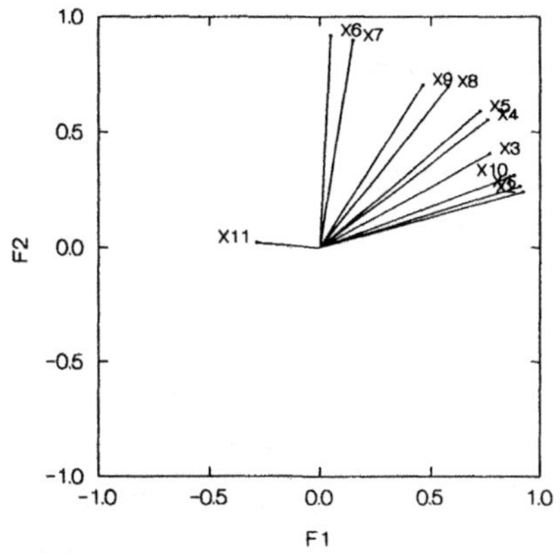

Da der dritte Eigenwert nur geringfügig kleiner als Eins ist, liegt es nahe, auch eine Lösung zu versuchen mit m=3. Dafür ergibt sich folgende rotierte Ladungsmatrix:

ROTATED LOADINGS

	1	2	3
X1	0.947	0.152	-0.000
X2	0.944	0.136	0.089
X3	0.813	0.315	0.065
X4	0.813	0.465	0.095
X5	0.785	0.506	0.084
X6	0.148	0.910	0.002
X7	0.231	0.887	0.092
X8	0.635	0.636	0.139
X9	0.570	0.631	-0.151
X10	0.905	0.214	0.116
X11	-0.114	-0.039	-0.986

VARIANCE EXPLAINED BY ROTATED COMPONENTS

1	2	3
5.363	3.078	1.064

PERCENT OF TOTAL VARIANCE EXPLAINED

1	2	3
48.753	27.980	9.674

Die erklärte Varianz beträgt jetzt 86.407%. Bei dieser Lösung hat aber nur die Variable X_{11} eine hohe Ladung auf dem dritten Faktor, d.h. zur Interpretation dieses Faktors kann nur diese Variable herangezogen werden. Da X_{11} die Variable "Preiswertigkeit" ist, stellt F_3 nichts anderes als den "Preisfaktor" dar. Daß für diese Variable ein eigenständiger Faktor resultiert, kann man schon an der Korrelationsmatrix erkennen: die Korrelation von X_{11} mit allen anderen Variablen ist durchweg sehr klein. Da dieser Faktor nicht besonders interessant ist, soll weiterhin von einer Lösung mit nur zwei Faktoren ausgegangen werden.

Bei der Interpretation der zweifaktoriellen Lösung ist sowohl das *Ladungsmuster* als auch die inhaltliche Bedeutung der einzelnen Variablen zu beachten. Zieht man, wie oben ausgeführt wurde, die Grenze zwischen hoher und niedriger Ladung bei |0.5|, dann laden auf F_1 die Variablen $X_1, X_2, X_3, X_4, X_5, X_8, X_{10}$ und auf F_2 die Variablen X_5, X_6, X_7, X_8, X_9 hoch. Die Bedeutung der einzelnen Variablen war:

X_1: Technischer Neuigkeitsgrad, X_2: Umweltverträglichkeit bei der Herstellung, X_3: Umweltverträglichkeit bei der Entsorgung, X_4: Design, X_5: Energieverbrauch, X_6: Nützlichkeit, X_7: Breite des Verwendungsspektrums, X_8: Werbung, X_9: Bekanntheitsgrad, X_{10}: Langlebigkeit, X_{11} : Preiswertigkeit (die Daten für alle Variablen wurden an Hand von 5-poligen Ratingskalen erhoben, die z.B. für X_1 von "sehr gering" - "sehr hoch", bei X_2 von "langweilig" - "pfiffig" reichten usw.).

Die Variablen, die auf F_1 hoch laden, hängen – zunächst einmal abgesehen von X_4 und X_8 – irgendwie mit technischen Aspekten des Produktes zusammen. Dagegen sprechen die Variablen, die auf F_2 hoch laden, mehr emotionale Aspekte an, die möglicherweise mit dem Produkt verbunden sind. Man könnte deshalb F_1 als "technisch-kognitiven" Faktor und F_2 als "emotionalen" Faktor bezeichnen. Als problematisch könnten die Variablen X_5 und X_8 bezeichnet werden, da sie auf beiden Faktoren hoch laden, wenn auch in unterschiedlichem Ausmaß. Möglicherweise läßt sich dies durch X_8 "erklären", da die Werbung sowohl technische als auch emotionale Aspekte betont.

Daß die Interpretation der extrahierten Faktoren hier bewußt im Konjunktiv vorgetragen wurde, soll deutlich machen, daß jede Faktorinterpretation unvermeidlich mehr oder weniger subjektive Beurteilungen impliziert, abgesehen von ganz eindeutigen Ladungsmustern, wie sie gelegentlich vorkommen, wie z.B. hier beim dritten Faktor.

Mit der Hauptfaktoren-Methode liefert SYSTAT folgenden Output:

```
INITIAL COMMUNALITY ESTIMATES
  1        2        3       4        5
0.926   0.936   0.861   0.988   0.988

  6        7        8        9       10       11
0.733   0.709   0.841   0.763   0.902   0.299
```

ITERATIVE PRINCIPAL AXIS FACTOR ANALYSIS

ITERATION	MAXIMUM CHANGE IN COMMUNALITIES
1	.7012
2	.2566
3	.0223
4	.0088
5	.0046
6	.0024
7	.0013
8	.0007

FINAL COMMUNALITY ESTIMATES

1	2	3	4	5	
0.900	0.911	0.713	0.879	0.871	
6	7	8	9	10	11
0.745	0.759	0.799	0.639	0.854	0.037

LATENT ROOTS (EIGENVALUES)

1	2	3	4	5	
6.934	1.172	0.283	0.136	0.114	
6	7	8	9	10	11
0.068	-0.019	-0.08	-0.118	-0.126	-0.251

FACTOR PATTERN

	1	2
X1	0.873	-0.371
X2	0.871	-0.391
X3	0.832	-0.143
X4	0.937	-0.034
X5	0.933	0.016
X6	0.602	0.618
X7	0.667	0.560
X8	0.874	0.185
X9	0.773	0.204
X10	0.877	-0.291
X11	-0.185	0.057

VARIANCE EXPLAINED BY FACTORS

1	2
6.934	1.172

PERCENT OF TOTAL VARIANCE EXPLAINED

1	2
63.036	10.655

ROTATED FACTOR PATTERN

	1	2
X1	0.927	0.200
X2	0.937	0.182
X3	0.762	0.363
X4	0.785	0.512
X5	0.753	0.551
X6	0.136	0.852
X7	0.222	0.842
X8	0.608	0.655
X9	0.514	0.613

```
        X10              0.885        0.267
        X11             -0.184       -0.060

VARIANCE EXPLAINED BY ROTATED FACTORS
                           1            2
                         5.020        3.086

PERCENT OF TOTAL VARIANCE EXPLAINED
                           1            2
                        45.640       28.051
```

Nach der 7. Iteration verändern sich die Kommunalitäten praktisch nicht mehr, so daß der Iterationsprozeß abgebrochen wird. Die Eigenwerte 7-11 sind negativ. Das Ladungsmuster ist nahezu gleich wie bei der Hauptkomponenten-Lösung, wenn gleich natürlich die Ladungen in beiden Lösungen nicht identisch sind. An der obigen Interpretation der beiden Faktoren ändert sich daher nichts. Die gesamte erklärte Varianz ist um ca. 4% kleiner als bei der Hauptkomponenten-Lösung.

VIII.4.2.6. Faktor-Scores

Neben den Faktorladungen können bei einer Faktorenanalyse die (geschätzten) Werte der gemeinsamen Faktoren $F_1, F_2, \ldots, F_m$ für die einzelnen Merkmalsträger von Interesse sein. Diese werden als *Factor-scores* bezeichnet. Bei ihrer Schätzung ist zu beachten, daß es sich nicht um eine Parameterschätzung handelt, wie sie in der Statistik üblich ist. Vielmehr handelt es sich um eine Schätzung der Werte, welche die nicht beobachtbaren Zufallsvariablen $F_1, F_2, \ldots, F_m$ für die einzelnen Merkmalsträger annehmen. Sie lassen sich in der folgenden Matrix anordnen

$$\begin{pmatrix} F_{11} & F_{21} & \cdots & F_{m1} \\ F_{12} & F_{22} & \cdots & F_{m2} \\ . & . & \cdots & . \\ F_{1i} & F_{2i} & \cdots & F_{mi} \\ . & . & \cdots & . \\ F_{1n} & F_{2n} & \cdots & F_{mn} \end{pmatrix}$$

wobei die i-Zeile $\mathbf{f}_i' = (F_{1i}, F_{2i}, \ldots, F_{mi})$ die scores des i-ten Merkmalsträgers auf allen m Faktoren bezeichnet.

Eine besondere Schwierigkeit bei der Bestimmung dieser scores liegt darin, daß es, wie schon eingangs erwähnt wurde, im Faktoren-Modell insgesamt mehr unbeobachtbare als beobachtbare Größen gibt. Um dieses Problem zu "lösen", sind verschiedene Schätzprozeduren entwickelt worden, die hier im einzelnen nicht diskutiert werden können. Es sei lediglich erwähnt, daß üblicherweise ein Kleinst-Quadrate-Ansatz verwendet wird, falls die Ladungen mit der Hauptkomponenten-Methode bestimmt wurden. Für diesen Fall ergibt sich für die i-te Zeile der obigen Matrix

$$\hat{\mathbf{f}}_i' = \mathbf{z}_i'\hat{\mathbf{L}}(\hat{\mathbf{L}}'\hat{\mathbf{L}})^{-1}$$

wobei $\mathbf{z}_i'$ die p standardisierten Variablen $Z_{i1}, Z_{i2}, \ldots, Z_{ip}$ enthält (vgl. Johnson/ Wichern 1988, S.410). Damit lassen sich die Merkmalsträger im *Faktorenraum* darstellen, was besonders anschaulich sein kann bzw. evtl. Vergleichsmöglichkeiten bezüglich der Merkmalsträger eröffnet, insbesondere bei einer höchstens dreidimensionalen Faktorlösung. Für das im letzten Abschnitt erörterte Beispiel erhält man folgende Darstellung, wobei die Merkmalsträger einfach von P_1 bis P_{100} durchnumeriert wurden:

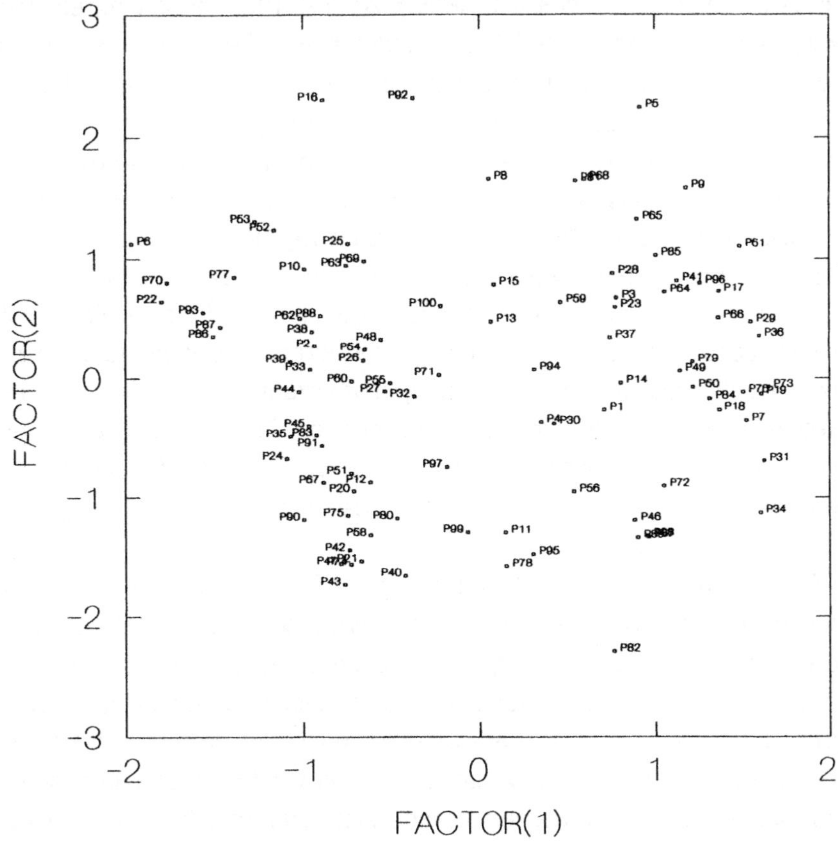

Wie die Abbildung zeigt, streuen die scores der Merkmalsträger stark im Faktorenraum. Erkennbar sind aber "Ausreißer", wie z.B. P_{16}, P_{92} usw. oder Merkmalsträger, die sich fast nur an einer Dimension orientieren, wie z.B. P_8, P_{15} usw. (nur "emotional" orientiert) bzw. P_{33}, P_{60} usw. (nur "technisch" orientiert). Außerdem lassen sich Merkmalsträger identifizieren, die sehr dicht beieinanderliegen, d.h. also das Produkt sehr ähnlich beurteilen.

VIII.4.2.7. Abschließende Bemerkungen

Die hier dargestellte Faktorenanalyse wird auch als *explorative* Faktorenanalyse bezeichnet. Sie zählt zu den sogenannten *strukturentdeckenden* Verfahren, d.h. man versucht bei einer vorgegebenen Anzahl von Variablen herauszufinden, ob sich diese auf eine relativ kleine Anzahl von nicht beobachtbaren Variablen (oder Konstrukten) "zurückführen" lassen, die einerseits ihr Korrelationsverhalten "erklären", andererseits aber auch einer substanzwissenschaftlichen Deutung zugänglich sind. Diesem Ansatz steht die sogenannte *konfirmatorische* Faktorenanalyse gegenüber, die als *theoriebzw. hypothesentestend* bezeichnet werden kann. Dabei liegt sowohl die Anzahl der Faktoren als auch ihre inhaltliche Bedeutung von vornherein fest, d.h. beide Aspekte werden von der zugrundeliegenden Theorie bzw. Hypothese bestimmt, ebenso wie das Ladungsmuster. Es ist also bekannt, welche Variablen auf welchen Faktoren hoch bzw. niedrig laden sollen, wobei einzelne Ladungen auch numerisch konkretisiert sein können. Aufgabe einer solchen Faktorenanalyse ist es dann, herauszufinden, ob die postulierte Theorie bzw. Hypothese mit den vorliegenden Daten verträglich ist oder nicht. Diese Art von Faktorenanalyse ist mit viel weniger statistischen Problemen belastet als die immer noch wesentlich häufiger durchgeführte explorative Analyse.

Schließlich sei noch eine Erweiterung der Faktorenanalyse erwähnt, die eine Analyse von *Abhängigkeitsbeziehungen* zwischen *latenten* Variablen erlaubt, d.h. es werden abhängige ("endogene") und erklärende ("exogene") *nicht direkt beobachtbare* Variable unterschieden, deren Beziehungen in Form eines linearen Gleichungssystems modelliert werden. Weiter wird unterstellt, daß die latenten Variablen indirekt via *Indikatoren* beobachtbar sind. Die Beziehungen zwischen diesen Indikatoren und ihren korrespondierenden latenten Variablen werden ebenfalls als linear postuliert, wodurch zwei weitere als *Meßgleichungen* bezeichnete Gleichungssysteme resultieren, je eines für die endogenen und die exogenen latenten Variablen. Diese *strukturellen Komponentenmodelle* gehen auf Jöreskog und Sörbom (vgl. Jöreskog/Sörbom 1979) zurück und sind unter der Bezeichnung LISREL (**Li**near **S**tructural **Rel**ationships) bekannt geworden. Sie erlauben auch eine Beurteilung der Reliabilität und Validität von Indikatoren.

VIII.5. Diskriminanzanalyse

Bei der *Diskriminanzanalyse* geht es um Fragestellungen, die mit der Trennung (*Separation*) und/oder Zuordnung (*Klassifikation*) von Merkmalsträgern (Objekten) zu **vorgegebenen** Gruppen (Klassen, Populationen) zusammenhängen. Separations- und Klassifikationsaspekt sind bei der Diskriminanzanalyse sorgfältig zu unterscheiden.

Seien beispielsweise zwei Gruppen von Käufern eines Gutes gegeben (Käufer von Marke A, Käufer von Marke B), dann könnte interessieren, ob sich diese hinsichtlich bestimmter Merkmale wie etwa Einkommen, Alter, Familienstand, Kaufhäufigkeit usw. unterscheiden. Dabei interessieren nicht unbedingt nur die einzelnen Merkmale an sich, d.h. ihre evtl. unterschiedlichen Verteilungen in beiden Gruppen, sondern vor allem, ob sich eine "Kombination" dieser Merkmale bestimmen läßt, welche die beiden Käufergruppen "optimal" trennt. Dabei könnte sich auch die Frage stellen, ob z.B. das Merkmal X einen größeren Beitrag zur Trennung der beiden Gruppen liefert als das Merkmal Z. Um im Beispiel zu bleiben: weist z.B. das Merkmal "Einkommen" eine höhere "Trennstärke" auf als das Merkmal "Alter" ?

Neben diesen Fragen, die sich alle auf den Separationsaspekt einer Diskriminanzanalyse beziehen, kann aber auch interessieren, welcher Gruppe ein Objekt zuzuordnen ist, dessen Gruppenzugehörigkeit a priori nicht bekannt ist, von dem man aber die Merkmalsausprägungen derjenigen Variablen kennt, die sich bei einer (vorangegangenen) Diskriminanzanalyse auf der Basis einer "Lernstichprobe" als "trennfähig" erwiesen haben. Um wiederum im Beispiel zu bleiben: nehmen wir an, die Merkmale "Einkommen", "Alter" und "Familienstand" haben sich als trennfähig erwiesen. Welche der beiden Marken wird ein Käufer vermutlich präferieren, der über ein bestimmtes

Einkommen verfügt, 45 Jahre alt und verheiratet ist? Bei der Klassifikation versucht man sozusagen eine Prognose abzugeben über die voraussichtliche Gruppenzugehörigkeit eines Objekts. Bisher wurde davon ausgegangen, daß nur zwei Gruppen vorhanden sind. Die Darlegung der grundlegenden Zusammenhänge gestaltet sich bei diesem einfachsten Fall am übersichtlichsten. Deswegen soll er im folgenden am Anfang stehen, bevor die Darstellung auf den Mehr-Gruppen-Fall erweitert wird.

VIII.5.1. Der Zwei-Gruppen-Fall

VIII.5.1.2. Einführung

Ausgegangen werden soll von einem denkbar einfachen Fall mit nur zwei Variablen, wobei jede Gruppe mit 12 Objekten besetzt ist (gleiche Besetzungszahlen in den einzelnen Gruppen ist keine zwingende Voraussetzung bei der Diskriminanzanalyse). Die Ausprägungen der beiden Variablen sind in der nachstehenden Tabelle zusammengefaßt:

Gruppe	X_1	X_2
1	4	3
1	5	2
1	6	5
1	8	6
1	7	5
1	8	7
1	6	5
1	6	4
1	10	6
1	7	6
1	10	3
1	7	8
------------	-------------	-----------
2	2	4
2	3	3
2	4	5
2	5	3
2	3	4
2	2	2

2	6	2
2	3	5
2	2	7
2	5	3
2	6	4
2	7	6

Für die beiden Variablen können in beiden Gruppen folgende Maßzahlen berechnet werden:

	X_1		X_2	
	Gruppe 1	Gruppe 2	Gruppe 1	Gruppe 2
Mittelwert	7	4	5	4
Median	7	3.5	5	4
Standardabweichung	1.809	1.758	1.758	1.537

Diese zeigen, daß sich die Mittelwerte von X_1 in den beiden Gruppen stark unterscheiden, während sie für X_2 gleich sind. Auch die Mediane unterscheiden sich erheblich für X_1 und nur wenig für X_2. Die Standardabweichungen beider Variablen differieren jedoch in beiden Gruppen nur geringfügig.

Die Verteilung der beiden Variablen in beiden Gruppen kann man anschaulich mit Hilfe von *box-plots* darstellen, wie sie nachstehend abgebildet sind:

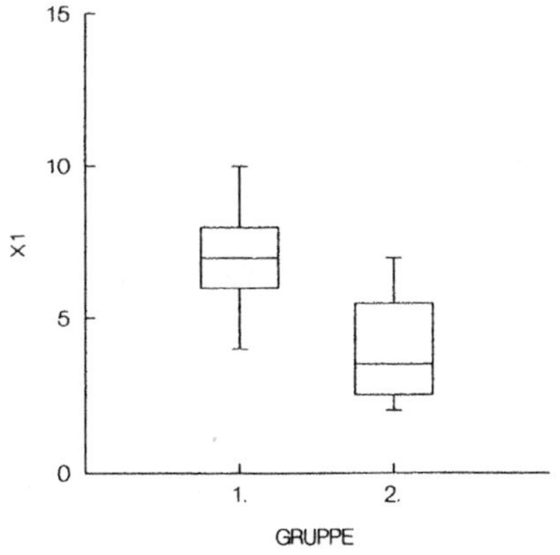

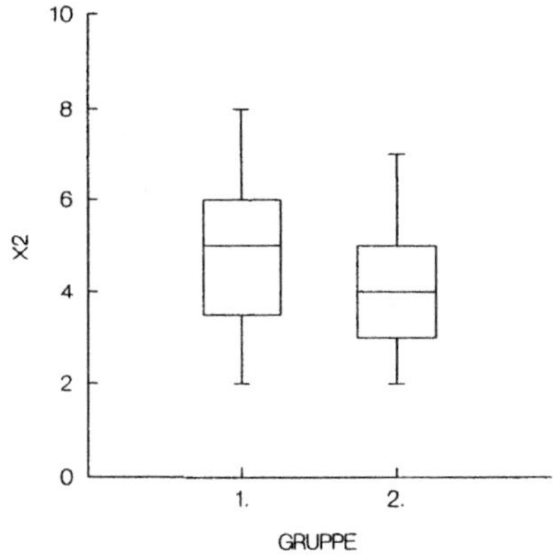

Eine *box* wird jeweils von unten bzw. oben vom ersten bzw. dritten Quartil begrenzt, so daß 50% der Werte einer Variablen *innerhalb* der box liegen. Der Querstrich indiziert die Lage des Medians. Wie die beiden Abbildungen zeigen, überlappen sich die beiden Verteilungen von X_1 praktisch nicht, während dies für X_2 der Fall ist. Daraus kann geschlossen werden, daß im

Gegensatz zu X_2 die Variable X_1 beide Gruppen deutlich trennt. Daraus darf aber noch nicht ohne weiteres geschlossen werden, daß X_2 für eine Separation der beiden Gruppen überflüssig wäre. Es könnte nämlich sein, daß X_1 **zusammen** mit X_2 eine bessere Trennung der beiden Gruppen bewirkt als X_1 allein. Naheliegend ist es, dabei an eine Linearkombination $Y:=l_1X_2+l_2X_2$ der beiden Variablen zu denken mit "geeignet" festgelegten Koeffizienten l_1 und l_2. Wir werden weiter unten sehen, daß sich für $l_1 = 0.949$ und $l_2 = 0.192$ tatsächlich eine bessere Trennung der beiden Gruppen erzielen läßt, als wenn X_1 allein zur Separation herangezogen würde. Diese Linearkombination wird *lineare Diskriminanzfunktion* genannt und die Werte, welche die Objekte auf dieser annehmen, werden als *Diskriminanzwerte* bezeichnet. Im nächsten box plot sind die Diskriminanzwerte für die Objekte beider Gruppen dargestellt. Aus dieser Graphik ist ersichtlich, daß sich die Diskriminanzwerte in beiden Gruppen stark unterscheiden.

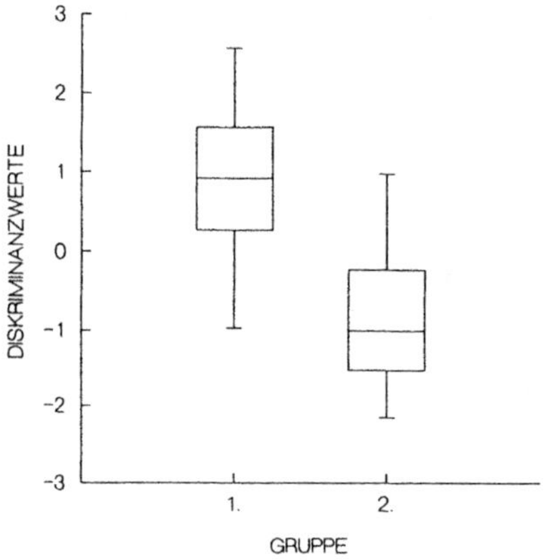

VIII.5.1.3. Separation mit Hilfe der linearen Diskriminanzfunktion nach Fisher

Seien G_1 und G_2 die beiden Gruppen und sei $\mathbf{x}'=(X_1,X_2,\ldots,X_p)$ der Variablen-Vektor mit:

$$\boldsymbol{\mu}_1 := E(\mathbf{x}|G_1) = \begin{pmatrix} E(X_1)|G_1 \\ E(X_2)|G_1 \\ \cdot \\ \cdot \\ \cdot \\ E(X_p)|G_1 \end{pmatrix}, \quad \boldsymbol{\mu}_2 := E(\mathbf{x}|G_2) = \begin{pmatrix} E(X_1)|G_2 \\ E(X_2)|G_2 \\ \cdot \\ \cdot \\ \cdot \\ E(X_p)|G_2 \end{pmatrix}$$

wobei angenommen wird, daß die jeweiligen Varianz-Kovarianz-Matrizen $\boldsymbol{\Sigma}_i=E[(\mathbf{x}-\boldsymbol{\mu}_i)(\mathbf{x}-\boldsymbol{\mu}_i)']$, i=1,2 für beide Gruppen **gleich** sind, d.h. $\boldsymbol{\Sigma}_1=\boldsymbol{\Sigma}_2$ ist. Die lineare Diskriminanzfunktion nach R.A. Fisher lautet:

$$\begin{aligned} Y &= l_1X_1 + l_2X_2 + \ldots + l_pX_p \\ &= \mathbf{l}'\mathbf{x} \quad , \quad \mathbf{l}' := (l_1, l_2, \ldots, l_p) \end{aligned}$$

mit den (unbekannten) *Diskriminanzgewichten* l_1, l_2, ..., l_p. Damit ergibt sich für die Erwartungswerte sowie die Varianz von Y in beiden Gruppen:

$$\begin{aligned} \mu_{1Y} &:= E(Y|G_1) = E(\mathbf{l}'\mathbf{x})|G_1) = \mathbf{l}'\boldsymbol{\mu}_1 \\ \mu_{2Y} &:= E(Y|G_2) = E(\mathbf{l}'\mathbf{x})|G_2) = \mathbf{l}'\boldsymbol{\mu}_2 \\ \sigma_Y^2 &:= Var(\mathbf{l}'\mathbf{x}) = \mathbf{l}'\boldsymbol{\Sigma}\,\mathbf{l} \end{aligned}$$

Die Diskriminanzgewichte werden nun gemäß folgendem Optimalitätsprinzip bestimmt

$$\frac{(\mu_{1Y}-\mu_{2Y})^2}{\sigma_Y^2} = \frac{[\mathbf{l}'(\boldsymbol{\mu}_1 - \boldsymbol{\mu}_2)]^2}{\mathbf{l}'\boldsymbol{\Sigma}\,\mathbf{l}} = \max(\mathbf{l})$$

wofür sich folgende Lösung ergibt:

$$\mathbf{l} = c\boldsymbol{\Sigma}^{-1}(\boldsymbol{\mu}_1 - \boldsymbol{\mu}_2)\ ,\ c \neq 0$$

c ist dabei eine beliebige (positive) Konstante, die deshalb erscheint, weil **l** nur eindeutig ist bis auf eine multiplikative (positive) Konstante. Für c=1 erhält man die lineare Diskriminanzfunktion nach Fisher (vgl. Johnson/Wichern 1988, S.472-472)., d.h.:

$$Y = \mathbf{l}'\mathbf{x} = (\boldsymbol{\mu}_1 - \boldsymbol{\mu}_2)'\boldsymbol{\Sigma}^{-1}\,\mathbf{x}$$

VIII.5.1.4. Klassifikation eines neuen Objekts mit Hilfe der Fisher-Diskriminanzfunktion

Angenommen, für ein Objekt sei die Zugehörigkeit zu einer der beiden Gruppen unbekannt. Vorausgesetzt sei zunächst, daß die Diskriminanzfunktion bekannt sei. Sei $\mathbf{x}_n'=(X_{1n}, X_{2n}, \ldots, X_{pn})$ der Datenvektor des "neuen" Objekts. Der Diskriminanzwert für diesen ist:

$$Y_n = (\boldsymbol{\mu}_1 - \boldsymbol{\mu}_2)'\boldsymbol{\Sigma}^{-1}\,\mathbf{x}_n$$

Es kann gezeigt werden, daß gilt:

$$E(Y_n|G_1) - m \geq 0$$
$$E(Y_n|G_2) - m < 0$$

mit:

$$m: = \frac{1}{2}(\mu_{1Y} + \mu_{2Y}) = \frac{1}{2}(\boldsymbol{\mu_1} - \boldsymbol{\mu_2})'\boldsymbol{\Sigma}^{-1}(\boldsymbol{\mu_1} + \boldsymbol{\mu_2})$$

Daraus ergibt sich folgende Klassifikationsregel: weise das neue Objekt G_1 zu, falls $\hat{Y}_n - \hat{m} \geq 0$ ist, ansonsten G_2.

VIII.5.1.5. Stichproben-Diskriminanzfunktion

Da bei praktischen Analysen weder $\boldsymbol{\mu}_1$, $\boldsymbol{\mu}_2$ noch $\boldsymbol{\Sigma}$ bekannt sind, müssen diese auf der Basis einer Stichprobe ("Lernstichprobe") geschätzt werden. Dazu sei angenommen, daß n_1 bzw. n_2 Beobachtungswerte von $\mathbf{x}'=(X_1,X_2, \ldots,X_p)$ aus G_1 bzw. G_2 vorliegen. Diese ordnet man zweckmäßigerweise in folgenden Spaltenvektoren an:

$$\mathbf{x_{11}}: = \begin{pmatrix} X_{11,1} \\ X_{21,1} \\ \cdot \\ \cdot \\ \cdot \\ X_{p1,1} \end{pmatrix}, \quad \mathbf{x_{12}}: = \begin{pmatrix} X_{12,1} \\ X_{22,1} \\ \cdot \\ \cdot \\ \cdot \\ X_{p2,1} \end{pmatrix}, \ldots, \quad \mathbf{x_{1n_1}}: = \begin{pmatrix} X_{1n_1,1} \\ X_{2n_1,1} \\ \cdot \\ \cdot \\ \cdot \\ X_{pn_1,1} \end{pmatrix}$$

bzw.

$$\mathbf{x_{21}}: = \begin{pmatrix} X_{11,2} \\ X_{21,2} \\ \cdot \\ \cdot \\ \cdot \\ X_{p1.2} \end{pmatrix}, \quad \mathbf{x_{22}}: = \begin{pmatrix} X_{12,2} \\ X_{22,2} \\ \cdot \\ \cdot \\ \cdot \\ X_{p2,2} \end{pmatrix}, \ldots, \quad \mathbf{x_{2n_2}}: = \begin{pmatrix} X_{1n_2,2} \\ X_{2n_2,2} \\ \cdot \\ \cdot \\ \cdot \\ X_{pn_2,2} \end{pmatrix}$$

Die beiden Stichproben-Mittelwertsvektoren:

$$\bar{\mathbf{x}}_1 := \frac{1}{n_1}\sum_{j=1}^{n_1}\mathbf{x}_{1j} = \begin{pmatrix} \bar{X}_{1,1} \\ \bar{X}_{2,1} \\ \cdot \\ \cdot \\ \cdot \\ \bar{X}_{p,1} \end{pmatrix}, \quad \bar{\mathbf{x}}_2 := \frac{1}{n_2}\sum_{j=1}^{n_2}\mathbf{x}_{2j} = \begin{pmatrix} \bar{X}_{1,2} \\ \bar{X}_{2,2} \\ \cdot \\ \cdot \\ \cdot \\ \bar{X}_{p,2} \end{pmatrix}$$

sind Schätzer für $\boldsymbol{\mu}_1$ bzw. $\boldsymbol{\mu}_2$. Für jede Gruppe läßt sich eine Kovarianz-Matrix schätzen gemäß:

$$\mathbf{S}_i := \frac{1}{n_i - 1}\sum_{j=1}^{n_i}(\mathbf{x}_{ij} - \bar{\mathbf{x}}_i)(\mathbf{x}_{ij} - \bar{\mathbf{x}}_i)', \quad i = 1,2$$

Da aber vorausgesetzt wird, daß die (unbekannte) Kovarianz-Matrix der p Variablen für beide Gruppen gleich ist, liegt es nahe, ein gewogenes Mittel aus den beiden Matrizen $\mathbf{S}_1$ und $\mathbf{S}_2$ als Schätzer für $\boldsymbol{\Sigma}$ zu verwenden. Die "gepoolte" Kovarianz-Matrix

$$\mathbf{S}_{pooled} := \frac{(n_1 - 1)\mathbf{S}_1 + (n_2 - 1)\mathbf{S}_2}{n_1 + n_2 - 2}$$

ist ein unverzerrter Schätzer für $\boldsymbol{\Sigma}$ ($E(\mathbf{S}_{pooled}) = \boldsymbol{\Sigma}$), falls die Spaltenvektoren $\mathbf{x}_1$ und $\mathbf{x}_2$ Zufallsstichproben aus G_1 bzw. G_2 sind.

Damit gewinnt man eine lineare *Stichproben-Diskriminanzfunktion* (nach Fisher):

$$\hat{Y} := \hat{\mathbf{l}}'\mathbf{x} = (\bar{\mathbf{x}}_1 - \bar{\mathbf{x}}_2)'\mathbf{S}_{pooled}^{-1}\,\mathbf{x}$$

Mit

$$\hat{m} := \frac{1}{2}\left(\frac{1}{n_1}\sum_{j=1}^{n_1}\hat{Y}_{1,j} + \frac{1}{n_2}\sum_{j=1}^{n_2}\hat{Y}_{2,j}\right) = \frac{1}{2}(\bar{\mathbf{x}}_1 - \bar{\mathbf{x}}_2)'\mathbf{S}_{pooled}^{-1}(\bar{\mathbf{x}}_1 + \bar{\mathbf{x}}_2)$$

lautet die Klassifikationsregel nun: weise das neue Objekt G_1 zu, falls $\hat{Y}_n - \hat{m} \geq 0$ ist, ansonsten G_2, wobei

$$\hat{Y}_n := (\bar{\mathbf{x}}_1 - \bar{\mathbf{x}}_2)'\mathbf{S}_{pooled}^{-1}\,\mathbf{x}_n$$

ist (vgl. Johnson/Wichern 1988, S.474-475).

VIII.5.2. Der Mehr-Gruppen-Fall

Es sollen nun allgemein g ($g \geq 2$) Gruppen $G_1, G_2, \ldots, G_g$ vorliegen, für die $\boldsymbol{\Sigma}_1 = \boldsymbol{\Sigma}_2 = \ldots = \boldsymbol{\Sigma}_g = \boldsymbol{\Sigma}$ sein soll, d.h. die Kovarianz-Matrix der in die Analyse einbezogenen Variablen $X_1, X_2, \ldots, X_p$ sei für alle Gruppen gleich. Der Vektor der Erwartungswerte dieser Variablen für die i-te Gruppe sei:

$$\boldsymbol{\mu}_i := \begin{pmatrix} E(X_1)|G_i \\ E(X_2)|G_i \\ \vdots \\ E(X_p)|G_i \end{pmatrix}, \quad i = 1,2,\ldots,g$$

Aus der Diskriminanzfunktion $Y = \mathbf{l}'\mathbf{x}$ folgt für den Erwartungswert der Diskriminanzwerte in der i-ten Gruppe:

$$E(Y_i) = \mathbf{l}'E(\mathbf{x}|G_i) = \mathbf{l}'\boldsymbol{\mu}_i := \mu_{Y_i}$$

und für das "Gesamtmittel" (über alle g Gruppen):

$$\mu_Y := \frac{1}{g}\sum_{i=1}^{g} \mu_{Y_i} = \frac{1}{g}\sum_{i=1}^{g} \mathbf{l}'\boldsymbol{\mu}_i = \mathbf{l}'\Big(\frac{1}{g}\sum_{i=1}^{g} \boldsymbol{\mu}_i\Big) = \mathbf{l}'\,\overline{\boldsymbol{\mu}}\,, \quad \overline{\boldsymbol{\mu}} := \frac{1}{g}\sum_{i=1}^{g} \boldsymbol{\mu}_i$$

Analog zum Zwei-Gruppen-Fall werden die Diskriminanzgewichte gemäß folgendem Optimalprinzip bestimmt:

$$\frac{\sum_{i=1}^{g}(\mu_{Y_i} - \mu_Y)^2}{\sigma_Y^2} = \frac{\sum_{i=1}^{g}(\mathbf{l}'\boldsymbol{\mu}_i - \mathbf{l}'\,\overline{\boldsymbol{\mu}})^2}{\mathbf{l}'\boldsymbol{\Sigma}\,\mathbf{l}} = \frac{\mathbf{l}'[\sum_{i=1}^{g}(\boldsymbol{\mu}_i - \overline{\boldsymbol{\mu}})(\boldsymbol{\mu}_i - \overline{\boldsymbol{\mu}})']\mathbf{l}}{\mathbf{l}'\boldsymbol{\Sigma}\,\mathbf{l}}$$

$$= \frac{\mathbf{l}'\mathbf{B}\,\mathbf{l}}{\mathbf{l}'\boldsymbol{\Sigma}\,\mathbf{l}} = \max(\mathbf{l})\,, \quad \mathbf{B} := \sum_{i=1}^{g}(\boldsymbol{\mu}_i - \overline{\boldsymbol{\mu}})(\boldsymbol{\mu}_i - \overline{\boldsymbol{\mu}})'$$

Die Ableitung des Quotienten nach $\mathbf{l}$ führt zu dem Ausdruck $(\boldsymbol{\Sigma}^{-1}\mathbf{B} - \lambda\mathbf{I}) = \mathbf{0}$, d.h. die Diskriminanzgewichte sind die Eigenvektoren der Matrix $\boldsymbol{\Sigma}^{-1}\mathbf{B}$.

Allgemein gilt nun: es gibt $s \leq \min(g-1, p)$ von Null verschiedene Eigenwerte $\lambda_1 \geq \lambda_2 \geq \ldots \geq \lambda_s > 0$ mit den zugehörigen Eigenvektoren $\mathbf{l}_1, \mathbf{l}_2, \ldots, \mathbf{l}_s$, d.h. es gibt s Diskriminanzfunktionen. Es zeigt sich allerdings, daß es häufig genügt, nur zwei Diskriminanzfunktionen zu berücksichtigen, da weitere vielfach nur noch eine marginale Verbesserung der Gruppentrennung bewirken. Damit lassen sich die Objekte bequem im *Diskriminanzraum* darstellen (vgl. dazu das Beispiel in Abschnitt VIII.5.5.).

Zur praktischen Bestimmung der Diskriminanzfunktionen wird analog zum Zwei-Gruppenfall die unbekannte Kovarianz-Matrix $\mathbf{\Sigma}$ durch die "gepoolte" Matrix:

$$\mathbf{S}_{\mathbf{pooled}} := \sum_{i=1}^{g} (n_i - 1)\mathbf{S}_i \;/\; (\sum_{i=1}^{g} n_i - g)$$

ersetzt, wobei $\mathbf{S}_i$ die geschätzte Kovarianz-Matrix für die i-te Gruppe ist. Analog dazu werden $\boldsymbol{\mu}_i$, $\boldsymbol{\mu}$ durch entsprechende Stichproben-Mittelwertsvektoren ersetzt.

Auch hier sind die Diskriminanzgewichte nur eindeutig bis auf eine multiplikative Konstante. In der Praxis werden die Diskriminanzgewichte *normiert*, d.h. sie werden so transformiert, daß sie gewisse Bedingungen erfüllen. Dies kann auf verschiedene Arten geschehen. In den verfügbaren Software-Paketen wird z.B. häufig die Normierung $\mathbf{l}_s'\mathbf{S}_{pooled}\mathbf{l}_s = 1$, s=1,2, ... vorgenommen. Andere Normierungen sind z.B. $\mathbf{l}_s/(\mathbf{l}_s\mathbf{l}_s')^{1/2}$ oder $\mathbf{l}_s/l_1$, wobei l_1 das erste Element von $\mathbf{l}_s$ ist. Es sei darauf hingewiesen, daß die Resultate einer Diskriminanzanalyse unabhängig sind von der vorgenommenen Normierung.

Wie im Zwei-Gruppen-Fall können die Diskriminanzfunktionen zur Ableitung von Klassifikationsregeln verwendet werden. Praktisch ist es jedoch bequemer dafür die sogenannten "Klassifikationsfunktionen" zu verwenden, wie sie auch bei den meisten Programmpaketen routinemäßig ausgegeben werden. Auf diese Funktionen soll weiter unter eingegangen werden.

VIII.5.3. Das allgemeine Klassifikationsproblem bei der Diskriminanzanalyse

VIII.5.3.1. Klassifikation im Zwei-Gruppen-Fall

Wie eingangs erwähnt wurde, sind bei einer Diskriminanzanalyse die beiden Aspekte "Separation" und "Klassifikation" zu unterscheiden. Auf Klassifikationsaspekte wurde im Zwei-Gruppen-Fall schon hingewiesen. Hier soll jedoch das Klassifikationsproblem in einem weiteren Rahmen gesehen werden, d.h. unter Einbeziehung von wahrscheinlichkeits- und entscheidungstheoretischen Gesichtspunkten. Wiederum werde zunächst der Zwei-Gruppen-Fall behandelt.

Im wesentlichen geht es bei der Klassifikation um eine Zerlegung des *Stichprobenraumes* in Teilgebiete und zwar so, daß eine "optimale" Klassifikation unter Berücksichtigung von a priori-Kenntnissen und/oder Kostenüberlegungen möglich wird.

Was mit einer "Zerlegung" des Stichprobenraumes gemeint ist, kann man bei nur zwei Variablen an Hand der folgenden Graphik verdeutlichen:

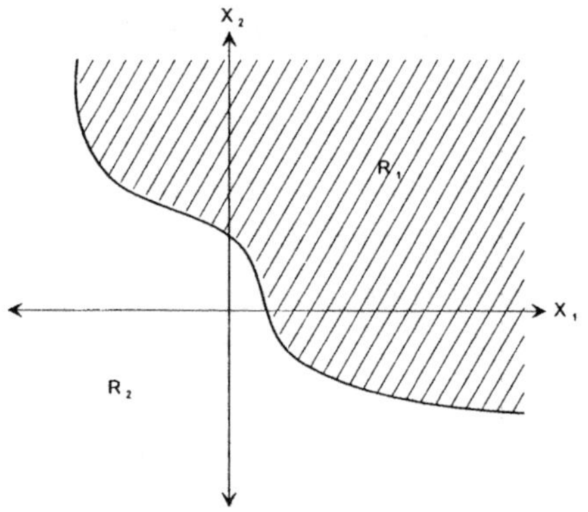

Der Stichprobenraum besteht aus allen denkbaren Kombinationen der Werte der Variablen, hier von X_1 und X_2. Wenn wir der Einfachheit halber annehmen, daß beide Variablen beliebige reelle Werte annehmen können, dann ist der Stichprobenraum identisch mit den vier Quadranten eines Koordinatensystems in der Ebene. Diese ist in obiger Graphik in die beiden Gebiete R_1 und R_2 zerlegt. Ein Objekt mit einer X_1,X_2-Merkmalskombination, die in R_1 liegt, wird der Gruppe G_1 zugeordnet, andernfalls der Gruppe G_2. Das Klassifikationsproblem besteht nun darin, die "Trennkurve", die oben beliebig eingezeichnet ist, "optimal" festzulegen, d.h. so, daß ein bestimmtes Kriterium erfüllt ist. Dazu seien folgende Größen eingeführt:

a) $f_1(\mathbf{x})$: Dichtefunktion des Vektors $\mathbf{x}'=(X_1,X_2,\ldots,X_p)$ in G_1
b) $f_2(\mathbf{x})$: Dichtefunktion des Vektors $\mathbf{x}'=(X_1,X_2,\ldots,X_p)$ in G_2
c) $P(2/1)$: Wahrscheinlichkeit, daß ein Objekt G_2 zugewiesen wird, obwohl es zu G_1 gehört

d) P(1/2): Wahrscheinlichkeit, daß ein Objekt G_1 zugewiesen wird, obwohl es zu G_2 gehört
e) P_1: A priori-Wahrscheinlichkeit, daß ein Objekt zu G_1 gehört
f) P_2: A priori-Wahrscheinlichkeit, daß ein Objekt zu G_2 gehört
g) K(2/1): Kosten der Fehlklassifikation eines Objektes das zu G_1 gehört
h) K(1/2): Kosten der Fehlklassifikation eines Objektes das zu G_2 gehört
i) R_1: Wertemenge der Variablen $X_1, X_2, \ldots, X_p$, für die ein Objekt G_1 zugewiesen wird
j) R_2: Wertemenge der Variablen $X_1, X_2, \ldots, X_p$, für die ein Objekt G_2 zugewiesen wird

P(2/1) und P(1/2) werden als *Fehlklassifikationswahrscheinlichkeiten* bezeichnet.

Den Sinn der a priori-Wahrscheinlichkeiten kann man sich leicht an folgendem Beispiel klarmachen. Angenommen, die beiden Gruppen seien die Klienten einer Unfallversicherung, wobei in G_1 diejenigen Personen seien, die in einem bestimmten Zeitraum (etwa im vergangenen Jahr) keinen Unfall erlitten, während G_2 die Menge der "Verunfallten" bezeichne. Offensichtlich ist die Wahrscheinlichkeit, daß ein Neu-Versicherter zu einer der beiden Gruppen gehören wird, drastisch verschieden von 0.5, d.h. die Wahrscheinlichkeit, daß dieser zu G_1 gehört, ist sehr viel größer als die Wahrscheinlichkeit einer Zugehörigkeit zu G_2, sonst wären alle Unfallversicherungen schon längst bankrott. Die a priori-Wahrscheinlichkeiten können als von den Merkmalswerten der p Variablen unabhängige Vermutungen über die künftige Gruppenzugehörigkeit eines neuen Objekts interpretiert werden. In der Praxis beruhen diese in der Regel auf Erfahrungswerten, wie am Beispiel einer Unfallversicherung unmittelbar einsichtig ist.

Bezieht man Kosten einer Fehlklassifikation in die Überlegungen mit ein, dann hängen Entscheidungen über Klassifikationen neuer Objekte auch von ökonomischen Überlegungen ab. Die beiden Fehlklassifikationskosten K(2/1) und K(1/2) sind im allgemeinen nicht gleich.

Der Erwartungswert der Fehlklassifikationskosten (FK) ist:

$$E(FK) = K(2/1)P(2/1)P_1 + K(1/2)P(1/2)P_2$$

Unter einer "optimalen" Klassifikation sei nun eine solche Zerlegung des Stichprobenraumes (d.h. eine Festlegung der beiden "Bereiche" R_1 und R_2) verstanden, die E(FK) *minimiert*. Als Lösung dieses Optimalitätsproblems ergibt sich für R_1 und R_2 (vgl. Johnson/Wichern 1988, S.486):

$$R_1: \quad \frac{f_1(\mathbf{x})}{f_2(\mathbf{x})} \geq \frac{K(1/2)}{K(2/1)} \frac{P_2}{P_1}$$

$$R_2: \quad \frac{f_1(\mathbf{x})}{f_2(\mathbf{x})} < \frac{K(1/2)}{K(2/1)} \frac{P_2}{P_1}$$

Danach werden alle Objekte, für welche der Quotient aus den beiden Dichtefunktionen größer oder gleich ist als das Produkt der Quotienten aus den Fehlklassifikationskosten und den a priori-Wahrscheinlichkeiten G_1 zugeordnet, ansonsten G_2. Zu beachten ist, daß die Klassifikation nicht von den absoluten Fehlklassifikationskosten abhängt, sondern nur von den relativen.

Dieses Entscheidungskriterium ist natürlich nur dann praktisch verwertbar, wenn die beiden Dichtefunktionen bekannt sind oder zumindest geschätzt werden können. Ein praktisch wichtiger Fall ist der, daß man unterstellt, **x** sei multivariat normalverteilt. In diesem Fall ist:

$$f_i(\mathbf{x}) = \frac{1}{(2\pi)^{p/2}|\boldsymbol{\Sigma}|^{1/2}} \exp[-\frac{1}{2}(\mathbf{x} - \boldsymbol{\mu}_i)' \boldsymbol{\Sigma}^{-1} (\mathbf{x} - \boldsymbol{\mu}_i)] \ , \quad i = 1,2$$

(vgl. Anhang Kap. IX.2.). Dann folgt für den Quotienten der beiden Dichtefunktionen:

$$\frac{f_1(\mathbf{x})}{f_2(\mathbf{x})} = \frac{\exp[-\frac{1}{2}(\mathbf{x} - \boldsymbol{\mu}_1)' \boldsymbol{\Sigma}^{-1} (\mathbf{x} - \boldsymbol{\mu}_1)}{\exp[-\frac{1}{2}(\mathbf{x} - \boldsymbol{\mu}_2)' \boldsymbol{\Sigma}^{-1} (\mathbf{x} - \boldsymbol{\mu}_2)]}$$

und die optimale Klassifikationsregel lautet: weise das neue Objekt G_1 zu falls

$$(\boldsymbol{\mu}_1 - \boldsymbol{\mu}_2)' \boldsymbol{\Sigma}^{-1} \mathbf{x}_n - m \geq \ln \left[\frac{K\,1/2)}{K(2/1)} \frac{P_2}{P_1}\right]$$

ist, ansonsten G_2. Dabei ist wieder wie oben:

$$m = \frac{1}{2}(\boldsymbol{\mu}_1 - \boldsymbol{\mu}_2)' \boldsymbol{\Sigma}^{-1} (\boldsymbol{\mu}_1 + \boldsymbol{\mu}_2)$$

und $\mathbf{x}_n'$ der Datenvektor des zu klassifizierenden Objekts. Für die praktische Anwendung müssen wieder wie vorher die unbekannten Parameter durch

Schätzungen aus einer Lernstichprobe ersetzt werden. Außerdem müssen Informationen über das Verhältnis der Fehlklassifikationskosten sowie über die a priori-Wahrscheinlichkeiten vorliegen. Letztere werden in der Praxis häufig aus den relativen Besetzungszahlen der beiden Gruppen geschätzt, falls keine externen Informationen vorliegen.

Wie sich aus dem letzten Ausdruck ergibt, ist für gleiche Fehlklassifikationskosten und gleiche a priori-Wahrscheinlichkeiten (bzw. wenn beide Verhältnisse zueinander reziprok sind) der rechts stehende Quotient gleich Eins. Da ln(1)=0 ist, ergibt sich damit die gleiche Klassifikationsregel wie sie schon oben in VIII.1.4. betrachtet wurde. Bleiben also Fehlklassifikationskosten und a priori-Wahrscheinlichkeiten außer Betracht, dann verwischen sich die Unterschiede zwischen Separation und Klassifikation (vgl. Johnson/Wichern 1988, S.487).

VIII.5.3.2. Klassifikation im Mehr-Gruppen-Fall

Der Mehr-Gruppen-Fall ergibt sich durch eine unmittelbare Verallgemeinerung des behandelten Zwei-Gruppen-Falles. Sei $f_i(\mathbf{x})$ die Dichtefunktion der p Variablen $\mathbf{x}'=(X_1,X_2,...,X_p)$ in G_i, i=1,2,...,g und p_i die a priori-Wahrscheinlichkeit für die Zugehörigkeit eines Objekts zu G_i mit

$$\sum_{i=1}^{g} p_i = 1$$

dann lautet die Klassifikationsregel: weise ein Objekt G_j zu, falls $p_j f_j(\mathbf{x}_n) > p_i f_i(\mathbf{x}_n)$ ist $\forall i \neq j$, wenn von Fehlklassifikationskosten abgesehen wird. Da in den verfügbaren Programmpaketen dies meistens der Fall ist, sollen Kostenaspekte im folgenden vernachlässigt werden.

Nimmt man wiederum an, daß $\mathbf{x}'=(X_1,X_2,...,X_p)$ multivariat normalverteilt ist in allen g Gruppen, dann lassen sich aus obiger Regel g *Gruppen-Klassifikationsfunktionen*

$$d_i(\mathbf{x}) := \boldsymbol{\mu}_i' \boldsymbol{\Sigma}^{-1} \mathbf{x}_n - \frac{1}{2} \boldsymbol{\mu}_i' \boldsymbol{\Sigma}^{-1} \boldsymbol{\mu}_i + \ln P_i \,, \quad i = 1,2,...,g$$

herleiten. Die Zuweisung erfolgt zu der Gruppe, für die $d_i(\mathbf{x})$ **maximal** ist.

In der Praxis muß natürlich mit *geschätzten* Klassifikationsfunktionen gearbeitet werden:

$$\hat{d}_i(\mathbf{x}) = \bar{\mathbf{x}}_i' \, \mathbf{S}_{\mathbf{pooled}}^{-1} \, \mathbf{x}_n - \frac{1}{2}\bar{\mathbf{x}}_i' \, \mathbf{S}_{\mathbf{pooled}}^{-1} \, \bar{\mathbf{x}}_i + \ln P_i \,, \quad i = 1,2,\ldots,g$$

VIII.5.4. Evaluation von Klassifikationen

Eine naheliegende Möglichkeit, die *Güte* einer Klassifikation zu beurteilen, besteht darin, die von einer Diskriminanzanalyse "vorhergesagten" Klassifikationen mit der tatsächlichen Gruppenzugehörigkeit von Objekten zu vergleichen und die Güte am Prozentsatz der richtig vorhergesagten Klassifikation zu messen (bzw. was dazu komplementär ist, am Prozentsatz der falsch vorhergesagten). Dazu müßte man die neuen Objekte unbekannter Gruppenzugehörigkeit so lange "beobachten", bis ihre Zugehörigkeit feststeht. Dies ist in der Praxis eine jedoch nur relativ selten durchführbare Strategie. Eine Ersatzlösung bieten die Informationen der Lernstichprobe. Hier kennt man die wahre Gruppenzugehörigkeit der Objekte. Deshalb kann man diese mit der Zugehörigkeit vergleichen, die durch die Diskriminanzanalyse "vorhergesagt" wird und daraus eine Fehlklassifikationswahrscheinlichkeit schätzen. Dazu erstellt man eine sogenannte "Konfusionsmatrix", die im Zwei-Gruppen-Fall folgende Gestalt hat:

Tatsächliche Zugehörigkeit	Vorhergesagte G1	Zugehörigkeit G2	Randhäufigkeiten
G_1	n_{11}	n_{12}	n_1
G_2	n_{21}	n_{22}	n_2

Die Hauptdiagonale dieser Tabelle enthält die Anzahlen der richtig klassifizierten Objekte ($n_{11}+n_{22}$), während die Nebendiagonalplätze die Anzahlen der falsch klassifizierten aufweisen ($n_{12}+n_{21}$). Damit beträgt der Prozentsatz der *fehlklassifizierten* Objekte

$$\text{PFK:} = \frac{n_{12} + n_{21}}{n_1 + n_2} \cdot 100\%$$

PFK kann als Schätzung der unbekannten (wahren) Fehlklassifikationswahrscheinlichkeit einer Diskriminanzanalyse angesehen werden. Dabei ist aber einschränkend zu beachten, daß diese Schätzung die wahre Fehlklassifikationswahrscheinlichkeit eher *unterschätzt* und dies umso mehr, je kleiner der Umfang der Lernstichprobe ist. Das hängt damit zusammen, daß sowohl für die Ableitung der Diskriminanz- bzw. Klassifikationsfunktionen als auch für die Evaluation der Klassifikation das gleiche Datenmaterial verwendet wird. Es existieren andere Evaluationsprozeduren, welche diesen Nachteil nicht aufweisen, so z.B. das "Jackknifing", das in manchen Programmpaketen verfügbar ist (z.B. in SAS). Dabei wird im 1. Schritt das 1. Objekt weggelassen, die Diskriminanzanalyse durchgeführt und dieses anschließend klassifiziert, wobei sich sofort zeigt, ob die Klassifikation richtig oder falsch war. Im 2. Schritt wird das 1. Objekt der Lernstichprobe wieder hinzugefügt und das 2. Objekt eliminiert. Wieder wird eine Diskriminanzanalyse durchgeführt und das weggelassene Objekt klassifiziert usw., bis zur Elimination und Klassifikation des letzten in der Lernstichprobe vorhandenen Objektes. Es läßt sich zeigen, daß auf diese Weise eine genauere Schätzung der wahren Fehlklassifikationswahrscheinlichkeit erzielbar ist. Auf Einzelheiten kann hier nicht eingegangen werden.

VIII.5.5. Beispiele

Das erste Beispiel nimmt Bezug auf den in Abschnitt 8.5.1.2 präsentierten Zwei-Gruppen-Fall. Mit SYSTAT erhält man für diese Daten (auszugsweise) folgenden Output:

```
TEST FOR EFFECT CALLED: GRUPPE

SINGLE DEGREE-OF-FREEDOM POLYNOMIAL CONTRASTS
          SS          DF      MS          F          P
X1      54.000      1     54.000     16.971     0.000
ERROR   70.000     22      3.182

X2       6.000      1       6.000     2.200      0.152
ERROR   60.000     22       2.727

MULTIVARIATE TEST STATISTICS

WILKS' LAMBDA = 0.555
F-STATISTIC   = 8.402   DF = 2, 21   PROB = 0.002

PILLAI TRACE  = 0.445
F-STATISTIC   = 8.402   DF = 2, 21   PROB = 0.002
```

```
HOTELLING-LAWLEY TRACE = 0.800
F-STATISTIC    = 8.402  DF = 2, 21  PROB =  0.002

DEPENDENT VARIABLE CANONICAL COEFFICIENTS
STANDARDIZED BY CONDITIONAL (WITHIN GROUPS) STANDARD DEVIATIONS
         X1      0.949
         X2      0.192

GROUP CLASSIFICATION FUNCTIONS COEFFICIENTS
                  1           2
         X1       1.969       1.057
         X2       1.472       1.273

GROUP CLASSIFICATION CONSTANTS
                  1           2
              -11.264      -5.353
```

Bei den zuerst aufgeführten F-Tests handelt es sich um *univariate* Tests bezüglich der Trennfähigkeit der beiden Variablen X_1 und X_2. Wie die beiden empirischen Signifikanzniveaus (0.000 und 0.152) zeigen, trennt nur X_1 die beiden Gruppen in signifikanter Weise, was schon eingangs mit Hilfe von box plots auf graphischem Weg gezeigt wurde.

Bei den drei Tests nach *Wilks, Pillai* und *Hotelling* handelt es sich um *multivariate* Signifikanztests, die alle die Hypothese testen, daß die Variablen *zusammen* die beiden Gruppen nicht trennen. Nach den Resultaten aller drei Tests kann diese Hypothese klar abgelehnt werden. (Auf die Konstruktion dieser Tests kann hier nicht eingegangen werden, es sei hier nur vermerkt, daß sie erfahrungsgemäß in der Regel zu gleichen Schlüssen führen).

Die Diskriminanzfunktion lautet $\hat{Y}=0.949X_1+0.192X_2$ und die Gruppenklassifikationsfunktionen sind:

$$\hat{d}_1 = -11.264 + 1.969X_1 + 1.472X_2$$
$$\hat{d}_2 = -5.353 + 1.057X_1 + 1.273X_2$$

Für die Konfusionsmatrix erhält man:

TABLE OF GROUP(ROWS) BY PREDICT(COLUMNS)
FREQUENCIES

	1.000	2.000	TOTAL
1.000	10	2	12
2.000	2	10	12
TOTAL	12	12	24

Es ist PFK=4/24·100%≈17%. Bei zwei Gruppen muß PFK (bzw. die "Trefferrate") "wesentlich" verschieden sein von 0.5, da man andernfalls nicht besser liegen würde als mit einer (rein zufälligen) Klassifikation per Münzwurf. Obwohl diese Trefferrate von circa 83% die Güte der Klassifikation überschätzt, wie oben dargelegt wurde, ist sie "weit genug" von 0.5 entfernt, daß von einer "gelungenen" Diskriminanzanalyse gesprochen werden kann.

Würde man die Variable X_2 bei der Analyse nicht berücksichtigen, weil sie bei univariater Betrachtungsweise die beiden Gruppen nicht trennt, dann erhielte man folgende Konfusionsmatrix:

TABLE OF GROUP(ROWS) BY PREDICT(COLUMNS)
FREQUENCIES

	1.000	2.000	TOTAL
1.000	10	2	12
2.000	3	9	12
TOTAL	13	11	24

Jetzt ist PFK=5/24·100%≈21% , d.h. X_2 verbessert die Trefferquote um ca. 4%, obwohl sich der Mittelwert dieser Variablen in beiden Gruppen nicht signifikant unterscheidet.

Angenommen, für ein neu hinzukommendes Objekt sei $X_1=8$, $X_2=4$. Aus den Klassifikationsfunktionen erhält man $\hat{d}_1=10.376$, $\hat{d}_2=8.195$, d.h. dieses neue Objekt ist G_1 zuzuweisen.

Die Daten des zweiten Beispiels gehen auf Gerrild/Lantz 1969 zurück und sind bei Johnson/Wichern 1988, S.540 zu finden. Es handelt sich um drei Gruppen von Rohölfunden, die durch fünf chemische Variablen charakterisiert werden, die hier im einzelnen nicht interessieren (nähere Angaben bei Johnson/Wichern 1988, S.519). Wie der (hier nicht wiedergegebene) SYSTAT-Output zeigt, trennen alle fünf Variablen (isoliert und gemeinsam betrachtet) die drei Gruppen signifikant. Die beiden Diskriminanzfunktionen lauten:

$$\hat{Y}_1 = -0.619X_1 + 0.543X_2 - 0.706X_3 + 0.479X_4 + 0.500X_5$$
$$\hat{Y}_2 = -0.234X_1 + 0.365X_2 + 0.569X_3 - 0.978X_4 + 1.019X_5$$

und die Konfusionsmatrix ist:

TABLE OF GROUP(ROWS) BY PREDICT(COLUMNS)
FREQUENCIES

	1.000	2.000	3.000	TOTAL
1.000	7	0	0	7
2.000	1	10	0	11
3.000	0	3	35	38
TOTAL	8	13	35	56

Somit ist PFK = 4/56·100% ≈ 7%, was eine sehr gute Separation der drei Gruppen durch die fünf Variablen indiziert.

Die nächste Graphik zeigt die Positionierung der 56 Funde im zweidimensionalen Diskriminanzraum:

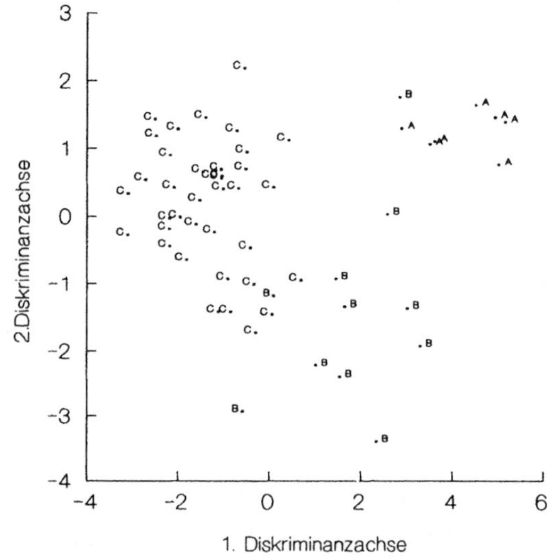

Wie aus dieser Darstellung hervorgeht, erscheinen alle drei Gruppen im Diskriminanzraum als deutlich voneinander getrennt (mit A, B, C werden die Funde von Gruppe 1 bzw. Gruppe 2 bzw. Gruppe 3 bezeichnet).

Schließlich seien noch a priori-Wahrscheinlichkeiten berücksichtigt. Da keine externen Informationen darüber vorliegen, sollen diese mit den relativen Besetzungshäufigen in den drei Gruppen – 0.13, 0.20, 0.67 – geschätzt werden. Werden a priori-Wahrscheinlichkeiten berücksichtigt, dann bleiben die Koeffizienten der Klassifikationsfunktionen unverändert mit Ausnahme der Konstanten. Die Konfusionsmatrix ist nun:

TABLE OF GROUP(ROWS) BY PREDICT(COLUMNS)
FREQUENCIES

	1.000	2.000	3.000	TOTAL
1.000	7	0	0	7
2.000	1	9	1	11
3.000	0	1	37	38
TOTAL	8	10	38	56

mit PKF = 3/56·100% ≈ 5%. d.h. es resultiert eine etwas kleinere Fehlerrate. Die Darstellung der Objekte im Diskriminanzraum bleibt die gleiche vorher, lediglich die Grenzen zwischen den einzelnen Gruppen verändern sich etwas.

VIII.5.6. Abschließende Bemerkungen

In der obigen Darstellung konnte nur auf die Grundzüge der Diskriminanzanalyse eingegangen werden. Außer Betracht blieben Probleme wie die postulierte Homogenität der Kovarianz-Matrix der Variablen in den einzelnen Gruppen (Testmöglichkeiten und gegebenenfalls quadratische Diskriminanzanalyse), Probleme der Normalitätshypothese, der Interpretation von Diskriminanzfunktionen usw. Durchweg wurde auch davon ausgegangen, daß die involvierten Variablen mindestens auf Intervallskalenniveau gemessen werden können. Sind diese aber z.B. nur nominalskaliert, dann ist es nicht mehr sinnvoll, für sie eine Normalverteilung zu postulieren. Enthält eine Datenmatrix *ausschließlich* nominalskalierte Variablen, dann können z.B. die in Kapitel VIII.7. und in Kapitel VIII.8. behandelten loglinearen bzw. logit-Modelle zur Objektklassifikation herangezogen werden (vgl. dazu z.B. Fahrmeier/Häussler/Tutz 1984, S.339 ff.). Für *gemischte* Datenmatrizen, die also sowohl nominal/ordinal als auch metrisch skalierte Variable enthalten, empfiehlt sich das sogenannte *Lokalisationsmodell* (Krzanowski 1990, S.283-285, 330, 354-356) oder ein *linear-logistisches Regressionsmodell* (siehe Fahrmeier/Häussler/Tutz 1984, S.358-360).

Schließlich seien noch *nicht-parametrische* (d.h. *verteilungsfreie*) Verfahren der Diskriminanzanalyse erwähnt. Bei diesen wird keine spezielle Verteilung für die Variablen in den einzelnen Klassen vorausgesetzt. Eine Möglichkeit besteht dabei darin, die unbekannte Verteilung der Variablen in den Klassen zu schätzen, was mit Hilfe sogenannter *Potentialfunktionen* oder *Kerne* möglich ist. Eine andere stellt die Verwendung einfacher *Zuordnungsregeln* dar, sogenannte *"k-Nächste-Nachbarn"*-Regeln. Im einfachsten Fall wird k=1 gesetzt, d.h. ein Objekt wird der Klasse zugeordnet, die denjenigen Merkmalsvektor enthält, der die geringste "Distanz" zum Merkmalsvektor des zu klassifizierenden Objektes aufweist. Dabei muß ein Distanzmaß definiert werden, z.B. die euklidische Distanz. Für beide Ansätze sei auf die Spezialliteratur verwiesen. Ein Überblick ist z.B. bei Fahrmeier/Häussler/Tutz 1984, S.361 ff.) zu finden.

VIII.6. Clusteranalyse

Unter *Clusteranalysen* (oder *Klassifikationsverfahren*) versteht man Methoden zur *Klassenbildung*, d.h. zur Einteilung von Merkmalsträgern (oder Objekten) in Teilmengen (oder Klassen) – "Cluster" genannt – wobei diese nicht a priori gegeben sind wie bei der Diskriminanzanalyse, sondern erst gebildet werden müssen. Damit sind Clusteranalysen als dual zu Diskriminanzanalysen anzusehen. Die Klassen- oder Clusterbildung soll dabei so erfolgen, daß die Objekte eines Clusters sich möglichst ähnlich sind, während sich Objekte verschiedener Clusters möglichst deutlich unterscheiden sollten.

Eine Clusterung erfolgt stets auf der Basis einer Anzahl vorgegebener beobachtbarer Variablen $X_1,X_2,\ldots,X_p$, da über "Ähnlichkeit" bzw. "Unähnlichkeit" von Objekten zu sprechen nur sinnvoll ist auf dem Hintergrund definierter Eigenschaften.

Sei $O:=\{O_1,O_2,\ldots,O_n\}$ die Menge der zu klassifizierenden Objekte und bezeichne $\mathfrak{C}=:\{C_1,C_2,\ldots,C_g\}$ eine Menge von Clustern. Unter einer *Partition* der Objektmenge O sei eine solche Clustermenge $\mathfrak{C}$ verstanden, für die gilt

$$\bigcup_{k=1}^{g} C_k = O,\quad C_i \cap C_j = \emptyset,\quad i \neq j$$

d.h. jedes Objekt befindet sich in genau einem Cluster, sich "überlappende" Cluster sind ausgeschlossen. Bei den hier zu besprechenden Clusteranalysen soll ausschließlich von solchen Clustermengen ausgegangen werden.

VIII.6.1. Ähnlichkeits-und Distanzmaße

Sei $O:=\{O_1,O_2,...,O_n\}$ eine Menge von Objekten. Die Funktion $S\colon O\times O\to\mathbb{R}$ heißt *Ähnlichkeitsmaß*, wenn gilt:

$$S_{ij} = S_{ji}$$
$$S_{ij} \leq S_{ii} \quad , \quad i,j\in O$$

d.h. jedem Objekt-Paar wird eine reelle Zahl zugeordnet, wobei unterstellt wird, daß die Ähnlichkeit zwischen i und j gleich der Ähnlichkeit zwischen j und i ist und daß ein Objekt im Vergleich mit sich selbst die höchste Ähnlichkeit aufweist. Häufig wird für Ähnlichkeitsmaße gefordert, daß $S_{ij} \geq 0$ und $S_{ii} = 1$, d.h. daß $0\leq S_{ij}\leq 1$ ist. Ähnlichkeitsmaße lassen sich in einer Matrix anordnen. Die symmetrische (n×n)-Matrix $\mathbf{S} = (S_{ij})$ wird als *Ähnlichkeitsmatrix* bezeichnet. Die Funktion $d\colon O\times O \to \mathbb{R}$ heißt *Distanzmaß*, wenn für sie gilt:

$$d_{ii} = 0 \quad , \quad d_{ij} \geq 0$$
$$d_{ij} = d_{ji} \quad , \quad i,j\in O$$

Wie Ähnlichkeiten können auch Distanzen in einer symmetrischen (n×n)-Matrix $\mathbf{D} = (d_{ij})$ angeordnet werden, die als *Distanzmatrix* bezeichnet wird. Gilt für d die Dreiecksungleichung:

$$d_{ij} \leq d_{il} + d_{jl} \quad , \quad i,j,l\in O$$

dann wird d als *metrisches* Distanzmaß bezeichnet (vgl. dazu die Ausführungen in Abschnitt IV.4.2.).

Wie für Objekt-Paare können auch Ähnlichkeits- bzw. Distanzmaße für Clusters, also für Mengen von Objekten, definiert werden. Sei P(O) die *Potenzmenge* der Objektmenge O, d.h. die Menge aller (denkbaren) Teilmengen von O (wobei allerdings hier die leere Menge ausgeschlossen werden soll) und seien S, D Funktionen $P(O)\times P(O)\to\mathbb{R}$ mit den Eigenschaften:

$$S(C_i,C_j) = S(C_j,C_i)$$
$$D(C_i,C_j) = D(C_j,C_i) \quad , \quad C_i,C_j\in P(O)$$

dann heißt S *Ähnlichkeits-* und D *Distanzmaß für Cluster* (vgl. Kaufmann/ Pape 1984, S.374-375).

VIII.6.1.1. Spezielle Ähnlichkeits- und Distanzmaße

Welche Maße zur Messung von Ähnlichkeiten oder Distanzen herangezogen werden können, hängt nicht zuletzt vom Skalenniveau der zugrundeliegenden Variablen ab. Daneben können auch formale Kriterien eine Rolle spielen, wie etwa die Invarianz von Ähnlichkeiten bzw. Distanzen gegenüber Transformationen, die aufgrund des Skalenniveaus der Variablen zulässig sind. Allerdings gibt es kein Ähnlichkeits- oder Distanzmaß, das hinsichtlich des Invarianzkriteriums befriedigend ist, wenn ordinalskalierte oder verschieden skalierte Variablen in einer Datenmatrix auftreten (vgl. Kaufmann/ Pape 1984, S.376).

Im folgenden sollen nun einige Ähnlichkeitsmaße bzw. Distanzmaße für nominal-, ordinal- und metrisch skalierte Merkmale dargestellt werden.

VIII.6.1.1.1. Ähnlichkeitsmaße für nominal-skalierte Variablen

Ähnlichkeitsmaße kommen insbesondere für nominalskalierte Variablen in Betracht. Es sei vorausgesetzt, daß in der Datenmatrix **ausschließlich** Variablen dieses Skalentyps vorhanden sind.

Der einfachste Fall liegt vor, wenn alle Variablen *binär* sind, also nur über zwei Ausprägungen verfügen. Diese werden oft als "Merkmal vorhanden" und "Merkmal nicht vorhanden" bezeichnet und mit 1 bzw. 0 kodiert (vgl. Kaufmann/Pape 1984, S.377). Allerdings ist diese Charakterisierung nicht immer sinnvoll, z.B. nicht beim binären Merkmal "Geschlecht".

Die folgende (2×2)-Tabelle enthält die Häufigkeiten bezüglich Übereinstimmung/Nicht-Übereinstimmung in den p binären Merkmalsausprägungen für die beiden Objekte i und j:

Objekt		j		
		1	0	
i	1	n_{11}	n_{10}	$n_{11}+n_{10}$
	0	n_{01}	n_{00}	$n_{01}+n_{00}$
		$n_{11}+n_{01}$	$n_{10}+n_{00}$	p

Die Anzahl der Übereinstimmungen ist $n_{11}+n_{00}$ und die Anzahl der Nicht-Übereinstimmungen $n_{10}+n_{01}$.

Der *M-Koeffizient* (*matching coefficient*) ist definiert durch den Quotienten:

$$S_{ij} := \frac{n_{11} + n_{00}}{p} \ , \quad 0 \leq S_{ij} \leq 1$$

Sei z.B. folgende Datenmatrix mit n=7 und p=4 gegeben:

$$\mathbf{X} = \begin{pmatrix} 0 & 1 & 0 & 1 \\ 1 & 1 & 0 & 0 \\ 0 & 1 & 0 & 0 \\ 1 & 0 & 1 & 1 \\ 1 & 1 & 1 & 0 \\ 0 & 0 & 1 & 1 \\ 1 & 1 & 1 & 1 \end{pmatrix}$$

Dafür ergibt sich mit dem M-Koeffizienten die Ähnlichkeitsmatrix:

$$\mathbf{S} = \begin{pmatrix} 1 & 2/4 & 3/4 & 1/4 & 1/4 & 2/4 & 2/4 \\ . & 1 & 3/4 & 1/4 & 3/4 & 0 & 2/4 \\ . & . & 1 & 0 & 2/4 & 1/4 & 1/4 \\ . & . & . & 1 & 2/4 & 3/4 & 3/4 \\ . & . & . & . & 1 & 1/4 & 3/4 \\ . & . & . & . & . & 1 & 2/4 \\ . & . & . & . & . & . & 1 \end{pmatrix}$$

Beim M-Koeffizienten werden Übereinstimmungen und Nicht-Übereinstimmung *gleich gewichtet*. Man kann sie aber auch unterschiedlich gewichten, indem man die Übereinstimmungen mit q $(0 < q < 1)$ und die Nicht-Übereinstimmungen mit 1-q gewichtet, was zu folgendem Ähnlichkeitsmaß führt:

$$S_{ij,g} := \frac{q(n_{11} + n_{00})}{q(n_{11} + n_{00}) + (1 - q)(n_{10} + n_{01})} \ , \quad 0 \leq S_{ij,g} \leq 1$$

Für q=1/2 erhält man wieder den vorigen M-Koeffizienten und für q=2/3 bzw. 1/3 den von Sokal/Sneath 1963 bzw. Rogers/Tanimoto 1960 eingeführten Koeffizienten:

$$S_{ij,SS} := \frac{2(n_{11}+n_{00})}{2(n_{11}+n_{00})+n_{10}+n_{01}} \quad \text{bzw.} \quad S_{ij,RT} := \frac{n_{11}+n_{00}}{n_{11}+n_{00}+2(n_{10}+n_{01})}$$

Mit *jeder* Wahl von q resultiert die gleiche *Rangordnung* der Ähnlichkeiten der Objektpaare. Verwendet man ein Clusterverfahren, bei dem die Klassenbildung nur von dieser Rangordnung abhängt (wie z.B. das weiter unten zu besprechende Single Linkage-Verfahren), dann ist es gleichgültig, welchen Gewichtungsfaktor q man wählt (vgl. Kaufmann/Pape 1984, S.379).

Beim Koeffizienten:

$$S_{ij} := \frac{n_{11}}{n_{11}+n_{10}+n_{01}}$$

– als *S-Koeffizient* (oder *similarity coefficient*) bezeichnet – wird die Häufigkeit der "negativen" Übereinstimmungen (gemeinsames Fehlen einer Eigenschaft, d.h. n_{00}) nicht berücksichtigt. Für die obige Datenmatrix erhält man mit diesem Koeffizienten folgende Ähnlichkeitsmatrix:

$$\mathbf{S_{simil}} = \begin{pmatrix} 1 & 1/3 & 1/2 & 1/4 & 1/4 & 1/3 & 1/2 \\ . & 1 & 1/2 & 1/4 & 2/3 & 1/3 & 1/2 \\ . & . & 1 & 0 & 1/3 & 0 & 1/4 \\ . & . & . & 1 & 1/2 & 2/3 & 3/4 \\ . & . & . & . & 1 & 1/4 & 3/4 \\ . & . & . & . & . & 1 & 1/2 \\ . & . & . & . & . & . & 1 \end{pmatrix}$$

Auch hier können wie beim M-Koeffizienten Übereinstimmungen und Nicht-Übereinstimmungen mit einem Faktor $0 \leq q \leq 1$ bzw. 1-q gewichtet werden:

$$S_{ij,q} := \frac{qn_{11}}{qn_{11}+(1-q)(n_{10}+n_{01})}$$

Wieder erzeugt jede Wahl von q die gleiche Rangordnung der Ähnlichkeiten. Allerdings ist diese im allgemeinen verschieden von der Rangordnung des M-Koeffizienten, wie auch ein Vergleich der beiden obigen Ähnlichkeitsmatrizen zeigt: während beim M-Koeffizient z.B. die Objektpaare (2,6) und (3,4) maximal unähnlich sind, trifft dies beim similarity-Koeffizienten auf die Paare (3,4) und (3,6) zu; das Paar (1,7) ist gemäß dem S_{simil}-Koeffizienten ähnlicher als das Paar (1,6), während es beim M-Koeffizienten beide gleich ähnlich sind usw.

Der Similarity-Koeffizient ist im Gegensatz zum M-Koeffizienten *nicht invariant* gegenüber eineindeutigen Transformationen eines oder mehrerer Merkmale. Vertauscht man z.B. die "1" mit der "0", dann verändert sich der similarity-Koeffizient in der Regel (vgl. Kaufmann/Pape 1984, S.380). Betrachten wir nun beispielsweise Objekt 1 und Objekt 3 in obiger Datenmatrix, dann erhält man durch Vertauschen aus (0,1,0,1) und (0,1,0,0) die Datenvektoren (1,0,1,0) und (1,0,1,1) mit einem similarity-Koeffizient 2/3 (gegenüber ½ bei der ursprünglichen Kodierung). Diese Eigenschaft ist ein Nachteil des similarity-Koeffizienten, der vor allem dann gravierend sein kann, wenn es zweifelhaft ist, welche der beiden Ausprägungen man als "Merkmal vorhanden" interpretieren soll.

Können nominalskalierte Variable *mehr* als zwei Ausprägungen annehmen, dann liegen *mehrstufige* (*polychotome*) Merkmale vor. Das gebräuchlichste Ähnlichkeitsmaß für solche Merkmale (für die jeweils eine unterschiedliche Anzahl von Ausprägungen zugelassen sind) ist der *verallgemeinerte M-Koeffizient*:

$$S_{ij} := \frac{Ü_{ij}}{p} \quad , \quad 0 \leq S_{ij} \leq 1$$

wobei $Ü_{ij}$ die Anzahl der übereinstimmenden Komponenten in den Datenvektoren der Objekte i und j bezeichnet. Wie der M-Koeffizient ist auch diese Verallgemeinerung invariant gegenüber eineindeutigen Transformationen. Auch hier könnte man Übereinstimmungen und Nicht-Übereinstimmungen verschieden gewichten. Betrachten wir zum Beispiel die drei nominalskalierten Variablen "Nationalität" (Schweizer, Deutscher, Franzose, Österreicher, Italiener), "Haarfarbe" (blond, braun, schwarz) und "Geschlecht" und seien die Merkmalsausprägungen für die Personen i und j (Schweizer, männlich, blond) bzw.(Schweizer, weiblich, schwarz), dann ist der verallgemeinerte M-Koeffizient S_{ij}=1/3.

VIII.6.1.1.2. Ähnlichkeitsmaße für ordinal-skalierte Merkmale

Analog zum vorigen Abschnitt werde vorausgesetzt, daß in der Datenmatrix *ausschließlich* ordinalskalierte Variablen vorhanden sind. Für jede Variable i ist dann eine Rangordnung definiert:

$$X_{1,i} \preceq X_{2,i} \preceq \ldots \preceq X_{m_i,i} \quad , \quad i = 1,2,\ldots,p$$

wobei m_i die Anzahl der Ausprägungen der Variablen X_i bezeichnet. Zwei Objekte sind einander bezüglich eines ordinalen Merkmals umso ähnlicher, je näher ihre Ausprägungen in der Rangordnung beieinanderliegen. Man kann nun die Ähnlichkeit zweier Objekte dadurch bestimmen, daß man zunächst für *jede* Ausprägung einer Variablen eine binäre Variable mit den Ausprägungen "1" und "0" definiert. Nimmt die Merkmalsausprägung eines Objektes den Rangplatz k ($1 \leq k \leq m_i$) bei der Variablen X_i ein, dann weist man den ersten k binären Variablen den Wert "1" zu und den restlichen den Wert "0". Die Berechnung der Ähnlichkeit für zwei Objekte kann dann mit einem der oben angeführten Koeffizienten für binäre Merkmale erfolgen (vgl. Kaufmann/Pape 1984, S.381).

Betrachten wir als Beispiel das (ordinale) Merkmal "Schulbildung" mit den vier Ausprägungen "Hauptschulabschluß", "Realschulabschluß", "Sekundarschulabschluß", "Abitur". Nehmen wir an, Person 1 habe Hauptschulabschluß, Person 2 Sekundarschulabschluß und Person 3 Abitur. Dann lauten nun gemäß voriger Überlegung die entsprechenden Datenvektoren: (1,0, 0,0), (1,1,1,0), (1,1,1,1) und mit dem M-Koeffizient ergeben sich die Ähnlichkeiten $S_{12}=2/4$, $S_{13}=1/4$, $S_{23}=3/4$.

Verwendbar als Ähnlichkeitsmaße sind hier natürlich auch der *Rangkorrelationskoeffizient* nach Spearman, der *Gamma-Koeffizient* nach Goodman-Kruskal, *Kendalls τ* oder *Goodmans μ*, auf die hier nicht näher eingegangen sei. Diese Maße lassen sich mit SYSTAT im Modul CORR leicht erstellen und die resultierende Ähnlichkeitsmatrix kann im Modul CLUSTER als Input verwendet werden.

VIII.6.1.1.3. Ähnlichkeitsmaße für metrisch-skalierte Merkmale

Vorausgesetzt sei wieder, daß die Datenmatrix **X** nur Variablen *eines* Skalentyps – hier: metrisch skalierte (d.h. intervall- und/oder verhältnisskalierte) – enthalte. Für solche metrisch skalierten Merkmale kann die Ähnlichkeit von Objekten mit *Distanzmaßen* bestimmt werden. Allgemeine Distanzmaße sind die *L_q-Distanzen* oder *Minkowski-q-Metriken*:

$$d_{ij} := \left(\sum_{k=1}^{p} |X_{ik} - X_{jk}|^q \right)^{1/q} , \quad q \geq 1$$

auf die schon in Abschnitt IV.4.2. verwiesen wurde. Dort wurde auch dargelegt, daß diese Distanzen *translationsinvariant* und invariant sind gegenüber *orthogonalen* Transformationen (Rotationen). Nachzutragen ist hier, daß sie jedoch *nicht skaleninvariant* sind, d.h. die berechneten Distanzen hängen von den zugrundeliegenden Maßeinheiten ab. Enthält eine Datenmatrix Variable verschiedener Maßeinheiten, dann sollten diese Variablen vergleichbar gemacht werden, was in der Regel durch folgende *Normierung* geschieht (vgl. Kaufmann/Pape 1984, S.383):

$$X_{ij,morm} := \frac{X_{ij} - \bar{X}_j}{S_j^{(q)}} , \quad \bar{X}_j = \frac{1}{n}\sum_{i=1}^{n} X_{ij} , \quad S_j^{(q)} = \left(\frac{1}{n} \sum_{i=1}^{n} |X_{ij} - \bar{X}_j|^q \right)^{1/q} ,$$

$$i = 1,2,\ldots,n \; ; \; j = 1,2,\ldots,p$$

Für die Clusteranalyse spielen L_1 und L_2-Distanzen die größte Rolle. Für die Datenmatrix

$$\mathbf{X} = \begin{pmatrix} 1 & 3 & 5 \\ 0 & 2 & 7 \\ 9 & 3 & 5 \\ 2 & 5 & 8 \end{pmatrix}$$

erhält man mit diesen Distanzen folgende Distanzmatrizen:

$$\mathbf{D}_{L_1} = \begin{pmatrix} 0 & 4 & 8 & 6 \\ . & 0 & 12 & 6 \\ . & . & 0 & 12 \\ . & . & . & 0 \end{pmatrix} , \quad \mathbf{D}_{L_2} = \begin{pmatrix} 0 & \sqrt{6} & 8 & \sqrt{14} \\ . & 0 & \sqrt{86} & \sqrt{14} \\ . & . & 0 & \sqrt{62} \\ . & . & . & 0 \end{pmatrix}$$

denn es ist $d_{12}(L_1)=|1-0|+|3-2|+|5-7|=4$, $d_{12}(L_2)=(1-0)^2+(3-2)^2+(5-7)^2=6$ usw.

Bei gewissen Anwendungen empfiehlt sich bei metrisch skalierten Variablen die Verwendung des *Korrelationskoeffizienten* nach Pearson. Dies ist z.B. dann der Fall, wenn der Datenvektor eines Objektes im Vergleich zu anderen Objekten einen wesentlich größeren Mittelwert (bzw. Streuung) aufweist und es auf die absoluten Abstände der Datenvektoren nicht ankommt, sondern auf die Ähnlichkeit der "Profile". In der folgenden Datenmatrix:

$$\mathbf{X} = \begin{pmatrix} 480 & 650 & 460 & 1110 \\ 2 & 3 & 2 & 5 \\ 23 & 45 & 78 & 55 \\ 15 & 35 & 67 & 24 \end{pmatrix}$$

lauten die Mittelwerte und Standardabweichungen der vier Datenvektoren:

675(302.3), 3(1.4), 50.25(22.8), 35.25(22.7)

Für euklidische Abstände erhält man folgende (normalisierte) Distanzmatrix (zum Begriff der "normalisierten" Distanz vgl. die Ausführungen unten in Kap. VIII.6.2.3.).

MATRIX OF NORMALIZED EUCLIDEAN DISTANCES

	O1	O2	O3	O4
O1	0.000			
O2	720.743	0.000		
O3	677.094	51.188	0.000	
O4	694.315	38.010	17.649	0.000

Danach weisen die Objekte O_1 und O_2 die größte Distanz zueinander aus, was erwarten läßt, daß sie bei einer Clusterung in deutlich differierenden Klassen liegen dürften.

Für die Korrelationen der vier Objekte erhält man jedoch:

PEARSON CORRELATION MATRIX

	O1	O2	O3	O4
O1	1.000			
O2	0.998	1.000		
O3	0.075	0.093	1.000	
O4	-0.377	-0.353	0.889	1.000

Danach weisen O_1 und O_2 die größte Nähe zueinander auf, was erwarten läßt, daß sie bei einer Clusterung in der gleichen Klasse liegen dürften. Betrachtet man die nachstehenden *Profile* der vier Objekte (aus Darstellungsgründen wurden die Logarithmen der Variablenwerte verwendet):

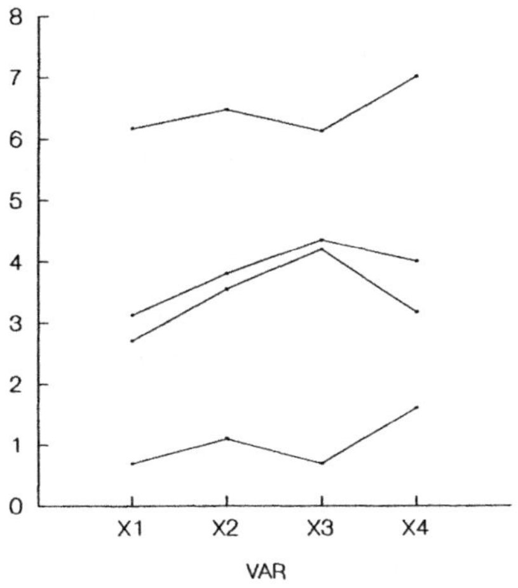

dann erkennt man, daß O_1 und O_2 (oberstes bzw. unterstes Profil) ein sehr ähnliches Profil haben, was die hohe Korrelation erklärt. Es kann jedoch sinnvoller sein, auf einen Vergleich der Profilverläufe abzustellen als auf die absolute Distanz der Profile, z.B. dann, wenn es sich um sehr unterschiedlich "große" Objekte handelt (etwa USA, Schweiz usw. oder Klein- und Großunternehmen usw.). Eine Clusteranalyse für die Daten dieses Beispiels ist weiter unten n Abschnitt VIII.6.2.3. zu finden.

VIII.6.1.1.4. Ähnlichkeitsmaße für Merkmale unterschiedlichen Skalenniveaus

Bei empirischen Untersuchungen hat man es nicht selten mit Datenmatrizen zu tun, die Merkmale unterschiedlichen Skalenniveaus enthalten, also neben metrisch skalierten auch nominal- und ordinalskalierte Merkmale. Grundsätzlich ist es möglich, alle Variable auf das niedrigste Skalenniveau, also auf Nominalskalenniveau, zu transformieren (*Datenregression*), um dann Ähnlichkeiten mit den oben eingeführten Koeffizienten zu berechnen. Diese Vorgehensweise ist allerdings mit einem *Informationsverlust* verbunden. Der umgekehrte Weg, nominal- und ordinalskalierten Variablen einfach metrisches Skalenniveau zuzuschreiben, ist meßtheoretisch nicht zu rechtfertigen.

Für gemischt skalierte Variablen gibt es heute eine Reihe von Ansätzen zur Konstruktion von Ähnlichkeits- bzw. Distanzmaßen, die allerdings in vielen Software-Paketen noch keinen Eingang gefunden haben. Eine naheliegende Möglichkeit besteht darin, für jeden Skalentyp ein eigenes Ähnlichkeits- bzw. Distanzmaß zu berechnen, wofür jeweils nur die Variablen *eines* Typs herangezogen werden. Im Extremfall erhält man also drei Maße, die dann zu *aggregieren* sind, was z.B. durch ein gewogenes arithmetisches Mittel erfolgen kann, wobei die Gewichte dem jeweiligen relativen Anteil eines Variablentyps an allen p Variablen entsprechen. Diese Überlegungen sollen hier jedoch nicht weiter verfolgt werden (vgl. dazu insbesondere Opitz, 1980).

VIII.6.2. Clusterverfahren

Aus der großen Vielfalt der in den letzten Jahrzehnten entwickelten Clusterverfahren können hier nur einige wenige besprochen werden, wobei wir uns auf solche konzentrieren wollen, die in der Praxis wohl am häufigsten eingesetzt werden. Im wesentlichen soll die Darstellung auf *hierarchische* Klassifikationsverfahren beschränkt bleiben. Diese bilden eine *Folge von Partitionen* für eine Objektmenge $O=(O_1,O_2,\dots,O_n)$. Dabei unterscheidet man *divisive* und *agglomerative* Verfahren.

Bei den *divisiven* wird eine *Hierarchie* erzeugt durch sukzessive Unterteilung bereits vorhandener Klassen, d.h. ausgehend von der Objektmenge O wird diese in zwei Klassen zerlegt, jede dieser beiden Klassen wieder in zwei Klassen usw., bis schließlich Klassen resultieren, die nur noch *ein* Element aufweisen. Die Klassenteilung kann dabei an Hand nur eines einzigen Merkmals erfolgen (*monothetische* Verfahren) oder unter Berücksichtigung aller Merkmale (*polythetische* Verfahren). Da divisive Verfahren wesentlich aufwendiger sind als agglomerative – bei polythetisch divisiven gibt es $2^{m-1}-1$ Möglichkeiten eine Klasse mit m Objekten in zwei Klassen aufzuspalten – spielen sie in der Praxis eine relativ geringe Rolle (vgl. Kaufmann/Pape 1984, S.402 f.).

Im Gegensatz zu divisiven beginnen agglomerative Verfahren mit der "feinsten" Zerlegung der Objektmenge, d.h. zunächst bildet jedes Element von O einen eigenen Cluster. Bei n Objekten startet ein agglomeratives Verfahren also mit n Clustern, die natürlich jeweils maximal homogen sind. Im nächsten Schritt werden dann diejenigen Cluster vereinigt, die ein gewisses

Kriterium (bezüglich ihrer Ähnlichkeit bzw. Distanz) erfüllen. Der Fusionsprozeß wird solange fortgesetzt bis alle Objekte in einem Cluster vereinigt sind, wobei die *Homogenität* der fortlaufend gebildeten Cluster ständig abnimmt (bei divisiven Verfahren nimmt diese ständig zu).

Bevor auf einzelne agglomerative Verfahren näher eingegangen werden soll, sei der oben erwähnte Begriff einer *Hierarchie* definiert. Ein *Mengensystem* $M \subset P(O)$, also eine Menge von Teilmengen der Potenzmenge P(O) von O (ohne die leere Menge) wird eine *Hierarchie* von O genannt, wenn für zwei verschiedene Mengen A, B aus M entweder gilt $A \cap B = \emptyset$ oder $A \subset B$ oder $B \subset A$. Die Elemente von M werden *Klassen* der Hierarchie genannt. Enthält eine Hierarchie sowohl die Objektmenge O als auch alle Objekte $O_1, O_2, \ldots, O_n$, dann wird diese Hierarchie *total* genannt . Um über die Homogenität von einzelnen Klassen Aussagen machen zu können, muß eine Hierarchie mit einem *Index* (*Homogenitätsindex*) versehen werden. Darunter ist eine für alle Klassen von M definierte nichtnegative Funktion h zu verstehen, welche die Ungleichung $h(A) \leq h(B)$ erfüllt, falls $A \subseteq B$ ist und nur dann gleich Null ist, wenn eine Klasse nur *äquivalente* Objekte enthält, d.h. Objekte mit gleichem Datenvektor. Die einzelnen hierarchischen Klassifikationsverfahren unterscheiden sich in der Wahl der Funktion h (vgl. Kaufmann/Pape 1984, S.391).

VIII.6.2.1. Agglomerative Verfahren

Um agglomerative Clusteranalysen durchführen zu können, muß für beliebige Mengen aus M ein Distanz- bzw. Ähnlichkeitsmaß vorgegeben sein. Eine *totale Hierarchie* läßt sich nun nach folgendem iterativ ablaufenden Prozeß konstruieren:

1) Für l=0 sei $\mathfrak{C}^0 := \{\{O_1\}, \{O_2\}, \ldots, \{O_n\}\}$ die feinste Partition der Objektmenge $O = \{O_1, O_2, \ldots, O_n\}$.
2) Man erhält die Partition $\mathfrak{C}^l (l \geq 1)$ aus der Partition $\mathfrak{C}^{l-1}$, indem diejenigen beiden Klassen aus $\mathfrak{C}^{l-1}$ *fusioniert* werden, für welche das vorgegebene Distanzmaß *minimal* bzw. das vorgegebene Ähnlichkeitsmaß *maximal* ist.
3) Man wiederholt Schritt 2 so oft, bis $\mathfrak{C}^l = \{O\}$ ist.

Dabei wird dem im Schritt l entstandenen Cluster folgender Indexwert zugeordnet:

$$h_l := \min d(C_k, C_j) \text{ bzw. } h_l := \max S(C_k, C_j)$$

mit $(C_k,C_j) \in \mathfrak{C}^{l-1}$, $k \neq j$. Ferner setzt man $h_0=0$ bei Distanzen bzw. $h_0=\max(S_{ii})$ bei Ähnlichkeiten. Ist die oben erwähnte Ungleichung $h(A) \leq h(B)$ für $A \subseteq B$ erfüllt (es gibt auch hierarchische Clusterverfahren, für die das nicht der Fall ist, worauf hier jedoch nicht näher eingegangen werden soll), dann ist stets $0=h_0 \leq h_1 \leq h_2 \leq \ldots$ bei Distanzen bzw. $h_0 \geq h_1 \geq h_2 \geq \ldots$ bei Ähnlichkeiten (vgl. Kaufmann/Pape 1984, S.391 f.). Bei dem oben dargestellten Ablauf einer agglomerativen Clusteranalyse wurde stillschweigend vorausgesetzt, daß für jede Partition eindeutig *ein* Paar bestimmt ist mit minimalen Abstand bzw. maximaler Ähnlichkeit. Gibt es mehrere derartige Paare, dann müssen die Fusionsvorschriften etwas modifiziert werden. Auf Einzelheiten sei hier verzichtet (vgl. dazu Kaufmann/Pape 1984, S.392).

VIII.6.2.2. Spezielle agglomerative Verfahren

Als spezielle agglomerative Verfahren sollen hier die "Linkage"-Verfahren (Single-, Complete-, Average-) sowie das Ward-Verfahren behandelt werden. Werden Ähnlichkeitsmaße an Stelle von Distanzmaßen verwendet, was bei den Linkage-Verfahren möglich ist – sie sind also auch für nur nominalskalierte Merkmale brauchbar – so werden die nachstehend genannten Minimierungsbedingungen jeweils durch Maximierungsbedingungen ersetzt und umgekehrt (vgl. Kaufmann/Pape 1984, S.395).

Beim *Single-Linkage*-Verfahren (*nearest neighbour method*) ist die Distanz zwischen den beiden Clustern C_n und C_m definiert als die kleinste Distanz zwischen einem Objekt aus Cluster C_n und einem Objekt aus Cluster C_m, d.h. es ist:

$$d(C_n,C_m) := \min(d_{ij}) \;,\; i \in C_n \;,\; j \in C_m$$

Fusioniert werden im l-ten Verfahrensschritt diejenigen Cluster C_v und C_w der Partition $\mathfrak{C}^{l-1}$ für welche diese Distanz *minimal* ist, für die also gilt:

$$h_l = d(C_v,C_w) = \min \min(d_{ij}) \;,\; i \in C_n \;,\; j \in C_m \;,\; n \neq m$$

Bei Ähnlichkeitsmaßen ist die Ähnlichkeit zwischen den beiden Clustern C_n und C_m definiert durch die maximale Ähnlichkeit zwischen zwei Objekten aus diesen beiden Clustern, also durch:

$$S(C_n,C_m) := \max(S_{ij}) \quad , \quad i\in C_n,\ j\in C_m$$

Fusioniert werden im l-ten Verfahrensschritt diejenigen Cluster C_v und C_w der Partition $\mathfrak{C}^{l-1}$ für welche diese Ähnlichkeit *maximal* ist, für die also gilt:

$$h_l = S(C_v,C_w) = \max \max(S_{ij}) \ , \ i\in C_n \ , \ j\in C_m \ , \ n\neq m$$

woraus ersichtlich ist, daß diese Ausdrücke dual sind zu denjenigen für Distanzen, lediglich die Minimumsbedingungen wurden durch Maximumsbedingungen ersetzt.

Beim *Complete-Linkage-Verfahren (furthest neighbour method)* wird im Gegensatz zu Single-Linkage als Distanz zwischen den beiden Clustern C_n und C_m definiert:

$$d(C_n,C_m) := \max (d_{ij}),\ i\in C_n,\ j\in C_m$$

und fusioniert werden im l-ten Schritt diejenigen Cluster C_v und C_w der Partition $\mathfrak{C}^{l-1}$, für die gilt:

$$h_l = d(C_v,C_w) = \min \max(d_{ij}),\ i\in C_n,\ j\in C_m \ , \ n\neq m$$

Für Ähnlichkeitsmaße sind Ähnlichkeit zwischen C_n und C_m bzw. die Fusionsvorschrift im l-ten Schritt in diesem Fall folgendermaßen definiert:

$$S(C_n,C_m) = \min(S_{ij}),\ h_l = S(C_v,C_w) = \max \min(S_{ij}) \ , \ i\in C_n \ , \ j\in C_j \ , \ n\neq m$$

Beim *Average-Linkage*-Verfahren schließlich ist die Distanz (Ähnlichkeit) zwischen C_n und C_m gleich dem Durchschnitt (arithmetischen Mittel) aller möglichen Paardistanzen (Paarähnlichkeiten) der Objekte in C_n und C_m:

$$d(C_n,C_m) := \frac{1}{n_n n_m} \sum_{i\in C_n} \sum_{j\in C_m} d_{ij} \ , \ S(C_n,C_m) := \frac{1}{n_n n_m} \sum_{i\in C_n} \sum_{j\in C_m} S_{ij}$$

wobei n_n bzw. n_m die Anzahl der Objekte im Cluster C_n bzw. C_m ist. Fusioniert werden im l-ten Schritt die Cluster C_v und C_w der Partition $\mathfrak{C}^{l-1}$, für die gilt (vgl. Kaufmann/Pape 1984, S.394 ff.):

$$h_l = d(C_v,C_w) = \min \left[\frac{1}{n_n n_m} \sum_{i\in C_n} \sum_{j\in C_m} d_{ij} \right] \ , \ n\neq m$$

bzw.

$$h_l = S(C_v,C_w) = \max\left[\frac{1}{n_n n_m} \sum_{i\in C_n} \sum_{j\in C_m} s_{ij}\right], \; n \neq m$$

Wie schon diese drei Verfahren zeigen, ist nicht a priori zu erwarten, daß die Resultate von agglomerativen Clusteranalysen eindeutig sind, Distanzen bzw. Ähnlichkeiten zwischen Clustern kann man offensichtlich auf nicht nur eine Weise sinnvoll definieren. Je nach Anwendungsfall wird man die eine oder andere Distanz- bzw. Ähnlichkeitsdefinition für sinnvoll halten. Allerdings gibt es dafür keine allgemein gültigen Rezepte.

Das *Ward*-Verfahren ist nur für metrisch skalierte Variablen einsetzbar. Bezeichne $\mathbf{x}_i$ den Datenvektor von Objekt i im Cluster C_n. Als *Clusterschwerpunkt* wird das arithmetische Mittel der Datenvektoren aller Objekte in diesem Cluster angesehen, also:

$$\bar{\mathbf{x}}_{\mathbf{n}} := \frac{1}{n_n} \sum_{i\in C_n} \mathbf{x}_{\mathbf{i}}$$

wobei n_n die Anzahl der Objekte in C_n sei. Die (quadrierte) Distanz des i-ten Datenvektors von seinem Clusterschwerpunkt ist gegeben durch:

$$(\mathbf{x}_{\mathbf{i}} - \bar{\mathbf{x}}_{\mathbf{n}})'(\mathbf{x}_{\mathbf{i}} - \bar{\mathbf{x}}_{\mathbf{n}}) := \|\mathbf{x}_{\mathbf{i}} - \bar{\mathbf{x}}_{\mathbf{n}}\|^2$$

Die *Streuung* innerhalb des Clusters C_n ist somit:

$$\sum_{i\in C_n} \|\mathbf{x}_{\mathbf{i}} - \bar{\mathbf{x}}_{\mathbf{n}}\|^2$$

Die *Homogenität* h einer Partition wird durch die Summe dieser Cluster-Streuungen gemessen. Falls in $\mathfrak{C}^{l-1}$ g Cluster vorhanden sind, ist:

$$h(\mathfrak{C}^{\,l-1}) := \sum_{n=1}^{g} \sum_{i\in C_n} \|\mathbf{x}_{\mathbf{i}} - \bar{\mathbf{x}}_{\mathbf{n}}\|^2$$

Werden nun bei der Partition $\mathfrak{C}^l$ die beiden Clusters C_v und C_w aus der vorigen Partition $\mathfrak{C}^{l-1}$ zum Cluster C fusioniert ($C := C_v \cup C_w$), dann beträgt die Homogenität der Partition $\mathfrak{C}^l$:

$$h(\mathfrak{C}^l) = \sum_{n\neq v,w} \sum_{i\in C_n} \|\mathbf{x}_{\mathbf{i}} - \bar{\mathbf{x}}_{\mathbf{n}}\|^2 + \sum_{i\in C} \|\mathbf{x}_{\mathbf{i}} - \bar{\mathbf{x}}_{\mathbf{C}}\|^2$$

Der durch die Fusion von C_v und C_w entstehende *Homogenitätsverlust* beträgt:

$$h(\mathfrak{C}^{l}) - h(\mathfrak{C}^{l-1}) = \frac{n_v n_w}{n_v + n_w} \|\bar{\mathbf{x}}_v - \bar{\mathbf{x}}_w\|^2$$

Die beiden Cluster C_v und C_w werden nun so ausgewählt, daß dieser Homogenitätsverlust *minimiert* wird.

VIII.6.2.3. Beispiele

Die Vorgehensweise bei einer agglomerativen Clusteranalyse sei an Hand eines einfachen Beispiels mit drei metrisch skalierten Merkmalen und sieben Objekten demonstriert, wobei das Single-Linkage-Verfahren verwendet wird. Die Datenmatrix sei:

$$\mathbf{X} = \begin{pmatrix} 1 & 3 & 5 \\ 1 & 2 & 7 \\ 9 & 1 & 2 \\ 4 & 6 & 8 \\ 1 & 1 & 3 \\ 2 & 2 & 0 \\ 5 & 1 & 6 \end{pmatrix}$$

Mit dem SYSTAT-Modul CORR erhält man folgende Matrix der (normierten) Euklidischen Distanzen der sieben Objekte:

MATRIX OF NORMALIZED EUCLIDEAN DISTANCES

	O1	O2	O3	O4	O5	O6	O7
O1	0.000						
O2	1.291	0.000					
O3	5.066	5.477	0.000				
O4	3.000	2.944	5.354	0.000			
O5	1.633	2.380	4.655	4.435	0.000		
O6	3.000	4.082	4.243	5.292	1.915	0.000	
O7	2.646	2.449	3.266	3.126	2.887	3.916	0.000

(die von SYSTAT vorgenommene Normierung besteht in einer Division der Euklidischen Distanzen durch die Anzahl der Variablen, also hier durch drei. Diese Normierung ist für die folgende Clusterung unerheblich, da die Rangfolge der Distanzen dabei unverändert bleibt).

Gemäß dieser Distanzmatrix wird der 1. Cluster von O_1 und O_2 gebildet. Somit ist für l=1:

$$\mathfrak{C}^1 = \{ \{O_1, O_2\}, \{O_3\}, \{O_4\}, \{O_5\}, \{O_6\}, \{O_7\} \}$$

Für den 2. Verfahrensschritt müssen die Distanzen zwischen dem Cluster $C_1 := \{O_1, O_2\}$ und den restlichen fünf (ein-elementigen) Clustern bestimmt werden. Es ist:

$$d(C_1, \{O_3\}) = \min(5.066, 5.477) = 5.066$$
$$d(C_1, \{O_4\}) = \min(3.000, 2.944) = 2.944$$
$$d(C_1, \{O_5\}) = \min(1.633, 2.380) = 1.633$$
$$d(C_1, \{O_6\}) = \min(3.000, 4.082) = 3.000$$
$$d(C_1, \{O_7\}) = \min(2.646, 2.449) = 2.449$$

Man erhält damit folgende neue Distanzmatrix, die eine Zeile und Spalte weniger enthält als die ursprüngliche:

	C1	O3	O4	O5	O6	O7
C1	0.000	5.066	2.944	1.633	3.000	2.449
O3		0.000	5.354	4.655	4.243	3.266
O4			0.000	4.435	5.292	3.126
O5				0.000	1.915	2.887
O6					0.000	3.916
O7						0.000

Das Minimum ist 1.633, somit werden im nächsten Verfahrensschritt die Cluster C_1 und $\{O_5\}$ zum Cluster $C_2=\{C_1,O_5\}=\{O_1,O_2,O_5\}$ vereinigt und die nächste Partition ist:

$$\mathfrak{C}^2 = \{\{O_1, O_2, O_5\}, \{O_3\}, \{O_4\}, \{O_6\}, \{O_7\}\}$$

Hier ist:

$$d(C_2, \{O_3\}) = \min(5.066, 5.477, 4.655) = 4.655$$
$$d(C_2, \{O_4\}) = \min(3.000, 2.944, 4.435) = 2.944$$
$$d(C_2, \{O_6\}) = \min(3.000, 4.082, 1.915) = 1.915$$
$$d(C_2, \{O_7\}) = \min(2.646, 2.449, 2.887) = 2.449$$

und die neue Distanzmatrix der Cluster lautet:

	C_2	O3	O4	O6	O7
C_2	0.000	4.655	2.944	1.915	2.449
O3		0.000	5.354	4.243	3.243
O4			0.000	5.292	3.126
O6				0.000	3.916
O7					0.000

Die minimale Distanz ist 1.915, somit werden die Cluster C_2 und $\{O_6\}$ vereinigt zu $C_3=\{O_1,O_2,O_5,O_6\}$ und die nächste Partition ist:

$$\mathfrak{C}^3 = \{\{O_1, O_2, O_5, O_6\}, \{O_3\}, \{O_4\}, \{O_7\}\}$$

mit

$$d(C_3, \{O_3\}) = \min(5.066, 5.477, 4.655, 4.243) = 4.243$$
$$d(C_3, \{O_4\}) = \min(3.000, 2.944, 4.435, 5.292) = 2.944$$
$$d(C_3, \{O_7\}) = \min(2.646, 2.449, 2.887, 3.916) = 2.449$$

und der neuen Distanzmatrix:

	C3	O3	O4	O7
C3	0.000	4.243	2.944	2.449
O3		0.000	5.354	3.266
O4			0.000	3.126
O7				0.000

Da das Minimum 2.449 beträgt wird $\{O_7\}$ mit C_3 vereinigt zu $C_4=\{O_1,O_2,O_5, O_6,O_7\}$, d.h. die Partition lautet jetzt:

$$\mathfrak{C}^4 = \{\{O_1, O_2, O_5, O_6, O_7\}, \{O_3\}, \{O_4\}\}$$

mit:

$$d(C_4, \{O_3\}) = \min(5.066, 5.477, 4.655, 4.243, 3.266) = 3.266$$
$$d(C_4, \{O_4\}) = \min(3.000, 2.944, 4.435, 5.292, 3.126) = 2.944$$

und der neuen Distanzmatrix:

	C4	O3	O4
C4	0.000	3.266	2.944
O3		0.000	5.354
O4			0.000

Vereinigt werden jetzt $\{O_4\}$ mit C_4 zu $C_5=\{O_1,O_2,O_4,O_5,O_6,O_7\}$ und die neue Partition ist:

$$\mathfrak{C}^5 = \{\{O_1, O_2, O_4, O_5, O_6, O_7\}\}, \{O_3\}\}$$

Im letzten Schritt wird schließlich $\{O_3\}$ hinzugefügt mit einer Distanz von $\min(C_4,\{O_3\}=3.266$.

Anschaulich lassen sich die Resultate agglomerativer (und divisiver) Clusteranalysen in Form eines *Baumdiagrammes* (*Dendrogramms*) darstellen. Dabei werden auf der vertikalen Achse die Werte des Homogenitätsindexes aufgetragen. Mit SYSTAT ergibt sich für obiges Beispiel folgendes Dendrogramm (das bei SYSTAT aus Platzgründen stets in horizontaler Richtung gezeichnet wird):

DISTANCE METRIC IS EUCLIDEAN DISTANCE
SINGLE LINKAGE METHOD (NEAREST NEIGHBOR)
TREE DIAGRAM

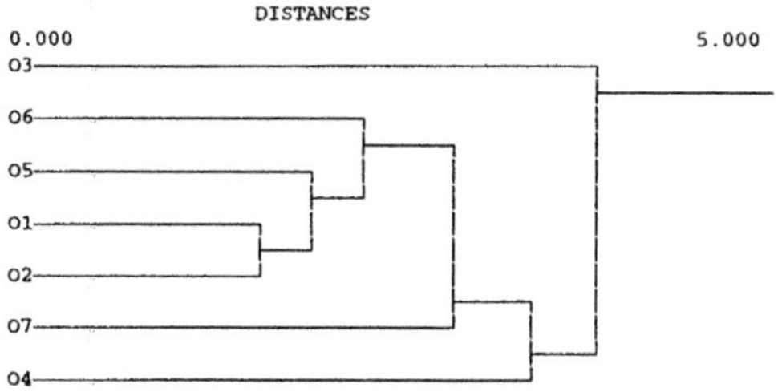

Wie man diesem Diagramm entnimmt, sind die beiden Objekte O_1 und O_2 die einander ähnlichsten, weshalb sie zuerst fusioniert werden. Danach kommen O_5,O_6,O_7,O_4 und zuletzt O_3 hinzu.

Da bei agglomerativen Clusteranalysen die Anzahl der zu bildenden Cluster nicht vorgegeben ist – sie variiert von n bis 1 – kann am Dendrogramm abgelesen werden, welche Objekte in welche Cluster gehören, falls man die Clusteranzahl vorgibt. Sollen z.B. zwei Cluster gebildet werden, dann sind dies die Cluster $\{O_6,O_5,O_1,O_2,O_7,O_4\}$ und $\{O_3\}$, bei drei Clustern wären dies nun $\{O_6,O_5,O_1,O_2,O_7\},\{O_4\},\{O\}_3$, bei vier die Cluster $\{O_6,O_5,O_1, O_2\},\{O_7\},\{O_4\},\{O_3\}$ usw.

Mit Complete Linkage, Average Linkage und Ward erhält man die folgenden Clusterlösungen:

DISTANCE METRIC IS EUCLIDEAN DISTANCE
COMPLETE LINKAGE METHOD (FARTHEST NEIGHBOR)
TREE DIAGRAM
DISTANCES

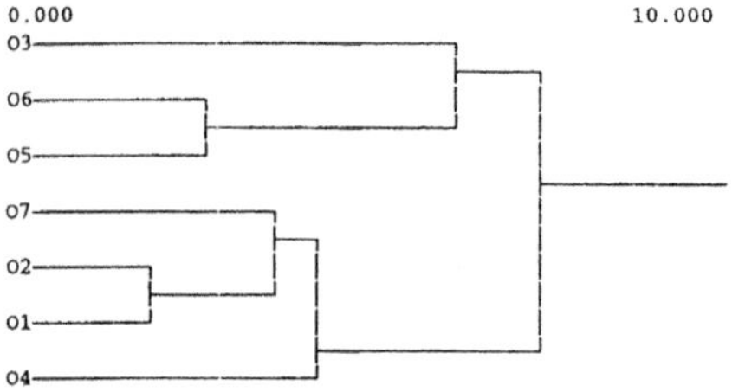

DISTANCE METRIC IS EUCLIDEAN DISTANCE
AVERAGE LINKAGE METHOD
TREE DIAGRAM
DISTANCES

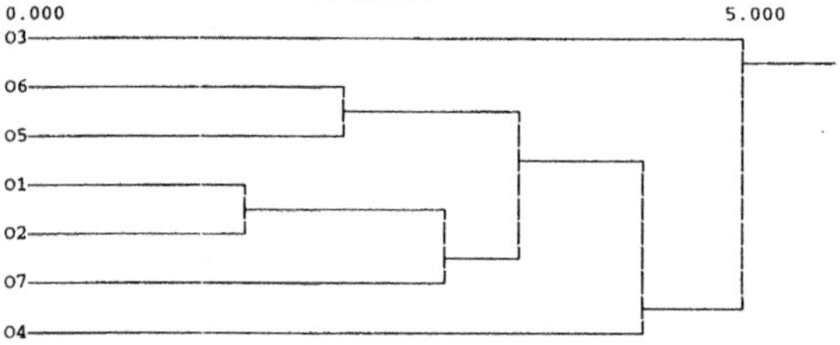

DISTANCE METRIC IS EUCLIDEAN DISTANCE
WARD MINIMUM VARIANCE METHOD
TREE DIAGRAM
DISTANCES

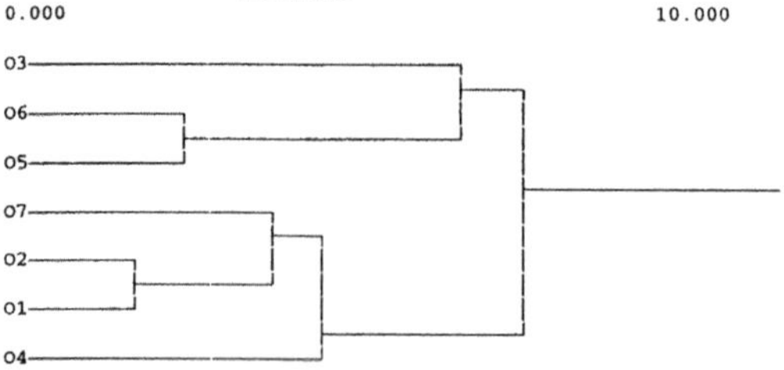

Offensichtlich sind in diesem Beispiel kaum Unterschiede zwischen Complete und Average Linkage einerseits und Ward andererseits festzustellen, dagegen differieren diese Lösungen im Vergleich zu Single Linkage. O_3 wird bei allen Lösungen als dasjenige Objekt identifiziert, das sich am stärksten von allen andere Objekten unterscheidet, es ist gewissermaßen eine Art "Ausreißer".

Dem nächsten Beispiel mit neun binär-nominalskalierten Merkmalen und zwanzig Objekten liegt folgende Datenmatrix zugrunde:

$$\mathbf{X} = \begin{pmatrix}
1 & 0 & 0 & 0 & 0 & 0 & 0 & 1 & 0 \\
1 & 1 & 1 & 1 & 1 & 1 & 0 & 0 & 1 \\
1 & 1 & 1 & 1 & 1 & 0 & 1 & 1 & 0 \\
0 & 1 & 1 & 0 & 0 & 1 & 1 & 1 & 1 \\
0 & 1 & 1 & 1 & 1 & 1 & 0 & 0 & 1 \\
1 & 0 & 1 & 0 & 1 & 0 & 0 & 0 & 0 \\
1 & 0 & 0 & 0 & 0 & 0 & 0 & 0 & 0 \\
1 & 1 & 1 & 1 & 0 & 1 & 1 & 0 & 1 \\
0 & 1 & 1 & 0 & 0 & 1 & 0 & 0 & 1 \\
1 & 1 & 1 & 1 & 1 & 1 & 1 & 1 & 0 \\
1 & 1 & 1 & 1 & 1 & 1 & 1 & 1 & 0 \\
1 & 0 & 0 & 0 & 0 & 0 & 0 & 0 & 0 \\
1 & 1 & 1 & 1 & 1 & 1 & 1 & 0 & 1 \\
0 & 1 & 1 & 0 & 1 & 0 & 0 & 0 & 1 \\
0 & 1 & 1 & 1 & 1 & 1 & 0 & 0 & 0 \\
1 & 1 & 1 & 0 & 0 & 1 & 0 & 1 & 1 \\
0 & 1 & 1 & 1 & 0 & 1 & 0 & 1 & 1 \\
0 & 1 & 1 & 0 & 0 & 0 & 0 & 0 & 1 \\
1 & 1 & 0 & 1 & 0 & 0 & 0 & 0 & 0 \\
1 & 1 & 1 & 0 & 1 & 1 & 0 & 1 & 1
\end{pmatrix}$$

Mit Single-, Complete-, und Average-Linkage und dem Ähnlichkeitsmaß M erhält man folgende Dendrogramme:

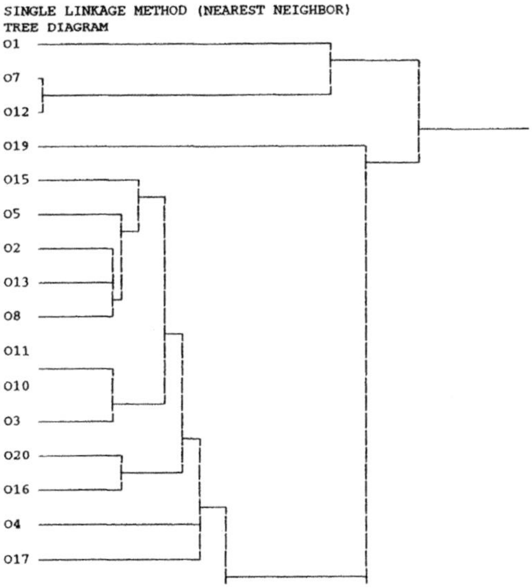

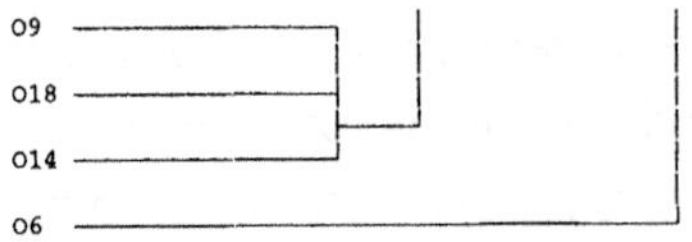

COMPLETE LINKAGE METHOD (FARTHEST NEIGHBOR)
TREE DIAGRAM

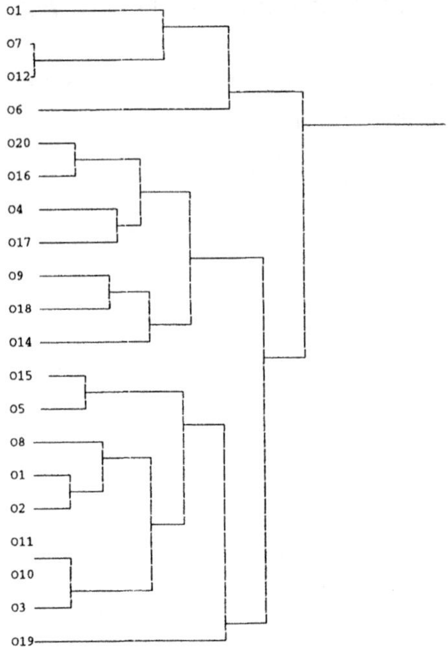

AVERAGE LINKAGE METHOD
TREE DIAGRAM

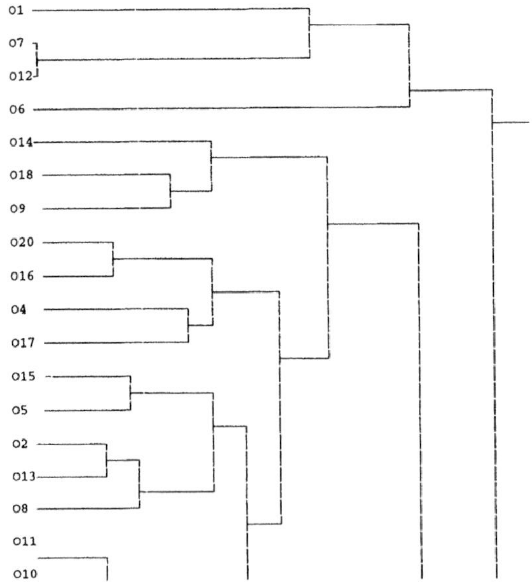

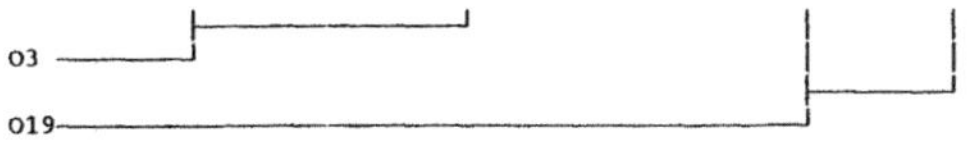

Unterschiede bzw. Gemeinsamkeiten dieser Lösungen wird der Leser unschwer selbst feststellen können. Verwendet man statt des Ähnlichkeitsmaßes M das Maß S (similarity coefficient), dann ergeben diese drei Clusterverfahren folgende Lösungen:

SINGLE LINKAGE METHOD (NEAREST NEIGHBOR)
TREE DIAGRAM

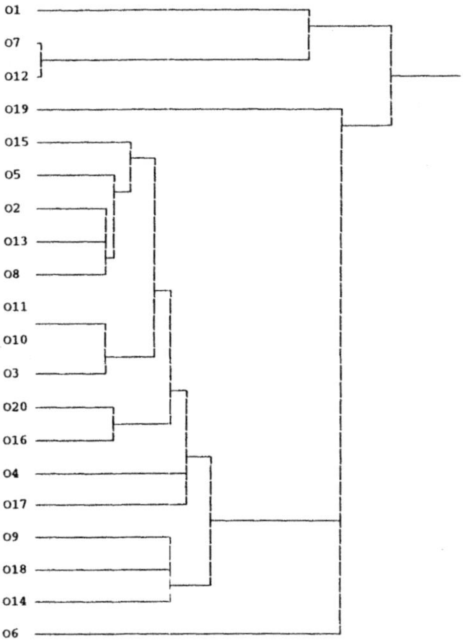

COMPLETE LINKAGE METHOD (FARTHEST NEIGHBOR)
TREE DIAGRAM

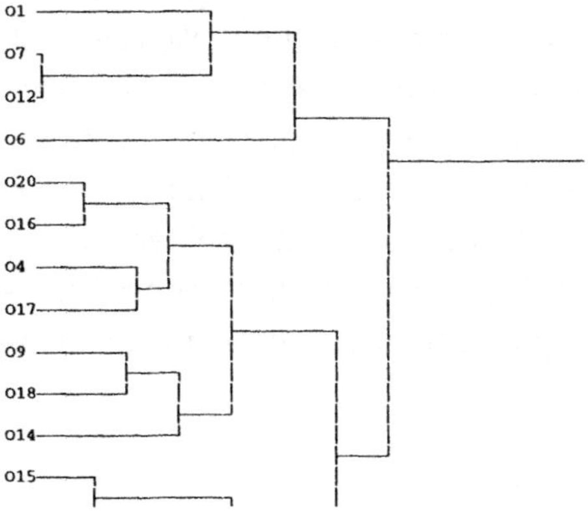

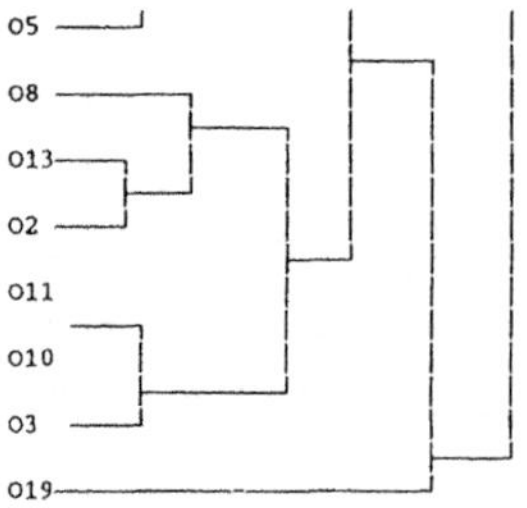

AVERAGE LINKAGE METHOD
TREE DIAGRAM

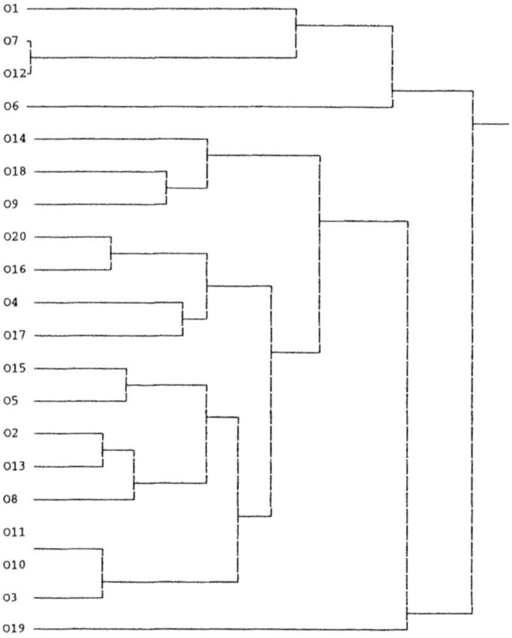

Wie diese Beispiele zeigen, hängen die resultierenden Dendrogramme nicht nur vom Clusterverfahren, sondern auch vom gewählten Ähnlichkeitsmaß ab. Ein Patentrezept bezüglich der Wahl von Clusterverfahren bzw. von Ähnlichkeits- oder Distanzmaßen existiert nicht, sieht man einmal von den Gegebenheiten ab, die aufgrund des Skalenniveaus der Variablen zu berücksichtigen sind. Generell kann nur gesagt werden, daß unter mehreren Clusterlösungen diejenige gewählt werden sollte, die sich inhaltlich sinnvoll interpretieren läßt. Auch diese Empfehlung garantiert natürlich nicht immer eine eindeutig "beste" Lösung.

Abschließend sei eine Clusteranalyse für das zweite Beispiel in Abschnitt VIII.6.1.1.3. durchgeführt. Mit euklidischer Distanz erhält man folgendes Diagramm:

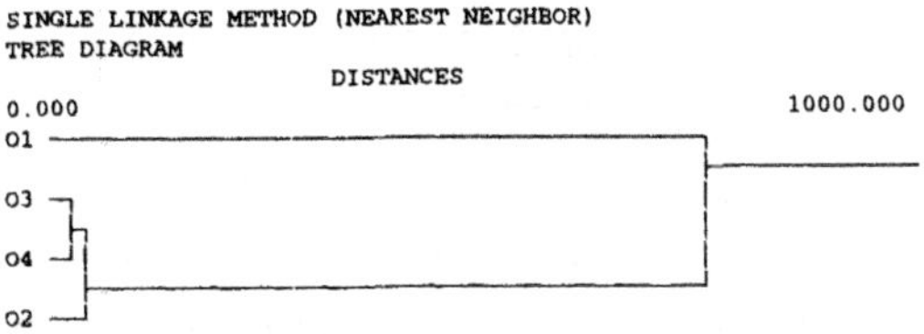

Danach erscheint O_1 als Ausreißer. Mit Complete- bzw. Average Linkage und Ward erhält man das gleiche Ergebnis.

Mit der Korrelationsmatrix ergibt sich jedoch:

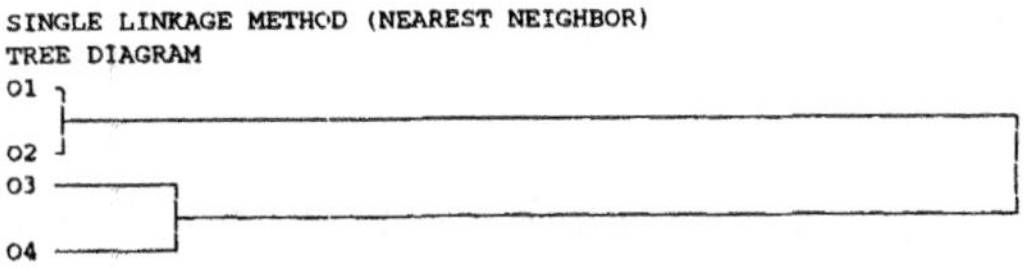

und dies wiederum unabhängig davon, welches der vier agglomerativen Verfahren verwendet wird.

VIII.6.2.4. Partitionierende Verfahren

Bei den bisher dargestellten Clusterprozeduren handelt es sich um *hierarchische* Verfahren. Eine andere Klasse von Clusterverfahren stellen die *partitionierenden* Verfahren dar, die *nicht-hierarchisch* sind, mit denen also keine Clusterhierarchie erzeugt wird und für die deshalb auch kein Dendrogramm angegeben werden kann. Im Gegensatz zu den hierarchischen Verfahren ist die Anzahl der zu bildenden Cluster dabei entweder a priori festgelegt oder wird im Verlauf der Clusterprozedur bestimmt. Hier soll nur der erst erwähnte Fall betrachtet werden.

Eine "optimale" Einteilung von n Objekten in g Cluster ($1 \leq g \leq n$) – wobei diese eine Partition im oben erwähnten Sinn bilden sollen – kann nur vorgenommen werden, wenn dafür ein *Gütekriterium* definiert ist. Dafür sind verschiedene Möglichkeiten denkbar (z.B. *Varianzkriterium* oder *Minimal-Distanz-Eigenschaft*). Welches Kriterium gewählt werden soll, hängt u.a. auch vom Skalenniveau der Variablen ab. "Da bei einer Clusteranalyse die Klassenzugehörigkeit der Objekte nicht bekannt ist, gibt es keine "richtige" Wahl eines Gütekriteriums. Entscheidend ist die Brauchbarkeit der erhaltenen Klassifikation für das Untersuchungsziel" (Kaufmann/Pape 1984, S.404).

Prinzipiell könnte eine *globale optimale Partition* durch *vollständige Enumeration* gefunden werden. Dazu berechnet man für alle zulässigen Partitionen (das sind diejenigen, für die das verwendete Gütekriterium auch definiert ist) den Wert des Gütekriteriums und wählt diejenige mit dem maximalen bzw. minimalen Wert aus. Diese naheliegende Prozedur ist jedoch in der Regel nicht praktikabel, weil die Anzahl der möglichen Partitionen schon für kleine n und g sehr groß ist. Die Anzahl der möglichen Partitionen von n Objekten in g Cluster ist gegeben durch:

$$\frac{1}{g!}\sum_{k=0}^{g}(-1)^k\binom{g}{k}(g-k)^n \quad , \quad 1 \leq g \leq n$$

Beispielsweise gibt es für n=20 und g=3 schon 580 606 446, für n=20 und g=4 gar $4.523 \cdot 10^{10}$ mögliche Partitionen (vgl. die Tabelle bei Kaufmann/ Pape 1984, S.405). Somit scheidet die Methode der vollständigen Enumeration aus. In der Praxis verwendet man deshalb *heuristische* Verfahren, die in der Regel zu *lokal optimalen* Lösungen führen. Häufig werden sogenannte *Austauschverfahren* (*hill climbing methods*) verwendet, die iterativ folgendenmaßen ablaufen (vgl. Kaufmann/Pape 1984, S.406):

1) Sei $\mathfrak{C}^0$ eine erste (vorgegebene) Partition ("Startpartition").
2) In der Partition $\mathfrak{C}^l$ ($l \geq 0$) wird jedes Objekt geprüft, ob sich der Wert des Gütekriteriums verbessert, wenn es einer anderen Klasse zugeordnet wird.
3) Jenes Objekt, das die größte Verbesserung bewirkt, wird in die entsprechende Klasse "versetzt". Die dadurch neu entstehende Partition sei mit $\mathfrak{C}^{l+1}$ bezeichnet.
4) Man wiederholt die Schritte 2) und 3) so oft, bis sich bezüglich des Gütekriteriums keine Verbesserung mehr feststellen läßt.

Hier soll nur das sogenannte *K-MEANS-Verfahren* kurz erläutert werden, das metrisch skalierte Variablen voraussetzt sowie eine feste Clusteranzahl. Ausgehend von einer Startpartition, die mehr oder weniger willkürlich gebildet sein kann, wird für jeden Cluster der Mittelwertsvektor ("Zentroid") bestimmt. Für jedes Objekt werden dann die (euklidischen) Distanzen zu diesen Zentroiden berechnet und jedes Objekt wird demjenigen Cluster zugeteilt, für den diese Distanz minimal ist. Für Cluster, die dadurch neue Objekte erhalten bzw. für solche, welche Objekte verlieren, werden neue

Cluster-Zentroide bestimmt. Wieder werden für jedes Objekt die (euklidischen) Distanzen zu den Cluster-Zentroiden berechnet und gegebenenfalls Umsortierungen vorgenommen. Diese Prozedur wird so oft wiederholt, bis keine Umsortierungen mehr erforderlich sind.

Für das erste Beispiel in VIII.6.2.3. erhält man mit SYSTAT für g=2 bzw. für g=3 folgenden Output:

```
SUMMARY STATISTICS FOR   2 CLUSTERS
VARIABLE  BETWEEN SS  DF WITHIN SS  DF  F-RATIO    PROB
  X1        8.095      1  15.333    5   12.422    0.017
  X2        1.929      1  17.500    5    0.551    0.491
  X3        6.881      1  42.833    5    0.803    0.411

CLUSTER NUMBER:   1
MEMBERS                              STATISTICS
CASE    DISTANCE | VARIABLE   MINIMUM    MEAN  MAXIMUM    ST.DEV.
 O1       0.83   |  X1         1.00      2.33   5.00       1.60
 O2       1.50   |  X2         1.00      2.50   6.00       1.71
 O4       2.89   |  X3         0.00      4.83   8.00       2.67
 O5       1.57   |
 O6       2.81   |
 O7       1.89   |
CLUSTER NUMBER:   2
MEMBERS                                   STATISTICS
CASE   DISTANCE  |  VARIABLE   MINIMUM    MEAN    MAXIMUM    ST.DEV.
 O3     0.00     |   X1         9.00      9.00     9.00       0.00
                 |   X2         1.00      1.00     1.00       0.00
                 |   X3         2.00      2.00     2.00       0.00
SUMMARY STATISTICS FOR 3 CLUSTERS
VARIABLE   BETWEEN SS  DF  WITHIN SS  DF   F-RATIO   PROB
  X1        41.429      2   12.000     4    6.905    0.050
  X2        16.629      2    2.800     4   11.878    0.021
  X3        18.914      2   30.800     4    1.228    0.384

CLUSTER NUMBER:  1
MEMBERS                                 STATISTICS
CASE    DISTANCE  |  VARIABLE  MINIMUM    MEAN    MAXIMUM    ST.DEV.
 O1      1.01     |   X1        1.00      2.00     5.00       1.55
 O2      1.72     |    X2        1.00      1.80     3.00        0.75   O5
1.01                   |    X3        0.00      4.20     7.00        2.48
 O6      2.43     |
 O7      2.07     |

CLUSTER NUMBER:  2
MEMBERS                                  STATISTICS
CASE    DISTANCE  |  VARIABLE  MINIMUM    MEAN   MAXIMUM    ST.DEV.
 O3      0.00     |   X1        9.00      9.00    9.00       0.00
                  |   X2        1.00      1.00    1.00       0.00
                  |   X3        2.00      2.00    2.00       0.00
CLUSTER NUMBER:  3
MEMBERS                                    STATISTICS
CASE    DISTANCE  |  VARIABLE  MINIMUM    MEAN    MAXIMUM    ST.DEV.
 O4      0.00     |   X1         4.00     4.00     4.00       0.00
                  |   X2         6.00     6.00     6.00       0.00
                  |   X3         8.00     8.00     8.00       0.00
```

Bei zwei Clustern bildet O_3 einen eigenständigen Cluster, bei drei sind es O_3 und O_4. Diese Lösungen entsprechen somit der obigen Single- und Average-Linkage-, jedoch nicht der Complete Linkage- Clusterung und der Clusterung nach dem Ward-Verfahren.

Zum SYSTAT-Output sei noch angemerkt, daß die zuerst angegebenen F-Tests Aussagen liefern über die (univariate) Trennfähigkeit der einzelnen Variablen. Bei der Zwei-Cluster-Lösung z.B. trennt nur die Variable X_1 signifikant univariat. Mit "DISTANCE" werden die (euklidischen) Distanzen der Datenvektoren der in einem Cluster befindlichen Objekte zum zugehörigen Cluster-Zentroid ausgewiesen. Unter "STATISTICS" sind Minimum und Maximum, arithmetisches Mittel und Standardabweichung der Variablenausprägungen im jeweiligen Cluster zu finden.

VIII.6.3. Abschließende Bemerkungen

Bei der obigen Darstellung konnten nur die gängigsten Clusterverfahren berücksichtigt werden. Weiterführende Darstellungen, insbesondere auch zu partitionierenden Verfahren, sind z.B. bei Kaufmann/Pape 1984, S.403 ff. zu finden. Weiterhin sei auf Späth 1977 sowie Vogel 1975 verwiesen.

Abschließend sei noch erwähnt, daß die Clusteranalyse zwar üblicherweise zur Klassifizierung von Objekten eingesetzt wird, daß aber auch *Variable* klassifiziert werden können. Als Ähnlichkeitsmaß wird dazu bei metrischen Variablen in der Regel der (Pearson)-Korrelationskoeffizient, bei nominalskalierten der verallgemeinerte M-Koeffizient verwendet. Mit der Datenmatrix des ersten Beispiels aus VIII.6.2.3. etwa erhält man für die drei Variablen folgendes Dendrogramm:

SINGLE LINKAGE METHOD (NEAREST NEIGHBOR)
TREE DIAGRAM

X_2 und X_3 korrelieren miteinander mit 0.552, während die Korrelation von X_1 mit X_2 bzw. X_3 -0.142 bzw. -0.133 beträgt, weshalb X_2 und X_3 zuerst fusioniert werden. Mit den anderen agglomerativen Verfahren erhält man das gleiche Resultat.

Für das zweite Beispiel in VIII.6.2.3. resultieren für die neun binär-nominalskalierten Variablen die Dendrogramme:

DISTANCE METRIC IS EUCLIDEAN DISTANCE
SINGLE LINKAGE METHOD (NEAREST NEIGHBOR)
TREE DIAGRAM

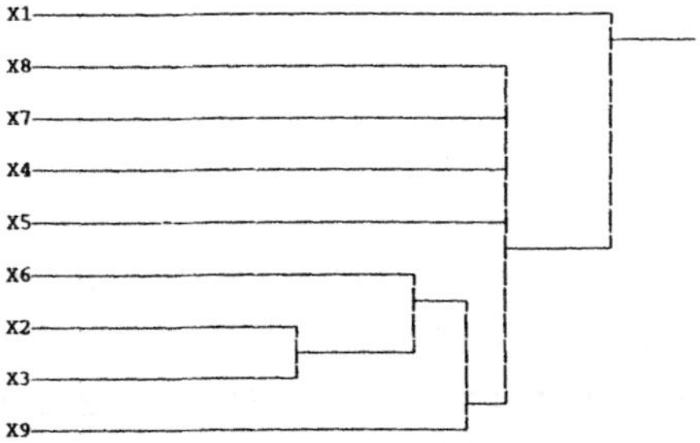

DISTANCE METRIC IS EUCLIDEAN DISTANCE
COMPLETE LINKAGE METHOD (FARTHEST NEIGHBOR)
TREE DIAGRAM

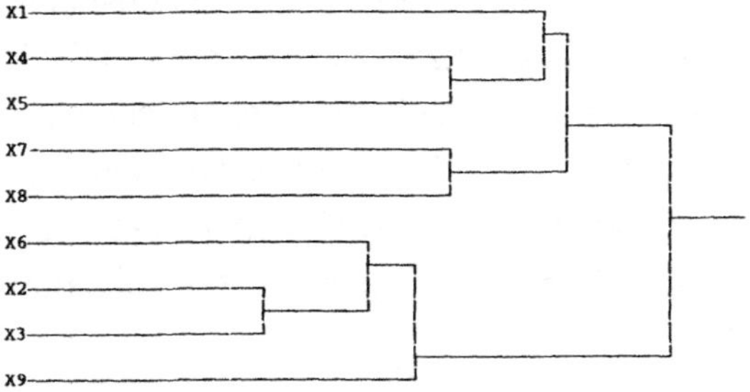

DISTANCE METRIC IS EUCLIDEAN DISTANCE
AVERAGE LINKAGE METHOD
TREE DIAGRAM

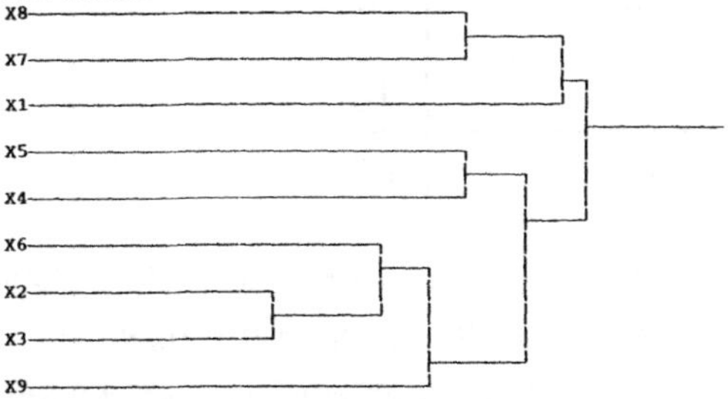

DISTANCE METRIC IS EUCLIDEAN DISTANCE
WARD MINIMUM VARIANCE METHOD
TREE DIAGRAM

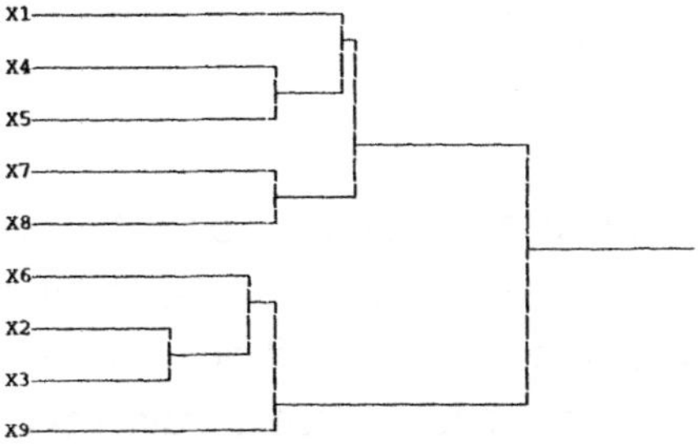

Die Cluster-Bäume sind einander sehr ähnlich, obgleich gewisse Unterschiede nicht zu übersehen sind.

VIII.7. Log-lineare und Logit-Modelle

VIII.7.1. Log-lineare Modelle

Log-lineare- und *Logit-Modelle* sind spezielle Werkzeuge der Datenanalyse, die für *nominalskalierte* (oder *qualitative*) Daten entwickelt wurden. Traditionellerweise werden Zusammenhänge zwischen nominalskalierten Variablen im Rahmen von *Kontingenztafelanalysen* untersucht, wobei *bivariate* Tafeln in der Praxis dominieren. Dabei werden möglicherweise mehrdimensionale Zusammenhänge in eine Menge von bivariaten zerlegt, was die Gefahr in sich birgt, daß vorhandene Zusammenhänge "zerschnitten" oder Scheinkorrelationen erzeugt werden. Dies kann man sich leicht an einem einfachen Beispiel klarmachen. Angenommen, es seien die drei nominalskalierten binären (oder *dichotomen*) Variablen A, B und C gegeben mit folgender dreidimensionaler Kontingenztafel:

	C_1		C_2		
	B_1	B_2	B_1	B_2	
A_1	40	5	1	2	48
A_2	8	1	3	6	18
	48	6	4	8	66

Die Merkmalskombination $A_1B_1C_1$ tritt also mit einer (absoluten) Häufigkeit von 40 auf, die Kombination $A_1B_2C_1$ mit einer Häufigkeit von 5 usw. Unter beiden Ausprägungen von C sind A und B voneinander *perfekt unabhängig*, was man z.B. an Hand des sogenannten *φ-Koeffizienten*:

$$\varphi := \frac{h_{11}h_{22} - h_{12}h_{21}}{\sqrt{h_{1+}h_{2+}h_{+1}h_{+2}}}$$

nachprüfen kann, wobei die h_{ij} die Zellhäufigkeiten und h_{i+} bzw. h_{+j} die Randhäufigkeiten einer (2×2)-Kontingenztafel bezeichnen. Hier ist nämlich jeweils $40 \cdot 1 - 5 \cdot 8 = 0$ bzw. $1 \cdot 6 - 2 \cdot 3 = 0$ und somit ist der φ-Koeffizient für jede der beiden Subtafeln gleich Null. *Kollabiert* man jedoch diese dreidimensionale Tafel über die Variable C, dann ergibt sich die Tafel:

	B_1	B_2	
A_1	41	7	48
A_2	11	7	18
	52	14	66

mit $\varphi(AB) \approx 0.26$, d.h. A und B erscheinen jetzt als abhängig voneinander, was aber nichts anderes ist als eine *Scheinkorrelation.*

Im nächsten Beispiel sei folgende dreidimensionale Kontingenztafel betrachtet (vgl. Jobson 1992, S.44 f.):

	A(65 und älter)		A(40-64)	
	R	NR	R	NR
HK	950	9000	5000	5
NHK	50	1000	5000	95
Anteil HK	0.95	0.90	0.50	0.05

mit A:="Alter", R:= "Raucher", NR:= "Nichtraucher", HK:"Herzkrank", NHK:= "Nicht Herzkrank". In der Altersklasse "65 und älter" beträgt der Anteil der Herzkranken bei den Rauchern 95% bzw. 90% bei den Nichtrauchern. In der Altersklasse "40-64" betragen diese Anteile 50% bzw. 5%. In beiden Altersklassen sind somit diese Anteile höher für die Raucher. Kollabiert man diese Tafel über das Merkmal "Alter", dann resultiert folgende Tafel:

	R	NR
HK	5950	9005
NHK	5050	1095
Anteil HK	0.54	0.89

Jetzt beträgt der Anteil der Herzkranken bei den Nichtrauchern 89% gegenüber 54% bei den Rauchern, im offensichtlichen Widerspruch zum vorigen Befund, was als *Simpsons Paradoxon* bekannt ist. Die Ursache dafür wird klar, wenn man die dreidimensionale Tafel über das Merkmal "Herzkrankheit" kollabiert:

	R	NR
A(40-64)	10000	100
A(65 und älter)	1000	10000

Der Anteil der Raucher beträgt 99% in der Altersklasse A(40-64), hingegen nur 9% in der Altersklasse A(65 und älter). Mit zunehmendem Alter treten Herzerkrankungen in vermehrtem Ausmaß auf, die "Rauchneignung" nimmt dagegen tendenziell ab. Das paradoxe Resultat ist somit bedingt durch die Vernachlässigung des "Alterseffektes".

Diese Beispiele zeigen, daß eine Kollabierung multidimensionaler Daten in zweidimensionale Kontingenztafeln zu irreführenden Schlüssen Anlaß geben kann. Deshalb sollten nach Möglichkeit alle für eine Untersuchung relevanten Variablen *simultan* untersucht werden. In diesem Zusammenhang wird grundsätzlich unterschieden zwischen einer *symmetrischen* und einer *asymmetrischen* Fragestellung. Bei der symmetrischen werden alle Variablen sozusagen "gleich" behandelt. Es interessiert in erster Linie die *Assoziationsstruktur* der Variablen, die mit Hilfe von log-linearen Modellen untersucht wird. Bei der asymmetrischen wird *eine* Variable als abhängig von anderen Variablen behandelt, was zu den logit-Modellen führt. Diese sind in gewisser Weise als Pendant zur Regressionsanalyse zu sehen. Während bei jener für die abhängige Variable stets metrisches Skalenniveau vorausgesetzt werden muß, genügt für diese hier nominales Skalenniveau.

VIII.7.1.1. Zweidimensionale log-lineare Modelle

Der einfachste Fall eines log-linearen Modelles ergibt sich, wenn nur zwei nominalskalierte Variablen beobachtet werden. Ihre Ausprägungen und zugehörigen Häufigkeiten lassen sich in Form einer zweidimensionalen Kontingenztafel darstellen. Die für diesen Fall entwickelten Konzepte können auf mehr als zwei Variablen, d.h. auf höherdimensionale Kontingenztafeln, verallgemeinert werden. Hier soll die Darstellung jedoch auf dreidimensionale Tafeln beschränkt bleiben. Grundlegend für log-lineare Modelle ist die jeweilige Form der Datenerhebung, d.h. die Frage, wie die Daten zustandegekommen sind. Dafür sind verschiedene *Erhebungsschemata* denkbar, die insofern unterschieden werden müssen, als sie zu verschiedenen Verteilungen für die Häufigkeiten einer Kontingenztafel führen, aber auch zu differierenden Hypothesen und Interpretationen der Resultate einer Datenanalyse.

VIII.7.1.2. Formen der Datenerhebung

Grundsätzlich unterscheidet man drei verschiedene Erhebungsschemata: das *Produkt-multinomiale-*, das *multinomiale-* und das *Poisson-*Erhebungsschema. Diese verschiedenen Schemata sollen an Hand einer zweidimensionalen Kontingenztafel erläutert werden.

Beim *Produkt-multinomialen* Erhebungsschema wird eines der beiden Merkmale als "Faktor" im Sinne der Varianzanalyse betrachtet, wobei die Objekte in die verschiedenen Stufen (oder Kategorien) dieses Faktors "fallen". Im Unterschied zur Varianzanalyse wird aber keine abhängige, metrisch skalierte, Variable gemessen. Erhoben werden lediglich die Häufigkeiten mit denen die einzelnen Faktorstufen "besetzt" sind. Diese Erhebungsart ist vor allem auf das Experiment zugeschnitten.

Dazu werde folgendes "Marketingexperiment" betrachtet: eine Firma möchte die Effizienz von zwei Werbestrategien (Brief- bzw. Telefonwerbung) überprüfen. Dazu wählt sie aus der Kundendatei zufällig 80 Kunden aus. Bei 40 Kunden erfolgt eine Brief- und bei den restlichen 40 Kunden eine Telefonwerbung. Die Zuteilung eines Kunden zu einer der beiden Strategien erfolgt per Randomisierung. Erhoben wird die "Reaktionsgeschwindigkeit" der Kunden bezüglich einer evtl. auf die Werbeaktion erfolgenden Auftragserteilung mit den Kategorien "schnelle Reaktion", "langsame Reaktion", "keine Reaktion" (diese müssen natürlich definiert sein, also z.B. "schnelle Reaktion" dann, wenn eine Auftragserteilung innerhalb einer Woche nach Werbung erfolgt o.ä. usw.). Nehmen wir an, folgende Reaktionshäufigkeiten seien registriert worden:

	Reaktion			
Werbestrategie	schnell	langsam	keine	
Brief	12	20	8	40
Telefon	15	19	6	40

Die Variable "Werbestrategie" ist hier der erwähnte Faktor. Charakteristisch für dieses Datenerhebungsschema ist, daß die Anzahl der Objekte pro Faktorstufe a priori **festgelegt** wird. Wieviele Objekte in die einzelnen Kategorien einer Faktorstufe fallen, ist dagegen zufällig, d.h. die Verteilung der entsprechenden Häufigkeiten ist *multinomial*. Deshalb spricht man insgesamt, d.h. für die Häufigkeiten aller Faktorstufen zusammen, von einem *Produkt-multinomialen* Erhebungsschema. Das wird deutlich, wenn wir jetzt den allgemeinen Fall dieser Erhebungsart formal betrachten. Allgemein ergibt sich für I Faktorstufen und J Kategorien der Reaktionsvariable die Kontingenztafel:

Faktorstufen	1	2	.	.	.	J	Randhäufigkeiten
1	h_{11}	h_{12}	.	.	.	h_{1J}	h_{1+}
2	h_{21}	h_{22}	.	.	.	h_{2J}	h_{2+}
.	.	.	.	.	.	.	.
.	.	.	.	.	.	.	.
.	.	.	.	.	.	.	.
I	h_{I1}	h_{I2}	.	.	.	h_{IJ}	h_{I+}
Randhäufigkeiten	h_{+1}	h_{+2}	.	.	.	h_{+J}	$h_{++}=n$

Die Randhäufigkeiten h_{i+}, $i=1,2,\ldots,I$ bezeichnen die Anzahl der Objekte in der i-ten Faktorstufe. Diese Häufigkeiten sind fest vorgegeben. Die nicht fest vorgegebenen Randhäufigkeiten h_{+j}, $j=1,2,\ldots,J$ dagegen stehen für die Anzahl der Objekte, die in die Kategorie j der Reaktionsvariablen R fallen und h_{++} ist gleich dem Gesamtstichprobenumfang n.

Sei $p_{ij}:=P(R=j|i)$ die Wahrscheinlichkeit, daß Kategorie j der Reaktionsvariablen R auftritt, wenn ein Objekt der Stufe i des Faktors zugeordnet ist. Die Hypothese, daß die unterschiedlichen Faktorstufen keinen Einfluß auf die Reaktionsvariable haben, kann somit folgendermaßen formuliert werden:

$$H_0: \quad p_{1j} = p_{2j} = \ldots = p_{Ij} \quad , \quad j = 1,2,\ldots,J$$

Für das obige Beispiel lautet H_0: $p_{11}=p_{21}$, $p_{12}=p_{22}$, $p_{13}=p_{23}$.

Die gleiche Nullhypothese kann auch mit Hilfe der zu erwartenden Häufigkeiten in den Kategorien der Reaktionsvariablen R formuliert werden. Sei H_{ij} die Anzahl der Objekte der i-ten Faktorstufe, die in Kategorie j fallen (man beachte, daß H_{ij} als Zufallsvariable aufgefaßt wird mit den Realisationen h_{ij}). Dann ist die *gemeinsame* Wahrscheinlichkeitsverteilung aller I·J auftretenden Häufigkeiten gegeben durch die Produkt-multinomiale Verteilung:

$$P(h_{11},\ldots,h_{IJ}) = \prod_{i=1}^{I} \left[\frac{h_{i+}!}{h_{i1}!\ldots h_{iJ}!} \; p_{i1}^{h_{i1}} \ldots p_{iJ}^{h_{iJ}} \right]$$

da die Reaktionen der verschiedenen Faktorstufen stochastisch unabhängig voneinander sind. Die zu erwartende Häufigkeit m_{ij} in Zelle (i,j) ist gegeben durch $m_{ij} = h_{i+}\ p_{ij}$. Es läßt sich nun zeigen, daß die obige Hypothese H_0 äquivalent formuliert werden kann als:

$$H_0^{/}:\ m_{ij} = \frac{m_{+i}m_{+j}}{m_{++}}$$

mit:

$$m_{i+} = \sum_{j=1}^{J} h_{i+}p_{ij} = h_{i+}$$

$$m_{+j} = \sum_{i=1}^{I} h_{i+}p_{ij} = p_{ij}\sum_{i=1}^{I} h_{i+} = p_{ij}h_{++}$$

$$m_{++} = h_{++} = n$$

(beim Ausdruck für m_{+j} kann p_{ij} vor das Summenzeichen gezogen werden, weil es unter Gültigkeit von H_0 unabhängig von i ist).

Beim *multinomialen* Erhebungsschema ist der Gesamtstichprobenumfang n eine **feste** Größe, während die Randsummen zufällig variieren können. Dieses Schema ist typisch für Daten, die aus Befragungen stammen. Befragte werden bezüglich bestimmter Merkmale *kreuzklassifiziert*, wie im folgenden Beispiel, bei dem für 240 Personen die Merkmale "Geschlecht" und "Farbwahl beim PW-Kauf" erhoben wurden:

Geschlecht	Farbe I	II	III	
weiblich	20	20	15	55
männlich	100	50	35	185
	120	70	50	240

Da n=240 hier fest vorgegeben ist, besitzen die Zellhäufigkeiten eine Multinomialverteilung mit sechs Kategorien. Für eine I × J-Kontingenztafel lautet deshalb die gemeinsame Verteilung dieser Häufigkeiten:

$$P(h_{11},...,h_{IJ}) = \frac{n!}{h_{11}!...h_{IJ}!}\ p_{11}^{h_{11}}...p_{IJ}^{h_{IJ}}$$

Seien A und B die beiden kreuzklassifizierten Merkmale mit den Kategorien A_i, i=1,2,...,I und B_j, j=1,2,...,J und bezeichne $p_{ij}:=P(A_i \cap B_j)$ die Wahrscheinlichkeit, daß die Merkmalskombination (A_i,B_j) auftritt, dann lautet die Unabhängigkeitshypothese H_0: $P(A_i \cap B_j)=P(A_i)P(B_j)$ bzw. $p_{ij}=p_{i+}\ p_{+j}$ mit:

$$p_{i+} = \sum_{j=1}^{J} p_{ij}, \; p_{+j} = \sum_{i=1}^{I} p_{ij}$$

Wie im Fall der produkt-multinomialen Verteilung kann diese Hypothese auch alternativ mit Hilfe der unter Gültigkeit von H_0 zu erwartenden Zellhäufigkeiten $m_{ij} = m_{i+}\, m_{+j}/n$ mit:

$$m_{ij} = np_{ij} \;,\; m_{i+} = n\sum_{j=1}^{J} p_{ij} = Np_{i+} \;,\; m_{+j} = n\sum_{i=1}^{I} p_{ij} = np_{+j}$$

formuliert werden.

Beim *Poisson*-Erhebungsschema schließlich ist der Gesamtstichprobenumfang n keine feste, sondern eine zufällige Größe. Dieses Schema ist typisch für Daten aus Beobachtungen, z.B. wenn die Häufigkeit eines bestimmten Ereignisses innerhalb eines vorgegebenen Zeitraumes registriert wird. (Außerdem erweist sich dieses Schema häufig zweckmäßig für theoretische Ableitungen). Werden im letzten Beispiel nicht Merkmale einer festen Anzahl von Personen erhoben und kreuzklassifiziert, sondern derjenigen, die innerhalb eines festgelegten Zeitintervalls (z.B. eines Jahres) einen Wagen kaufen, dann ist der Gesamtstichprobenumfang n zufällig. Nimmt man an, daß die Zellhäufigkeiten Realisationen von unabhängigen *Poisson-Prozessen* sind, die über ein festes Zeitintervall beobachtet werden, dann ergibt sich für die gemeinsame Wahrscheinlichkeitsverteilung aller I×J Zellhäufigkeiten der Ausdruck:

$$P(h_{11},\ldots,h_{IJ}) = \prod_{i,j} \frac{\lambda_{ij}^{h_{ij}}}{h_{ij}!} e^{-\lambda_{ij}}$$

mit $\lambda_{ij} = E(H_{ij})$. (Auf die Theorie der stochastischen Prozesse kann hier nicht näher eingegangen werden, zum Verständnis genügt hier jedoch die Kenntnis der Poisson-Verteilung, wie sie in jedem statistischen Grundkurs vermittelt werden). Die der obigen Unabhängigkeitshypothese entsprechende Nullhypothese lautet hier H_0: $\lambda_{ij} = \lambda_{i+}\, \lambda_{+j}/\lambda_{++}$ mit (vgl. Hamerle /Tutz 1984, S.474-479):

$$\lambda_{i+} = \sum_{j=1}^{J} \lambda_{ij} \;,\; \lambda_{+j} = \sum_{i=1}^{I} \lambda_{ij} \;,\; \lambda_{++} = \sum_{i=1}^{I} \sum_{j=1}^{J} \lambda_{ij}$$

VIII.7.1.3. Log-lineares Unabhängigkeitsmodell

Für alle drei Erhebungsformen lautet die Hypothese H_0 der Unabhängigkeit der beiden Merkmale A und B: $m_{ij}=m_{i+}m_{+j}/m_{++}$, wofür auch geschrieben werden kann:

$$\ln m_{ij} = \ln m_{i+} + \ln m_{+j} - \ln m_{++} ,$$

d.h. bei Gültigkeit der Unabhängigkeitshypothese lassen sich die zu erwarteten Häufigkeiten der Zelle (i,j) als Summe dreier Terme darstellen, wovon der erste nur von der i-ten Zeile ("Zeileneffekt"), der zweite nur von der j-ten Spalte ("Spalteneffekt") und der dritte von der Gesamtbesetzung der Tafel abhängt. Die allgemeine Struktur dieses Modells ist somit von der Form:

$$\ln m_{ij} = \mu + \mu_{A(i)} + \mu_{B(j)}$$

Analog zur Varianzanalyse ist es nun zweckmäßig, für den Zeilen- bzw. Spalteneffekt die folgende Normierung einzuführen:

$$\sum_{i=1}^{I} \mu_{A(i)} = \sum_{j=1}^{J} \mu_{B(j)} = 0$$

Das log-lineare Unabhängigkeitsmodell im zweidimensionalen Fall lautet somit insgesamt:

$$\ln m_{ij} = \mu + \mu_{A(i)} + \mu_{B(j)} , \quad \sum_{i=1}^{I} \mu_{A(i)} = \sum_{j=1}^{J} \mu_{B(j)} = 0$$

Für das Produkt-nomiale bzw. multinomiale Erhebungsschema sind zusätzlich die *Nebenbedingungen*:

$$h_{i+} = \sum_{j=1}^{J} e^{\mu + \mu_{A(i)} + \mu_{B(j)}} \quad \text{bzw.} \quad h_{++} = n = \sum_{i=1}^{I} \sum_{j=1}^{J} e^{\mu + \mu_{A(i)} + \mu_{B(j)}}$$

zu berücksichtigen, da ja für diese Erhebungsschemata die Randsummen bzw. die Gesamtstichprobe festliegen.

VIII.7.1.4. Saturiertes log-lineares Modell

Durch die naheliegende Einführung eines zusätzlichen Parameters läßt sich das Unabhängigkeitsmodell so erweitern, daß auch eine Abhängigkeit der beiden Merkmale A und B modellierbar ist. Das sogenannte *saturierte* zweidimensionale log-lineare Modell lautet:

$$\ln m_{ij} = \mu + \mu_{A(i)} + \mu_{B(j)} + \mu_{AB(ij)}$$

wobei für die Modellparameter gelten soll:

$$\sum_{i=1}^{I} \mu_{A(i)} = \sum_{j=1}^{J} \mu_{B(j)} = 0$$

$$\sum_{i=1}^{I} \mu_{AB(ij)} = \sum_{j=1}^{J} \mu_{AB(ij)} = 0$$

wobei die Parameter $\mu_{A(i)}$ und $\mu_{B(j)}$ als *Haupteffekte* und $\mu_{AB(ij)}$ als *Interaktionseffekte* bezeichnet werden. Es ist:

$$\mu_{AB(ij)} = \ln m_{ij} - \mu_{A(i)} - \mu_{B(j)}$$

d.h. der Interaktionseffekt erfaßt diejenige Abhängigkeit der (logarithmierten) Zellhäufigkeiten von den beiden Merkmalen, die über die reinen Zeilen- bzw. Spalteneffekte hinausgehen. Eine genauere Charakterisierung dieses Parameters ist im nächsten Abschnitt zu finden.

Das saturierte Modell reproduziert die vorliegenden Daten *perfekt*. Dies gilt allgemein für alle log-linearen Modelle beliebiger Dimension.

VIII.7.1.5. Interaktionsparameter μ_{AB} und Odds ratio

Die Bedeutung des Interaktionsparameters μ_{AB} läßt sich am einfachsten an einer (2×2)-Tafel erläutern. Angenommen, eine Frage werde von einem Teil der (männlichen und weiblichen) Befragten mit "Ja" bzw. "Nein" beantwortet. Eine Kreuzklassifikation zwischen "Geschlecht" und "Antwort" ergebe die Tabelle:

Antwort/ Geschlecht	Ja(B_1)	Nein(B_2)	
männlich (A_1)	h_{11}	h_{12}	h_{1+}
weiblich (A_2)	h_{21}	h_{22}	h_{2+}
	h_{+1}	h_{+2}	n

Das *Kreuzprodukt-Verhältnis* ist definiert durch:

$$\alpha := \frac{P(A_1 \cap B_1)}{P(A_1 \cap B_2)} : \frac{P(A_2 \cap B_1)}{P(A_2 \cap B_2)}$$

Da $P(A_i \cap B_j) = P(A_i)P(B_j|A_i)$ ist, kann dafür geschrieben werden:

$$\alpha = \frac{P(B_1|A_1)/P(B_2|A_1)}{P(B_1|A_2)/P(B_2|A_2)}$$

α drückt das Verhältnis von "Ja" zu "Nein"-Antworten in Abhängigkeit vom Geschlecht aus. Ist $\alpha=1$, dann ist das Antwortverhalten bei beiden Geschlechtern gleich, während für den Fall $\alpha<1$ ($\alpha>1$) bei den Männern das "Ja"-Antwortverhalten schwächer (stärker) ausgeprägt ist als bei den Frauen. Das Verhältnis $P(B_1)/P(B_2)$, also die Wahrscheinlichkeit einer "Ja"-Antwort im Vergleich zu einer "Nein"-Antwort, wird als *Wettchance 1. Ordnung* (oder auch als *odds* bzw. *odds ratio*) bezeichnet. Dagegen heißt das Verhältnis $P(B_1|A_i)/P(B_2|A_i)$ *Wettchance 2. Ordnung.* Diese (bedingte) Wettchance informiert über das Verhältnis der Wahrscheinlichkeiten von "Ja"/"Nein" in Abhängigkeit von A_i, also hier vom Merkmal "Geschlecht". Da in der Praxis die involvierten Wahrscheinlichkeiten nicht bekannt sind, muß α mit Hilfe der relativen Häufigkeiten h_{ij}/h_{i+} geschätzt werden:

$$\hat{\alpha} = h_{11} \cdot h_{22} / h_{12} \cdot h_{21}$$

α eignet sich als Assoziationsmaß, d.h. als Maß für eine Beschreibung des Zusammenhangs der beiden Merkmale A und B, denn es ist $\mu_{AB(11)} = 1/4 \log \alpha$. Für $\alpha=1$ ist $\mu_{AB(11)}=0$, d.h. A und B sind unabhängig voneinander, für $\alpha \neq 1$ ist $\mu_{AB(11)} \neq 0$, d.h. A und B sind abhängig. Somit drückt der Parameter $\mu_{AB(11)}$ direkt den Zusammenhang der beiden Merkmale A und B aus (wenn $\mu_{AB(11)}$ gegeben ist, dann sind auch $\mu_{AB(12)}, \mu_{AB(21)}, \mu_{AB(22)}$ bekannt auf Grund der obigen Nullsummen-Normierung).

Liegt allgemein eine (I×J)-Tafel vor, dann lassen sich mehrere Kreuzprodukt-Verhältnisse aus je *vier* Zellen bilden. Es seien $i_1, i_2 \varepsilon \{1,...,I\}$ und $j_1, j_2 \varepsilon \{1,...,J\}$ dann ist:

$$\alpha_{i_1 i_2 j_1 j_2} = \frac{P(B_{j_1} | A_{i_1}) / P(B_{j_2} | A_{i_1})}{P(B_{j_1} | A_{i_2}) / P(B_{j_2} | A_{i_2})}$$

das Kreuzprodukt der *Subtafel*:

	j_1	j_2
i_1	$h_{i_1 j_1}$	$h_{i_1 j_2}$
i_2	$h_{i_2 j_1}$	$h_{i_2 j_2}$

Es läßt sich zeigen, daß diese Kreuzprodukte sämtliche Informationen über den Zusammenhang der beiden Merkmale A und B enthalten. Insbesondere ist

$$\alpha_{i_1 i_2 j_1 j_2} = 1 \; \forall \; i_1 i_2 j_1 j_2$$

genau dann, wenn A und B unabhängig voneinander sind (vgl. Hamerle/Tutz 1984, S.484-486).

VIII.7.2. Dreidimensionale log-lineare Modelle

Bei mehr als zwei Variablen ist eine wesentliche Erweiterung der Anzahl möglicher Zusammenhänge zu konstatieren. Beispielsweise können drei Variable insgesamt voneinander unabhängig sein (totale Unabhängigkeit) oder zwei Variable hängen von der dritten ab, sind jedoch voneinander (bedingt) unabhängig usw. Derartige Abhängigkeiten bilden die *Assoziationsstruktur* der Variablen. Eine wichtige Zielsetzung log-linearer Analysen bei drei- und höherdimensionalen Kontingenztafeln besteht im Aufspüren von Assoziationen, aber auch in der Überprüfung von Hypothesen (vgl. dazu Hamerle/Tutz 1984, S.487).

Die folgende Kontingenztafel, die auf Fienberg 1980 zurückgeht (siehe auch Hamerle/Tutz 1984, S.487), stellt eine Kreuzklassifikation der Merkmale A: "Zulassung", B: "Geschlecht" und C: "Studienfachwahl" dar, denen eine

Erhebung bei 4526 Studienplatzbewerbern der Universität Berkeley/CA zugrunde liegt:

Zulassung (A)	Geschlecht(B)	Studienfachwahl ©					
		C_1	C_2	C_3	C_4	C_5	C_6
Zugelassen	männlich	512	353	120	138	53	22
	weiblich	89	17	202	131	94	24
Nicht zugelassen	männlich	313	207	205	279	138	351
	weiblich	19	8	391	244	299	317

Von den 2691 männlichen Studienplatzbewerbern wurden 1198 zugelassen, was einer Zulassungsquote von ≈ 45% entspricht, während von den 1835 weiblichen Bewerbern 557 zugelassen wurden, d.h. die Zulassungsquote beträgt nur ≈30%. Kann man nun daraus schließen, daß die Frauen bei der Zulassung diskriminiert wurden? Diese Frage soll in Abschnitt VIII.7.7. untersucht werden.

Wie für zweidimensionale Modelle sind auch hier die drei Datenerhebungsformen Produkt-multinomial, multinomial und Poisson zu unterscheiden, wobei bei der Produkt-multinomialen entweder für eine oder für zwei Variable feste Stichprobenumfänge vorgegeben sind. Die entsprechenden Wahrscheinlichkeitsverteilungen für die Zellhäufigkeiten seien hier nicht explizit aufgeführt, vgl. dazu etwa Hamerle/Tutz 1984, S.500 f. Seien z.B. $A_1,A_2,\ldots,A_I$ bzw. $B_1,B_2,\ldots,B_J$ bzw. $C_1,C_2,\ldots,C_K$ die Kategorien der Merkmale A bzw. B bzw. C und bezeichne $\{h_{ijk} \mid i=1,2,\ldots,I;\ j=1,2,\ldots,J; k=1,2,\ldots,K\}$ eine $I \times J \times K$ - Kontingenztafel mit den Zellhäufigkeiten h_{ijk}, dann lassen sich für diese Tafel insgesamt acht verschiedene Modelltypen unterscheiden, von denen hier stellvertretend nur vier im einzelnen betrachtet werden sollen (vgl. Hamerle/Tutz 1984, S.488-495 und den tabellarischen Überblick auf S.496):

a) Saturiertes Modell (ABC): Hier gilt:

$$\ln m_{ijk} = \mu + \mu_{A(i)} + \mu_{B(j)} + \mu_{C(k)} + \mu_{AB(ij)} + \mu_{AC(ik)} + \mu_{BC(jk)} + \mu_{ABC(ijk)}$$

wobei die Parameter dieses Modells folgenden Bedingungen genügen:

$$\sum_{i=1}^{I} \mu_{A(i)} = \sum_{j=1}^{J} \mu_{B(j)} = \sum_{k=1}^{K} \mu_{C(k)} = 0$$

$$\sum_{i=1}^{I} \mu_{AB(ij)} = \sum_{j=1}^{J} \mu_{AB(ij)} = 0$$

$$\sum_{j=1}^{J} \mu_{AC(ik)} = \sum_{k=1}^{K} \mu_{AC(ik)} = 0$$

$$\sum_{i=1}^{I} \mu_{ABC(ijk)} = \sum_{j=1}^{J} \mu_{ABC(ijk)} = \sum_{k=1}^{K} \mu_{ABC(ijk)} = 0$$

Außerdem muß für das multinomiale Erhebungsschema gelten:

$$h_{+++} = n = \sum_{i=1}^{I} \sum_{j=1}^{J} \sum_{k=1}^{K} e^{[\mu + \mu_{A(i)} + \mu_{B(j)} + \mu_{C(k)} + \mu_{AB(ij)} + \mu_{AC(ik)} + \mu_{BC(jk)} + \mu_{ABC(ijk)}]}$$

Die Parameter werden folgendermaßen bezeichnet:

μ :	*Gesamtmittel (grand mean)*
$\mu_{A(i)}, \mu_{B(j)}, \mu_{C(k)}$:	*Haupteffekte*
$\mu_{AB(i)}, \mu_{AC(ik)}, \mu_{BC(jk)}$:	*Zwei-Faktor-Interaktionen (Interaktionseffekte 1.Ordnung)*
$\mu_{ABC(ijk)}$:	*Drei-Faktor-Interaktionen (Interaktionseffekte 2.Ordnung)*

Das saturierte Modell, das alle Haupt- und Interaktionseffekte enthält, ist häufig uninteressant. Da alle denkbaren Abhängigkeiten erfaßt werden, resultiert damit keine Vereinfachung der Assoziationsstruktur der Variablen. Im allgemeinen sind Modelle praktisch wichtiger, die gewisse Restriktionen erfüllen, d.h. gewisse Effekte ausschließen. Ein einfacheres Modell gewinnt man aus dem saturierten, wenn man den Interaktionsterm 2.Ordnung wegläßt, d.h. $\mu_{ABC}=0$ setzt, was gleichbedeutend ist mit $\mu_{ABC(111)}=\mu_{ABC(112)}=\ldots=\mu_{ABC(IJK)}=0$. Das führt zum:

b) Modell ohne Drei-Faktor-Interaktion (AB/AC/BC):
Hier gilt für die erwarteten (logarithmierten) Zellhäufigkeiten:

$$\ln m_{ijk} = \mu + \mu_{A(i)} + \mu_{B(j)} + \mu_{C(k)} + \mu_{AB(ij)} + \mu_{AC(ik)} + \mu_{BC(jk)}$$

Hier ist eines Assoziation zwischen je zwei Variablen vorgesehen (ausgedrückt durch $\mu_{AB}, \mu_{AC}, \mu_{BC}$), die aber jeweils nicht von einer dritten Variablen beeinflußt wird. Wäre dieses Modell für das obige Beispiel "passend", dann hieße das z.B., daß eine Assoziation zwischen "Geschlecht" und "Zulassung" nicht von der Wahl des Studienfaches abhängig wäre. (Für dieses und die folgenden Modelle sollen die Normierungsbedingungen nicht mehr explizit aufgeführt werden).

c) *Modell der bedingten Unabhängigkeit (z.B. AC/BC)*:
Hier ist $\mu_{ABC} = \mu_{AB}$ und somit:

$$\ln m_{ijk} = \mu + \mu_{A(i)} + \mu_{B(j)} + \mu_{C(k)} + \mu_{BC(jk)} + \mu_{AC(ik)}$$

Dieses Modell impliziert die Beziehung $P(A_i \cap B_j | C_k) = P(A_i | C_k) P(B_j | C_k)$, d.h. A und B sind voneinander *bedingt unabhängig*. Würde dieses Modell für obiges Beispiel gelten, dann hieße das, daß "Zulassung" (A) und "Geschlecht" (B) für jedes Studienfach unabhängig ist. Da jedoch zwischen A und C sowie zwischen B und C ein Zusammenhang besteht, könnte bei alleiniger Betrachtung von A und B in einer aggregrierten zweidimensionalen Kontingenztafel ein *Scheinzusammenhang* entstehen, der auf die Vernachlässigung der Variablen C zurückzuführen ist.
Für diesen Modelltyp existieren drei inhaltlich verschiedene Varianten, je nachdem ob μ_{AB}=0 oder μ_{AB}=0 oder μ_{AB}=0 ist, die aber modelltheoretisch völlig analog zu behandeln sind.

d) *Modell der totalen Unabhängigkeit (A/B/C):*
Da sämtliche Interaktionseffekte fehlen, d.h. $\mu_{ABC} = \mu_{AB} = \mu_{AC} = \mu_{BC} = 0$ ist, gilt hier:

$$\ln m_{ijk} = \mu + \mu_{A(i)} + \mu_{B(j)} + \mu_{C(k)}$$

Für dieses Modell ist $P(A_i \cap B_j \cap C_k) = P(A_i) P(B_j) P(C_k)$, d.h. die A,B,C sind *total unabhängig*.

Bei all diesen Modellen handelt es sich un sogenannte *hierarchische* Modelle. Ausgeschlossen ist z.B. ein Modell der Form:

$$\ln m_{ijk} = \mu + \mu_{A(i)} + \mu_{B(j)} + \mu_{ABC(ijk)}$$

das die Drei-Faktor-Interaktion μ_{ABC} enthält, aber keine Zwei-Faktor-Interaktionen und nicht den Haupteffekt μ_C. Allgemein nennt man ein log-lineares Modell *hierarchisch*, wenn bei Vorliegen des Interaktionsterms μ_{NM}, wobei N und M Merkmalskombinationen sind, die kein Merkmal gemeinsam haben, auch die Parameter μ_N und μ_M im Modell enthalten sind. Ist z.B. der Interaktionsterm μ_{ABC} ein Modellparameter, dann erfordert das Hierarchieprinzip, daß auch die Parameter μ_A, μ_B, μ_C sowie $\mu_{AB}, \mu_{AC}, \mu_{BC}$ im Modell enthalten sind. Da nicht-hierarchische Modelle im allgemeinen schwierig zu interpretieren sind, dominieren in der Anwendung hierarchische Modelle. Auch hier soll stets von hierarchischen Modellen ausgegangen werden (vgl. Hamerle/Tutz 1984, S.505).

VIII.7.3. Allgemeine log-lineare Modelle

Alle log-linearen Modelle lassen sich allgemein in folgender Form darstellen:

$$\ln \mathbf{m} = \mathbf{X}\boldsymbol{\mu}$$

wobei **m** ein Spaltenvektor ist, der die logarithmierten zu erwartenden Häufigkeiten enthält, **X** eine Design-Matrix und **μ** ein Parametervektor. Das obige zweidimensionale Unabhängigkeitsmodell im einfachsten Fall einer (2×2)-Tafel:

$$\ln m_{ij} = \mu + \mu_{A(i)} + \mu_{B(j)}, \quad i,j = 1,2$$

läßt sich folgendermaßen darstellen:

$$\begin{pmatrix} \ln m_{11} \\ \ln m_{12} \\ \ln m_{21} \\ \ln m_{22} \end{pmatrix} = \mu \begin{pmatrix} 1 \\ 1 \\ 1 \\ 1 \end{pmatrix} + \mu_{A(1)} \begin{pmatrix} 1 \\ 1 \\ 0 \\ 0 \end{pmatrix} + \mu_{A(2)} \begin{pmatrix} 0 \\ 0 \\ 1 \\ 1 \end{pmatrix} + \mu_{B(1)} \begin{pmatrix} 1 \\ 0 \\ 1 \\ 0 \end{pmatrix} + \mu_{B(2)} \begin{pmatrix} 0 \\ 1 \\ 0 \\ 1 \end{pmatrix}$$

Mit den Nebenbedingungen $\mu_{A(1)}+\mu_{A(2)}=0$, d.h. $\mu_{A(2)}=-\mu_{A(1)}$ bzw. $\mu_{B(1)}+\mu_{B(2)}=0$, also $\mu_{B(2)}=-\mu_{B(1)}$, folgt:

$$\begin{pmatrix} \ln m_{11} \\ \ln m_{12} \\ \ln m_{21} \\ \ln m_{22} \end{pmatrix} = \mu \begin{pmatrix} 1 \\ 1 \\ 1 \\ 1 \end{pmatrix} + \mu_{A(1)} \begin{pmatrix} 1 \\ 1 \\ -1 \\ -1 \end{pmatrix} + \mu_{B(1)} \begin{pmatrix} 1 \\ -1 \\ 1 \\ -1 \end{pmatrix}$$

Faßt man die Vektoren (1,1,1,1)', (1,1,-1,-1)' (1,-1,1,-1)' zur (4×3)-Matrix **X** zusammen und definiert ln **μ**=: $(\mu,\mu_{A(1)},\mu_{A(2)})'$, und ln **m**=:(ln m_{11},ln m_{12}, ln m_{21},ln m_{22})', dann erhält man das Modell ln **m**=**X** **μ** (vgl. Hamerle/Tutz 1984, S.511).

Die Nebenbedingung, daß sich die Parameter eines log-linearen Modelles jeweils zu Null aufsummieren, entspricht der *Effektkodierung* bei der Varianzanalyse (vgl. dazu Abschnitt VIII.3.2.3.). Üblicherweise wird auch wie dort die *letzte* Kategorie als *Referenzkategorie* gewählt, also z.B.

$$\mu_{A(I)} = -\sum_{i=1}^{I-1} \mu_{A(i)}$$

Die zur Referenzkategorie gehörenden Effekte (im vorigen Beispiel sind das $\mu_{A(2)}$ und $\mu_{B(2)}$) werden dadurch aus dem Modell herausgenommen.

Ist I die Anzahl der Kategorien einer Variablen V, so werden für die Effekt-Kodierung I-1 Dummyvariablen gebildet nach der Vorschrift:

$$x_i^V := \begin{cases} 1 \text{ falls Kategorie i vorliegt} \\ -1 \text{ falls Kategorie I vorliegt} \\ 0 \text{ sonst}, \quad i=1,2,\ldots,I-1 \end{cases}$$

Jede Zelle einer m-dimensionalen Tafel mit den Merkmalen A,B,...,E mit I bzw. J bzw. ...,L Kategorien läßt sich damit durch einen Dummy-Merkmals-vektor

$$(x_1^A,\ldots,x_{I-1}^A,x_1^B,\ldots,x_{J-1}^B,\ldots,x_1^E,\ldots,x_{L-1}^E)$$

charakterisieren, der als entsprechend plazierter Zeilenvektor in die Design-Matrix **X** eingeht (vgl. Hamerle/Tutz 1984, S.512). Sei z.B. m=4 mit den Merkmalen A,B,C,D und den Kategorienanzahlen I=3, J=2, K=5, L=2 dann lautet der Dummy-Merkmalsvektor für die Zelle (1,2,4,2):

$$(x_1^A,x_2^A,x_1^B,x_1^C,x_2^C,x_3^C,x_4^C,x_1^D) = (1,0,-1,0,0,0,1,-1)$$

Wie man leicht nachprüft, erhält man für das obige zweidimensionalen Unabhängigkeitsmodell für die Zellen (1,1), (1,2), (2,1), (2,2) die Vektoren (1,1), (1,-1), (-1,1), (-1,-1), die um jeweils "1" erweitert (für die Konstante μ) die Zeilen der Matrix **X** bilden.

Die Spalten der Design-Matrix **X**, die zu den Interaktionstermen gehören, erhält man durch Multiplikation der Spalten der Haupteffekte. Beispielsweise würde man für das saturierte zweidimensionale Modell die Matrix

$$\mathbf{X} = \begin{pmatrix} 1 & 1 & 1 & 1 \\ 1 & 1 & -1 & -1 \\ 1 & -1 & 1 & -1 \\ 1 & -1 & -1 & 1 \end{pmatrix}$$

erhalten, wobei sich die 4.Spalte, durch welche der Interaktionsterm μ_{AB} kodiert wird, durch Multiplikation der Werte der 2. und 3. Spalte ergibt. Umgekehrt lassen sich aus Design-Matrizen saturierter Modelle die ent-sprechenden Matrizen nicht-saturierter Modelle ableiten, indem entsprechende Spalten einfach weggelassen werden (vgl. Hamerle/Tutz 1984, S.513).

VIII.7.4. Parameterschätzung im log-linearen Modell

Die oben betrachteten verschiedenen Datenerhebungsschemata "Produkt-multinomial", "multinomial" und "Poisson" lassen vermuten, daß die entsprechenden Parameterschätzungen je nach zugrundeliegendem Schema differieren. Dies ist jedoch glücklicherweise nicht der Fall, wenn man sich auf *zulässige* Modelle beschränkt. Ein Modell wird als zulässig bezeichnet, wenn für eine Merkmalskombination N, deren Randsumme fest vorgegeben ist, auch der Parameter μ_N im Modell enthalten ist. Sind z.B. bei einer dreidimensionalen Tafel mit den Merkmalen A, B, C die Randsummen h_{ij+} vorgegeben – in obigem Beispiel mit A: "Zulassung", B: "Geschlecht", C:"Studienfachwahl" wären das $h_{11+}=1198$, $h_{12+}=557$, $h_{21+}=1993$, $h_{22+}=1278$, d.h. würden genau 1198 männliche und zugelassene, genau 557 weibliche und zugelassene usw. Studienplatzbewerber untersucht- dann wären nur Modelle zulässig, die auch den Parameter μ_{AB} enthalten. Beschränkt man sich auf in diesem Sinn zulässige Modelle, dann sind Schätzungen und Teststatistiken für alle drei Erhebungsschemata gleich (vgl. Hamerle/Tutz 1984 S.504). Für diese folgt die Verteilung der Zellhäufigkeiten einer sogenannten *Exponentialfamilie*, wie sich aus ihren *Likelihood-Funktionen* ersehen läßt. Auf Einzelheiten kann hier nicht eingegangen werden (vgl. dazu Hamerle/Tutz 1984, S.516 ff.). Für das zweidimensionale Unabhängigkeitsmodell erhält man z.B. folgende Schätzfunktionen (vgl. Hamerle/Tutz 1984, S.520):

$$\hat{\mu} = \frac{1}{I}\sum_i \ln h_{i+} + \frac{1}{J}\sum_j \ln h_{+j} - \ln h_{++}$$

$$\hat{\mu}_{A(i)} = \ln h_{i+} - \frac{1}{I}\sum_i \ln h_{i+}$$

$$\hat{\mu}_{B(j)} = \ln h_{+j} - \frac{1}{J}\sum_j \ln h_{+j}$$

Numeriert man die Zellen einer Kontingenztafel durch von 1 bis N, dann folgt aus ln **m= Xμ** für die *geschätzte* erwartete Häufigkeit der i-ten Zelle $\hat{m}_i=\exp(\mathbf{x}_i'\hat{\boldsymbol{\mu}})$, wobei $\mathbf{x}_i'$ die i-te Zeile der Design-Matrix **X** und $\hat{\boldsymbol{\mu}}$ der

Maximum-Likelihood-Schätzer für den Parametervektor $\boldsymbol{\mu}$ ist. Die (asymptotische) Varianz-Kovarianzmatrix von $\hat{\boldsymbol{\mu}}$ lautet:

$$\frac{1}{N}\left[\mathbf{X}'\left(\begin{pmatrix} \frac{N}{\hat{m}_1} & 0 & 0 & \dots & 0 \\ 0 & \frac{N}{\hat{m}_2} & 0 & \dots & 0 \\ . & . & . & \dots & . \\ 0 & 0 & 0 & \dots & \frac{N}{\hat{m}_N} \end{pmatrix} - \mathbf{11}'\right)^{-1} \mathbf{X}\right]^{-1}$$

In der Hauptdiagonale dieser Matrix stehen die geschätzten Varianzen der Parameter $\hat{\mu}_k$ (vgl. Hamerle/Tutz 1984, S.525). Mit Hilfe dieser ist es möglich, Konfidenzintervalle für die unbekannten Modellparameter zu konstruieren bzw. Hypothesentests durchzuführen.

VIII.7.5. Anpassungs- und Parametertests in log-linearen Modellen

Wird bei einer mehrdimensionalen Kontingenztafel aus der Menge möglicher Modelle eines ausgewählt – auf Aspekte der *Modellselektion* soll im nächsten Abschnitt eingegangen werden – dann ist zu prüfen, wie gut dieses Modell die gegebenen Daten, also die Zellhäufigkeiten, "erklärt". Dazu werden die unter Gültigkeit des Modelles zu erwartenden Zellhäufigkeiten mit den gegebenen Häufigkeiten verglichen und die Anpassungsgüte mit einer der beiden Teststatistiken:

$$\chi^2 = \sum_{i=1}^{N} \frac{(\hat{m}_i - h_i)^2}{\hat{m}_i} \quad , \quad LQ = 2\sum_{i=1}^{N} h_i \ln\left(\frac{h_i}{\hat{m}_i}\right)$$

beurteilt, wobei die zweite ein *Likelihood-Quotienten-Test* ist. Beide Statistiken sind asymptotisch χ^2-verteilt mit denselben Freiheitsgraden, d.h. sie nehmen für große Stichprobenumfänge praktisch den gleichen Wert an, wobei die Anzahl der Freiheitsgrade gleich der Anzahl der Zellen abzüglich der Anzahl der geschätzten Modellparameter ist (vgl. Hamerle/Tutz 1984, S.525 ff.).

Zu beachten ist bei beiden Anpassungstests, daß ein signifikantes Testresultat ein "ungeeignetes" Modell indiziert, während bei einem nicht-signifikanten Testresultat die Hypothese, daß ein "passendes" Modell vorliegt, nicht verworfen werden kann.

Statt eines globalen Anpassungstests können auch einzelne Modellparameter überprüft werden. Die wichtigste Nullhypothese ist dabei H_0: $\mu_k=0$, wobei μ_k irgendein Modellparameter ist. Der Quotient $\hat{\mu}_k/s(\hat{\mu}_k)$ ist asymptotisch N(0;1)-verteilt, wobei $s(\hat{\mu}_k)$ die geschätzte Standardabweichung von μ_k ist (vgl. dazu den letzten Abschnitt).

VIII.7.6. Modellwahl

Da die Anzahl der möglichen log-linearen Modelle bei steigender Anzahl von Variablen sehr stark wächst – bei nur drei Variablen gibt es schon acht mögliche Modelle, wie oben dargelegt wurde – ergibt sich in der Praxis das Problem, geeignete Selektionsstrategien zu entwickeln, die mit vertretbarem Aufwand zu einem "akzeptablen" Modell führen. Grundsätzlich kann man bei der Modellwahl vor folgenden Situationen bzw. Möglichkeiten stehen:

a) Auf Grund theoretischer Überlegungen bzw. substanzwissenschaftlicher Vorgaben kann a priori davon ausgegangen werden, daß bestimmte Interaktionseffekte vorhanden sind bzw. fehlen. Diese a priori-Hypothesen spezifizieren ein log-lineares Modell, so daß im Prinzip nur die Parameter zu schätzen sind bzw. der "fit" zu überprüfen ist. Dieser Fall, der einer *konfirmatorischen Datenanalyse* entspricht, ist der einfachste und eindeutigste.
b) Die in a) aufgelisteten Informationen fehlen. Die Auswahl eines "geeigneten" Modelles muß *datengesteuert* erfolgen. Dieser Fall ist der *explorativen Datenanalyse* zuzuordnen. Denkbar sind natürlich auch Zwischenformen von a) und b), etwa, wenn nur Teilinformationen vorliegen, so daß ein Modell nicht vollständig spezifiziert ist.
c) Es liegt Fall b) vor, die Modellselektion erfolgt datengesteuert, aber mit inferenzstatistischer Absicherung.

Da bei b) nicht selten eine größere Anzahl von Signifikanztests durchgeführt werden muß, ist das Signifikanzniveau des *gesamten* "Experimentes" u.U. erheblich größer als die Signifikanzniveaus der einzelnen Tests. Teststatistiken können deshalb nur als heuristische Hilfsmittel betrachtet werden. Eine echte inferenzstatistische Absicherung ist nur durch Kreuzvalidierung, also mit neuen Daten möglich (vgl. die entsprechenden Ausführungen weiter oben in Abschnitt VIII.3.2.2.). Andernfalls muß die Struktur des vorliegenden *multiplen Testproblems* berücksichtigt werden, was zu Fall c) führt. Eine Modellwahl läßt sich dabei als multiples Testproblem begreifen mit der Nullhypothese H_0: "Modell M gilt" (bzw. dazu äquivalent H_0: "Die nicht in M enthaltenen Parameter sind gleich Null") und der Alternativhypothese H_1: "Modell M gilt nicht", wobei M ein log-lineares Modell bezeichnet (vgl. Hamerle/Tutz 1984, S.532-533). Auf derartige Suchprozeduren soll hier nicht eingegangen werden (vgl. dazu z.B. Hamerle/Tutz 1984, S.547 ff.).

In der Praxis dominiert die explorative Vorgehensweise. Darunter sind z.B. auch die im letzten Abschnitt erwähnten Parametertests zu subsumieren. Dabei erweist sich die Beachtung nachfolgender Kriterien als zweckmäßig. Ein Modell sollte:

a) möglichst ökonomisch sein, d.h. möglichst wenig Parameter enthalten (Prinzip der *parsimony*)
b) einfach zu interpretieren sein, d.h. möglichst wenige Interaktionen höherer Ordnung enthalten
c) den Daten "gut" angepaßt sein
d) möglichst alle "signifikanten" Effekte enthalten und alle "nicht-signifikanten" ausschließen (Hamerle/Tutz 1984, S.533).

Daß es im allgemeinen meistens nicht möglich sein dürfte, alle genannten Kriterien simultan zu erfüllen, läßt sich leicht einsehen. Durch Berücksichtigung von immer mehr Interaktionseffekten kann Forderung c) immer besser erfüllt werden, im Grenzfall des saturierten Modelles sogar perfekt. Gleichzeitig wird dabei aber gegen a) und b) verstoßen und wohl meistens auch gegen Forderung d).

Modellsuchverfahren lassen sich einteilen in *Grobsuch-* und *Feinsuchverfahren*, die hier nicht im einzelnen besprochen werden sollen. Beispielhaft sei nur das Suchverfahren "Simultane Tests der Ordnung k" erörtert.

Unter M(k) sei ein Modell k-ter Ordnung verstanden, d.h. ein Modell, das sämtliche k-Faktor-Interaktionen enthält, aber keine Interaktionen höherer Ordnung. Für eine vierdimensionale Kontingenztafel z.B. ist M(3): ABC/ABD/ACD/BCD, d.h. dieses Modell enthält die Parameter $\mu_{ABC}, \mu_{ABD}, \mu_{ACD}, \mu_{BCD}$ (nebst $\mu_A, \mu_B, \mu_C, \mu_D, \mu_{AB}, \mu_{AC}, \mu_{AD}, \mu_{BC}, \mu_{BD}, \mu_{CD}$), aber nicht den Parameter μ_{ABCD}. M(0) enthält weder Haupt- noch Interaktionseffekte, sondern lediglich die Konstante μ. Für eine m-dimensionale Kontingenztafel ergibt sich die Modellhierarchie $M(0) \subset M(1) \subset M(2) \subset \ldots \subset M(m)$, die eine Folge von "geschachtelten"

Modellen (*nested models*) darstellt (vgl. Hamerle/Tutz 1984, S.539). Alle k-Faktor-Interaktionen werden simultan mit Hilfe der Teststatistik

$$LQ(M(k-1)|M(k)) = 2\sum_{i=1}^{N} h_i \ln\left[\frac{\hat{m}_i(k)}{\hat{m}_i(k-1)}\right]$$

die unter der Nullhypothese H_0: "M(k) gilt" (asymptotisch) χ^2-verteilt ist mit einer Anzahl von Freiheitsgraden, die gleich der Differenz der Anzahl der Parameter in M(k) und M(k-1) ist. Dabei sind die $\hat{m}_i(k)$ bzw. $\hat{m}_i(k-1)$ die geschätzten erwarteten Zellhäufigkeiten, wenn M(k) bzw. M(k-1) gilt. Wenn beim Übergang von M(k) zu M(k-1) für diese Häufigkeiten $\hat{m}_i(k) \approx \hat{m}_i(k-1)$ gilt, dann ist $LQ(M(k-1)|M(k)) \approx 0$, d.h. die Güte der Modellanpassung verschlechtert sich durch Weglassen der k-Faktor-Parameter nicht. Je stärker die beiden Häufigkeiten divergieren, umso größer wird LQ(M(k-1)|M(k)), d.h. umso größer ist die "Chance", daß LQ "signifikant" wird, d.h. daß M(k-1) kein "passendes" Modell ist, die k-Faktor-Interaktionen also beibehalten werden müssen.

VIII.7.7. Beispiel

Hier soll die dreidimensionale Kontingenztafel aus Abschnitt VIII.7.2. betrachtet werden mit den Variablen "Zulassung" (A), "Geschlecht" (B) und "Studienfachwahl" (C). Geht man vom saturierten Modell über zum Modell ohne die Drei-Faktor-Interaktion, d.h. zum Modell:

$$\ln m_{ijk} = \mu + \mu_{A(i)} + \mu_{B(j)} + \mu_{C(k)} + \mu_{AB(ij)} + \mu_{AC(ik)} + \mu_{BC(jk)}$$

dann erhält man mit dem SYSTAT-Modul TABLES den folgenden Output:

```
TABLE OF GESCHLECHT(ROWS) BY STUDIENFACH(COLUMNS)
FOR THE FOLLOWING VALUES:
ZULASSUNG = 1.000
FITTED VALUES
```

	1.000	2.000	3.000	4.000	5.000	6.000
1.000	529.27	353.64	109.25	137.21	45.68	22.96
2.000	71.73	16.36	212.75	131.79	101.32	23.04

```
TABLE OF GESCHLECHT(ROWS) BY STUDIENFACH(COLUMNS)
FOR THE FOLLOWING VALUES:
ZULASSUNG = 2.000
FITTED VALUES
```

	1.000	2.000	3.000	4.000	5.000	6.000
1.000	295.73	206.36	215.75	279.79	145.32	350.04
2.000	36.27	8.64	380.25	243.21	291.68	317.96

```
TABLE OF GESCHLECHT(ROWS) BY STUDIENFACH(COLUMNS)
FOR THE FOLLOWING VALUES:
ZULASSUNG = 1.000
STANDARDIZED RESIDUALS: (OBSERVED-FITTED)/SQRT(FITTED)
```

	1.000	2.000	3.000	4.000	5.000	6.000
1.000	-.75	-.03	1.03	.07	1.08	-.20
2.000	2.04	.16	-.74	-.07	-.73	.20

```
TABLE OF GESCHLECHT(ROWS) BY STUDIENFACH(COLUMNS)
FOR THE FOLLOWING VALUES:
ZULASSUNG = 2.000

STANDARDIZED RESIDUALS: (OBSERVED-FITTED)/SQRT(FITTED)
```

	1.000	2.000	3.000	4.000	5.000	6.000
1.000	1.00	.04	-.73	-.05	-.61	.05
2.000	-2.87	-.22	.55	.05	.43	-.05

```
TEST OF FIT OF MODEL
DEGREES OF FREEDOM =  5
PEARSON CHI-SQUARE = 18.82             PROBABILITY =  .002
LIKELIHOOD RATIO CHI-SQUARE = 20.20    PROBABILITY =  .001
```

Die mit "FITTED VALUES" überschriebenen Tabellen enthalten die oben als $\hat{m}_i$ bezeichneten geschätzten erwarteten Zellhäufigkeiten, wenn das Modell A/B, A/C, B/C gilt. Die "STANDARDIZED RESIDUALS" sind gleich der Quadratwurzel aus den Summanden $(\hat{m}_i-h_i)^2/\hat{m}_i$ des in VIII.7.5. eingeführten χ^2-Anpassungstests. Diese Residuen informieren darüber, welche Zellen den größten Beitrag zu χ^2 liefern, d.h. wo der "fit" am schlechtesten ist (vgl. Jobson 1992, S.24). Die geschätzten Modellparameter werden von SYSTAT nicht ausgegeben.

Wie beide Anpassungstests erkennen lassen, muß davon ausgegangen werden, daß das Modell A/B, A/C, B/C kein passendes Modell ist. Weitere Vereinfachungen führen jedoch zum gleichen Schluß. Ein Test der Drei-Faktor-Interaktion ABC führt zum wiederum gleichen Resultat, für die Teststatistik $LQ(M(2)|M(3))$ erhält man ein empirisches Signifikanzniveau von

0.0011 (vgl. Hamerle/Tutz 1984, S.540), d.h. nur das saturierte Modell erweist sich hier als "passend". Deshalb kann geschlossen werden, daß der Zusammenhang zwischen "Zulassung" und "Geschlecht" vom gewählten Studienfach abhängt, d.h. je nach Studienfach unterschiedlich ist. Von einer Diskriminierung der weiblichen Studienplatzbewerber, wie sie zunächst ein einfacher Vergleich der Zulassungsquoten suggeriert, kann deshalb keine Rede sein.

Man kann sich dieses Resultat auch mit Hilfe einfacherer Überlegungen klarmachen, wenn man die obige dreidimensionale Kontingenztafel in sechs (2×2)-Tafeln zerlegt ("Drittvariablen-Kontrolle"), eine für jedes Studienfach. Mit SYSTAT erhält man bei gleichzeitiger Prozentuierung der Zellhäufigkeiten auf die Zeilen-Randhäufigkeiten:

```
TABLE OF ZULASSUNG(ROWS) BY GESCHLECHT(COLUMNS)
FOR THE FOLLOWING VALUES:
STUDIENFACH = 1.000
ROW PERCENTS
              1.000      2.000      TOTAL       N

1.000     |  85.19      14.81   |  100.00    601.00
          |                     |
2.000     |  94.28       5.72   |  100.00    332.00

TOTAL        88.42      11.58      100.00
N              825        108         933

TABLE OF ZULASSUNG(ROWS) BY GESCHLECHT(COLUMNS)
FOR THE FOLLOWING VALUES:
STUDIENFACH = 2.000
ROW PERCENTS
            1.000      2.000      TOTAL       N

1.000     |  95.41       4.59   |  100.00    370.00
          |                     |
2.000     |  96.28       3.72   |  100.00    215.00

TOTAL        95.73       4.27      100.00
N              560         25         585

TABLE OF ZULASSUNG(ROWS) BY GESCHLECHT(COLUMNS)
FOR THE FOLLOWING VALUES:
STUDIENFACH = 3.000
ROW PERCENTS
              1.000      2.000      TOTAL       N

1.000     |  37.27      62.73   |  100.00    322.00
          |                     |
2.000     |  34.40      65.60   |  100.00    596.00

TOTAL          35.40      64.60      100.00
N                325        593         918
```

```
TABLE OF ZULASSUNG(ROWS) BY GESCHLECHT(COLUMNS)
FOR THE FOLLOWING VALUES:
STUDIENFACH = 4.000
ROW PERCENTS
          1.000      2.000      TOTAL        N

1.000  |  51.30      48.70   |  100.00     269.00
       |                     |
2.000  |  53.35      46.65   |  100.00     523.00

TOT       52.65      47.35      100.00
N           417        375         792

TABLE OF ZULASSUNG(ROWS) BY GESCHLECHT(COLUMNS)
FOR THE FOLLOWING VALUES:
STUDIENFACH = 5.000
ROW PERCENTS
          1.000      2.000      TOTAL        N

1.000  |  36.05      63.95   |  100.00     147.00
       |                     |
2.000  |  31.58      68.42   |  100.00     437.00

TOTAL     32.71      67.29      100.00
N           191        393         584

TABLE OF ZULASSUNG(ROWS) BY GESCHLECHT(COLUMNS)
FOR THE FOLLOWING VALUES:
STUDIENFACH = 6.000
ROW PERCENTS
          1.000      2.000      TOTAL        N

1.000  |  47.83      52.17   |  100.00      46.00
       |                     |
2.000  |  52.54      47.46   |  100.00     668.00

TOTAL     52.24      47.76      100.00
N           373        341         714
MANTEL-HAENSZEL CHI-SQUARE = 1.525 PROBABILITY = 0.217
```

Vergleicht man die "Frauenquoten" bei den Zugelassenen der einzelnen Studienfächer, dann stellt man z.B. fest, daß bei den ersten beiden Studienfächern diese nur 14.81% bzw. 4.59% beträgt, dagegen 62.73% bei Studienfach drei usw., d.h. diese Quoten hängen vom jeweils gewählten Studienfach ab. Genau das drückt aber der oben erwähnte Sachverhalt aus, daß der Drei-Faktor-Interaktionsterm ABC beim log-linearen Modell unverzichtbar ist. Der von SYSTAT ausgegebene Mantel-Haenszel-Test überprüft für eine (k×2×2)-Tafel die Assoziation der beiden binären Variablen, wobei die (möglicherweise mehrkategoriale) erste Variable (hier: Studienfach) quasi als Kontrollvariable fungiert. Da der Test nicht-signifikant ist, kann die Hypothese, daß zwischen "Zulassung" und "Geschlecht" eine

Abhängigkeit besteht, abgelehnt werden. Auch diese zusätzliche inferenzstatistische Absicherung führt somit zu keinem anderen Schluß.

VIII.8. Logit-Modelle

Im Gegensatz zur symmetrischen Behandlung aller Variablen bei log-linearen Modellen, werden bei *Logit-Modellen* die Variablen *asymmetrisch* behandelt, d.h. *eine* Variable wird als abhängig von den übrigen Variablen angesehen. Wie bei log-linearen Modellen werden alle Variablen wieder als nominalskaliert vorausgesetzt. Ausgangspunkt sei eine dreidimensionale Kontingenztafel, wobei der Einfachheit halber zunächst angenommen werde, daß die Variablen A, B und C binär seien, wobei A als abhängig von B und C angenommen werde. Aus dem saturierten Modell:

$$\ln m_{ijk} = \mu + \mu_{A(i)} + \mu_{B(j)} + \mu_{C(k)} + \mu_{AB(ij)} + \mu_{AC(ik)} + \mu_{BC(jk)} + \mu_{ABC(ijk)}$$

folgt für den Quotienten $\ln m_{1jk}/m_{2jk}$:

$$\begin{aligned} \ln\frac{m_{1jk}}{m_{2jk}} &= \ln m_{1jk} - \ln m_{2jk} = \mu_{A(1)} - \mu_{A(2)} + (\mu_{AB(1j)} - \mu_{AB(2j)}) \\ &\quad + (\mu_{AC(1k)} - \mu_{AC(2k)}) + (\mu_{ABC(1jk)} - \mu_{ABC(2jk)}) \\ &= 2\mu_{A(1)} + 2\mu_{AB(1j)} + 2\mu_{AC(1k)} + 2\mu_{ABC(1jk)} \end{aligned}$$

(Bei der letzten Zeile ist zu beachten, daß gilt: $\mu_{A(2)}=-\mu_{A(1)}$, $\mu_{AB(2j)}=-\mu_{AB(j1)}$ usw.). Definiert man die Parameter:

$$v := 2\mu_{A(1)}\ ,\ v_{B(j)} := 2\mu_{AB(1j)}\ ,\ v_{C(k)} := 2\mu_{AC(1k)}\ ,\ v_{BC(jk)} := 2\mu_{ABC(1jk)}$$

dann ergibt sich das *Logit*-Modell:

$$\ln\frac{m_{1jk}}{m_{2jk}} = v + v_{B(j)} + v_{C(k)} + v_{BC(jk)}$$

Dabei wird die (logarithmierte) bedingte Wettchance "Kategorie A_1 versus Kategorie A_2" der Variablen A als abhängig dargestellt von den Variablen B und C, die hier – in Analogie zum Regressionsmodell – als *erklärende* Variable interpretiert werden können.

Logit-Modelle können auch unabhängig von saturierten log-linearen Modellen entwickelt werden. Beispielsweise könnte ein solches bei vier binären Variablen etwa folgendermaßen aussehen:

$$\ln\frac{m_{ijk1}}{m_{ijk2}} = v + v_{A(i)} + v_{B(j)} + v_{C(k)}$$

wobei D die abhängige Variable ist und keine Interaktionseffekte berücksichtigt wurden. Logit-Modelle lassen sich auch für polychotome Merkmale formulieren. Darauf soll jedoch hier nicht eingegangen werden.

VIII.8.1. Beispiel

Hier soll an das im vorigen Abschnitt betrachtete Beispiel mit den kategorialen Variablen "Zulassung", "Geschlecht"(G), "Studienfach"(S) angeknüpft werden, wobei jetzt die Variable "Zulassung" als abhängige Variable verstanden werden soll. Für das logit-Modell

$$\ln\frac{m_{1jk}}{m_{2jk}} = v + v_{G(j)} + v_{S(k)},$$

das eine Abhängigkeit der logarithmierten bedingten Wettchance "Zulassung versus Nicht-Zulassung" vom Geschlecht und der Studienfachwahl postuliert, erhält man mit SPSS auszugsweise folgenden Output (wobei jeweils die erste Kategorie als Referenzkategorie verwendet wird):

```
   Effect Name
   ZULASS
   ZULASS * STUDIENF
   ZULASS * GESCHL

Goodness-of-Fit test statistics
Likelihood Ratio Chi Square = 20.20428   DF = 5   P = .001
         Pearson Chi Square = 18.82428   DF = 5   P = .002

Estimates for Parameters
ZULASS

Parameter Coeff.  Std. Err. Z-Value   Lower 95 CI  Upper 95 CI
 1       -.3212  .0198     -16.2004   -.3600       -.2823
```

ZULASS * STUDIENF

Parameter	Coeff.	Std. Err.	Z-Value	Lower 95 CI	Upper 95 CI
2	.6372	.0361	17.6298	.5664	.7080
3	.6155	.0428	14.3866	.5317	.6994
4	.0059	.0357	.1654	-.0640	.0758
5	-.0101	.0364	-.2774	-.0815	.0613
6	-.2325	.0449	-5.1757	-.3204	-.1444

ZULASS * GESCHL

Parameter	Coeff.	Std. Err.	Z-Value	Lower 95 CI	Upper 95 CI
7	-.02497	.0202	-1.2353	-.0646	.0147

Aus beiden Anpassungstests muß geschlossen werden, daß dieses Modell die Daten nur ungenügend erklärt. Aber es kann aus den angegebenen Konfidenzintervallen der geschätzten Parameter gefolgert werden, daß die Variable "Geschlecht" keinen signifikanten Einfluß auf die abhängige Variable "Zulassung" hat. Da "Lower 95 CI" bzw. "Upper 95 CI" die untere bzw. obere Grenze eines 95%-Konfidenzintervalls bezeichnen, kann geschlossen werden, daß das Konfidenzintervall für den zugehörigen Parameter der Variable "Geschlecht" den Wert Null einschließt, d.h. daß dieser Parameter nicht signifikant von Null verschieden ist. Aus den entsprechenden Konfidenzintervallen für die verschiedenen Kategorien der Variable "Studienfach" folgt dagegen, daß diese einen signifikanten Einfluß auf die abhängige Variable hat.

Da obiges Modell unzureichend ist, muß zu einem saturierten logit-Modell übergegangen werden, das zusätzlich den Interaktionsterm "Geschlecht* Studienfachwahl" enthält:

$$\ln\frac{m_{1jk}}{m_{2jk}} = v + v_{G(j)} + v_{S(k)} + v_{GS(jk)}$$

```
EFFECT NAME:
ZULASS
ZULASS * STUDIENF
ZULASS * GESCHL
ZULASS * GESCHL * STUDIENF

Goodness-of-Fit test statistics
Likelihood Ratio Chi Square = .00000   DF = 0  P = 1.000
         Pearson Chi Square = .00000   DF = 0  P = 1.000

Estimates for Parameters
ZULASS
```

Parameter	Coeff.	Std. Err.	Z-Value	Lower 95 CI	Upper 95 CI
1	-.2775	0271	-10.2253	-.3307	-.2243

ZULASS * STUDIENF

Parameter	Coeff.	Std. Err.	Z-Value	Lower 95 CI	Upper 95 CI
2	.7813	.0596	13.1081	.6645	.8981
3	.5912	.0913	6.4748	.4123	.7702
4	-.0208	.0400	-.5191	-.0991	.0576
5	-.0531	.0410	-1.2972	-.1333	.0271
6	-.2487	.0490	-5.0797	-.3446	-.1527

ZULASS * GESCHL

Parameter	Coeff.	Std. Err.	Z-Value	Lower 95 CI	Upper 95 CI
7	-.0485	.0272	-1.7851	-.1016	.0048

ZULASS * GESCHL * STUDIENF

Parameter	Coeff.	Std. Err.	Z-Value	Lower 95 CI	Upper 95 CI
8	-.2096	.0596	-3.5169	-.3265	-.0928
9	.0011	.0913	.0121	-.1779	.1801
10	.0798	.0400	1.9969	.0015	.1581
11	.0280	.0409	.6836	-.0522	.1082
12	.0990	.0490	2.0230	.0031	.1950

Auch hier zeigt sich wieder, daß die Variable "Geschlecht" keinen signifikanten Einfluß auf die abhängige Variable hat, im Gegensatz zur Variablen "Studienfach" und der Interaktion "Geschlecht*Studienfach". Diese Resultate sind im Einklang mit der im vorigen Abschnitt durchgeführten log-linearen Analyse.

VIII.8.2. Abschließende Bemerkungen

Logit-Modelle sind nichts anderes als Regressionsmodelle, bei denen sowohl die abhängige als auch alle erklärenden Variablen nominalskaliert sind. Diese Modelle sind nicht zu verwechseln mit der (verwandten) logistischen Regression, bei der zwar die abhängige Variablen auch nominalskaliert ist, jedoch als erklärende Variable hauptsächlich metrisch skalierte Größen berücksichtigt werden. Daten für diese Regressionsart liegen im allgemeinen nicht in Form von Kontingenztafeln vor wie bei den obigen logit-Modellen (vgl. dazu auch Jobson 1992, S.86).

IX. Anhang

IX.1. Eigenwerte und Eigenvektoren

Gegeben sei eine reelle, quadratische Matrix **A** der Dimension (n×n). Als *Eigenwert* dieser Matrix bezeichnet man eine Lösung des Gleichungssystems:

$$(\mathbf{A} - \lambda\mathbf{I})\mathbf{e} = \mathbf{0}$$

wobei **I** die (n×n)-Einheitsmatrix und **0** ein (n×1) Null-Spaltenvektor ist. λ wird als *Eigenwert* der Matrix **A** mit dem zugehörigen *Eigenvektor* **e** bezeichnet. Nimmt man zunächst einmal an, daß die Matrix ($\mathbf{A}$-$\lambda\mathbf{I}$) nichtsingulär ist, d.h. die Inverse $(\mathbf{A}-\lambda\mathbf{I})^{-1}$ besitzt, dann ist offensichtlich:

$$\mathbf{e} = (\mathbf{A} - \lambda\mathbf{I})^{-1}\mathbf{0} = \mathbf{0}$$

d.h. in diesem Fall existiert nur die *triviale* Lösung **e=0.** Für eine nichttriviale Lösung (d.h. $\mathbf{e}\neq\mathbf{0}$) muß die Matrix ($\mathbf{A}$-$\lambda\mathbf{I}$) *singulär* sein, was impliziert, daß ihre Determinante $|\mathbf{A}-\lambda\mathbf{I}|=0$ sein muß. Für eine (n×n)-Matrix führt die Berechnung dieser Determinante auf ein Polynom n-ten Grades in λ, dessen Nullstellen die gesuchten Eigenwerte sind.

Betrachten wir dazu das einfachste Beispiel, d.h. eine (2×2)-Matrix, die folgendermaßen laute:

$$\mathbf{A} = \begin{pmatrix} 4 & 2 \\ 2 & 1 \end{pmatrix} \quad \text{mit} \quad (\mathbf{A} - \lambda\mathbf{I}) = \begin{pmatrix} 4-\lambda & 2 \\ 2 & 1-\lambda \end{pmatrix}$$

Aus der Determinante:

$$\begin{vmatrix} 4-\lambda & 2 \\ 2 & 1-\lambda \end{vmatrix}$$

folgt das Polynom 2.Ordnung: $(4-\lambda)(1-\lambda)$, d.h. $\lambda^2-5\lambda$ mit den beiden Nullstellen $\lambda_1=0$, $\lambda_2=5$. Die gesuchten Eigenvektoren ergeben sich aus den beiden Gleichungssystemen:

$$(\mathbf{A} - \lambda_1\mathbf{I})\mathbf{e} = \mathbf{0}\ , \quad (\mathbf{A} - \lambda_2\mathbf{I}) = \mathbf{0}$$

Für $\lambda_1=0$ ergibt sich das homogene Gleichungssystem:

$$\begin{pmatrix} 4 & 2 \\ 2 & 1 \end{pmatrix}\begin{pmatrix} e_{11} \\ e_{21} \end{pmatrix} = \begin{pmatrix} 0 \\ 0 \end{pmatrix}$$

d.h.:

$$\begin{aligned} 4e_{11} + 2e_{21} &= 0 \\ 2e_{11} + e_{21} &= 0 \end{aligned}$$

Daraus folgt $e_{21}=-2e_{11}$. Somit sind die Komponenten dieses Eigenvektors nur eindeutig bis auf eine multiplikative Konstante. Eindeutigkeit läßt sich durch *Normierung* erzielen. Üblicherweise werden Eigenvektoren auf die *Länge Eins* normiert, d.h. es soll gelten: $\mathbf{e'e}=1$. Damit erhält man hier:

$$\mathbf{e'e} = (\, e_{11} e_{21} \,)\begin{pmatrix} e_{11} \\ e_{21} \end{pmatrix} = e_{11}^2 + e_{21}^2 = 1$$

$$e_{11}^2 + 4e_{11}^2 = 1$$

und somit $e_{11}=1/\sqrt{5}$, $e_{21}=-2/\sqrt{5}$.

Für $\lambda_2=5$ lautet das homogene Gleichungssystem:

$$\begin{pmatrix} -1 & 2 \\ 2 & -4 \end{pmatrix}\begin{pmatrix} e_{12} \\ e_{22} \end{pmatrix} = \begin{pmatrix} 0 \\ 0 \end{pmatrix}$$

d.h.:

$$\begin{aligned} -e_{12} + 2e_{22} &= 0 \\ 2e_{12} - 4e_{22} &= 0 \end{aligned}$$

woraus $e_{12}=2e_{22}$ folgt. Nach Normierung erhält man für die beiden Komponenten des zweiten Eigenvektors: $e_{12}=2/\sqrt{5}$, $e_{22}=1/\sqrt{5}$.

Somit lauten die zu den Eigenwerten $\lambda_1=0$ und $\lambda_2=5$ gehörenden Eigenvektoren:

$$\mathbf{e_1} = \begin{pmatrix} \frac{1}{\sqrt{5}} \\ -\frac{2}{\sqrt{5}} \end{pmatrix}, \quad \mathbf{e_2} = \begin{pmatrix} \frac{2}{\sqrt{5}} \\ \frac{1}{\sqrt{5}} \end{pmatrix}$$

Es ist:

$$\mathbf{e}_1'\mathbf{e}_2 = \begin{pmatrix} \frac{1}{\sqrt{5}} & -\frac{2}{\sqrt{5}} \end{pmatrix} \begin{pmatrix} \frac{2}{\sqrt{5}} \\ \frac{1}{\sqrt{5}} \end{pmatrix} = 0$$

d.h. die beiden Eigenvektoren sind zueinander *orthogonal*.

Allgemein gilt: eine reelle, *symmetrische* $(n\times n)$-Matrix hat n reelle Eigenwerte $\lambda_1,\lambda_2,\ldots,\lambda_n$, die nicht alle voneinander verschieden zu sein brauchen. Diesen Eigenwerten entsprechen n Eigenvektoren $\mathbf{e}_1,\mathbf{e}_2,\ldots,\mathbf{e}_n$, die *paarweise orthogonal* sind, d.h. es ist $\mathbf{e}_i'\mathbf{e}_j=0$ für $i\neq j=1,2,\ldots,n$. (Daß hier vom Spezialfall symmetrischer Matrizen ausgegangen wird, hat seinen Grund darin, daß bei der multivariaten Datenanalyse hauptsächlich Eigenwerte und Eigenvektoren von Varianz-Kovarianz-Matrizen bzw. Korrelationsmatrizen wichtig sind. Diese Matrizen sind bekanntlich symmetrisch). Für Eigenwerte gilt:

$$\sum_{i=1}^{n}\lambda_i = \sum_{i=1}^{n} a_{ii} = \mathrm{Sp}(A) \quad , \quad \prod_{i=1}^{n}\lambda_i = |A|$$

d.h. die Summe der Eigenwerte der Matrix **A** ist gleich der Spur dieser Matrix, also gleich der Summe ihrer Hauptdiagonalelemente a_{ii}, und das Produkt der Eigenwerte ist gleich der Determinante von A.

Für das obige Beispiel erhält man weiterhin:

$$\lambda_1\mathbf{e}_1\mathbf{e}_1'+\lambda_2\mathbf{e}_2\mathbf{e}_2' = 0\begin{pmatrix} \frac{1}{\sqrt{5}} \\ -\frac{2}{\sqrt{5}} \end{pmatrix}\begin{pmatrix} \frac{2}{\sqrt{5}} & \frac{1}{\sqrt{5}} \end{pmatrix} + 5\begin{pmatrix} \frac{2}{\sqrt{5}} \\ \frac{1}{\sqrt{5}} \end{pmatrix}\begin{pmatrix} \frac{2}{\sqrt{5}} & \frac{1}{\sqrt{5}} \end{pmatrix} = 5\begin{pmatrix} \frac{4}{5} & \frac{2}{5} \\ \frac{2}{5} & \frac{1}{5} \end{pmatrix} = \begin{pmatrix} 4 & 2 \\ 2 & 1 \end{pmatrix} = \mathbf{A}$$

Dies gilt allgemein. Sei **A** eine reelle, symmetrische $(n\times n)$-Matrix mit den Eigenwerten $\lambda_1,\lambda_2,\ldots,\lambda_n$ und den Eigenvektoren $\mathbf{e}_1,\mathbf{e}_2,\ldots,\mathbf{e}_n$, dann kann geschrieben werden:

$$\mathbf{A} = \sum_{i=1}^{n}\lambda_i\mathbf{e}_i\mathbf{e}_i' = \mathbf{P}\boldsymbol{\Lambda}\mathbf{P}'$$

wobei $\mathbf{P}=(\mathbf{e}_1,\mathbf{e}_2,\ldots,\mathbf{e}_n)$ eine Matrix bezeichnet, deren Spalten aus den n Eigenvektoren von **A** gebildet werden und

$$\mathbf{\Lambda}: = \begin{pmatrix} \lambda_1 & 0 & \dots & 0 \\ 0 & \lambda_2 & \dots & 0 \\ \cdot & \cdot & \dots & \cdot \\ 0 & 0 & \dots & \lambda_n \end{pmatrix}$$

eine Diagonalmatrix ist, in deren Hauptdiagonale die Eigenwerte von **A** stehen. Diese Zerlegung einer Matrix in additive Teilmatrizen wird als *Spektralzerlegung* einer Matrix bezeichnet.

Für obiges Beispiel folgt mit:

$$\mathbf{P} = \begin{pmatrix} \frac{1}{\sqrt{5}} & \frac{2}{\sqrt{5}} \\ -\frac{2}{\sqrt{5}} & \frac{1}{\sqrt{5}} \end{pmatrix} , \quad \mathbf{\Lambda} = \begin{pmatrix} 0 & 0 \\ 0 & 5 \end{pmatrix}$$

$$\mathbf{P\Lambda P'} = \begin{pmatrix} \frac{1}{\sqrt{5}} & \frac{2}{\sqrt{5}} \\ -\frac{2}{\sqrt{5}} & \frac{1}{\sqrt{5}} \end{pmatrix} \begin{pmatrix} 0 & 0 \\ 0 & 5 \end{pmatrix} \begin{pmatrix} \frac{1}{\sqrt{5}} & -\frac{2}{\sqrt{5}} \\ \frac{2}{\sqrt{5}} & \frac{1}{\sqrt{5}} \end{pmatrix} = \begin{pmatrix} 4 & 1 \\ 2 & 1 \end{pmatrix} = \mathbf{A}$$

IX.2. Multivariate Normalverteilung

Die Dichtefunktion der *multivariaten Normalverteilung* ergibt sich als Verallgemeinerung der univariaten Normalverteilung auf $p \geq 2$ Dimensionen. Bekanntlich lautet die Dichtefunktion einer $N(\mu, \sigma^2)$-verteilten Zufallsvariablen X:

$$f(x) = \frac{1}{\sigma\sqrt{2\pi}} e^{-\frac{1}{2}\left(\frac{x-\mu}{\sigma}\right)^2} , \quad -\infty < x < \infty$$

Für den Ausdruck im Exponenten kann auch geschrieben werden:

$$\left(\frac{x-\mu}{\sigma}\right)^2 = (x-\mu)(\sigma^2)^{-1}(x-\mu)$$

Analog zu diesem Ausdruck lautet die Dichtefunktion eines normalverteilten p-dimensionalen Zufallsvektors $x'=(X_1,X_2,\dots,X_p)$:

$$f(\mathbf{x}) = \frac{1}{(2\pi)^{p/2}|\mathbf{\Sigma}|^{1/2}} e^{-\frac{1}{2}(\mathbf{x}-\boldsymbol{\mu})'\mathbf{\Sigma}^{-1}(\mathbf{x}-\boldsymbol{\mu})}$$

mit:

$$\boldsymbol{\mu} := \begin{pmatrix} E(X_1) \\ E(X_2) \\ \dots \\ E(X_p) \end{pmatrix}, \quad \mathbf{\Sigma} := \begin{pmatrix} Var(X_1) & Cov(X_1,X_2) & \dots & Cov(X_1,X_p) \\ Cov(X_2,X_1) & Var(X_2) & \dots & Cov(X_2,X_p) \\ . & . & \dots & . \\ Cov(X_p,X_1) & Cov(X_p,X_2) & \dots & Var(X_p) \end{pmatrix}$$

wobei $\mathbf{\Sigma}$ die Varianz-Kovarianz-Matrix der Zufallsvariablen $X_1,X_2,\dots,X_p$ ist und $|\mathbf{\Sigma}|$ ihre Determinante bezeichnet. Diese p-dimensionale Dichtefunktion wird kurz mit $N_p(\boldsymbol{\mu};\mathbf{\Sigma})$ bezeichnet. Für p=2 kann für diese geschrieben werden:

$$f(x_1,x_2) = \frac{1}{2\pi\sigma_1\sigma_2\sqrt{1-\rho_{12}^2}} e^{-\frac{1}{2(1-\rho_{12}^2)}\left[\left(\frac{x_1-\mu_1}{\sigma_1}\right)^2 - 2\rho_{12}\left(\frac{x_1-\mu_1}{\sigma_1}\right)\left(\frac{x_2-\mu_2}{\sigma_2}\right) + \left(\frac{x_2-\mu_2}{\sigma_2}\right)^2\right]}$$

wobei $\mu_1=E(X_1)$, $\mu_2=E(X_2)$, $\sigma_1=[Var(X_1)]^{1/2}$, $\sigma_2=[Var(X_2)]^{1/2}$ ist und ρ_{12} die Korrelation zwischen X_1 und X_2 bezeichnet.

In den folgenden Graphiken sind drei Dichtefunktionen dargestellt. Bei Abb.1 ist $\mu_1=1$, $\mu_2=2$, $\sigma_1=2$, $\sigma_2=3$ und $\rho_{12}=0$, während bei Abb.2 bzw. Abb.3 $\rho_{12}=0.7$ bzw. -0.7 ist.

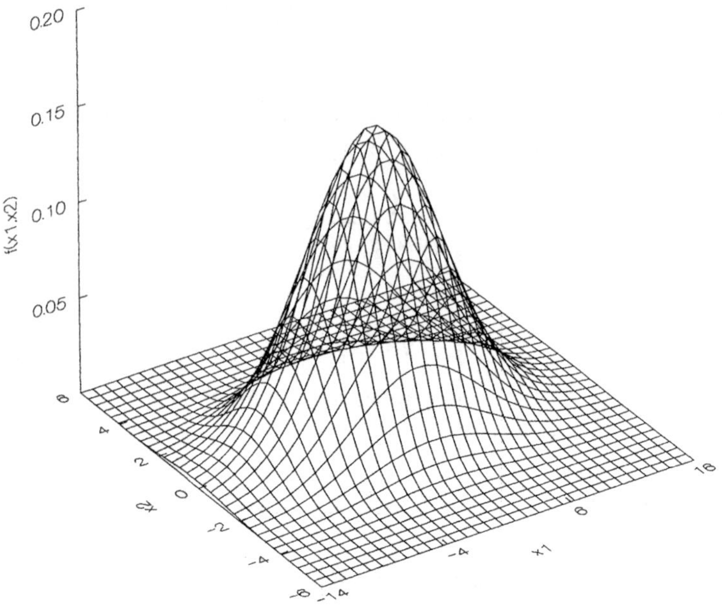

Dichtefunktion zweidimensionale Normalverteilung mit $\rho_{12}=0$

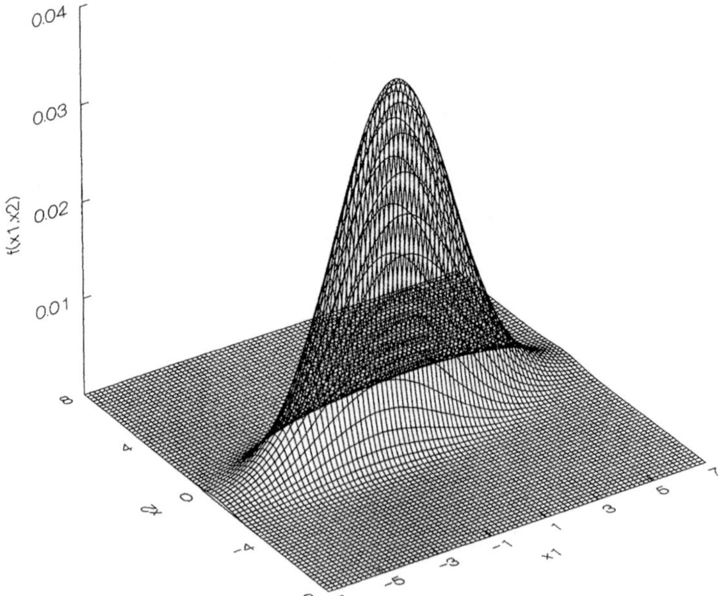

Dichtefunktion zweidimensionale Normalverteilung mit $\rho_{12}=0.9$

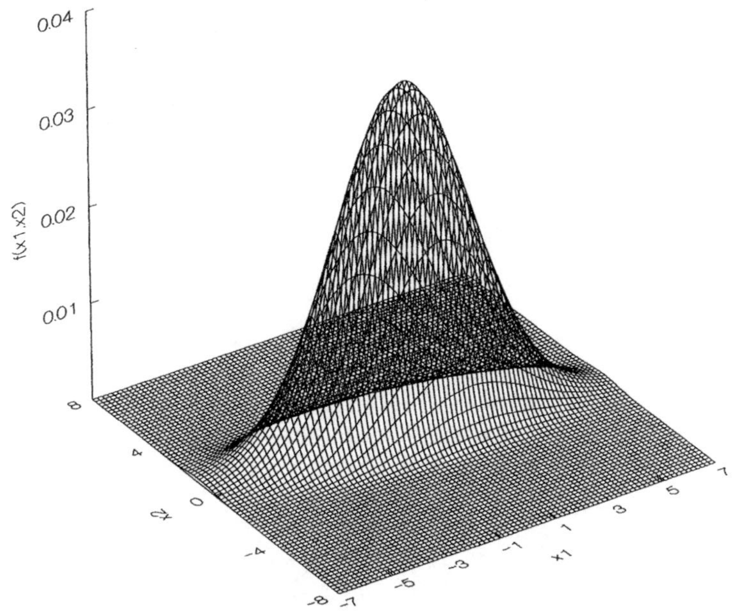

Dichtefunktion zweidimensionale Normalverteilung mit ρ_{12}=-0.9

X. Literaturverzeichnis

American Psychological Association (1954): Technical Recommendations for Psychological Tests and Diagnostic Techniques, in: Psychological Bulletin, Suppl.

American Psychological Association (1974): Standards for Educational and Psychological Tests, Washington

Ardelt, E., Ardelt, R. (1984) : Inhaltsanalyse, in: Roth, E. (Hrsg.), Sozialwissenschaftliche Methoden, R. Oldenbourg Verlag, München

Banks, S. (1965): Experimentation in Marketing, McGraw-Hill, New York

Box, G.E.P., Hunter, W.G., Hunter, J.S. (1978): Statistics for Experimenters - An Introduction to Design, Data Analysis, and Model Building, Wiley New York

Brown, W. (1910): Some Experimental Results in the Correlation of Mental Abilities, in: British Journal of Psychology, S.296-322

Burian, R. M. (1980): Stichwort "empirisch/Empirismus" in: Handbuch wissenschaftstheoretischer Begriffe, hrsg. von J. Speck, Bd.1, UTB Vandenhoeck & Rupprecht, Göttingen

Campbell D.T. (1957): Factors Relevant to the Validity of Experiments in Social Settings, in: Psychological Bulletin, 54, S.297-312

Campbell D.T., Stanley J.C. (1963): Experimental and Quasi-Experimental Designs for Research on Teaching, in: Gage, N.L.(ed.): Handbook of Research Teaching, Chicago, S.171-246

Cohen, J (1988): Statistical Power Analysis for the Behavioral Sciences, Lawrence Erlbaum, Hillsdale

Cook, T.D., Campbell, D.T. (1976): The Design and Conduct of Quasi-Experiments in Field Settings, in: Dunette, D. (ed.): Handbook of Industrial and Organizational Psychology, Chicago, Rand McNally, S.223-236

Cronbach, C.J. (1951): Coefficient Alpha and the Internal Structure of Tests, in: Psychometrika, S.297-334

Campbell, N.R. (1938): Symposium: Measurement and its Importance for Philosophy, Aristotelian Society, Supp.Vol.17, London, S.126

Campbell, D.T., Fiske, D.W. (1959): Convergent and Discriminant Validation by the Multitrait-Multimethod-Matrix, in: Psychological Bulletin, 56/2, S.81-105

Campbell, D.T., Fiske, D.W. (1977): Convergent and Discriminant Validation by the Multitrait-Multimethod-Matrix, in: Summers, G.F. (ed.): Attitude Measuremt, London, S.100-122

Dalenius, T. (1957): Sampling in Sweden. Contributions to the Methods and Theories of Sample Survey Practice, Uppsala

Deffaa, W. (1982): Anonymisierte Befragungen mit zufallsverschlüsselten Antworten - Die Randomized Response-Technik: Methodische Grundlagen, Modelle und Anwendungen, Hohenheimer Volkswirtschaftliche Schriften 1, Verlag Peter Lang, Frankfurt und Bern

Demirdjian, Z.S. (1983): Sales Effectiveness of Comparative Advertising, in: Journal of Consumer Research (December 1983), S.362-365

Dillman, D.A. (1978): Mail and Telephone Surveys – The Total Design Method, New York

Dillman, D.A., Gallegos, J., Frey, J.H. (1976): Reducing Refusal Rates for Telephone Interviews, in: Public Opinion Quarterly, 40, S.66-78

Dörner, D. (1995): Modellbildung und Simulation, in: Roth, E. (Hrsg.), Sozialwissenschaftliche Methoden, 4. Auflage, R. Oldenbourg Verlag, München

Edwards, A.L. (1957): Techniques of Attitude Scale Construction, Appleton-Crofts, New York

Esser, H. (1986): Können Befragte lügen? Zum Konzept des "wahren Wertes" im Rahmen der handlungstheoretischen Erklärungen von Situationseinflüssen bei der Befragung, in: Kölner Zeitschrift für Soziologie und Sozialpsychologie, 38, 2, S.314-336

Fahrmeier, L., Hamerle, A. (1984): Varianz- und Kovarianzanalyse, in: Fahrmeier, L., Hamerle, A. (Hrsg.): Multivariate statistische Verfahren, Walter de Gruyter, Berlin-New York 1984

Fahrmeier, L., Häussler, W., Tutz, G. (1984): Diskriminanzanalyse, in: Fahrmeier, L., Hamerle, A. (Hrsg.): Multivariate statistische Verfahren, Walter de Gruyter, Berlin-New York 1984

Ferber, R., Hirsch, W.Z. (1978): Social Experimentation and Economic Policy: A Survey, in: Journal of Economic Literature 16, S.1379-1414

Fienberg, S.E. (1980): The Analysis of Cross-Classified Categorical Data, MIT Press, Cambridge/Mass.

Fischer, G.H. (1982): Einführung in die Theorie psychologischer Tests, Bern/Stuttgart/Wien

Follesdal, D. (1980): Stichwort "Semantik" in: Handbuch wissenschaftstheoretischer Begriffe, herausgeg. von J. Speck, Bd.3, UTB Vandenhoeck & Rupprecht, Göttingen

Folsom, R.E., Greenberg, B.G., Horvitz, D.G., Abernathy, J.R. (1973): The Two Alternate Questions Randomized Response Model for Human Surveys, in: Journal of the American Statistical Association, 68, S.525-530

Fox, J.A., Tracy, P.E. (1986): Randomized Response. A Method for Sensitive Surveys, Series: Quantitative Applications in the Social Sciences, Sage University Paper 58, Beverly Hills

Friedman, H.H., Leefer, J.R. (1981): Label Versus Position in Rating Scales, in: Journal of the Academy of Marketing Science, Spring 1981, S.88-92

Gachowetz, H. (1995): Feldforschung, in: Roth, E. (Hrsg.), Sozialwissenschaftliche Methoden, 4. Auflage, R. Oldenbourg Verlag, München

Gerrild, P.M., Lantz, R.J. (1969): Chemical Analysis of 75 Crude Oil Samples from Pliocene Sand Units, Elk Hills Oil Field, California, U.S. Geological Survey Open-File Report

Gigerenzer, G. (1981): Messung und Modellbildung in der Psychologie, UTB Reinhardt München und Basel

Gorsuch, R.L. (1983): Factor Analysis, Hillsdale, New Jersey, Lawrence Erlbaum

Grohmann, H. (1985): Vom theoretischen Konstrukt zum statistischen Begriff. Das Adäquationsproblem, in: Allgemeines Statistisches Archiv 69, S.1-15

Guilford, J.P. (1954): Psychometric Methods, S.263-270, New York

Guttmann, L. A. (1941): The Quantification of a Class of Attributes: A Theory and Method for Scale Construction, in: P. Horst (ed.): The Prediction of Personal Adjustment, Social Science Research Council Bull. 48, 1941, S.321-345, New York

Guttmann, L.A. (1947): The Cornell Technique for Scale and Intensity Analysis, in: Educational and Psycological Measurement, 7, S.247-280

Hamerle, A., Pape, H.(1984): Grundlagen der mehrdimensionalen Skalierung, in: Fahrmeir, L., Hamerle, A.(.Hrsg): Multivariate statistische Verfahren, Walter de Gruyter, Berlin, New York

Hamerle, A., Tutz, G. (1984): Zusammenhangsanalysen in mehrdimensionalen Kontingenztabellen - das loglineare Modell, in: Fahrmeir L., Hamerle A. (Hrsg.): Multivariate statistische Verfahren, Walter de Gruyter, Berlin, New York

Heidenreich, K. (1995): Entwicklung von Skalen, in: Roth, E. (Hrsg.), Sozialwissenschaftliche Methoden, 4. Auflage, R. Oldenbourg Verlag, München

Herrmann, Th. (1995): Methoden als Problemlösungsmittel, in: Roth E. (Hrsg.), Sozialwissenschaftliche Methoden, 4. Auflage, R. Oldenbourg Verlag, München

Hofstätter, P.R. (1955): Über Ähnlichkeit, Psyche 1955, 9, S.54-80

Hofstätter, P.R. (1966): Einführung in die Sozialpsychologie, Stuttgart

Hofstätter, P.R. (1957): Psychologie, Fischer-Lexikon, Frankfurt

Holm, M.K. (1976): Die Gültigkeit des sozialwissenschaftlichen Messens, in: Holm, M.K. (Hrsg.): Die Befragung, Bd.4, S.123-133, München

Horvitz, D.G., Shah, B.U., Simmons W.R. (1967): The Unrelated Question Randomized Response Model, in: Proceedings of the Social Statistics Section, American Statistical Association

Huber, O. (1995): Beobachtung, in: Roth, E. (Hrsg.), Sozialwissenschaftliche Methoden, 4. Auflage, R. Oldenbourg Verlag, München

Jäpel, W. (1985): Die Qualität alternativer Rating-Formen und ihre Einflußgrößen, Diss. Univ. Regensburg

Jobson, J.D. (1991): Applied Multivariate Data Analysis, Volume I: Regression and Experimental Design, Springer, Berlin-Heidelberg-New York

Jobson, J.D. (1992): Applied Multivariate Data Analysis, Volume II: Categorical and Multivariate Methods, Springer, Berlin-Heidelberg-New York

Johnson, R.A., Wichern, D.W. (1988): Applied Multivariate Statistical Analysis, Prentice Hall

Jolliffe, I.T. (1986): Principal Component Analysis, Springer, Berlin-Heidelberg-New York

Jöreskog, K.G., Sörbom, D. (1979): Advances in Factor Analysis and Structural Equation Models, Cambridge, Mass., Abt Books

Kallmann, A. (1979): Skalierung in der empirischen Forschung, München

Kamitz, R. (1980): Stichwort "Methode/Methodologie", in: Handbuch wissenschaftstheoretischer Begriffe, herausgeg. von J. Speck, Bd. 2, UTB Vandenhoeck & Rupprecht, Göttingen

Kaufmann, H., Pape, H. (1984): Clusteranalyse, in: Fahrmeier L., Hamerle A. (Hrsg.): Multivariate statistische Verfahren, Walter de Gruyter, Berlin-New York

Kellerer, H. (1953): Theorie und Technik des Stichprobenverfahrens, Einzelschriften der Deutschen Statistischen Gesellschaft, Nr.5, 2.Auflage, München

Kendall, M. G. (1948): Rank Correlation Methods, London, Griffin

Kerlinger, F. N.(1979): Grundlagen der Sozialwissenschaften, Bd. 2, Verlag J. Beltz, Weinheim

Kirk, R.E. (1968): Experimental Design-Procedures for the Behavioral Sciences, Brooks/Cole Publishing Company, Belmont/California

Klapproth. J. (1972): Erwünschtheit und Bedeutung von 338 alltagspsychologischen Eigenschaftsbegriffen, in: Psychologische Beiträge, 14, S.496-520

Klüver, J. (1980): Stichwort "Operationalisierung" in: Handbuch wissenschaftstheoretischer Begriffe, herausgeg. von J. Speck, Bd. 2, UTB Vandenhoeck & Rupprecht, Göttingen

Krantz, D.H., Luce, R.D., Suppes, P., Tversky, A. (1971): Foundations of Measurement, Vol. I, London 1971

Kromrey, H. (1994): Empirische Sozialforschung, 6. Auflage, UTB Leske + Budrich, Opladen

Krug, W., Nourney, M., Schmidt, J. (1994): Wirtschafts-und Sozialstatistik - Gewinnung von Daten, R. Oldenburg Verlag München, Wien

Kruskal, J.B. (1964a): Multidimensional Scaling by Optimizing Goodness of Fit to a Nonmetric Hypothesis, in: Psychometrika, 29, S.1-27

Kruskal, J.B. (1964b): Nonmetric Multidimensional Sacling: a Numerical Method, in: Psychometrika, 29, S.115-129

Krzanowski, W.J. (1990): Principles of Multivariate Analysis - A User's Perspective, Clarendon Press, Oxford

Kuzmics, H. (1980): Stichwort "Indikator" in: Handbuch wissenschaftstheoretischer Begriffe, hrsg. von J. Speck, Bd.2, UTB Vandenhoeck & Rupprecht, Göttingen

Laatz, W. (1993) : Empirische Methoden. Ein Lehrbuch für Sozialwissenschaftler, Verlag Harri Deutsch, Thun und Frankfurt

Lienert, G.A. (1969): Testaufbau und Testanalyse, Verlag J. Beltz, Weinheim

Likert, R. A. (1932): A Technique for the Measurement of Attitudes, in: Archives of Psychology, 140, S.44-53

Mayntz, R., Holm, K., Hübner,P.(1969): Einführung in die Methoden der empirischen Forschung, Köln/Opladen

Merz, F. (1963): Die Beurteilung unserer Mitmenschen als Leistung, in: Lienert, G.A. (ed.): Bericht über den 23. Kongress der Deutschen Gesellschaft für Psychologie, Göttingen, S.32-51

Meyer, P.W., Hermanns, A. (1995): Panel-Untersuchungen, in: Roth, E. (Hrsg.), Sozialwissenschaftliche Methoden, 4. Auflage, R. Oldenbourg Verlag, München

Moors, J.J.A. (1971): Optimization of the Unrelated Question Randomized Response Model, in: Journal of the American Statistical Association, 66, S.627-629

Noelle-Neumann,E., Piel,E. (Hrsg.) (1983): Eine Generation später, Bundesrepublik Deutschland 1953-1979, München

Nowack, St. (1963): Correlational, Definitional and Inferential Indicators, in: Polish Sociological Bulletin 2, S.31-46

Opitz, O. (1980): Numerische Taxonomie, Fischer, Stuttgart

Orth, B. (1974): Einführung in die Theorie des Messens, Stuttgart 1974

Orth, B. (1979): Rating-Verfahren und Größenschätzmethode: Skalenniveau und funktionale Zusammenhänge zwischen Skalen, Kiel

Osgood, C.E: (1952): The Nature and Mesasurement of Meaning, Psychological Bulletin, 49, S.197-237

Osgood, C.E., Suci, G.J., Tannenbaum, P.H. (1957): The measurement of Meaning, Urbana: University of Illinois Press

Payne, S.L. (1965): Are Open-Ended Questions Worth the Effort?, in: Journal of Marketing Research, 2 (November 1965), S.417-418

Popper, K.R. (1976): Logik der Forschung, 6. Auflage, Tübingen

Rasch, G. (1980): Probabilistic models for some intelligence and attainment tests, Chicago, University Press

Reinecker, H. (1995), in: Roth, E. (Hrsg.), Sozialwissenschaftliche Methoden, 4. Auflage, R. Oldenbourg Verlag, München

Roethlisberger, F.J., Dickson, W.J. (1939): Management and the Worker, Cambridge, Harvard University Press

Rogers, D.J., Tanimoto, T.T. (1960): A Computer Program for Classifying Plants, Science 132, S.1115-1118

Rohrmann, B. (1978): Empirische Studien zur Entwicklung von Antwortskalen für die sozialwissenschaftliche Forschung, in: Zeitschrift für Sozialpsychologie, 9, S.222-245

Sauermann, H., Selten, R. (1967): Zur Entwicklung der experimentellen Wirtschaftsforschung, in: Sauermann, H. (Ed.): Beiträge zur Experimentellen Wirtschaftsforschung, Mohr, Tübingen, S.1-8

Scheffé, H. (1959): The Analysis of Variance, Wiley, New York

Schips, B. (1990) : Empirische Wirtschaftsforschung, Methoden, Probleme und Praxisbeispiele, Gabler-Verlag, Wiesbaden

Schneeberger, H.(1973): Optimale Aufteilung des Stichprobenumfangs bei mehreren Merkmalen, in: Metrika, Bd.20, S.1 ff.

Schnell, R., Hill, P.B., Esser, E. (1992) : Methoden der empirischen Sozialforschung, 3. Auflage, Oldenbourg Verlag, München

Schuchard-Ficher, C., Backhaus, K., Humme, U., Lohrberg, W., Plinke, W., Schreiner, W. (1980): Multivariate Analysemethoden, Springer, Heidelberg-Berlin-New York

Schumann, H., Presser, S. (1981): Questions and Answers in Attitude Surveys. Experiments on Questions, Form ,Wording and Content, New York und London

Schütze, F. (1976): Zur Hervorlockung und Analyse von Erzählungen thematisch relevanter Geschichten im Rahmen soziologischer Feldforschung, in: Arbeitsgruppe Bielefelder Soziologen (Hrsg.): Kommunikative Sozialforschung, München, S.162-200

Scott, W.A.(1968): Attitude Measurement, in: Lindzey, G., Aronson, E. (eds.): Handbook of Social Psychology, Vol.2, Reading

Searle, S.R. (1971): Linear Models, Wiley, New York

Shepard, R.N. (1962): The Analysis of Proximities; Multidimensional Scaling with an Unknown Distance Function, in: Psychometrika, 27, S.126-140 und S.219-246

Sixtl, F. (1967): Meßmethoden der Psychologie, Verlag J. Beltz, Weinheim

Sokal, R.R., Sneath, P.H.A. (1963): Principles of Numerical Taxonomy, Freeman, San Francisco, London

Späth, H.(1977): Cluster-Analyse-Algorithmen zur Objektklassifizierung und Datenreduktion, 2.Aufl., Verlag Oldenbourg, München

Spearman, Ch. (1910): Correlation Calculated from Faulty Data, in: British Journal of Psychology, S.271-295

Speed, F.M., Hocking, R.R., Hackney, O.P. (1978): Methods of Analysis of Linear Models with Unbalanced Data, in: Journal of the American Statistical Association, 73, S.105-112

Stelzl, I. (1982): Fehler und Fallen der Statistik, Verlag Huber, Bern

Stapel, J. (1969): About 35 Years of Market Research in the Netherlands, in: Markonderzock Kwartaalschrift, 2, S.3-7

Stapf, K.H. (1995): Laboruntersuchungen, in: Roth, E. (Hrsg.), Sozialwissenschaftliche Methoden, 4. Auflage, R. Oldenbourg Verlag, München

Steffens, K. (1995): Multidimensionale Skalierung, in: Roth E. (Hrsg.), Sozialwissenschaftliche Methoden, 4. Auflage, R. Oldenbourg Verlag, München

Stegmüller, W. (1980): Stichwort "Hypothese" in: Handbuch wissenschaftstheoretischer Begriffe, herausgeg. von J. Speck, Bd. 2, UTB Vandenhoeck & Rupprecht, Göttingen

Stevens, S.S. (1946): On the Theory of Scales of Measurement, in: Science, S.677-680

Stevens, J. (1986): Applied Multivariate Analysis for the Social Sciences, Lawrence Erlbaum Associates, Inc., Hillsdale, New Jersey

Stevens, S.S. (1951): Mathematics, Measurement, and Psychophysics, in: Stevens, S.S. (ed.): Handbook of Experimental Psychology, Wiley, New York, S.1-49

Stone, Ph., Bales, R.F., Namenwirth, J.Z., Ogilvie, D.M. (1962): The General Inquirer: A Computer System for Content Analysis and Retrieval Based on the Sentence as a Unit for Information, in: Behavioral Science, Vol. 7, S.484-498

Strecker, H. (1957): Moderne Methoden der Agrarstatistik, Würzburg

Stroebe, W.: (1980): Grundlagen der Sozialpsychologie. Bd.1 Klett-Cotta, Stuttgart

Suppes, P., Zinnes, J.L. (1963): Basic Measurement Theory, in: Luce, R.D., Bush, R.R., Galanter, E.(eds.): Handbook of Mathematical Psychology, Vol. I, Wiley, New York, S.1-76

Thurstone, L.L. (1927): A Law of Comparative Judgment, in: Psychological Review, S.273-286

Torgerson, W.S. (1958): Theory and Methods of Scaling, New York

Vogel, F. (1975): Probleme und Verfahren der numerischen Klassifikation, Vandenhoeck & Ruprecht, Göttingen

Warner, S.L. (1965): Randomized Response Technique for Eliminating Evasive Answer Bias, in: Journal of the American Statistical Association, 60, S.63-69

Wilkinson, Leland (1990): The System for Statistics, SYSTAT Inc., Evanston, IL

Winer, B.J. (1962): Statistical Principles in Experimental Design, McGraw-Hill, New York

Zetterberg, H.L. (1973): Theorie, Forschung und Praxis in der Soziologie, in: König, R.(Hrsg.): Handbuch der empirischen Sozialforschung, Bd.1., 3. Auflage, Stuttgart, S.103-160

XI. Index:

GPSR Compliance

The European Union's (EU) General Product Safety Regulation (GPSR) is a set of rules that requires consumer products to be safe and our obligations to ensure this.

If you have any concerns about our products, you can contact us on ProductSafety@springernature.com

In case Publisher is established outside the EU, the EU authorized representative is:

Springer Nature Customer Service Center GmbH
Europaplatz 3
69115 Heidelberg, Germany

Batch number: 10105420

Printed by Printforce, the Netherlands